La philosophie du bac à la fac

La philosophie du bac à la fac

Thierry Paquot est professeur à l'Institut d'urbanisme de Paris (Paris-XII) et éditeur de la revue *Urbanisme*. Auteur d'une quarantaine d'ouvrages, dont *l'Art de la sieste* (Zulma, 1998) et *Utopies et utopistes* (La Découverte, 2007), il a contribué au *Dictionnaire des citations philosophiques* (Larousse, 2010).

François Pépin, professeur agrégé et docteur en philosophie, enseigne au lycée Jean-Baptiste-Say à Paris et à l'université de Nanterre (Paris-X). Il a notamment contribué à la *Dissertation de philo* (Fayard, 2010) et au *Dictionnaire des citations philosophiques* (Larousse, 2010).

LAROUSSE

21, rue du Montparnasse 75283 Paris Cedex 06

Direction de la publication
Carine Girac-Marinier

Direction éditoriale
Jacques Florent

Édition
Laurent Girerd

Lecture-Correction
Chantal Pagès
Madeleine Biaujeaud
Henri Goldszal
Joëlle Narjollet

Informatique éditoriale et composition
Serge Boucher

Direction artistique
Ulrike Meindl

Conception et réalisation de la maquette
Sophie Rivoire
Facompo

Fabrication
Marlène Delbeken

ISBN 9782035860033
Larousse 2011/Paris, France

Sommaire

Repères philosophiques 173

Grands philosophes 197

Thierry Paquot a rédigé :
– Qu'est-ce que philosopher ?
– Les jalons chronologiques
– Une partie des notions philosophiques

François Pépin a rédigé :
– Les conseils pour la dissertation
– Une partie des notions philosophiques
– Les repères philosophiques

L'Histoire de la philosophie, extraite du fonds encyclopédique Larousse, a été revue, augmentée et actualisée par Thierry Paquot et François Pépin.

* * *

Nota bene :
– Un ***auteur*** *signalé en bleu dans le fil du texte renvoie à un article dans la partie « Grands philosophes ».*

– Une ***œuvre*** *signalée en bordeaux dans le fil du texte renvoie à un article dans la partie « Œuvres philosophiques ».*

Qu'est-ce que philosopher ?

« Sois philosophe ! » vous conseille un ami, sous-entendant par cette formule quasi magique qu'il convient de ne pas s'affoler, de « rester zen », de ne pas en « faire des montagnes », que tout finira bien par s'arranger…

Dans la vie de tous les jours, l'adjectif « philosophe » qualifie celui qui prend le temps de réfléchir, se donne un certain recul, comme si la distance mise entre lui et tel événement était indispensable à la fois pour rendre cet événement intelligible et en apprécier ou en amortir les effets. De la même façon, il n'est pas rare, dans les transports publics ou au café, d'entendre quelqu'un s'exclamer : « Ma philosophie, c'est… » S'ensuivent alors quelques grands principes qui orientent sa décision et confortent sa position.

Ces deux exemples, d'une banalité exemplaire, renouent cependant avec ce que les Grecs anciens entendaient par « philosophie ».

S'étonner, questionner

En effet, la philosophie désigne au moins deux actions, penser et bien vivre, que l'on peut ou non associer. Platon parle de *philomathia* (ou « désir d'apprendre ») et invite ses élèves de l'Académie à interroger ce qu'ils ne comprennent pas et qui les étonne, tout comme à se questionner sans relâche. L'étonnement sert de déclencheur aux questions, qui, à leur tour, provoquent la mobilisation de toutes les connaissances emmagasinées dans la mémoire de chacun, ainsi que celles qu'il convient de quérir pour en savoir davantage sur ceci ou cela.

La curiosité se révèle insatiable. L'enfant déjà interroge sans répit l'adulte : pourquoi pleut-il ? qu'est-ce que la nuit ? faut-il croire en Dieu ? Poser des questions amorce la démarche philosophique. Les Grecs demandaient : « Pourquoi y a-t-il quelque chose plutôt que rien ? » Plus de 2 500 ans après, nous ne disposons toujours pas d'une réponse définitive. C'est dire si philosopher consiste en un parcours exigeant : c'est même, prétendait Kierkegaard, « le difficile qui est le chemin », insistant sur les obstacles à franchir pour que la pensée conduise à la lumière.

Théoriser, conceptualiser

Ce qui manque alors à l'enfant pour philosopher s'appelle la « théorie » (du grec *theôria*, signifiant « vision, contemplation »). Afin de formuler de manière intéressante une question et s'évertuer à y apporter des éléments de réponses, il est indispensable de se doter d'outils intellectuels, comme la méthode, la problématique, l'argumentation ou la conceptualisation. La philosophie réclame, par conséquent, un apprentissage, tout comme elle nous incite à confronter notre compréhension de tel phénomène à d'autres analyses, pour les critiquer, les discuter ou y adhérer.

Certes, chacun médite et contemple seul, mais pense à partir des opinions déjà exprimées. Il « frotte » ses idées à celles que d'autres défendent, formulent, proposent, pour les améliorer, les rendre plus convaincantes, les porter au débat. La discussion facilite l'échange des idées, ce qui conduit à la construction d'un raisonnement. Platon utilise le dialogue pour transmettre sa pensée, tout comme Aristote converse avec ses élèves, en marchant. Ainsi, la pensée s'élabore en s'exposant et elle se nourrit de la controverse, de la polémique. Une philosophie figée dans ses formules se révélerait dogmatique et mourrait. Au contraire, la pensée demeure vivante lorsqu'elle avance, encore et toujours, sur le chemin de la connaissance et pénètre, un à un, les mystères.

Connaître, se connaître

Si le philosophe dote l'existence d'un sens (pourquoi vivre ? qu'est-ce que mourir ?) et s'il élabore un savoir collectif (à travers l'histoire des théories et des systèmes philosophiques), la philosophie s'étudie pour sa part à partir des auteurs et des courants de pensée (le matérialisme, le marxisme, l'existentialisme, etc.) ou selon différents thèmes (le droit, l'éthique, l'État, le pouvoir, la violence, le racisme, etc.). Mais pour que vive la philosophie, il est indispensable de philosopher. Or, et de nombreux lycéens le constatent, son enseignement privilégie souvent l'histoire de certaines idées philosophiques, au lieu d'encourager les élèves à questionner et à se questionner.

Qu'est-ce que le respect ? Comment vivre avec l'autre si différent de soi ? Doit-on croire les médias ? Quelles valeurs chantent le rap ? Pourquoi y a-t-il des guerres ? La science progresse-t-elle ? Qu'est-ce que le désir ? Ces questions ne sont aucunement abstraites, elles appartiennent au quotidien de tous les lycéens. Philosopher revient alors à se mettre à l'écoute du monde, à dialoguer avec lui, à se situer par rapport à lui, à en réorienter la marche, à en anticiper le devenir. La philosophie ne s'use que si l'on ne s'en sert pas ! La garder présente et la renouveler reposent sur ces deux actions essentielles : rendre intelligible ce qu'on ne comprend pas et vivre selon ses propres attentes. La philosophie participe de cet accord auquel chacun aspire, entre soi et les autres, entre soi et le monde.

Conseils pour la dissertation

La dissertation de philosophie est un exercice scolaire, mais c'est aussi une manière de construire une réflexion organisée. La meilleure façon de l'aborder est d'ailleurs de la prendre comme une manière de traiter méthodiquement un problème philosophique.

Certes, il y a quelques conventions à respecter, mais la dissertation est d'autant plus intéressante à rédiger et à lire qu'elle essaie de **produire une pensée organisée et informée** ayant une authentique valeur philosophique. On cherchera donc, dans les conseils qui suivent, à faire de l'exercice scolaire le moyen d'un vrai traitement des problèmes philosophiques.

L'introduction

Un préalable : le travail de formulation

Une difficulté souvent redoutable, parfois effrayante, est la formulation d'une problématique : autrement dit, l'élaboration précise d'un problème philosophique à partir de la question posée. Il faut d'abord se souvenir que, d'une part, le sujet ne livre pas directement le problème et qu'il faut effectuer un travail de formulation, d'autre part, que cela n'a rien de mystérieux. En effet, un problème est simplement la difficulté intéressante d'une interrogation, l'enjeu qui mérite examen dans une question.

La problématisation de l'énoncé

Deux voies sont possibles pour élaborer la problématisation de l'énoncé.

1) Une première possibilité consiste à **partir d'une contradiction** (l'opposition exclusive de deux idées) **ou d'un paradoxe** (la tension de deux idées) **pour chercher à les dépasser**. Dans un sujet comme « Peut-on se mentir à soi-même ? », cela revient d'abord à poser la contradiction du mensonge envers soi-même, en soulignant que le menteur (qui sait la vérité, ou du moins ce qu'il estime tel) ne peut être la même personne que la victime du mensonge (qui doit ignorer la vérité en question, ou du moins ne doit pas savoir qu'on cherche à la lui cacher).

Ensuite, il faut se demander à quelles conditions cette contradiction peut prendre sens, notamment en interrogeant le présupposé d'une cohérence et d'une lucidité totales de l'esprit humain : n'est-il pas possible d'occulter dans la vie quotidienne ce qu'on soupçonne malgré tout ? Par exemple, il semble possible de se cacher une vérité douloureuse ou insupportable. Il faut alors distinguer un niveau conscient, où l'information est masquée, et un niveau plus profond, où elle existe d'une manière obscure – l'intérêt du sujet étant précisément d'examiner cette existence et l'écart entre connaître clairement et savoir obscurément. Un élève de terminale connaissant son cours pourra alors retrouver le problème de la différence et de l'articulation entre conscience et inconscient.

C'est ainsi que l'analyse d'un énoncé conduit à formuler une problématique philosophique avec des concepts qui n'étaient pas nécessairement explicites dans la question posée.

2) Une autre possibilité consiste à **partir d'une évidence apparente pour, dans un second temps, en montrer la complexité**. C'est parfois plus facile pour certains sujets. Par exemple, pour la question « Qui suis-je ? », la réponse évidente est « moi ». L'évidence est d'autant plus grande que l'acte de s'interroger et de répondre s'accompagne nécessairement de l'impression de savoir qui on est. Mais lorsqu'on creuse cette identité, on se rend rapidement compte qu'elle soulève de nombreuses interrogations.

Tout d'abord, peut-on préciser ce « moi » : recouvre-t-il une idée ou une entité identifiables, une essence ou un caractère nommables ? Ensuite, a-t-il une permanence : les changements qui m'arrivent impliquent-ils que « je » change, ou bien est-ce que je reste le même en fin de compte ? Mais cela signifie-t-il que, malgré les changements, quelque chose en moi demeure identique (l'identité de l'âme comme substance permanente), ou bien que j'ai conscience de changer, ce qui pourrait suffire à maintenir une identité psychologique ?

Le plan

Après l'introduction, vient le temps de construire un plan. Pour cette tâche souvent délicate, il convient de s'appuyer sur quelques principes de la réflexion philosophique, qui suffisent à donner une direction claire, le reste étant affaire de convention et de choix personnel.

Une discussion argumentée et progressive

Un problème philosophique étant finalement un débat organisé, **le développement doit confronter plusieurs thèses**. Précisons : il s'agit d'une discussion argumentée et non d'une juxtaposition (d'abord A puis B sans que jamais les deux positions ne soient mises l'une face à l'autre). En outre, une réflexion philosophique s'avère progressive, c'est-à-dire représente un mouvement de la pensée passant par plusieurs étapes. Il faut donc que le développement cherche à approfondir la discussion en cheminant d'une idée à l'autre.

Ces deux exigences ne sont pas contradictoires. Elles permettent même de donner l'idée directrice suivante : **construire un plan où chaque partie correspond à une thèse différente**, avec un ordre organisant la progression d'une idée vers une autre (par exemple, en allant du plus évident au plus complexe ou au plus paradoxal). Dans tous les cas, il faut qu'une partie ultérieure se confronte aux arguments de la partie précédente, qu'elle cherche à les dépasser ou au moins à les discuter. Un conseil d'application générale est le suivant : partir de la contradiction (se mentir à soi-même est contradictoire, donc impossible) ou de l'évidence apparente (tout le monde a conscience de son identité) afin d'envisager ensuite un sens caché (l'esprit peut se mentir pour se protéger, en refoulant une information de la conscience vers l'inconscient) ou une difficulté seconde (l'identité est difficile à cerner et pourrait changer au cours du temps).

Ensuite, une troisième partie peut consister à revenir avec de nouveaux arguments vers la première thèse (ce qui implique de la modifier), ou encore à envisager une troisième thèse qui constitue un dépassement des deux autres parties, voire une manière de redéfinir la problématique de départ.

L'importance des liens entre notions

En pratique, il est intéressant de **chercher à établir des liens avec d'autres notions en approfondissant le problème**, par exemple en se demandant si l'inconscient peut réellement mentir à la conscience, comme si l'inconscient avait une volonté propre. Des processus inconscients peuvent-ils viser un but (enfouir une vérité gênante pour protéger l'esprit) ? C'est tout le problème de la censure chez Freud, sur lequel Sartre a insisté : la censure inconsciente n'est-elle pas finalement une forme de mauvaise foi, c'est-à-dire un acte conscient mais non assumé, consistant à occulter les vérités inavouables ?

Il s'agit alors moins de savoir si se mentir à soi-même est possible, que de savoir si c'est vraiment un acte inconscient dont les opérations nous échappent, ou plutôt une forme subtile de déresponsabilisation qu'il faudrait démasquer et condamner moralement. En l'occurrence, la nouvelle idée introduite par la progression du discours établit le lien entre l'inconscient et la responsabilité morale.

L'argumentation

Nous avons déjà souligné ci-dessus l'importance des arguments à fournir, mais il faut insister sur l'exigence d'argumentation : **chaque partie doit être solidement étayée par un raisonnement cohérent et détaillé**. Si c'est tout un travail singulier de justification de ce qui est avancé qui s'impose, on peut toutefois donner quelques conseils d'ordre général.

Définir les concepts centraux

Tout d'abord, il convient de définir les concepts centraux et de les faire ressortir. Rappelons que **définir, en philosophie, ne consiste pas seulement à préciser le sens des termes, mais surtout à expliquer leur fonction ou leur portée**. Par exemple, le concept de refoulement, chez Freud, permet de décrire le processus par lequel une information consciente est enfouie dans l'inconscient, ce qui conduit à lui donner une existence psychologique (cette information continue d'exister en moi) malgré l'absence de connaissance consciente. Mais l'information refoulée peut chercher à se manifester (dans le rêve avec le « sens latent », autrement dit ce que le rêve cherche à dire) tout en rencontrant une censure, ce qui met l'esprit dans une contradiction permettant d'envisager de parler de mensonge envers soi-même.

Ce travail conceptuel, lorsqu'il est bien mené, indique aussi les voies d'un dépassement possible. En l'occurrence, une troisième partie « sartrienne » pourrait montrer que le mensonge envers soi-même, comme la censure, ne peuvent échapper à la conscience s'ils ont une fonction ou un but (comme protéger l'esprit d'une vérité difficile) : on sait, au fond, de quoi il retourne. Dans ce cas, il y a moins mensonge qu'occultation de la vérité, donc moins mécanisme inconscient que faiblesse morale d'une conscience refusant d'assumer ses problèmes et ses choix.

Soigner l'enchaînement des idées

Concernant l'argumentation, il convient également de souligner l'importance de l'enchaînement des idées : **il s'agit moins d'énumérer des arguments isolés que de faire valoir une logique cohérente**, une suite d'idées bien liées ou, comme disait Descartes, une « longue chaîne de raisons ».

Ainsi, on peut résumer l'enchaînement de l'argumentation sartrienne de la manière suivante – et il est bon de viser ce genre de suite logique en construisant le programme d'une partie : la censure freudienne est censée être inconsciente et nourrir le « ça » (l'inconscient comme structure constituée par le refoulement), mais elle semble viser des buts et est présentée comme une instance vigilante veillant à maintenir certaines normes issues du monde social, donc elle semble avoir certaines propriétés de la conscience, donc l'inconscient et ses processus ne sont pas vraiment inconscients, donc se mentir à soi-même est plutôt un acte de mauvaise foi, donc il s'agit moins d'un mécanisme psychique possible que d'un prétexte condamnable.

Du bon emploi des exemples

Les exemples doivent s'intégrer à cette argumentation suivie, ce qui implique qu'ils ne soient pas une illustration ou un simple point particulier, mais plutôt

le moyen d'ancrer la réflexion dans le concret ou de partir d'un cas intéressant pour défendre une position générale. Ainsi, le concept de mensonge envers soi-même mérite à coup sûr d'être exemplifié pour être précisé et discuté.

Dès lors, il est bon de réduire drastiquement le nombre d'exemples pour pouvoir les analyser et en montrer la portée générale. Un exemple par partie est très souvent suffisant. Un seul exemple de mensonge que l'on discute à plusieurs stades, et sous des angles différents, peut même convenir pour toute la dissertation. Dans tous les cas, ce sont l'argumentation et l'analyse conceptuelle qui importent.

Du bon usage des citations

Il est souvent tentant de se réfugier derrière les idées des grands philosophes, voire derrière leurs paroles à travers des citations. Si cela permet de construire une réflexion vivante bien ancrée dans le sujet, alors le détour par la pensée des autres est une excellente démarche. Mais il faut se méfier de l'argument d'autorité et du risque d'éloignement du sujet lorsqu'on se laisse mener par ses connaissances au lieu de les utiliser avec pertinence.

S'agissant des citations, il faut insister sur la nécessité de les **intégrer à la réflexion sur le sujet, par exemple en les faisant servir à l'argumentation d'une thèse ou à la définition d'un concept**. C'est pourquoi toute citation doit être commentée et exploitée, et non rester une simple décoration. C'est aussi pourquoi, comme pour les exemples, on réduira leur nombre pour privilégier leur qualité et leur analyse.

La conclusion

La conclusion, comme son nom l'indique, sert à terminer la discussion. Il faut donc livrer précisément le terme de la réflexion, éventuellement en rappelant rapidement les grandes lignes de la progression. La thèse finale doit être aussi soulignée. Notons à ce propos qu'**il faut répondre d'une manière claire à la question posée**. Il ne faut pas s'abstenir en croyant être prudent : on préférera dans ce cas une conclusion nuancée, mais précise.

En revanche, il est peu utile de chercher à faire une « ouverture ». Une bonne question est plus intéressante si elle est analysée en introduction, ou dans le développement, que livrée en guise de décoration finale. Par ailleurs, la conclusion peut servir à clarifier les buts principaux de la démarche : une partie riche mais un peu maladroite, voire confuse, pourra être recadrée de manière bénéfique par une remarque conclusive précise.

Histoire de la philosophie

Si le mot *philosophia* entre dans la langue grecque avec Platon (IVe s. av. J.-C.), on repère déjà l'adjectif *philosophos* chez Héraclite (début du Ve s. av. J.-C.) et le verbe *philosophein* chez Hérodote (fin du Ve s. av. J.-C.).

Cette *philosophia,* notion occidentale par excellence[1], vise non seulement à penser le monde et la condition humaine, mais aussi à doter chacun d'un art de vivre. Elle se préoccupe de l'être (ontologie), des choses et de ce qui leur est spécifique, comme leur essence ou leurs qualités propres.

Notre présente histoire de la philosophie – il serait plus juste de parler ici de *géohistoire*[2] – cherchera à reconstituer les conditions de production et de circulation des idées, concepts et théories, ainsi qu'à examiner leur réception et leur discussion.

L'Antiquité

Les présocratiques

Dès le VIe s. av. J.-C., des penseurs originaires de Milet en Asie Mineure, au bord de la mer Égée – tels Thalès (v. 625 - v. 547 av. J.-C.), Anaximandre (v. 610 - v. 547 av. J.-C.) et Anaximène (v. 585 - v. 525 av. J.-C.) –, élaborent une physique des éléments (l'air, l'eau, la terre, le feu) et du cosmos.

Pythagore (v. 570 - v. 480 av. J.-C.) enseigne la doctrine de la transmigration des âmes et affirme que toute chose est un nombre. Il serait le premier à avoir utilisé le mot *philosophoï* (« amis de la sagesse ») pour désigner ceux qui voulaient percer le secret des choses.

Héraclite (v. 550 - v. 480 av. J.-C.) laisse des *Fragments* où se mêlent le thème de la guerre et celui de l'écoulement perpétuel du temps (d'où

1. Le chinois classique ne possédant ni le verbe ni le nom « être », la pensée orientale interroge le devenir, le mouvement, la transition, alors que la philosophie occidentale cherche à fonder le constant, l'éternel, ce qui « est », tout en l'inscrivant dans le jeu des temporalités.

2. Il faut comprendre cette notion, à la suite de l'historien Lucien Febvre (1878-1956), comme la combinaison de l'histoire et de la géographie, sachant que tout événement temporel intervient en un lieu et que toute situation localisée se déroule selon un temps particulier.

l'affirmation selon laquelle on ne se baigne jamais deux fois dans le même fleuve). Une tradition, qui remonte à Platon, oppose Héraclite à Parménide (v. 515 - v. 440 av. J.-C.), citoyen originaire d'Élée, colonie ionienne d'Italie. Parménide écrit une œuvre en vers, dans laquelle il proclame l'immobilité radicale de l'être, conception que développe son disciple Zénon d'Élée (entre 490 et 485 - v. 430 av. J.-C.).

Les atomistes

Leucippe de Milet (v. 460 - 370 av. J.-C.), qui reçoit l'enseignement de Zénon, inaugure le mouvement de physique corpusculaire que poursuit Démocrite (v. 460 - v. 370 av. J.-C.), fondateur en 420 de l'école d'Abdère, colonie ionienne de Thrace. Selon Leucippe, l'univers est un agrégat d'atomes qui ne se différencient les uns des autres que par leur grandeur, leur forme ou leur position dont dépend leur mobilité. Les dieux eux-mêmes ne sont que des combinaisons d'atomes, soumises à ce mécanisme universel.

Les sophistes

Entre la fin des guerres médiques (449 av. J.-C.) et la mort d'Alexandre le Grand (323 av. J.-C.), Athènes s'impose comme « capitale intellectuelle ». Socrate, Platon (qui fonde l'Académie) et Aristote (qui ouvre le Lycée) vivent à cette période. Ils ont été précédés des sophistes, professeurs ambulants. Pour un prix convenu, ces derniers enseignent à leurs élèves les méthodes pour persuader un auditoire d'une thèse, quelle qu'elle soit, indépendamment de la vérité – l'homme étant, selon la formule de Protagoras (v. 486 - v. 410 av. J.-C.), « la mesure de toutes choses ».

La maïeutique socratique et la dialectique platonicienne

Socrate[3] s'inscrit à l'opposé de cette tradition sophistique. Fils d'une sage-femme, il prétend avoir retenu d'elle l'art d'accoucher les esprits, ou maïeutique. Sa seule ambition est de se connaître soi-même ; sa seule certitude est de savoir qu'il ne sait pas. Accusé d'impiété et de corruption de la jeunesse, il est condamné à boire la ciguë. Il n'a laissé aucun écrit. Pourtant, grâce aux ***Dialogues***[4] de son plus fidèle disciple, **Platon**, on connaît sa pensée.

Philosopher, pour Platon, c'est tenter le passage du monde sensible des illusions (phénomènes d'ici-bas) aux Idées permanentes et intelligibles (le Bien, le Beau, le Vrai), le propre de l'Idée étant la « permanence toujours fidèle à elle-même ». Comment s'effectue un tel passage du monde sensible au monde intelligible possible ? Par l'action de nombreux intermédiaires. Dans *le* ***Banquet***, l'amour est un tel intermédiaire. Dans le ***Phédon***, c'est la mort.

3. Un auteur signalé en bleu renvoie à un article dans la partie « Grands philosophes ».

4. Une œuvre signalée en bordeaux renvoie à un article dans la partie « Œuvres philosophiques ».

La dialectique permet d'accéder progressivement aux Idées par un mouvement de la pensée qui part du sensible pour le dépasser. Ce dualisme du sensible et de l'intelligible double celui de la pureté de l'âme déchue dans un corps impur, ou celui du Bien et du Mal. Comme Socrate, Platon est convaincu du rôle politique et social du philosophe : ayant brossé dans *la* ***République*** le tableau d'une cité idéale, il en conclut que, pour qu'un tel régime puisse advenir, les philosophes doivent en devenir rois. Quitte à les contraindre à redescendre de la contemplation du ciel intelligible pour s'occuper des affaires de la cité et convaincre l'opinion publique de l'utilité sociale de la philosophie.

Aristote

Esprit curieux, **Aristote** nous laisse des traités sur des sujets d'une incroyable variété : physique, biologie, météorologie, morale, politique, économie, rhétorique, poétique et métaphysique. Mais son principal titre de gloire a été de fonder la logique (sans utiliser ce terme), c'est-à-dire l'ensemble des règles d'utilisation du discours. Il se déclare ouvertement en opposition à Platon (« Platon est mon ami, mais la vérité l'est davantage »), dont il critique continuellement la théorie des Idées, qui lui paraît sans fondement et inutile : si l'objet de la science est bien l'universel, point n'est cependant besoin de le séparer du sensible. Et comment l'Idée serait-elle cause de la production des choses si elle est absolument extérieure au sensible ? Quant à l'Idée du Bien, elle est incapable de fonder l'éthique : le Bien n'est pas une simple potentialité, il est acte et il n'y a donc de vertu que relative à chaque individu en situation.

Aristote n'est pas davantage d'accord avec Platon en ce qui concerne la politique : si l'homme est bien un « animal politique » (c'est-à-dire fait pour vivre en communauté), il s'agit moins pour lui de réaliser la meilleure constitution dans l'absolu que « le meilleur possible étant donné les circonstances ».

Autre point de divergence : la théorie de l'âme et du corps. Parti d'une affirmation platonicienne de la dualité de l'âme et du corps, Aristote en arrive à concevoir l'âme comme la forme du corps naturel, donc liée à lui et à sa disparition : « L'âme est la forme d'un corps organisé ayant la vie en puissance. » À sa mort, Aristote n'aura guère de disciples et sera éclipsé par deux grandes écoles hellénistiques : l'épicurisme et le stoïcisme.

L'épicurisme

Avec **Épicure**, la morale est au premier plan et se fait *eudémonisme* (philosophie du bonheur). Par contraste avec la plupart des philosophies antiques, le plaisir – défini comme une limite qui ne peut être dépassée sans se transformer immédiatement en douleur – est au centre de la recherche philosophique. L'idéal ascétique de l'épicurien consiste à se suffire à soi-même en suivant la nature et en ne retenant que les désirs « naturels et nécessaires ». Contrairement à une idée reçue, particulièrement tenace, l'épicurisme ne prône donc pas la jouissance absolue, le débordement des sens ou l'abondance, mais la « juste mesure ».

Le stoïcisme

Le stoïcisme ancien est fondé par Zénon de Kition (v. 335 - v. 264 av. J.-C.) auquel succèdent Cléanthe d'Assos (v. 331 - v. 232 av. J.-C.) puis Chrysippe de Soli (281 - v. 205 av. J.-C.). Tous s'attachent à mettre en évidence l'unité du système philosophique : la philosophie serait comme un œuf dont la coquille est la logique, le blanc l'éthique et le jaune la physique. La logique est beaucoup plus qu'un simple instrument de connaissance ; elle se compose d'une dialectique et d'une rhétorique. En distinguant le signifiant du signifié, ces penseurs façonnent la grammaire occidentale. Leur physique proclame que tout ce qui agit et pâtit est corporel, y compris les âmes, les dieux, les vertus, à l'exception du temps, du vide, du lieu et du signifié, qui, eux, font l'objet d'une théorie des « incorporels ».

En morale, les stoïciens s'efforcent de concilier l'infaillibilité du déterminisme avec la liberté humaine et la légitimité du jugement moral : l'assentiment qui est en notre pouvoir nous permet de vouloir l'ordre rationnel du monde. La vertu étant le seul bien à rechercher pour lui-même et le vice le seul mal absolu, le reste n'est qu'« indifférent ».

Aux IIe-Ier s. av. J.-C., le stoïcisme pénètre le monde romain grâce à Panaitios de Rhodes (185 - 112 av. J.-C.) et Posidonios d'Apamée (135 - 51 av. J.-C.). **Sénèque** le Philosophe, **Épictète** et **Marc Aurèle** s'emploient à réformer les mœurs. S'il s'estompe après Marc Aurèle, le courant revit néanmoins à travers le christianisme de Clément d'Alexandrie (v. 150 - v. 220 apr. J.-C.) et de Tertullien (v. 155 - v. 222 apr. J.-C.).

Au début du XVe s. italien (quattrocento), on assistera à une véritable résurrection de l'humanisme et du naturalisme stoïciens.

Le Moyen Âge

La scolastique et la redécouverte d'Aristote

Les philosophes du Moyen Âge, qui sont principalement des théologiens, mettent en œuvre une réforme de la pédagogie. Progressivement, les écoles vont se multiplier près des cathédrales : à Auxerre, Aurillac et surtout à Notre-Dame du Bec où, au Xe s., saint **Anselme** cherche, à l'instar de ce qu'avait fait saint **Augustin**, à réconcilier la foi et la raison.

Le XIIe s. est animé par deux foyers intellectuels : l'école de Chartres, dont les chanceliers font renaître la philosophie antique à partir du *Timée* de Platon, et l'abbaye de Saint-Victor (Paris), centrée sur la mystique de l'amour et l'étude des textes. Proche des chartrains, Abélard (1079-1142) prend parti dans la « querelle des universaux », qui oppose son maître Roscelin de Compiègne (1050 - v. 1121) au « réaliste » Guillaume de Champeaux (v. 1070 - 1121). Il sera condamné à Sens en 1140 pour ses positions théologiques contraires à celles de Bernard de Clairvaux (1090-1153), pour avoir privilégié la raison sur la foi, et aussi pour sa liaison amoureuse avec son élève Héloïse (1101-1164).

Avec l'apport des penseurs musulmans, la chrétienté redécouvre les Grecs, en particulier Aristote : presque tout le *corpus* est traduit, par Guillaume de Moerbeke (1215-1286) ainsi que par Avicenne (980-1037) et **Averroès**, ses commentateurs iranien et arabe. Saint **Thomas d'Aquin** est pour sa part le grand champion de la christianisation d'Aristote.

L'école d'Oxford

À la même époque se développe, en opposition à la « philosophie des Parisiens », l'école d'Oxford. Les recherches de son plus illustre représentant, Roger Bacon (v. 1220 - 1292), s'orientent davantage du côté des sciences mathématiques et expérimentales. La pensée de Duns Scot (v. 1266 - 1308) ne peut pas être rattachée à celle de saint Augustin, ni même à celle de saint Thomas d'Aquin, contre laquelle il s'inscrit, affirmant l'existence actuelle de la matière, l'individualisation par la forme et la priorité de la volonté.

Le nominalisme

Mais c'est dans le nominalisme, dont **Guillaume d'Occam** est le fondateur, que culmine la critique de la logique aristotélicienne : la réalité nous est donnée dans la singularité et non dans l'universel ; sitôt qu'une idée générale et abstraite cesse d'être un nom dans notre esprit, elle se singularise. Nicolas Oresme (v. 1322 - 1382), puis Pierre d'Ailly (1351-1420), en montrant le premier qu'il n'y a aucune preuve à l'appui du mouvement du ciel, le second à l'existence du monde extérieur, contribuent à ruiner l'aristotélisme.

La Renaissance

La découverte de nouvelles terres et de nouvelles populations aux mœurs et aux religions inconnues, l'essor des techniques et de l'industrie, l'accroissement des échanges marchands et l'affirmation de l'individu, l'invention de la perspective et la laïcisation de l'art ouvrent de nouveaux horizons culturels.

Renouveau des traditions anciennes

Pourtant, la plupart des philosophes de la Renaissance en restent à une vision traditionnelle de l'univers. On assiste à un retour au platonisme chez des penseurs aussi différents que Nicolas de Cues (1401-1464), Marsile Ficin (1433-1499), Pic de la Mirandole (1463-1494), Érasme (v. 1469 - 1536), Tommaso Campanella (1568-1639) et à l'inauguration d'un nouveau genre philosophico-littéraire à la suite de la publication d'***Utopie***, en 1516, par Thomas More (1478-1535). Parallèlement se développe un autre courant, l'averroïsme de l'école de Padoue, dont le maître le plus célèbre est Pietro Pomponazzi (1462-1525).

Les penseurs politiques

Le XVIe s. voit aussi la résurgence du stoïcisme dans les ***Essais*** (1580-1595) de **Montaigne** et *De la sagesse* (1603) de Charron (1541-1603), qui s'attachent à peindre le moi tel qu'il est, soumis à ses passions. On retrouve la même leçon de réalisme dans *le* ***Prince*** (1532, posthume) de **Machiavel**, dont la sagesse politique consiste à agir « en bête et en homme » au gré des circonstances, c'est-à-dire à prendre les décisions demandées par un contexte toujours changeant. Machiavel s'oppose ainsi aux préceptes théologiques imposant au prince de suivre la morale chrétienne : en toute chose il faut considérer la fin, notamment la constitution et le maintien d'un État, et s'adapter aux temps.

Enfin, deux grands systèmes closent la Renaissance. Il s'agit du *De orbis terrae concordia* (1544) de Guillaume Postel (1510-1581) et des *Six Livres de la république* (1576) de Jean Bodin (1530-1596), ouvrage qui élabore le concept moderne de souveraineté absolue et indivisible d'une république.

L'époque classique

L'empirisme anglais

Francis **Bacon** jette les bases de l'empirisme anglais. Dans son grand projet philosophique inachevé, la « Grande Reconstitution », dont le ***Nouvel Organon*** (1620) est l'œuvre maîtresse, il assigne au savoir un but pratique : il s'agit non seulement de connaître la nature, mais aussi d'agir sur elle. La connaissance elle-même s'en trouve modifiée : connaître, c'est pouvoir et ceci grâce à la maîtrise des opérations naturelles.

Bacon s'inscrit à la fois contre les humanistes[5], contre les scolastiques[6] et contre les spécialistes en tant qu'ils figent la connaissance. Sa méfiance à l'égard de l'*intellectus* l'entraîne à préconiser le recours à l'expérimentation et à l'observation des phénomènes comme critère de la vérité. Elle le conduit aussi à recourir à la méthode inductive comme procédé d'élimination, car les faits sont dissimulés derrière des « idoles » (des tendances innées de l'esprit qui sont autant de sources d'erreurs et d'illusions à démasquer).

Hobbes et l'État moderne

L'épithète de « matérialiste » est souvent appliquée à Thomas **Hobbes** en raison de ses thèses concernant l'activité de l'esprit, laquelle s'expliquerait et

5. Ce vocable désignera, à partir du XIXe s., les penseurs des XVe et XVIe s. qui s'inspiraient des auteurs grecs et latins de l'Antiquité et qui considéraient que l'homme était perfectible.

6. Partisans des méthodes d'enseignement mises en place dans les universités à partir du XIIe s., qui privilégiaient notamment la dialectique.

serait la conséquence du mouvement des corps. Son ouvrage le plus connu, *le* ***Léviathan*** (1651), fait pourtant partie d'une philosophie de la nature et de l'homme plus vaste, comme en attestent les traités ***De cive*** (1642), *De corpore* (1655) et *De homine* (1658).

Contre Platon, Hobbes affirme que la connaissance n'est nullement un système de formes, mais simplement un discours cohérent : le langage étant le moyen de conserver la mémoire de nos expériences et de les communiquer. Contre Aristote, il soutient que l'homme, bien loin d'être « un animal politique », n'est, à l'état de nature, qu'« un loup pour l'homme », mû par le désir d'exercer sa liberté naturelle, c'est-à-dire de faire ce que bon lui semble. Or, cette liberté, si elle est bien un droit, est cependant inutilisable à partir du moment où elle rencontre un obstacle de taille : la liberté d'autrui. L'exercice des libertés individuelles aboutit à la guerre de tous contre tous. L'obtention de la paix passe nécessairement par un dessaisissement de la liberté initiale, par un pacte social, et l'instauration d'un pouvoir absolu du souverain.

Le rationalisme cartésien

Dans son ***Discours de la méthode*** (1637), René **Descartes** se propose de montrer quelle est la méthode, c'est-à-dire le chemin qu'il a suivi pour « bien conduire sa raison et trouver la vérité dans les sciences ». Cette méthode privilégie un modèle mathématique en raison de la certitude et de l'ordre d'analyse que l'on trouve dans ce savoir. Mais elle vise le monde réel, la physique et ses applications techniques devant nous rendre « comme maîtres et possesseurs de la nature ». Dans les ***Méditations métaphysiques*** (1641), au terme d'un doute méthodique et radical qui ne laisse subsister que le « je pense, donc je suis », Descartes entend refonder la métaphysique et démontrer l'existence de Dieu. La philosophie devient enchaînement nécessaire de raisons à partir d'un premier fondement, un arbre dont les racines sont la métaphysique, le tronc la physique générale et les branches principales la médecine, la morale et la mécanique (***Principes de la philosophie***, 1644).

Même si d'autres penseurs critiques tels que **Pascal** ou Pierre Gassendi (1592-1655) contribuent, à la même époque, à fonder la nouvelle science, Descartes est souvent considéré comme « le premier penseur moderne » (Hegel), l'originalité de sa méthode consistant dans l'évidence comme critère de la vérité.

Spinoza et la connaissance de la nature

Pour Baruch **Spinoza**, par contraste avec Descartes, l'arbre lui-même s'identifie à sa plus haute branche : l'éthique. Cependant, dans *l'****Éthique*** (1677), il s'agit moins de conseils de pratique que de Dieu et de la vie en tant qu'elle est éternelle. Mais ce Dieu est assimilé à la nature, ce qui vaudra à Spinoza l'accusation d'athéisme. Ce dernier recueille de Descartes l'exigence d'une méthode ; il procédera *more geometrico* (à la manière des géomètres), mais c'est sur la réflexion et non sur la volonté qu'est centrée cette éthique. Au niveau de la connaissance imaginative qui est celle de tout le monde, tout se rapporte illusoirement au moi comme s'il était « un empire lui-même placé dans un plus vaste empire » (***Traité de l'autorité politique***, 1677). Mais la réflexion permet, dans un premier temps, de comprendre les lois de la nature, et même d'accéder à une nécessité plus secrète que la nécessité causale : « car, dis-je, tout est en Dieu, et tout ce qui arrive arrive par les seules lois de la nature infinie de Dieu et par la nécessité de son essence » *(l'Éthique)*.

Ainsi, le moi peut comprendre que la nature « naturée » (la nature comme résultat ou état) s'identifie à la nature « naturante » (la nature comme puissance de production) : ce troisième genre de connaissance l'installe au cœur même de la béatitude éternelle, ici-bas. L'âme et le corps, bien loin de s'opposer, sont la même chose de deux points de vue : l'âme est l'idée du corps. Nature et raison n'étant pas en conflit, on comprend dès lors que, sur le plan politique, l'État n'ait pas à supprimer le droit naturel et que les sujets se voient accorder le droit de rébellion contre un État violent et injuste.

L'universalisme leibnizien

Comme Descartes et Spinoza, Gottfried Wilhelm **Leibniz** est mécaniste et mathématicien. Au principe de l'évidence, source de nombreuses erreurs, il oppose le principe de raison qui s'énonce, négativement, « il n'existe rien sans raison », et positivement, « tout être a une raison ». Ceci permet au philosophe de démontrer l'existence de Dieu. Rêvant d'une science générale et d'une caractéristique universelle, voulant réconcilier les Modernes (Descartes) et les Anciens (Aristote), il réhabilite les formes substantielles de la scolastique et l'emploi des causes finales en physique.

Leibniz utilise le terme de « monades » pour désigner les substances immatérielles et individuelles (***Monadologie***, rédigé en 1714). Ces monades, qui sont unies entre elles par une causalité idéale et non physique, renferment une fois pour toutes tout ce qui leur arrivera, chacune d'entre elles « s'entre-exprimant ». D'où les thèmes de l'harmonie universelle et de la prédestination, qui culminent dans la formule de l'« optimisme » : « Tout est pour le mieux dans le meilleur des mondes possibles » que Voltaire va railler avec des contre-sens volontaires dans ***Candide*** (1759).

Les Lumières

Empirisme et philosophie expérimentale

Le mot clé du XVIIIe s. est celui d'*expérience* – écho du célèbre « je ne forge pas des hypothèses » d'Isaac Newton (à propos de la cause de la gravitation universelle), par lequel Newton s'inscrit dans la lignée de Francis Bacon, « père de la philosophie expérimentale » (selon la formule de Voltaire) et de la méthode inductive. L'induction est analytique, d'où la double obsession : décomposer en éléments et remonter à l'origine.

Dans l'***Essai sur l'entendement humain*** (1690), dont le premier livre est consacré à la critique des idées innées, John **Locke** se demande jusqu'où peut s'étendre le savoir humain. Et il répond que toutes nos connaissances dérivant de l'expérience, c'est-à-dire des idées (issues soit de sensation, soit de réflexion), elles ne sauraient la dépasser. Locke est à l'origine de deux notions essentielles : *self* (« soi ») et *consciousness* (« conscience »), qui vont nourrir toute la philosophie du sujet et d'autrui. Il contribue aussi à une philosophie du droit qui repose sur les qualités universelles de l'homme.

L'empirisme de David **Hume** le conduit, pour sa part, au scepticisme : les idées sont les représentations des impressions sensibles dont elles ne diffèrent que par l'intensité ; elles s'attirent en vertu de leurs relations de contiguïté ou de ressemblance. Le passage de la cause à l'effet n'est dû qu'à une habitude. Quant à George **Berkeley**, le sensualisme et l'empirisme l'incitent à nier la réalité des substances matérielles et à n'admettre que deux modes d'existence : ce qui perçoit (l'esprit) et ce qui est perçu (les idées).

L'esprit critique

L'idée directrice des Lumières s'exprime par la volonté d'« éclairer » et de combattre les idées reçues et les superstitions. C'est un mouvement européen – les Allemands parlent d'*Aufklärung*, les Anglais d'*Enlightenment*, les Italiens d'*Illuminati* et les Espagnols d'*Ilustrados* – qui incite à l'audace théorique et à la recherche dans toutes les directions, d'où la conviction qui anime certains d'édifier un savoir encyclopédique.

En France, Denis **Diderot** et Jean Le Rond d'Alembert (1717-1783) dirigent une œuvre collective, l'***Encyclopédie*** (1751-1772), qui recense toutes les connaissances en un large éventail de savoirs et de savoir-faire. Un matérialisme et un athéisme masqués imprègnent certaines notices, d'où des interdictions de paraître et plusieurs polémiques. La « critique » s'exerce également dans les domaines des valeurs et des mœurs, en témoigne le combat pour la tolérance mené par **Voltaire**. Cet exercice de la raison n'a cependant plus de rapport avec l'idée cartésienne ou leibnizienne d'une science universelle : la connaissance est l'instrument privilégié du combat de la raison pour son émancipation. Enfin, cette conversion de l'esprit spéculatif en esprit pratique s'affirme par la naissance d'une philosophie politique.

Les principes de la politique

Charles de **Montesquieu**, partant des seuls faits, veut découvrir les lois du domaine sociopolitique, dont il propose une définition inédite : « Les lois [...] sont les rapports nécessaires qui dérivent de la nature des choses » (*De l'**esprit des lois***, 1748). Son idéal est de déterminer le système des lois, susceptible de produire le maximum de liberté, celle-ci étant définie comme le « droit de faire tout ce que les lois permettent », compte tenu des circonstances historiques et physiques propres à chaque peuple.

Jean-Jacques **Rousseau** revendique le droit de remonter à un hypothétique état de nature pour s'interroger, à la suite de Hobbes et de Locke, sur le problème de l'origine du droit. C'est dans l'apparition de la notion de propriété qu'il situe l'origine de l'inégalité (***Discours sur l'origine et les fondements de l'inégalité parmi les hommes***, 1755). Dans *Du* ***contrat social*** (1762), il cherche à harmoniser les intérêts individuels aux intérêts collectifs à travers une théorie du contrat axée sur la liberté (passage de la liberté naturelle à la liberté politique). Dans ***Émile ou De l'éducation*** (id.), il explique comment instruire les enfants en suivant l'évolution naturelle de leurs progrès.

Le criticisme kantien

Pour Emmanuel **Kant**, les Lumières « sont ce qui fait sortir l'homme de la minorité qu'il doit s'imputer à lui-même », et le siècle des Lumières est le « siècle de la Critique à laquelle il faut que tout le monde se soumette ». Cette critique portera sur les trois facultés de la raison : connaître (***Critique de la raison pure***, 1781), agir et espérer (***Critique de la raison pratique***, 1788), juger (***Critique de la faculté de juger***, 1790).

La critique est la science nouvelle des conditions qui permettent à la raison de se connaître elle-même et de constituer la science et la métaphysique. Son but est de découvrir les principes *a priori* qui fondent l'objet de la connaissance. L'« esthétique transcendantale » est la réponse à la question : « Comment les jugements synthétiques *a priori* sont-ils possibles ? », c'est-à-dire les jugements qui apportent une nouvelle connaissance sans passer par l'expérience (par exemple, les raisonnements mathématiques). L'espace et le temps sont les formes de la sensibilité qui rendent possible la représentation des choses comme phénomènes, elles sont intuitions pures. L'« analytique transcendantale » montre, pour sa part, les conditions de possibilité de toute connaissance objective, les principes qui la fondent (l'unité du « je pense » qui accompagne nécessairement toute représentation) et les limites de leur emploi légitime. Elle est complétée par une dialectique, car la raison aspire (sans pouvoir l'atteindre) à connaître l'être tel qu'il est en soi, c'est-à-dire l'absolu du moi, de Dieu et du monde.

Cependant, la fin dernière de la raison n'étant pas la connaissance, mais l'action, la raison est essentiellement pratique, c'est-à-dire capable de déterminer la volonté et de donner sa loi à l'action. Comme Rousseau, Kant définit la liberté par le rapport d'obéissance à l'impératif catégorique que se prescrit le sujet. Les fins posées par la volonté morale devant se réaliser dans le monde sensible, la *Critique de la faculté de juger* établit la synthèse entre le règne de la nature et celui de la liberté grâce au concept de finalité.

Les temps modernes

Les révolutions anglaise (1688-1689), américaine (1776) et française (1789-1799) traduisent, de manière désordonnée, les idéaux des Lumières et marquent une rupture avec le monde de l'Ancien Régime.

Les philosophes et le monde moderne

La période qui est directement issue de ces révolutions, le XIXᵉ s., va connaître d'immenses changements, tant économiques et techniques (l'industrialisation, le chemin de fer, la division technique du travail avec le machinisme), que politiques (la colonisation, la création d'États-nations, le socialisme) et culturels (l'urbanisation, la création successive des multiples courants en « isme »). Aussi n'est-il guère surprenant que la philosophie soit également un terrain de luttes entre différentes conceptions du monde. En France, on assiste, durant la première moitié du siècle, à une réaction traditionaliste incarnée par des penseurs comme Joseph de Maistre (1753-1821) et Louis de Bonald (1754-1840), qui se déclarent contre les philosophes du XVIIIᵉ s.

Les idéologues

Parallèlement, on constate la diffusion de l'« idéologie », issue d'Étienne Bonnot de **Condillac**, et dont se réclament Antoine Destutt de Tracy (1754-1836) et Georges Cabanis (1757-1808). Tout d'abord proche des idéologues par son *Mémoire sur l'habitude* (1801), Maine de Biran (1766-1824) s'en éloigne peu à peu au profit de l'introspection, entraînant la réintroduction des préoccupations métaphysiques. Le spiritualisme éclectique se comprend comme une réaction contre l'« idéologie » : Pierre Laromiguière (1756-1837), Royer-Collard (1763-1845) et Victor Cousin (1792-1867) s'en font les défenseurs officiels après la Restauration.

La métaphysique postkantienne

Avec Arthur **Schopenhauer**, ainsi qu'avec Johann Gottlieb Fichte (1762-1814) et Friedrich von Schelling (1775-1854), la métaphysique postkantienne triomphe en Allemagne. *Le* ***Monde comme volonté et comme représentation***, de Schopenhauer, paraît en 1818 : il n'a aucun succès, ce dont l'auteur se consolera, pensant que, « si ce siècle ne [le] comprend pas, il y en a beaucoup ensuite ». Le monde, d'après lui, n'est qu'un « rêve de notre cerveau », produit d'une volonté absurde. Pour mettre un terme à la souffrance qu'il engendre, l'humanité dispose de l'art qui, grâce à la contemplation pure, nous délivre de l'action, et de la morale de la pitié, qui apaise la volonté.

Pour Fichte, le concept de liberté est central. À l'opposé des philosophes de l'*Aufklärung* (« Lumières »), la liberté ne saurait être une revendication populaire, ni l'objet d'une instruction populaire, mais le fait d'un « cerveau très clair et très cultivé », du savant qui est « le prêtre de la vérité » et qui enseigne par l'exemple (*Sur la destination du savant,* 1794). Dans les ***Discours à la nation allemande*** (1807), c'est le peuple allemand tout entier qui doit s'investir dans cette mission, en cultivant sa langue. Le problème que Fichte tente de résoudre dans sa *Théorie de la science* (1804) est celui de la compatibilité de la liberté avec la réalité des choses. Or cette liberté ne peut advenir, selon lui, que dans son opposition à la nature.

Sur le modèle légué par Fichte, Schelling construit une philosophie de la nature où l'activité n'est plus représentée par le moi et le non-moi, mais par les opposés dynamiques de la nature elle-même. La nature et l'esprit sont deux « puissances » de l'absolu et donc identiques. La philosophie ne sort pas de l'absolu, de même que chez Spinoza.

La dialectique hégélienne

Contre le formalisme de Kant, qui réduit la pensée à sa fonction d'organisation, Friedrich **Hegel** affirme l'identité de la pensée et de l'être dans le concept. Mais cette « identité » n'est pas l'absolu de Schelling, à qui manque « la douleur, la patience et le travail du négatif ». À cet absolu stérile, Hegel oppose le concept qui permet de connaître l'être par la médiation de l'extériorisation. Dans *la* ***Phénoménologie de l'esprit*** (1807), on assiste à ce procès de l'être par lequel le sujet, cherchant la certitude hors de soi, la retrouve en lui-même et s'oppose aux autres sujets comme « conscience malheureuse » : d'abord pour les détruire, avant de se réconcilier avec eux dans l'esprit.

La dialectique, ou jeu des contradictions, est la méthode qu'il préconise pour pénétrer le secret des choses. Elle est le mouvement intrinsèque de la réalité, le travail de la raison consistant à articuler et à résoudre les contradictions. La philosophie tout entière est l'exposition de la triade : être, nature, esprit – chacun de ces termes reproduisant à son tour le même mouvement d'*Aufhebung* (de dépassement) : en soi, pour soi, être revenu à soi. Hegel a également enseigné l'esthétique[7], que Kant assimilait à une « critique du goût » et qui correspond dorénavant à la philosophie de l'art.

Le matérialisme marxiste

Dans *XI*[e] *Thèse sur Feuerbach* (rédigé en 1845), Karl **Marx** écrit : « Les philosophes n'ont fait jusqu'ici qu'*interpréter* le monde diversement, ce qui importe, c'est de le *transformer*. » Dans *la* ***Sainte Famille*** (1844) et ***l'Idéologie allemande*** (1845), Marx et Friedrich Engels (1820-1895) « liquident leur ancienne conscience philosophique » et montrent l'antagonisme de la conception communiste avec la conception idéologique allemande incarnée par la gauche hégélienne, notamment Ludwig Feuerbach (1804-1872), David Strauss (1808-1874) et Bruno Bauer (1809-1882). Selon Marx, Hegel est coupable

7. Le mot a été forgé par le philosophe allemand Alexander Gottlieb Baumgarten (1714-1762) dans son ouvrage *Aesthetica* (1750-1758).

d'avoir parlé de l'être dans l'optique de la « théorie pure » et d'avoir méconnu la *praxis* (l'action consciente et volontaire).

Marx et Engels élaborent un matérialisme historique et dialectique qui se veut une critique radicale du système d'exploitation économique qu'est le salariat (***le Capital***, 1867). Marx révèle que l'aliénation du travailleur – qui n'a que sa « force de travail » à vendre – permet aux propriétaires des moyens de production de s'approprier la « plus-value » (cette différence entre la richesse produite et le salaire versé). À la différence des « utopistes » tels que le comte de Saint-Simon (1760-1825), Charles Fourier (1772-1837) ou Étienne Cabet (1788-1856), qu'ils estimaient, Marx et Engels prônent la lutte des classes (***Manifeste du parti communiste***, 1848) et visent l'établissement par la révolution d'une autre société (***Critique du programme de Gotha***, rédigé en 1875). Leurs œuvres vont alimenter, tout au long du XXe s., divers marxismes bien éloignés des principes énoncés, les uns libertaires, les autres autoritaires (Lénine, 1870-1924 ; Staline, 1879-1953 ; Mao Zedong, 1893-1976).

Le positivisme

Auguste **Comte**, ancien secrétaire du comte de Saint-Simon, forge le mot *sociologie* et fonde le positivisme, théorie des progrès de la connaissance, qui vise à réorganiser la société par le biais d'une réforme intellectuelle. C'est à la science sociale, couronnement des autres sciences positives, qu'est confiée cette mission dont la devise est : « L'Amour pour principe, l'Ordre pour base et le Progrès pour but. » L'humanité doit passer successivement par « trois âges » (théologique, métaphysique et scientifique), dont le dernier est aussi nommé « positif » – d'où le « positivisme », ensemble des lois qui régentent tous les phénomènes et expliquent leur(s) évolution(s).

Le retour du spiritualisme

Dans le domaine des études sociales et politiques, la seconde moitié du XIXe s. contraste avec le saint-simonisme et ses héritiers. S'enrichissant des apports allemands, le spiritualisme se diversifie et reprend ses droits. Charles Renouvier (1815-1903) invente l'« uchronie », qui se veut le pendant temporel de l'utopie, c'est-à-dire une nouvelle manière de reconsidérer l'histoire. On observe un retour à Kant et à l'idéalisme dans les questions portant sur la théorie de la connaissance (John Stuart **Mill**) et l'épistémologie (Antoine Augustin **Cournot**). Parallèlement, une réaction religieuse s'amorce avec le Danois Søren **Kierkegaard**, qui inspirera l'existentialisme.

Le vitalisme nietzschéen

Jean-Marie Guyau (1854-1888) propose une *Esquisse d'une morale sans obligation ni sanction* (1885), qui ne vise que « les moyens de *conserver* et d'*accroître* la vie », et *la Genèse de l'idée de temps* (1890), qui redéfinit la durée, la mémoire et considère que le présent contient le passé et le futur.

Il est apprécié de Friedrich **Nietzsche**, qui entreprend, lui, de briser les « anciennes tables », de rompre avec la religion et la métaphysique. Son héros et porte-parole, Zarathoustra, vient annoncer que « Dieu est mort », étouffé par sa trop grande compassion pour les hommes. À la morale judéo-chrétienne de la compassion, à l'objectivité du savant, à l'égalitarisme socialiste, Nietzsche entend substituer de nouvelles valeurs qui en représentent l'inversion, fondées sur l'égoïsme, la dureté, la volonté de puissance, la volonté de vivre : « L'homme est quelque chose qui doit être surmonté, l'homme est un pont et non un but. » Dans *le **Gai Savoir*** (1882), il note : « Que dit ta conscience ? – "Tu dois devenir celui que tu es." »

Le pragmatisme

Aux États-Unis, dans la foulée du transcendantalisme de Ralph Waldo Emerson (1803-1882), se construit le pragmatisme considéré comme une philosophie de la signification, avec le sémiologue Charles Sanders Peirce (1839-1914), le psychologue William James (1842-1910), le pédagogue John Dewey (1859-1952) et le sociologue George Herbert Mead (1863-1931). Chacun contribue à penser le moi dans ses relations à autrui, par le langage, l'art, l'autonomie.

Une tradition française : spiritualisme et épistémologie

L'œuvre d'Henri **Bergson**, centrée sur l'intuition et reformulant de façon concrète les problèmes du temps, de la liberté, de la vie et de la morale, marque profondément la philosophie française. La tradition du spiritualisme s'y maintient grâce à une nouvelle réception de la philosophie kantienne. En France, le XXe s. est aussi celui des historiens de la philosophie, tels Léon Robin (1866-1947) et Émile Bréhier (1876-1952), qui remettent en honneur la philosophie ancienne, Étienne Gilson (1884-1978) redécouvrant la philosophie médiévale, Henri Gouhier (1898-1994) s'attachant à la pensée classique et Jacques Maritain (1882-1973) assurant le renouveau du thomisme.

L'école française d'épistémologie, dont les grands ancêtres sont Pierre Duhem (1861-1916), qui étudie la structure de la théorie physique, et Léon Brunschvicg (1869-1944), qui décrit la création conceptuelle à travers l'histoire des sciences, trouvera pour sa part d'éminents représentants en Georges Canguilhem (1904-1995) et Gaston **Bachelard**. Ce dernier propose un *Nouvel Esprit scientifique* (1934) et s'évertue à dégager la poésie des éléments (l'air, le feu, l'eau et la terre).

La philosophie analytique

La philosophie analytique emprunte à l'esprit logique de Gottlob Frege (1848-1925) ses premières réflexions, mais c'est surtout avec les *Principia mathematica* (1910-1913) de Bertrand **Russell** et les recherches de George Edward Moore (1873-1958) que la logique classique se trouve reformulée.

Ludwig **Wittgenstein**, après avoir développé pour son propre compte dans le ***Tractatus logico-philosophicus*** (1921) les travaux de Russell, infléchit la philosophie analytique vers l'étude du langage ordinaire et de la « pragmatique ». C'est cette dernière direction qui reçoit, en Grande-Bretagne, l'apport essentiel de la philosophie du langage et ses incidences sur les types de raisonnement dans la pensée scientifique.

La phénoménologie

La phénoménologie – on trouve déjà le mot sous la plume de Hegel – est créée par Franz Brentano (1838-1917) et Edmund **Husserl**. Le premier conçoit l'intentionnalité, le second propose une nouvelle conception du rapport sujet-objet : l'objet n'est plus constitué par la conscience du sujet, comme chez Kant ; il doit être « mis entre parenthèses » en vue de la description des actes intentionnels de la conscience tendue vers l'objet, et dont la structure intuitivement saisie s'impose à elle. Husserl considère la phénoménologie comme la science des phénomènes tels qu'ils apparaissent à la conscience, d'où l'importance du *cogito* (ou « sujet transcendantal »), de « l'attitude naturelle » et de l'expérience de la conscience. Comme il l'écrit, il faut « revenir aux choses elles-mêmes ».

La « théorie critique »

Sous l'intitulé de « théorie critique » se développent à Francfort, autour de l'Institut de recherches sociales, les travaux de Max Horkheimer (1895-1973), Theodor Adorno (1903-1969) et Herbert Marcuse (1898-1979). Ceux-ci proposent une interprétation inspirée de Marx, de la société et de l'histoire, et s'évertuent à dénoncer l'aliénation qui résulte de la marchandisation généralisée et qui contribue à rendre unidimensionnel l'individu. La seconde époque de l'école de Francfort, émigrée aux États-Unis, est une réflexion sur les phénomènes du totalitarisme. Jürgen Habermas (né en 1929) renoue avec l'esprit de la recherche qui animait initialement l'Institut et propose, après avoir étudié « l'espace public », une théorie de « l'agir-communicationnel » à laquelle répond son collègue Karl-Otto Apel (né en 1922).

L'existentialisme

Les philosophies de l'existence, réintroduisant le problème de la subjectivité, se déploient en Allemagne avec Karl Jaspers (1883-1969) et Martin **Heidegger**, et trouvent un écho dans les publications de Maurice **Merleau-Ponty**, Hannah **Arendt**, Jean-Paul **Sartre** et Simone de Beauvoir (1908-1986). Heidegger provoque un renouveau conceptuel avec la publication d'***Être et Temps*** (1927), qui expose les conditions existentielles de « l'être jeté pour la mort », dont le destin consiste à présentifier le temps par ses propres agissements.

Le *dasein* – traduit en français par l'« être-là » – correspond au « là » de l'Être, ce qui en d'autres termes permet à l'Être d'être « là », *hic et nunc* (ici et maintenant). Ainsi, l'être humain *habite,* c'est-à-dire est présent au monde et à autrui : c'est à lui que revient de bâtir sa demeure sur terre. L'œuvre de Martin Heidegger va nourrir celles de ses étudiants, notamment Hannah Arendt et Emmanuel **Levinas**, qui vont enrichir la connaissance de soi et d'autrui, tout en formulant une pensée critique eu égard à la technique.

L'époque contemporaine

Le structuralisme

L'époque contemporaine est marquée par un éclatement de la philosophie, qui s'interroge désormais sur les sciences humaines et sur leurs méthodes : en particulier l'anthropologie avec Claude **Lévi-Strauss**, la psychanalyse freudienne et postfreudienne avec Jacques Lacan (1901-1981), la linguistique et la sémiologie avec Ferdinand de Saussure (1857-1913), Roland Barthes (1915-1980), Algirdas Julien Greimas (1917-1992), « l'archéologie du savoir » avec Michel **Foucault** ou la sociologie avec Pierre **Bourdieu**. Ces différentes recherches ont été rassemblées de manière plus ou moins appropriée sous le terme de structuralisme.

Le marxisme, un temps triomphant avec Louis Althusser (1918-1990), s'estompe depuis les critiques contre le totalitarisme de Cornelius Castoriadis (1922-1997) et de Claude Lefort (1924-2010), depuis aussi l'effondrement de l'Union soviétique, et ce malgré les tentatives d'Henri Lefebvre (1901-1991) ambitionnant de le renouveler ou celles de Kostas Axelos (1924-2010) visant à le dépasser en mêlant les apports de Marx à ceux de Heidegger.

La « French Theory »

De nouveaux chantiers sont apparus depuis Mai 1968 : la critique de la technique avec Michel Henry (1922-2002), la philosophie comme productrice de concepts avec Gilles **Deleuze** et Félix Guattari (1930-1992), les recherches de Jacques Derrida (1930-2004) sur la grammatologie, les travaux de Paul Ricœur (1913-2005) sur l'herméneutique, les ouvrages d'Edgar Morin (né en 1921) sur la complexité et l'écologie, la nouvelle histoire des sciences impulsée par Michel Serres (né en 1930) ou les analyses de Paul Virilio (né en 1932) sur la vitesse. Le succès de certains de ces philosophes français dans le monde anglo-saxon a abouti à l'expression « French Theory ».

La philosophie occidentale est dorénavant globalisée et s'entremêle à d'autres pensées nées dans d'autres terreaux culturels. Cependant, ses deux impératifs demeurent : comprendre le monde et inventer un art de vivre.

Jalons chronologiques

DATES	HISTOIRE CULTURELLE ET POLITIQUE	PHILOSOPHIE
v. - 8000	Jéricho, première ville connue de l'histoire	
v. - 4000	**Invention de l'écriture à Sumer** (Mésopotamie)	
v. - 1700	***L'Épopée de Gilgamesh***	
v. - 800	***L'Iliade*** et ***l'Odyssée*** d'Homère	
v. - 480	Mort de Bouddha (Inde)	Naissance de la métaphysique (Grèce, Ve s. avant notre ère)
- 479	Mort de Confucius (Chine)	
- 443	**Périclès réforme Athènes**	
- 440 / - 420	***Histoires*** d'Hérodote	
- 399		Mort de Socrate
- 387	Yang Zhu propage le taoïsme	Platon fonde l'Académie près d'Athènes
- 335		Aristote fonde le Lycée à Athènes
- 332	Fondation d'Alexandrie	
- 306		Épicure crée l'école du Jardin à Athènes
v. - 300	Rédaction du ***Mahabharata*** (Inde) Tseou Yen et l'école du *yin* et du *yang* (Chine)	Zénon de Kition fonde le Portique à Athènes
- 146	Destruction de Carthage La Grèce devient province romaine	
- 58	Conquête de la Gaule par Jules César	
- 44 / - 43		***Des devoirs*** de Cicéron
- 27	**Octave devient le premier empereur romain prenant le titre d'Auguste**	
- 8 ou - 7 ?	**Naissance de Jésus**	

v. 63		***Lettres à Lucilius*** de Sénèque
100 / 150	Plutarque entre au service de Trajan, puis d'Hadrien Diaspora des Juifs	
197		***Apologétique*** de Tertullien
203		Origène anime l'école catéchétique d'Alexandrie
v. 210		***Vies et opinions des philosophes*** de Diogène Laërce
v. 244	**Des invasions barbares ébranlent l'Empire romain**	Plotin fonde une école à Rome
v. 260	***Commentaire du Tchouang-Tseu*** de Xiang Xiu et Kouo Siang	Fondation de l'école d'Antioche
330	Byzance devient Constantinople	
v. 350		***De la Trinité*** de Hilaire de Poitiers
383		***Contre Eunome*** de Grégoire de Nysse
397 / 401	Le ***Nyaya-Bhasya*** d'Aksapada	***Confessions*** de saint Augustin
413 / 426		***La Cité de Dieu*** de saint Augustin
476	**Chute de l'Empire romain d'Occident**	
v. 524		***De la consolation de la philosophie*** de Boèce
529		Justinien interdit l'école d'Athènes Plusieurs philosophes s'exilent en Iran
622	**Début de l'ère de l'islam** Mahomet s'enfuit à Médine (hégire)	
630		***Étymologies*** d'Isidore de Séville
711	L'Espagne est contrôlée par le califat omeyyade de Damas	
787	Les iconoclastes sont condamnés par le concile de Nicée	
800 / 814	Charlemagne empereur d'Occident	
866		***De la division de la nature*** de Scot Érigène
899		Mort de Thabit ibn Qurra, auteur des ***Institutions d'Hermès***
1013		Mort d'Abu Bakr al-Baqillani, auteur du ***Kitab al-Tawhid***

JALONS CHRONOLOGIQUES

v. 1028		***Le Collier de la colombe*** d'Ibn Hazm de Cordoue Mort d'Ibn Maskueh, auteur de ***De la réforme des mœurs***
1037		Mort d'Avicenne
1054	**Séparation de l'Église romaine et de l'Église byzantine**	
1067		***Lettre sur la toute-puissance divine*** de Pierre Damien
1091		Al-Ghazali enseigne à l'université de Bagdad et rédige les ***Intentions philosophiques***
1096 / 1099	**Première croisade, prise de Jérusalem**	
1115	Bernard fonde l'abbaye de Clairvaux	
1121		Le traité ***De l'unité et de la Trinité divines*** de Pierre Abélard est condamné
v. 1134		***Didascalicon*** d'Hugues de Saint-Victor
1152		***Les Sentences*** de Pierre Lombard
v. 1170	***Lancelot ou le Chevalier de la charrette*** de Chrétien de Troyes	
1180		Averroès rédige ses ***Commentaires moyens sur la Rhétorique et sur la Métaphysique***
1190		Maimonide rédige ***le Guide des égarés***
1229	Instauration de l'Inquisition	
1230 / 1235	***Roman de la Rose*** (1re partie)	
1256		***Itinéraire de l'âme à Dieu*** de saint Bonaventure
1257	Fondation du collège de Sorbonne dédié à la théologie	
1266 / 1273		***Somme théologique*** de saint Thomas d'Aquin
1270	Mort de Saint Louis	***Ars inventiva veritatis*** de Raymond Lulle
v. 1307 / 1321	***La Divine Comédie*** de Dante	
1323		***Somme de logique*** de Guillaume d'Occam
1378 / 1417	**Grand Schisme d'Occident**	

1426	Invention de la perspective géométrique (Masaccio)	
1453	**Chute de l'Empire byzantin**	***De la paix et de la foi*** (en latin) de Nicolas de Cues
1455	**Gutenberg imprime la Bible**	
1482		***Théologie platonicienne*** (en latin) de Marsile Ficin
1486		***Conclusions*** (en latin) de Pic de la Mirandole
1488		***Éthique à Nicomaque*** d'Aristote traduit par Oresme
1492	**Colomb découvre l'Amérique**	
1511		***Éloge de la folie*** (en latin) d'Érasme
1513		***Le Prince*** (publié, en italien, en 1532) de Machiavel
1516		***Utopie*** (en latin) de Thomas More
1517	**Luther déclenche le mouvement de la Réforme**	
1523		***Traité de l'autorité*** de Luther
1524	Traduction du ***Nouveau Testament*** par Lefèvre d'Étaples	***Du libre arbitre*** (en latin) d'Érasme
1530	***La Syphilis ou le Mal français*** (en latin) de Fracastor	
1536	***Institution de la religion chrétienne*** (en latin) de Calvin	
1542	***Histoire des cruautés exercées par les Espagnols*** de Las Casas	
1543	***Des révolutions des sphères célestes*** (en latin) de Copernic	
1548	***Exercices spirituels*** d'Ignace de Loyola	
1550	Controverse de Valladolid	
1553	***Reconstitution du christianisme*** (en latin) de Michel Servet	
1562	**Début des guerres de Religion en France**	
1576		***Six Livres de la république*** de Jean Bodin
1580		Montaigne commence ses ***Essais***
v. 1592	***Richard III*** de Shakespeare	

JALONS CHRONOLOGIQUES

1598	Édit de Nantes	
1600	Supplice de Giordano Bruno ***L'Alcade de Zalamea*** de Lope de Vega	
1602	***La Cité du Soleil*** de Campanella	
1605	***Don Quichotte de la Manche*** (1re partie) de Cervantès	***L'Avancement des sciences*** de Bacon
1616	Premier procès de Galilée	
1618	Début de la guerre de Trente Ans	
1620		***Nouvel Organon*** de Bacon
1624	Richelieu devient ministre	
v. 1625	Tirso de Molina crée Don Juan dans ***le Trompeur de Séville et le Convive de pierre*** Port-Royal	
1627		***La Nouvelle Atlantide*** (posthume) de Bacon
1631	Théophraste Renaudot lance ***la Gazette***	
1633		Descartes renonce à publier son ***Traité du monde*** à la suite de la condamnation de Galilée pour avoir affirmé l'héliocentrisme
1635	Richelieu fonde l'Académie française	
1637	***Le Cid*** de Corneille	***Discours de la méthode*** de Descartes
1641		***Méditations métaphysiques*** (en latin) de Descartes
1651		***Le Léviathan*** de Hobbes
1656 / 1657	***Les Provinciales*** de Pascal	
1659	***Les Précieuses ridicules*** de Molière	
1661	**Monarchie absolue de droit divin de Louis XIV**	
1662	***Maximes*** de La Rochefoucauld	
1665	Création du ***Journal des Savants***, périodique littéraire et scientifique	
1666	Colbert fonde l'Académie des sciences	
1668 / 1694	***Fables*** de La Fontaine	

1670		***Traité théologico-politique*** (en latin) de Spinoza, ***l'Éthique*** paraîtra en 1677
1678	***Traité de la lumière*** (publié en 1690) de Huygens ***La Princesse de Clèves*** de Mme de La Fayette	
1684		***Traité de morale*** de Malebranche
1685	Révocation de l'édit de Nantes	
1686		***Entretiens sur la pluralité des mondes*** de Fontenelle
1687	***Principes mathématiques de philosophie naturelle*** (en latin) de Newton	
1689	Glorieuse Révolution en Angleterre avec la première Déclaration des droits	***Lettre sur la tolérance*** de Locke
1690	Dictionnaire de Furetière	***Essai sur l'entendement humain*** de Locke
1699	***Les Aventures de Télémaque*** de Fénelon	
1704	***Optique*** de Newton	
1710		***Essais de théodicée (...)*** de Leibniz
1719	***Robinson Crusoé*** de Daniel Defoe	
1721		***Lettres persanes*** de Montesquieu
1726	***Les Voyages de Gulliver*** de Jonathan Swift	
1730	***Hortus Uplandicus*** de Linné ***Le Jeu de l'amour et du hasard*** de Marivaux	
1734		***Lettres philosophiques*** de Voltaire
1735	***Systema naturae*** de Linné	
1739 / 1740		***Traité de la nature humaine*** de Hume
1740	Frédéric II, roi de Prusse	
1746		***Essai sur l'origine des connaissances humaines*** de Condillac
1748		***De l'esprit des lois*** de Montesquieu ***L'Homme-machine*** de La Mettrie ***Enquête sur l'entendement humain*** de Hume

JALONS CHRONOLOGIQUES

1749	***Histoire naturelle*** de Buffon (les trois premiers volumes)	***Lettre sur les aveugles (...)*** de Diderot, qui lui vaudra trois mois d'emprisonnement ***Traité des systèmes*** de Condillac
1750 / 1758		***Esthétique*** (en latin) de Baumgarten
1751	Premier volume de l'***Encyclopédie***	
1755	Tremblement de terre à Lisbonne	***Discours sur l'origine et les fondements de l'inégalité (...)*** de Rousseau
1756		***Recherche philosophique sur l'origine de nos idées du sublime et du beau*** de Burke
1759	***Le Tableau économique*** de François Quesnay ***Candide*** de Voltaire	
1762		***Du contrat social*** et ***Émile*** de Rousseau
1764	***Histoire de l'art chez les Anciens*** de Winckelmann	***Dictionnaire philosophique portatif*** de Voltaire
1770		***Système de la nature*** de d'Holbach
1772		***De l'homme*** (posthume) d'Helvétius
1774	***Les Souffrances du jeune Werther*** de Goethe	
1776	Proclamation de l'indépendance des États-Unis ***Enquête sur la nature et les causes de la richesse des nations*** d'Adam Smith	
1778		***Sur la connaissance et la sensibilité de l'âme humaine*** de Herder Mort de Rousseau et de Voltaire
1781		***Critique de la raison pure*** de Kant
1784	***Tableau méthodique des minéraux*** de Daubenton	***Idées sur la philosophie de l'histoire de l'humanité*** de Herder
1785	Lavoisier décompose publiquement l'eau (que l'on tenait pour un élément)	***Fondements de la métaphysique des mœurs*** de Kant
1788		***Critique de la raison pratique*** de Kant
1789	**Début de la Révolution française** **Déclaration des droits de l'homme et du citoyen**	

1790	***Le Mariage du ciel et de l'enfer*** de William Blake	***Critique de la faculté de juger*** de Kant ***Réflexions sur la Révolution en France*** de Burke
1791	***Justine ou les Malheurs de la vertu*** de Sade	
1795		***Esquisse d'un tableau historique des progrès de l'esprit humain*** de Condorcet
1796		***Fondement du droit naturel (...)*** de Fichte
1798	***Hypérion*** d'Hölderlin ***Essai sur le principe de population*** de Malthus	***Le Conflit des facultés*** de Kant ***L'Âme du monde*** de Schelling
1807	***Discours à la nation allemande*** de Fichte	***La Phénoménologie de l'esprit*** de Hegel ***Sur les relations des arts plastiques avec la nature*** de Schelling
1808	***Théorie des quatre mouvements*** de Fourier ***Sur la science de l'homme*** de Saint-Simon	Mort de Cabanis, initiateur des idéologues
1810	***La Théorie des couleurs*** de Goethe ***De l'Allemagne*** de Mme de Staël	
1813	Guerres napoléoniennes ***Orgueil et Préjugés*** de Jane Austen	***Pensées sur le mythe, l'épopée et l'histoire*** de Grimm ***La Science de la logique*** (1812-1816) de Hegel
1816	***Le Règne animal*** de Cuvier	
1818		***Le Monde comme volonté et comme représentation*** de Schopenhauer
1829	***Nouveau Monde industriel et sociétaire*** de Fourier	
1830	Conquête de l'Algérie par l'armée française	***Cours de philosophie positive*** (1830-1842) d'Auguste Comte
1834	***Essai sur la philosophie des sciences*** d'Ampère	***Paroles d'un croyant*** de Lamennais
1835 / 1840	***De la démocratie en Amérique*** de Tocqueville	
1838	***Recherches sur les principes mathématiques de la théorie des richesses*** de Cournot	***De l'habitude*** de Ravaisson
1840	***Qu'est-ce que la propriété ?*** de Proudhon	
1844		***La Sainte Famille*** de Marx et Engels

JALONS CHRONOLOGIQUES

1845	***Cosmos*** de von Humboldt	***L'Idéologie allemande*** de Marx et Engels ***L'Unique et sa propriété*** de Max Stirner
1848	Mort de Chateaubriand **Révolutions en Europe**	***Manifeste du parti communiste*** de Marx et Engels
1849	***Histoire de la Révolution française*** (1847-1853) de Michelet	***Traité du désespoir*** de Kierkegaard
1857	***Madame Bovary*** de Flaubert ***Les Fleurs du mal*** de Baudelaire	Mort d'Auguste Comte
1859	***La Légende des siècles*** (1859-1883) de Hugo ***De l'origine des espèces (…)*** de Darwin	
1861	Début de la guerre de Sécession (1861-1865) Émancipation des serfs en Russie	
1864	Fondation de la Ire Internationale à Londres	
1865	***Introduction à l'étude de la médecine expérimentale*** de Claude Bernard	
1867	Mort de Baudelaire	***Le Capital*** (livre I) de Marx
1870	Guerre franco-allemande	***De l'intelligence*** de Taine
1871	Commune de Paris	
1882		***Le Gai Savoir*** de Nietzsche
1883	Mort de Wagner	***Ainsi parlait Zarathoustra*** (1883-1885) de Nietzsche Mort de Marx
1887		***Généalogie de la morale*** de Nietzsche
1889	Tour Eiffel	***Essai sur les données immédiates de la conscience*** de Bergson
1890	***Les Lois de l'imitation*** de Gabriel de Tarde Mort de Van Gogh	***Principes de psychologie*** de William James
1893	***De la division du travail social*** de Durkheim	***L'Action*** de Maurice Blondel
1895	**Invention du cinématographe par les frères Lumière**	
1896		***Matière et Mémoire*** de Bergson
1898	« J'accuse » de Zola, en défense du capitaine Dreyfus	
1900	Ouverture du métropolitain à Paris ***L'Interprétation des rêves*** de Freud	***Recherches logiques*** (1900-1901) d'Edmund Husserl Mort de Nietzsche

1905	Théorie de la relativité restreinte d'Albert Einstein **Séparation de l'Église et de l'État en France**	***La Logique comme science du concept*** de Benedetto Croce
1907	***Les Demoiselles d'Avignon*** de Pablo Picasso	***Le Pragmatisme*** de William James ***L'Évolution créatrice*** de Bergson
1908	***Sociologie*** de Georg Simmel ***Réflexions sur la violence*** de Georges Sorel Naissance du cubisme	***Identité et Réalité*** d'Émile Meyerson
1909	***Manifeste du futurisme*** de Marinetti	
1910	***Science et Méthode*** d'Henri Poincaré ***Cinq Leçons sur la psychanalyse*** de Freud	Mort de William James ***Comment nous pensons*** de John Dewey (traduction française, 1925)
1912	Le Maroc sous protectorat français ***Les Formes élémentaires de la vie religieuse*** de Durkheim ***Métamorphoses et symboles de la libido*** de Jung ***Totem et Tabou*** de Freud	
1913	***Du côté de chez Swann*** de Marcel Proust ***Le Sacre du printemps*** d'Igor Stravinsky	***Idées directrices pour une phénoménologie*** d'Edmund Husserl
1914	**Début de la Première Guerre mondiale**	Mort de Charles Sanders Peirce
1915	Théorie de la relativité générale d'Albert Einstein	
1916	***Cours de linguistique générale*** par Ferdinand de Saussure	
1917	**Révolution d'Octobre en Russie**	
1919	Traité de Versailles Assassinats de Karl Liebknecht et Rosa Luxemburg Fondation du Parti communiste chinois Fondation du Bauhaus	***Psychologie des visions du monde*** de Karl Jaspers ***Introduction à la philosophie des mathématiques*** de Bertrand Russell
1920		***The Concept of Nature*** d'Alfred North Whitehead ***Propos*** d'Alain ***Du rôle de l'idée de l'instant dans la philosophie de Descartes*** de Jean Wahl
1921	Sun Yat-sen président de la République chinoise	***Tractatus logico-philosophicus*** de Ludwig Wittgenstein

JALONS CHRONOLOGIQUES

1922	Mussolini au pouvoir en Italie ***Économie et Société*** (posthume) de Max Weber ***L'Apogée du capitalisme*** de Werner Sombart ***Ulysse*** de James Joyce	***Durée et Simultanéité*** de Bergson
1923	Staline au pouvoir en URSS Louis de Broglie présente ses travaux sur la mécanique ondulatoire	***Nature et formes de la sympathie*** de Max Scheler ***Marxisme et Philosophie*** de Karl Korsch (traduction française, 1964) ***Le Déclin de l'Occident*** d'Oswald Spengler (traduction française, 1948)
1924	Mécanique quantique de Werner Heisenberg ***Manifeste du surréalisme*** d'André Breton ***Mein Kampf*** d'Adolf Hitler	
1925	**Première transmission TV en Grande-Bretagne**	
1927	***Le Chanteur de jazz*** d'Alan Crosland, premier film sonore	***Être et Temps*** de Martin Heidegger
1929	Crise boursière à Wall Street Fondation de la revue les ***Annales*** par Marc Bloch et Lucien Febvre	
1930		***Les Tendances actuelles de la philosophie allemande*** de Georges Gurvitch
1932	***Le Meilleur des mondes*** d'Aldous Huxley	
1933	Hitler au pouvoir en Allemagne ***La Condition humaine*** d'André Malraux	***La Conscience de soi*** de Louis Lavelle ***Le Temps vécu*** d'Eugène Minkowski
1934	La « Nuit des longs couteaux »	***Le Nouvel Esprit scientifique*** de Gaston Bachelard
1934 / 1935	Longue Marche en Chine	Simone Weil quitte l'enseignement pour travailler en usine (***la Condition ouvrière***, 1951, posthume)
1939	**Début de la Seconde Guerre mondiale** ***Les Raisins de la colère*** de Steinbeck	***Esquisse d'une théorie des émotions*** de Jean-Paul Sartre
1942	***Introduction à la sémantique*** de Carnap Les nazis décident la « Solution finale », c'est-à-dire l'extermination des Juifs dans les camps de concentration	***La Structure du comportement*** de Maurice Merleau-Ponty ***L'Eau et les Rêves*** de Gaston Bachelard

1943	***Prolégomènes à une théorie du langage*** de Hjelmslev ***L'Expérience intérieure*** de Georges Bataille ***Le Petit Prince*** d'Antoine de Saint-Exupéry	***L'Être et le Néant*** de Jean-Paul Sartre
1945	**Bombes atomiques américaines sur Hiroshima et Nagasaki** ***Milieu et Techniques*** d'André Leroi-Gourhan	***La Phénoménologie de la perception*** de Maurice Merleau-Ponty
1946	Guerres d'Indochine (1946-1975) Premier Festival de Cannes	***L'existentialisme est un humanisme*** de Jean-Paul Sartre ***Tableau de la philosophie française*** de Jean Wahl
1947	Plan Marshall ***Cybernetics, or Control and Communication in the Animal and the Machine*** de Norbert Wiener, fondateur de la cybernétique	***Lettre sur l'humanisme*** de Martin Heidegger ***La Dialectique de la raison*** de Max Horkheimer et Theodor Adorno (traduction française, 1974) ***Introduction à l'analyse existentielle*** de Ludwig Binswanger (traduction française, 1971) ***De l'existence à l'existant*** d'Emmanuel Levinas
1948	**Déclaration universelle des droits de l'homme** **Premier ordinateur IBM SSEC** Mouvement Cobra ***Le Phénomène humain*** de Teilhard de Chardin	***La Découverte de soi*** de Georges Gusdorf
1949	Division de l'Allemagne en RFA et RDA Fondation de l'OTAN ***1984*** de George Orwell Brecht fonde le Berliner Ensemble	***Les Structures élémentaires de la parenté*** de Claude Lévi-Strauss ***Le Deuxième Sexe*** de Simone de Beauvoir
1953	***Le Degré zéro de l'écriture*** de Roland Barthes	***Introduction à la métaphysique*** de Martin Heidegger ***Mythe et Métaphysique*** de Georges Gusdorf
1954	***Le Seigneur des anneaux*** (1954-1956) de Tolkien	***Le Principe espérance*** d'Ernst Bloch ***La Technique ou l'Enjeu du siècle*** de Jacques Ellul
1955	***Le Marteau sans maître*** de Pierre Boulez ***Tristes Tropiques*** de Claude Lévi-Strauss	***Histoire et Vérité*** de Paul Ricœur ***La Formation du concept de réflexe (...)*** de Georges Canguilhem

JALONS CHRONOLOGIQUES

1956	Révolution hongroise	***Éros et Civilisation*** de Herbert Marcuse ***L'Obsolescence de l'homme*** de Günther Anders ***Vers la fin de l'ontologie*** de Jean Wahl
1957	Spoutnik 1 ***Sur la route*** de Jack Kerouac	***Du monde clos à l'univers infini*** d'Alexandre Koyré ***La Poétique de l'espace*** de Gaston Bachelard
1958	Constitution de la Vᵉ République française ***Mon oncle*** de Jacques Tati Premier numéro de l'***Internationale situationniste***	***Problèmes actuels du marxisme*** d'Henri Lefebvre ***Condition de l'homme moderne*** d'Hannah Arendt (traduction française, 1961)
1960	Le pop art aux États-Unis ***À bout de souffle*** de Jean-Luc Godard	***Critique de la raison dialectique*** de Jean-Paul Sartre
1961	Youri Gagarine, premier homme lancé dans l'espace Construction du mur de Berlin	Mort de Maurice Merleau-Ponty ***La Crise de la culture*** d'Hannah Arendt (traduction française, 1972) ***Totalité et Infini*** d'Emmanuel Levinas ***Marx, penseur de la technique*** de Kostas Axelos
1962	Accords d'Évian et fin de la guerre d'Algérie ***Une journée d'Ivan Denissovitch*** de Soljenitsyne Vatican II	***La Pensée sauvage*** de Claude Lévi-Strauss Mort de Gaston Bachelard ***L'Espace public*** de Jürgen Habermas (traduction française, 1978)
1963	Assassinat de J.F. Kennedy	***Phénoménologie et Praxis*** de Jean-Toussaint Desanti
1964	Jean-Paul Sartre refuse le prix Nobel de littérature	
1965	***Les Choses*** de Georges Perec Mort de Le Corbusier ***Alphaville*** de Jean-Luc Godard	Mort de Martin Buber, auteur de ***le Je et le Tu*** (1923) ***Lire « le Capital »***, Louis Althusser, Pierre Macherey, Jacques Rancière, Roger Establet et Étienne Balibar ***L'Essence du politique*** de Julien Freund
1966	***Écrits*** de Jacques Lacan	***Les Mots et les Choses*** de Michel Foucault

1967	Naissance du land art Les militaires au pouvoir en Grèce Première greffe du cœur Assassinat de Che Guevara	***De la grammatologie*** de Jacques Derrida ***La Société du spectacle*** de Guy Debord ***Logique et connaissance scientifique*** sous la direction de Jean Piaget
1968	**Révoltes étudiantes mondiales** Printemps de Prague ***Stimmung*** de Stockhausen ***Théorème*** de Pier Paolo Pasolini	***Le Droit à la ville*** d'Henri Lefebvre
1969	Neil Armstrong et Buzz Aldrin, premiers hommes à marcher sur la Lune	***Logique du sens*** de Gilles Deleuze ***L'Archéologie du savoir*** de Michel Foucault
1970	Exposition universelle d'Osaka Barrage d'Assouan	***La Société de consommation*** de Jean Baudrillard
1971	***Orange mécanique*** de Stanley Kubrick **Premier micro-ordinateur**	***Une société sans école*** d'Ivan Illich
1972		***L'Anti-Œdipe*** de Gilles Deleuze et Félix Guattari
1973	***L'Archipel du Goulag*** (1973-1976) de Soljenitsyne	***La Convivialité*** d'Ivan Illich ***Regard, parole, espace*** d'Henri Maldiney
1974	***Espèces d'espaces*** de Perec	***La Production de l'espace*** d'Henri Lefebvre
1976	Mort d'André Malraux Mort de Mao Zedong	Mort de Martin Heidegger ***L'Échange symbolique et la mort*** de Jean Baudrillard
1977	Centre Pompidou Mort de Charlie Chaplin	***Vitesse et Politique*** de Paul Virilio ***La Nature de la nature*** d'Edgar Morin
1979	Révolution en Iran Mort de John Wayne	***La Distinction*** de Pierre Bourdieu ***Le Futur passé*** de Reinhart Koselleck (traduction française, 1990) ***Le Principe responsabilité*** de Hans Jonas (traduction française, 1990)

JALONS CHRONOLOGIQUES

1980	***Le Nom de la rose*** d'Umberto Eco Solidarność en Pologne	***Mille Plateaux*** de Gilles Deleuze et Félix Guattari ***Adieux au prolétariat*** d'André Gorz
1984	***L'Amant*** de Marguerite Duras	Mort de Michel Foucault ***Homo academicus*** de Pierre Bourdieu
1985	***La Forme d'une ville*** de Julien Gracq	Mort de Vladimir Jankélévitch ***Le Détour : pouvoir et modernité*** de Georges Balandier
1989	**Chute du mur de Berlin** Fatwa de l'ayatollah Khomeyni contre Salman Rushdie	
1990		***Soi-même comme un autre*** de Paul Ricœur ***Trouble dans le genre : pour un féminisme de la subversion*** de Judith Butler ***Introduction à la pensée complexe*** d'Edgar Morin
1991		***Qu'est-ce que la philosophie ?*** de Gilles Deleuze et Félix Guattari
1992	***Non-lieux : introduction à une anthropologie de la surmodernité*** de Marc Augé	***Dans le miroir du passé*** d'Ivan Illich ***Multiculturalisme*** de Charles Taylor (traduction française, 1994)
1994		Mort de Jacques Ellul
1995		Suicide de Gilles Deleuze Mort d'Emmanuel Levinas ***La Vitesse de libération*** de Paul Virilio
1997		Mort de Cornelius Castoriadis ***La Crainte des masses : politique et philosophie avant et après Marx*** d'Étienne Balibar ***Méditations pascaliennes*** de Pierre Bourdieu
1998	Mort de Paul-Henry Chombart de Lauwe, précurseur de la sociologie urbaine	Mort de Jean-François Lyotard, auteur de ***le Postmoderne expliqué aux enfants*** (1986)
1999		***Règles pour le parc humain*** de Peter Sloterdijk
2000		***La Mémoire, l'histoire, l'oubli*** de Paul Ricœur ***Empire*** de Michael Hardt et Antonio Negri
2009	Mort de Claude Lévi-Strauss	

Le bonheur

L'État

La liberté

La conscience et l'inconscient

Notions philosophiques

L'art

La raison

La justice et le droit

La vérité

L'art

« L'art est le langage des sensations, qu'il passe par les mots, les couleurs, les sons ou les pierres. »

Gilles Deleuze et Félix Guattari, ***Qu'est-ce que la philosophie ?*** (1991).

Étymologie et définition

1) Artisan et artiste

Le latin *ars* traduit le grec *technê* et désigne l'ensemble des manières de faire, les astuces du métier qui sont propres à une activité technique – d'où en français les mots « artiste » et « artisan ». Ces deux termes sont à la fois proches, à cause de cette habileté partagée, et distants par la **dimension créative** revendiquée par le premier, alors que le second se contenterait de **fabriquer**. L'artisan produit un objet sans en inventer la forme mais en reproduisant un modèle à partir d'un gabarit, tandis que l'artiste réalise une œuvre d'art, unique et singulière.

2) Savoir-faire et créativité

On le voit, la frontière est ténue entre les deux : l'imagination d'un artisan le propulse artiste et la dextérité de l'artiste l'associe à l'artisan, maître de ses outils et de son savoir-faire. D'ailleurs, au XVIIIe s. encore, l'artisan peut être appelé « artiste », et les « arts et métiers » étudiés par l'***Encyclopédie*** (1751-1772) articulent **dimensions artistique et technique**. On retrouve cette proximité avec les arts appliqués et les arts décoratifs qu'on regroupe sous l'appellation de « métiers d'art » (tailleur de pierre, verrier, ébéniste, etc.).

Dorénavant, un artiste est un créateur dont la réalisation (un tableau, une sculpture, une vidéo, une installation) est exposée dans un musée ou chez un galeriste, et qui s'échange sur le marché de l'art selon la cote en vigueur.

Analyse de la notion

1) Quelles sont les finalités de l'art ?

a) Le beau et l'absolu

Depuis quand l'art existe-t-il ? Cette question ne possède pas de réponse. Pas plus que la question « Qu'est-ce que l'art ? » C'est notre culture qui considère que les décorations ornant les cavernes et autres grottes préhistoriques sont des peintures, ou que les statues de terre ou de bronze étaient utilisées pour le culte des ancêtres. Du coup, nous imaginons que ces « œuvres d'art » appartiennent à la magie ou à des croyances aux significations perdues, qu'elles servaient aux rites mortuaires ou aux cérémonies honorant la fécondité. De même, nous prêtons aux vases grecs ou aux sculptures découvertes dans les pyramides égyptiennes des vertus sacrificielles, faisant de l'art un **attribut religieux**. Qu'en savons-nous ? Le plaisir que nous avons à admirer un temple grec et ses cariatides était-il aussi intense pour un contemporain ? En d'autres termes, trouvait-il beau ce que nous apprécions comme tel ?

À défaut de le savoir, contentons-nous d'admettre que **l'art est inutile** et qu'il satisfait la **quête sans fin de l'humain pour la beauté**. Une beauté d'ailleurs sans définition stricte, à la différence des canons édictés par une académie. Pour Victor Hugo (1802-1885), la beauté, « c'est l'infini dans un contour » ; autant avouer que certains artistes recherchent avant tout l'absolu. L'être humain s'avère doué pour se raconter des histoires, croire aux mythes et apprécier ce *quelque chose* qui ne sert à rien d'autre qu'à la communication, l'échange, le plaisir. C'est certainement pour cette raison qu'une statue, qu'une lampe à huile, qu'un bijou dédiés à un dieu nous touchent encore alors même que plus personne ne connaît la religion qui était pratiquée à l'époque. **Kant** explique qu'un outil dont l'usage a disparu peut nous apparaître comme de l'art. C'est aussi pour cela que l'art ignore le progrès, à la différence des sciences et des techniques. **Marx** s'étonnait de cette exception à son déterminisme économique : si le moulin à vent correspondait au servage et le haut-fourneau au prolétariat, la cathédrale de Chartres, *la Joconde* ou *Guernica* semblent sans âge.

b) De l'imitation à l'abstraction

Ce que l'on observe, c'est l'**importance de la nature** dans l'inspiration des artistes (la plupart d'entre eux sont anonymes, et ce n'est qu'à partir du XVe s., en Italie, que les peintres signent leurs toiles). Ils imitent ce qu'ils voient : une grappe de raisin, un cours d'eau serpentant au fond d'une vallée, un ciel illuminé par un soleil triomphant, le visage triste d'un éphèbe. Les fresques, les moulures, les meubles mêmes empruntent à la nature les formes des fleurs ou des arbres, les becs des oiseaux ou les couleurs des animaux. La nature semble parfaite, avec ses feuilles d'arbres à la symétrie troublante, ses pétales s'ouvrant en un ciboire élégant, ses lianes tissant des motifs harmonieux. Pourquoi chercher ailleurs ce que la nature offre à l'œil exercé du peintre ou du sculpteur ?

Rétrospectivement, nous repérons les traces de la nature dans l'art grec (les colonnes et leurs chapiteaux proviennent de la forêt voisine), dans l'art médiéval (avec son bestiaire chrétien, son âne et sa vache de la crèche de la Nativité, son agneau pascal et son poisson de la pêche miraculeuse), dans l'art classique (la nature y devient mythologique avec Poussin [1594-1665] et le Lorrain [1600-1682]), dans l'art du paysage (de Corot [1796-1875] et Millet [1814-1875] aux impressionnistes), dans l'Art nouveau (les stations du métropolitain signées Hector Guimard [1867-1942]). Bien sûr, la nature n'est pas pareillement perçue et représentée d'une époque à une autre. Néanmoins, il faudra que l'art quitte progressivement l'imitation et ose **s'abstraire de la nature** pour justement montrer **l'autre réel** : celui caché en chacun. En 1915, Malevitch (1878-1935) expose son *Carré noir sur fond blanc,* tableau abstrait qui montre le monde intime, personnel du peintre. Un monde, et non plus *le* monde.

2) Qu'exprime l'art ?

a) La représentation académique

Déjà, à la Renaissance italienne, l'art, par ses motifs, n'est plus l'écho de la religion mais celui des préoccupations des humains. Le **portrait** et l'**autoportrait** sont à la mode. Ils témoignent de la fierté de l'individu découvrant son moi. N'importe quel bourgeois passe commande d'un tableau. Son prix dépend de sa taille, du nombre des couleurs et des personnages, de ce qui est représenté. Pour les historiens, ce sont d'utiles renseignements sur une époque, sur ses mœurs, ses costumes, ses attitudes ou son mobilier, et aussi sur le savoir-faire du peintre. Le **public** date de ce moment – la fin du XVIIe s., avec la réglementation de l'Académie royale de peinture par Colbert (1619-1683) –, ce moment où le tout-venant devient spectateur d'un tableau et où certains penseurs se mettent à exercer leur esprit critique sur ces œuvres exposées – vers le milieu du XVIIIe s., avec **Diderot** par exemple, que l'on présente comme l'un des premiers critiques d'art.

b) L'esthétique de la subjectivité

Aux critères académiques se substituent progressivement la **subjectivité du regardant** qui fait état de son **goût** et tente de convaincre ses amis. Le Beau n'est plus ceci ou cela, selon les codes du moment, mais ce qui vous touche, vous transporte, vous bouleverse, ce que certains, tels Edmund Burke (v. 1729 - 1797) et Kant, vont désigner par « **le sublime** ».

C'est au milieu du siècle des Lumières que le philosophe allemand Alexander Gottlieb Baumgarten (1714-1762) forge le mot « esthétique » pour désigner la philosophie essentiellement préoccupée par la beauté artistique. On apprend à regarder une œuvre et à formuler son avis. Charles Baudelaire (1821-1867) n'hésite pas à trouver beau ce que d'autres considèrent laid. L'art – aussi bien la poésie que la musique, l'architecture que la sculpture, la peinture que la danse – ne se contente plus de représenter, c'est-à-dire rendre présent ce qui est absent (une personne morte, un sentiment disparu, un lieu éloigné, une saison passée) : il fait désormais **sentir et ressentir**.

c) L'expression d'une émotion

C'est le mot « émotion » qui exprime le mieux ce je-ne-sais-quoi par lequel on sait qu'on se trouve devant une œuvre d'art. Dans « émouvoir », il y a « mouvoir », d'où ce transport, ce déplacement, ce voyage, que procure une œuvre d'art. « À quoi songes-tu ? », vous demande un ami au sortir d'un concert ou d'un musée, et vous ne pouvez lui répondre que par des notes, des couleurs, des voix, des traits qui vous entraînent *ailleurs,* dans le monde de l'artiste, à ses côtés.

Ce n'est pas un hasard si c'est un peintre, Paul Klee (1879-1940), qui a le mieux formulé ce qu'est l'art en disant que « **l'art ne reproduit pas le visible, il rend visible** ». En effet, l'art ne copie pas la réalité : il la donne à voir, la révèle, la transcende, la magnifie, la transfigure. L'art possède une dimension existentielle qui fait qu'il nous importe au plus profond de nous, qu'il nous forme et nous transforme. Ce n'est plus la reproduction la plus parfaite d'un corps, d'un paysage, d'un pan de nature qui nous émeut, mais ce qu'en comprend l'artiste qui s'efforce de nous transmettre sa perception par le biais d'un art devenu **langage à vocation universelle**.

Renvois

Notions : le bonheur, la conscience et l'inconscient, le désir, l'existence et le temps, langage et interprétation, la liberté, la perception, la religion, le sujet, le travail et la technique.

Repères : abstrait - concret ; croire - savoir ; essentiel - accidentel ; expliquer - comprendre ; genre - espèce - individu ; objectif - subjectif ; origine - fondement ; persuader - convaincre ; ressemblance - analogie.

Thèses les plus classiques sur la notion

Platon — l'art falsifie le réel en l'imitant

■ **Platon** n'est guère favorable aux artistes, qu'il admire pourtant, à commencer par Homère (VIIIᵉ s. av. J.-C. ?). Mais ils contribuent selon lui à fausser les pistes qui mènent à la vérité en imitant le réel et en le faisant passer pour vrai. « L'imitation, écrit-il dans le livre X de *la* ***République,*** est donc loin du vrai, et si elle façonne tous les objets, c'est semble-t-il parce qu'elle ne touche qu'à une petite partie de chacun, laquelle n'est d'ailleurs qu'une ombre. [...] Eh bien ! ami, voici à mon avis ce qu'il faut penser de tout cela. Lorsque quelqu'un vient nous annoncer qu'il a trouvé un homme instruit de tous les métiers, qui connaît tout ce que chacun connaît dans sa partie, et avec plus de précision que quiconque, il faut lui répondre qu'il est un naïf, et qu'apparemment il a rencontré un charlatan et un imitateur, qui lui en a imposé au point de lui paraître omniscient, parce que lui-même n'était point capable de distinguer la science, l'ignorance et l'imitation. »

Emmanuel Kant le génie donne ses règles à l'art

■ **Kant** considère qu'on apprécie une œuvre d'art par sa qualité émotionnelle, subjective, personnelle, que ce qu'elle procure est, en quelque sorte, hors d'une évaluation conceptuelle et relève du *génie* de l'artiste (et non de l'artiste considéré comme étant un génie). Dans la ***Critique de la faculté de juger*** (1790), il précise ce qu'il entend par un tel terme : « Le *génie* est le talent (don naturel) qui donne à l'art ses règles. Dans la mesure où le talent, comme pouvoir de produire inné chez l'artiste, appartient lui-même à la nature, on pourrait aussi s'exprimer ainsi : le *génie* est la disposition innée de l'esprit par l'intermédiaire de laquelle la nature donne à l'art ses règles. [...] Car tout art suppose des règles par le truchement desquelles seulement un produit est représenté comme possible, s'il doit être désigné comme un produit de l'art. Cela dit, le concept des beaux-arts ne permet pas que le jugement sur la beauté de son produit soit dérivé d'une quelconque règle possédant un *concept* comme principe de détermination [...] ; c'est dire que les beaux-arts ne sont possibles que comme produits du génie. »

Friedrich Hegel l'analyse du processus spirituel artistique

■ **Hegel** consacre plusieurs années de son enseignement à pénétrer les arcanes de la création et à dégager ce qui résulte du jeu que l'artiste favorise entre la forme et l'esprit. Il expose le processus spirituel qui en vient à saisir une forme et à lui donner sens : « Cette succession, écrit Hegel dans ses *Leçons sur l'esthétique* (1835-1839), qui se déroule à l'intérieur de l'esprit artistique présente elle-même à son tour, du fait de sa nature propre, deux côtés. En effet, ce développement lui-même est *premièrement* un développement *spirituel* et *universel,* dès lors que ce qui prend figure artistique est la succession des *visions du monde* déterminées, comme autant de degrés de la conscience déterminée mais englobante du naturel, de l'humain et du divin ; *deuxièmement,* ce développement intérieur de l'art doit se donner une existence immédiate et une présence sensible, et les modalités déterminées de l'existence artistique sensible sont elles-mêmes une totalité de différences nécessaires de l'art – les *arts particuliers.* »

Autrui

« Je n'ai qu'un moyen de sortir de moi-même : c'est de me dépayser en autrui. La communication est une structure de la connaissance vraie. »

Paul Ricœur, « L'histoire de la philosophie et l'unité du vrai » (1953), dans ***Histoire et Vérité*** (Le Seuil, 1955).

Étymologie et définition

1) Autrui comme autre moi-même

Le mot *autrui* désigne l'« autre » (du latin *alter*), celui qui n'est pas moi mais qui par sa présence me permet d'être ce que je suis, c'est-à-dire semblable à lui tout en étant différent. C'est l'altérité (du bas latin *alteritas*) qui mesure « l'état, la qualité de ce qui est autre, différent » (Pierre Larousse, *Grand Dictionnaire universel du XIX*e *siècle,* 1866-1876). Ainsi, pour qu'existe **autrui**, il convient tout d'abord qu'il y ait du « **moi** ». Quand *ego* (« je ») se manifeste, il autorise alors l'expression de son *alter ego,* cet « autre moi-même », semblable à moi mais non identique.

2) Autrui comme sujet du genre humain

Dans le langage courant, votre *alter ego* est quelqu'un en qui vous avez suffisamment confiance pour lui déléguer votre propre pouvoir, afin qu'il vous représente, qu'il soit « vous » sans l'être. Tout « autre » n'est pas votre *alter ego*. Pour qu'il le soit, il doit y avoir une dimension de confiance et, par conséquent, de familiarité. C'est souvent un ami.

Plus généralement, « autrui » correspond aux humains qui constituent l'humanité à laquelle nous appartenons. Par conséquent, nous sommes également « autrui » aux yeux d'un autre. Nous pouvons lui paraître **étrange** et même peut-être **étranger**, mais notre appartenance à la même humanité l'incite à nous accueillir, à devenir notre hôte et son hôte, puisque ce mot désigne à la fois celui qui reçoit et celui qui est reçu. Cette **hospitalité** est le signe d'une reconnaissance, d'une volonté de faire connaissance et ainsi de pacifier cette relation, qui ne va jamais de soi.

Analyse de la notion

1) Autrui : une menace ou une chance ?

La relation avec autrui résulte en effet d'une culture et ne se manifeste jamais spontanément. La **méfiance** (ou la **crainte**) semble un trait ordinaire du comportement des humains. Il s'agit pour un individu, comme pour un groupe, de se protéger d'autrui, sur lequel on ne sait rien et qui nous paraît menaçant. Parler avec lui devient le seul moyen d'entrer en contact et de créer une communication qui peut **nous rassurer sur ses intentions**.

Cet échange de paroles s'accomplissant, nous découvrons au contact de cet « autre » des facettes inconnues de notre propre personnalité tout en faisant connaissance avec lui. D'une pierre deux coups, en quelque sorte, dit Paul Ricœur (1913-2005) en une formule plus poétique, qui conseille à qui veut mieux se connaître de se « dépayser en autrui ». Ce **voyage chez l'autre** s'avère être un détour propice pour aller aussi chez soi. À la méfiance succède alors l'étonnement, puis la sympathie et même la gratitude, car par lui j'accède à moi-même.

2) La relation avec autrui nourrit-elle la conscience de soi ?

La conscience de soi s'éclaire grâce au rapport à autrui. C'est par la confrontation avec l'autre que j'assure et assume mes propres différences. Sans l'autre, je resterais aveugle et muet. La sociabilité se construit par les interrelations, incessantes, changeantes, parfois conflictuelles, qui se nouent et se dénouent entre individus. **Aristote** imagine une « amitié parfaite » entre deux personnes, reposant sur les valeurs qui déclenchent leur rencontre (bien, plaisir et utilité) et confortent leur dignité. Aristote voit en l'autre un autre moi-même, et non pas un autre possédant sa propre individualité. Il faudra l'amour du prochain que les chrétiens vont revendiquer, puis l'affirmation du sujet pensant par **Descartes**, pour que chacun recherche dans l'autre non pas le double de soi (telle l'image qu'un miroir nous renverrait), mais un **semblable ayant sa singularité**.

L'être humain est, affirme Georg Simmel (1858-1918), relationnel : il passe sa vie à établir des liaisons – et donc aussi à (se) délier –, car c'est par l'autre qu'il prouve son existence. **Chaque être humain s'alimente d'autrui**. Pourtant, l'autre lui demeure inconnaissable de manière irréductible. À dire vrai, jamais un homme ne saura ce que ressent une femme face à l'amour, à la maternité, à la vieillesse, par exemple, et inversement. Cette inconnaissance irréductible conforte la diversité des humains et les garantit d'une impossibilité de cloner leur être profond. Déjà, **Kant** observait l'« insociable sociabilité » enfantée par les oppositions qui se manifestent entre individus pourtant disposés à s'accorder. La rivalité, la concurrence, la jalousie, mais aussi l'antipathie, viennent parasiter le désir d'aller à la rencontre d'autrui et contrarier l'établissement du lien social.

Pourtant, le conflit ouvert ou virtuel, la confrontation avec l'autre, participent à la **construction du sujet**, de sa personnalité. Ainsi, qu'il y ait ou non sympathie entre deux individus appelés à travailler de concert, chacun s'enrichira de l'autre, y compris en l'esquivant. L'être humain s'avère paradoxal : il réclame la présence d'un autre (car on ne peut pas vivre sans ami, pense-t-il) tout en étant vite irrité par son attitude ou ses propos. Combien de fois, doit-on se l'avouer, la fâcherie apparaît bien futile et l'on s'empresse de téléphoner à l'ami avec lequel on vient d'avoir un mouvement d'humeur pour se réconcilier. On veut de l'autre, certes, mais à sa guise.

3) Individualité et individualisme

a) L'autre et le semblable

Plusieurs autres notions tournent autour de celle d'autrui, qu'elles éclairent ou complètent – en voici quelques exemples. Il paraît ainsi indispensable d'**associer** « autre » à « semblable », mais en insistant sur ce qui les **différencie**. Tous les êtres humains appartiennent à une seule humanité. Pourtant, chaque sujet est singulier et prend sa mesure dans l'étrangeté de l'autre. Ainsi, je n'existe que par autrui, qui en retour s'affirme, mais en exprimant ses particularités. Il y a là une **idée de réciprocité** qui sous-entend une telle relation. Aristote considère que certains hommes ne peuvent qu'être esclaves ; dans ce cas, la réciprocité n'existe pas, ce qui rend impossible une amitié entre un maître et son esclave.

b) Naissance de l'individu

Chaque culture attribue à l'être humain une certaine place par rapport au groupe (le lignage, la famille, la parenté, la communauté, la classe sociale, la génération, le genre, etc.), qui lui assure une autonomie ou une subordination plus ou moins importante. L'**individu**, au sens actuel du terme, dans le monde occidental, est récent. Ce personnage, indépendant et relativement autonome, trouve ses marques durant la période XVe-XVIIe s. qui voit se généraliser, sans ordre chronologique, la signature, l'héritage, le portrait et l'autoportrait, la biographie et l'autobiographie, la correspondance et le journal intime, et reçoit de la philosophie politique des Lumières sa consécration.

Depuis les révolutions américaine (1776) et française (1789), l'individu est un citoyen « entier », qui peut élire et être élu et possède une voix inaliénable dans la pratique d'une démocratie représentative. Cet individu – homme, puis femme – oscille constamment entre **individualité** et **individualisme**. Si l'individualité caractérise chaque individu et le distingue des autres, l'individualisme est grandement partagé et consiste à privilégier ses seuls intérêts au détriment d'autrui. Avoir un comportement individualiste s'apparente à de l'égoïsme. L'individualité déploie les qualités intrinsèques à un individu, son originalité en quelque sorte, tandis que l'individualisme est une posture de repliement sur soi et de refus de l'autre qui conduit à une indifférence à autrui et un mimétisme terne et uniformisateur. Du reste, l'on parle, comme d'une calamité sociale, de la « montée de l'individualisme » qui met en péril les conditions élémentaires de toute sociabilité. L'individualisme désigne la capacité pour un individu à ne vivre que pour lui-même, par lui-même, sans se préoccuper des autres, d'où le danger d'« individualisme forcené ». Cette forme d'égoïsme est flattée par la publicité.

c) Autrui : un catalyseur « d'espérances »

L'individualité regroupe les particularités d'un individu. Ces qualités ne se révèlent que lors d'une confrontation avec autrui. Dans *le* ***Gai Savoir*** (1882), **Nietzsche** s'interroge : « Qu'aimes-tu chez autrui ? – Mes espérances. » Il explique par cet aphorisme que c'est par « autrui » que « je » découvre ce qui le caractérise, ce à quoi il veut ressembler, ce qu'il souhaite conquérir, quel est cet appel à advenir, sans qu'« autrui » ne le sache.

4) Solidarités et amitiés

a) Le réseau de sociabilité

Chacun constate, ne serait-ce que pour survivre, qu'il dépend des autres, aussi s'évertue-t-il à nouer des relations (amicales, amoureuses, de travail, de loisirs), tissant à cette occasion un réseau de sociabilité et de solidarité. **Durkheim** distingue la « **solidarité mécanique** » de la « **solidarité organique** » : la première soumet les attentes des individus à celles du groupe auquel ils appartiennent ; la seconde correspond à une division du travail plus poussée qui reconnaît à chacun une autonomie particulière. Il existe d'autres formes de solidarités, choisies, militantes, affectives, etc., qui concourent à l'expression d'une relation équilibrée entre « soi » et les « autres ».

b) L'amour, l'amitié

Ce sont les interrogations sur la nature des sociétés humaines qui conduisent des philosophes, comme **Platon** (dans *Lysis* et dans *le* ***Banquet***) et plus tard Aristote (dans *la Grande Morale*), à examiner ce qu'est l'amitié et à découvrir cet « autrui » avec lequel on est amené à cohabiter pour vivre. Aristote démontre que le bonheur est une activité, il n'est ni un acquis ni un retrait du monde (la solitude), mais l'**action d'aller vers l'autre**, de l'aimer et en l'aimant de se découvrir. Il existe en grec trois mots pour désigner l'« amour » : *éros,* qui dépend du désir qu'on éprouve envers une autre personne, la *philia,* qui correspond à l'amitié qu'on souhaite nouer avec quelqu'un, et l'*agapè,* qui concerne l'amour « universel », que les théologiens chrétiens plus tard nommeront la « charité ». Dans ces trois cas, c'est « autrui » le pendant de « je », tous les deux sont constitutifs de ce qu'ils ne peuvent réaliser seuls et qui les comblent.

C'est surtout à partir du XIXe s. et au XXe s. que les philosophes enrichiront la notion d'« autrui » à la suite de l'urbanisation, des migrations, du tourisme, de la télévision, qui ne cessent de mêler chacun de nous aux autres et inversement. Le « Connais-toi toi-même » de **Socrate** se transforme en « Comment puis-je me connaître au contact de ? ». Avec l'explosion de la communication

Renvois

Notions : le bonheur, le désir, langage et interprétation, la société, le sujet.

Repères : genre - espèce - individu ; obligation - contrainte ; universel - général - particulier - singulier.

et l'extension des réseaux sociaux, jamais la « conscience de soi » ne réclame autant la « conscience d'autrui ».

Thèses contemporaines sur la notion

Emmanuel Levinas le désir d'autrui est fondamental

■ **Levinas** fonde son éthique sur la responsabilité que le moi a envers autrui. L'altérité est la preuve de l'humanité de l'humain, elle se manifeste par le visage. Dévisager l'autre consiste en une promesse de rencontre. Le philosophe écrit dans *Humanisme de l'autre homme* (Fata Morgana, 1972) : « Le Désir d'Autrui que nous vivons dans la plus banale expérience sociale, est le mouvement fondamental, le transport pur, l'orientation absolue, le sens. » Sans ce désir, nous dépérissons et devenons désorientés, sans plus savoir distinguer le Bien du Mal (Levinas écrit que le mal « est sans visage »).

Jean Baudrillard l'altérité menacée par l'homogénéité

■ Jean Baudrillard (1929-2007), dans *l'Autre par lui-même* (Galilée, 1987), constate que l'altérité se trouve sans cesse réduite par l'extension du simulacre, du « faux » plus vrai que le vrai, qui substitue l'immanence à la transcendance en un déploiement technologique sans équivalent dans l'histoire. Pour lui, un sentiment, un objet quelconque, une information, une relation, etc., deviennent des « biens de consommation », ce qui estompe les différences et impose la transparence comme mode d'être, diluant ainsi la singularité dans l'homogénéité.

Jean-Luc Nancy ni l'« un » ni l'« autre » n'existent

■ Jean-Luc Nancy (né en 1940), dans *Être singulier pluriel* (Galilée, 1996), explique en quoi ni l'« un » ni l'« autre » n'existent « en soi », mais « entre » eux. Du reste, ajoute-t-il avec une certaine espièglerie, ne dit-on pas « entrer en contact » ? Pour lui, toute société résulte des coexistences interindividuelles qui font « ensemble » et non pas « un ensemble ». En effet, précise-t-il, « l'"ensemble" n'est pas un prédicat de l'être », alors que « "ensemble" est le trait de l'être même ». Ainsi, l'altérité ne complète pas un « je » isolé en quête d'un lien social, mais devient l'expression du « avec » qui confère à chacun sa place dans ce qui fabrique, tant bien que mal, « ensemble ».

Le bonheur

« On entend ici par le mot bonheur un état, une situation telle qu'on en désirât la durée sans changement ; et en cela le bonheur est différent du plaisir qui n'est qu'un sentiment agréable, mais court et passager, et qui ne peut jamais être un état. »

Fontenelle, ***Du bonheur*** (1724).

Étymologie et définition

1) Le bonheur comme chance

Le mot *bonheur* vient de « heur », terme du bas Moyen Âge signifiant « augure ». C'est un **présage**, favorable ou non, qui renvoie à la **chance**. Le mot a fini par désigner plus restrictivement la bonne chance, le bon augure. Le rapport à la chance est donc dominant à l'origine et il le demeure par la suite, quoique le français moderne l'ait largement atténué. Au XVIIIe s., le médecin philosophe Julien Offray de La Mettrie (1709-1751) parlait encore de l'« heureuse organisation » (au sens d'organisme), à la fois hasard bienvenu et constitution favorable au bonheur.

Dans la société d'aujourd'hui, le bonheur est omniprésent dans de nombreux discours, signe de l'importance et de la notion et de son rapport à la fortune, qui fascine l'individu et suscite chez lui l'espérance. L'heureux élu ou l'heureux événement rappellent en effet que ces moments de joies intenses, dont on espère un bonheur durable, gardent une dimension aléatoire.

2) Le bonheur comme état durable de félicité

À la suite d'une lente évolution, le bonheur a revêtu un sens plus ciblé : il désigne désormais un **état durable de satisfaction complète** que l'on distingue, au moins dans un premier temps, du plaisir ponctuel et de la joie passagère. Si le bonheur garde un rapport avec la chance, c'est à travers la question de savoir si l'état qu'il provoque provient seulement de la fortune plus ou moins aveugle, ou si l'on peut en partie l'anticiper, voire le maîtriser.

Si son contenu et ses moyens demeurent flous, le bonheur en tant que concept recouvre donc un sens précis. Il désigne un idéal que l'on peut chercher, qui peut faire l'objet d'une quête et d'une théorisation, alors que la joie relève davantage de ce que chacun peut éprouver à certaines occasions heureuses ou simplement plaisantes.

Analyse de la notion

1) Un état permanent ?

La première problématique consiste à délimiter la notion. D'une part, on tend souvent à confondre le bonheur avec des sentiments plus ou moins éphémères. D'autre part, l'idée de bonheur semble floue même à celui qui le cherche. Les éléments donnés ci-dessus en définition permettent de mieux cerner la question. Si le bonheur est un état durable que l'on souhaite voir durer toujours, il doit donc être de l'ordre de ce qui peut s'inscrire dans le temps. Dans l'idéal, il faudrait même qu'il le traverse sans changer. C'est pourquoi l'association entre le **bonheur** et le **divin** est très courante, sur le plan religieux comme en philosophie.

Ainsi, les philosophes antiques représentent souvent les dieux comme des bienheureux ne subissant aucune des altérations que le temps impose aux hommes. À défaut d'atteindre cet état parfait, le bonheur reste pour la plupart de ces philosophes un état relativement permanent où la satisfaction peut se suffire à elle-même. C'est aussi pourquoi il doit être complet : dans l'idéal, la satisfaction est totale et ne laisse aucun manque. Mais il faut nuancer : cela ne veut pas dire que tout est absolument parfait (ce qui ferait du bonheur une chose impossible, au moins pour les hommes), mais seulement que les **aspirations les plus fondamentales sont satisfaites**. Rien de nécessaire ne doit manquer et venir perturber le bonheur en plongeant l'individu dans la frustration. Le problème devient de savoir quel type de jouissances ou de biens (au sens le plus large) peut procurer un tel état de satisfaction.

2) Un idéal universalisable ?

Une deuxième problématique, liée à la première, articule le **bonheur** et la **vérité**. Les critères de durabilité et de complétude font du bonheur un objet philosophique sur lequel une vérité est possible : on peut discuter de ce qui est vraiment durable et de ce qui peut réellement combler un homme. Contrairement à la joie qui singularise l'instant et l'individu qui l'éprouve, le bonheur peut devenir un idéal universalisable. C'est pourquoi une philosophie du bonheur conduit en général à une réflexion sur l'homme : il faut se demander s'il existe une nature humaine et ce que sont ses aspirations.

Beaucoup de philosophes antiques se sont intéressés au bien suprême susceptible de satisfaire tout homme. Dans ce cadre, le bonheur est définissable d'une manière précise et universelle (avec, bien sûr, des débats sur la définition qui convient). En revanche, et comme les auteurs modernes le souligneront, si le bonheur varie selon le tempérament, la culture, l'éducation, etc., un discours véridique sur le bonheur devient plus difficile. Finalement, il s'agit alors de savoir si le bonheur est, au moins pour l'homme, un absolu ou s'il est relatif.

3) Un paradoxe ?

Cela nous conduit à une troisième problématique. La **possibilité du bonheur**, et non seulement sa nature, est au cœur de nos interrogations. C'est en fait une question relativement moderne car, dans l'hypothèse où il existe un « souverain bien », même si on ne le connaît ou ne le possède pas encore, sa possibilité semble acquise. Le problème de sa possibilité n'est alors pas seulement de savoir si le bonheur dépend de nous (même s'il est humainement accessible), mais aussi et surtout de savoir s'il est un idéal sensé, s'il désigne un état revêtu d'une quelconque réalité. Il se pourrait que le bonheur ne désigne rien de positif, mais seulement la fin d'un manque ou l'absence d'une douleur.

Par ailleurs, un état durable de bonheur peut sembler contradictoire, car la satisfaction ne peut constituer qu'**un instant dans le mouvement du désir**. Or ce moment marque déjà soit le recommencement du manque, soit l'absence de désir : dans les deux cas, il n'est pas pure satisfaction. **Schopenhauer**, dans *le* ***Monde comme volonté et comme représentation*** (1818), a mis en valeur ce paradoxe : « Tout bonheur est négatif, sans rien de positif ; nulle satisfaction, nul contentement, par suite, ne peut être de durée ; au fond ils ne sont que la cessation d'une douleur ou d'une privation, et, pour remplacer ces dernières, ce qui viendra sera infailliblement ou une peine nouvelle, ou bien quelque langueur, une attente sans objet, l'ennui. »

4) Le bonheur est-il le « souverain bien » ?

L'idée de « souverain bien » a animé la plupart des réflexions philosophiques sur le bonheur depuis l'Antiquité jusqu'au XVIIe s. Ce vaste concept a permis d'accueillir différents eudémonismes (doctrine morale qui fait du bonheur le but de la vie humaine) axés sur la vertu, sur le rapport à soi ou sur la gestion des plaisirs. N'est-il pas tout simplement synonyme de « bonheur » ? Quoi qu'il en soit, le « souverain bien » donne un cadre à la réflexion en ciblant une question – quel bien poursuivre pour viser le bonheur ? – et un débat – parmi cet éventail de propositions données, laquelle permet d'atteindre le bonheur le plus authentique ou le plus sûr ?

a) Le bonheur selon les stoïciens

Plus précisément, l'idée du « souverain bien » permet à la recherche de viser un bien dont la valeur est tellement supérieure aux autres qu'il suffit à combler l'homme. Le « souverain bien » permet d'orienter la recherche. D'où la récurrence des images et métaphores de la focalisation, notamment chez les stoïciens. Ainsi **Épictète**, dans son ***Manuel***, et **Marc Aurèle**, dans ses ***Pensées pour moi-même***, insistent sur la nécessité de savoir trancher entre les biens pour construire un mode de vie visant le bonheur. Celui-ci est alors présenté comme une cible vers laquelle se concentrer : par exemple, comme un bateau dont il faut toujours, lors d'une escale agréable, guetter le signal de la sirène afin de pouvoir revenir immédiatement vers lui. Savoir chercher le bonheur, c'est **savoir évaluer les biens et se décider** franchement pour l'un d'eux : « Celui qui aime la gloire met son propre bonheur dans les émotions d'un autre ; celui qui aime le plaisir, dans ses propres penchants ; mais l'homme intelligent, dans sa propre conduite » (Marc Aurèle, *Pensées pour moi-même*).

b) Le bonheur et les fins parfaites

Le « souverain bien » s'associe également souvent à une réflexion sur les fins parfaites. Selon **Aristote**, celles-ci sont les fins en soi qui ne sont pas des moyens pour d'autres fins, mais ont en elles-mêmes leur propre valeur. C'est aussi pour cela que le « souverain bien » est suffisant : il a sa valeur en lui-même et ne requiert rien d'autre. « En ce qui concerne le fait de se suffire à soi-même, écrit Aristote dans ***Éthique*** *à Nicomaque,* voici quelle est notre position : c'est ce qui, pris à part de tout le reste, rend la vie désirable et n'ayant besoin de rien d'autre. Or tel est, à notre sentiment, le caractère du bonheur. »

Cela conduit à articuler la **recherche du « souverain bien »** à **la réflexion sur la destination de l'homme** : pour savoir ce qui peut pleinement combler un homme, il faut savoir vers quel type de fin il doit se tourner, voire à quelles fins il est par nature voué. En soulignant la valeur suprême, pour l'homme doué de raison, des fins morales et théorétiques (relatives à la connaissance pure, à la théorie), Aristote propose une conception du bonheur où l'homme trouve sa place naturelle en exerçant ses fonctions propres.

5) Le bonheur est-il une idée, un désir, une image ?

Mais le bonheur est-il réellement concevable ? Autrement dit, est-il une idée claire dont seul le moyen pour y parvenir est obscur, ou plutôt un vague désir que l'imagination magnifie ? Le concept de « souverain bien » peut finalement sembler **une place vide**, voire **une illusion** : comment un seul bien suffirait-il à combler les aspirations d'un être tissé de désirs, qui, le plus souvent, n'a pas conscience de ce qui l'anime ?

Davantage qu'à un traitement rationnel maîtrisé, le bonheur renverrait donc à notre imagination et à une manière de vivre plus ou moins consciemment nos désirs. Plusieurs conceptions du désir, comme celle de **Rousseau** dans ***Julie ou la Nouvelle Héloïse*** (1761), insistent sur sa renaissance permanente grâce à la succession infinie de la satisfaction et du manque. Il y a un plaisir paradoxal à désirer, ce qui implique de redéfinir le bonheur. La question devient de cibler la nature d'un bonheur qui n'est plus un état permanent, mais plutôt un **état qu'on souhaiterait faire durer**, pour reprendre la citation de Fontenelle (1657-1757). Par exemple, dans *l'École de la volupté* (1746), La Mettrie place la volupté – incarnation du bonheur propre à l'être sensible qu'est l'homme – dans le moment qui succède au plaisir physique : dans cet instant de juste distance, l'esprit peut alors contempler sa joie, la faire durer et l'enrichir grâce à l'imagination.

À l'opposé, **Kant** a traité le bonheur comme un « **idéal de l'imagination** » (***Fondements de la métaphysique des mœurs***, 1785), c'est-à-dire un idéal sans consistance forte, sans contour conceptuel précis, donc un but infiniment indéterminé. En fait, tout homme trouve dans l'expérience ce qui le satisfait, il ne peut s'en faire une idée *a priori*, encore moins forger un concept formé par ses satisfactions. D'où un paradoxe frappant : tout homme cherche le bonheur mais personne ne sait ce qu'il cherche ! La conclusion est que, contrairement à l'association antique entre bonheur et vertu morale, le bonheur pour Kant ne peut être un vrai guide pour l'action. À travers le retour du problème de la définition du bonheur, on en vient donc à relativiser la place que sa recherche peut et doit occuper dans nos vies.

Renvois

Notions : autrui, le désir, le devoir, la liberté, la morale, la religion, la vérité.

Repères : absolu - relatif ; cause - fin ; essentiel - accidentel ; idéal - réel ; universel - général - particulier - singulier.

Thèses les plus classiques sur la notion

Les stoïciens — un bon rapport à soi-même

■ Penseurs du « souverain bien », les stoïciens ont placé le bonheur dans un bon rapport à soi. Ainsi, la quête du bonheur ne consiste pas à chercher hors de soi un bien inaccessible pour assouvir un désir, mais à retrouver en soi ce qu'on a perdu, à se retrouver soi-même. Néanmoins, il faut préciser ce « soi » : il ne s'agit pas d'une identité psychologique et sociale, mais du « principe directeur » (**Marc Aurèle**, ***Pensées pour moi-même***) de l'esprit en tant que raison et volonté. Il s'agit donc de se soucier de bien penser, et de vouloir et agir de manière adéquate. Les stoïciens retrouvent alors une dimension soulignée par **Aristote** : en visant le « souverain bien », l'homme accomplit ses fins propres : à savoir être rationnel et sociable. Le stoïcisme radicalise finalement une idée répandue dans la philosophie antique : seul l'homme bon, celui qui accomplit les fins de sa nature, peut être heureux.

René Descartes — le fruit d'un long exercice de méditation

■ **Descartes**, dans la partie III du ***Discours de la méthode*** (1637), s'inspire de la distinction centrale des stoïciens entre ce qui dépend de nous et dont la pleine maîtrise fait notre bonheur (nos pensées et nos volontés), et ce qui n'en dépend pas et qu'il faut délaisser (le corps et ses désirs, les biens matériels – telle la richesse –, le pouvoir et les honneurs). Mais Descartes insiste sur le long exercice de méditation intérieure et sur les habitudes nécessaires pour mettre en œuvre ce projet. Fontenelle retiendra qu'il faut garder tout ce qu'on peut du principe stoïcien. Mais la difficulté réside dans la nature en partie illusoire de ce dernier, l'homme étant un être sensible qui ne se maîtrise pas complètement.

Arthur Schopenhauer — le bonheur n'existe pas

■ **Schopenhauer**, penseur souvent qualifié de pessimiste, a rompu radicalement avec l'eudémonisme classique. Non seulement le bonheur est une illusion entretenue par l'alternance des plaisirs, des manques et des peines, non seulement il n'est pas un idéal positif pouvant et devant régler nos vies, mais, au sens strict, il n'existe pas. Le bonheur est un point entre le manque et l'ennui. Schopenhauer, dans *le* ***Monde comme volonté et comme représentation*** (1818) est encore plus radical que **Kant** dans sa conception du caractère évanescent du bonheur : celui-ci n'est pas un idéal voué à rester indéterminé, mais l'illusion de durée d'une satisfaction nécessairement ponctuelle.

La conscience et l'inconscient

« La conscience est la lumière immanente à la zone d'actions possibles ou d'activité virtuelle qui entoure l'action effectivement accomplie par l'être vivant. Elle signifie hésitation ou choix. »

Henri Bergson, ***l'Évolution créatrice*** (1907).

« L'inconscient dirige les hommes par ses inspirations, ses pressentiments, dans les actes où ils n'auraient su se conduire par les lumières de la réflexion. »

Eduard von Hartmann, ***Philosophie de l'inconscient*** (1869).

Étymologie et définition

1) La conscience

Le mot *conscience* vient du latin *conscientia* (« avec » et « savoir », soit « savoir en commun »). Il correspond, en partie seulement, au grec *suneidêsis* (« intelligence »). Il acquiert rapidement une **dimension morale**, d'où les expressions « en conscience », « cas de conscience » ou « par conscience professionnelle ». Il exprime également un sentiment d'intime conviction (« avoir conscience de »), qui marque la capacité du sujet à affirmer sa position.

L'action de reconnaître telle situation résulte de la « conscientisation », d'où le verbe « conscientiser » qu'utilisent les activistes qui dénoncent telle forme d'exploitation ou telle injustice. Les marxistes parleront de « conscience de classe » pour dire que le prolétaire connaît l'aliénation sans nécessairement pouvoir ni l'expliquer ni l'analyser. Il en a conscience, tout simplement, spontanément, par son vécu. **Durkheim** évoque une « **conscience collective** » dans *De la* ***division du travail social*** (1893), qui est l'« ensemble des croyances et des sentiments communs à la moyenne des membres d'une même société ». Cette conscience collective est plus puissante dans la société où domine la « solidarité mécanique » (société rurale et villageoise, par exemple) et s'estompe de plus en plus dans la société où se manifeste la « solidarité organique », là où l'individualisme l'emporte sur le sens de la communauté.

2) L'inconscient

Le mot *inconscient,* qui date du début du XIXe s., se veut l'inverse : soit l'**absence de jugement** dans une action. Il devient populaire avec son usage psychanalytique dans la théorie freudienne : l'inconscient est alors ce qui est décisif dans nos agissements sans qu'on en ait conscience. Il est d'une tout autre nature que la conscience et ne correspond pas à son antinomie.

Analyse des notions

1) La connaissance vient-elle de la conscience ?

a) Outil de la connaissance de soi

Les Grecs ne possèdent pas le mot « conscience » tel que nous l'entendons dorénavant. **Aristote**, dans ***Éthique*** *à Nicomaque,* identifie « comprendre » à « conscience ». Par la suite, le mot désigne ce qui permet de « bien juger ». Pour **Descartes**, être conscient, c'est avant tout penser, comme le laisse entendre sa conception du *cogito*. Point de vue que partagent **Spinoza**, puis **Malebranche**, pour qui la conscience ouvre à la connaissance de soi – idée proposée par **Locke**, qui écrit dans son ***Essai sur l'entendement humain*** (1690) : « Quiconque a une conscience, un sentiment intérieur de quelques actions présentes ou passées, est la même personne à qui ces actions appartiennent. » **Condillac** accorde une place de choix à cette notion dans sa théorie des sensations ; il note que « la conscience accompagne toutes les perceptions ».

b) Outil du savoir

Au XVIIIe s., **Rousseau** s'écrie dans ***Émile*** (1762) : « Conscience ! Conscience ! Instinct divin […] ; juge infaillible du bien et du mal, qui rends l'homme semblable à Dieu. » **Hegel** complète cette approche en expliquant, dans *Propédeutique philosophique* (1812), que « la conscience est en général le savoir d'un objet, ou extérieur ou intérieur ». Octave Hamelin (1856-1907), dans son *Essai sur les éléments principaux de la représentation* (1907), renoue avec Descartes et explique que « la conscience n'est pas une espèce du genre savoir […], c'est le savoir au contraire qui est une sorte de conscience et qui s'explique par ce fait que l'être est sujet-objet, qu'il est pour soi ». Il précise que « la conscience est l'acte inhérent à toute pensée de poser un objet pour un sujet ». Ce que conteste **Sartre** qui, dans ***l'Être et le Néant*** (1943), affirme que « toute conscience n'est pas connaissance (il y a des consciences affectives, par exemple) ».

Ainsi, dans la pensée occidentale, la notion de « conscience » oscille entre la **connaissance de soi** (« avoir conscience de ») – ce que Pierre Larousse (1817-1875) résume en une formule efficace : « le moi est l'objet perçu par la conscience » – et le **savoir en général**, « avoir conscience des conditions qui font que », sans pour autant les intégrer sciemment à sa propre manière d'être.

2) L'inconscient, une hypothèse nécessaire ?

a) L'apparition de l'inconscient

Le substantif allemand *Unbewusste* (« inconscient ») est présent dans *Psyche* (1846), du médecin allemand Carl Gustav Carus (1789-1869). On peut y lire : « La clé de la connaissance de la nature de la vie consciente de l'individu est à chercher dans le règne de l'inconscient. » Il est vrai qu'il tente de rassembler les expressions de la vie organique, psychique et spirituelle, dont l'unité dépend des trois niveaux de conscience (inconscience, conscience faible et conscience de soi) qu'il conçoit et qui s'imbriquent afin de mener l'individu au divin.

On retrouve le mot sous la plume d'Eduard von Hartmann (1842-1906), dans *Philosophie de l'inconscient* (1869), où il semble abriter toute la vie psychique et intellectuelle de l'individu, sans constituer une étape inférieure à la conscience. Disciple de **Schopenhauer**, Hartmann est convaincu que la réalité relève de l'ordre de l'inconscient et que c'est par la volonté que chacun s'accorde au monde.

b) L'établissement par la psychanalyse

Mais c'est **Freud** qui impose l'« inconscient » à la psychanalyse, aux côtés de la « pulsion », du « transfert » ou de la « répétition ». Pour Freud, l'inconscient contient ce que la conscience d'un individu se dissimule à elle-même, par censure, crainte, oubli. Il attache une grande attention aux lapsus, aux maladresses, aux gestes automatiques, aux attitudes répétitives et comme involontaires, et note, dans ses *Cinq Leçons sur la psychanalyse* (1910), que « ces petits faits, les *actes-méprises,* comme les *actes symptomatiques* et les *actes de hasard* ne sont pas si dépourvus d'importance [...]. Ils ont un sens [...]. L'on découvre alors qu'ils expriment, eux aussi, des impulsions et des intentions que l'on veut cacher à sa propre conscience, et qu'ils ont leur source dans des désirs et complexes refoulés, semblables à ceux des symptômes et des rêves ».

Renvois

Notions : autrui, le désir, l'existence et le temps, l'histoire, langage et interprétation, la perception, la raison, la religion, le sujet, la vérité.

Repères : absolu - relatif ; cause - fin ; croire - savoir ; expliquer - comprendre ; idéal - réel ; objectif - subjectif ; persuader - convaincre ; ressemblance - analogie ; universel - général - particulier - singulier.

Dans la lignée de Freud, Jacques Lacan (1901-1981) poursuit son exploration des comportements humains et s'intéresse à l'inconscient, qui, selon lui, « est cette partie du discours concret en tant que transindividuelle, qui fait défaut à la disposition du sujet pour établir la continuité de son discours conscient » (« Fonction et champ de la parole et du langage en psychanalyse », 1953). Avec les neurosciences et les nouvelles techniques d'investigation de l'activité cérébrale, on parle aujourd'hui d'un « **inconscient structural** », qui interroge à la fois la théorie psychanalytique et les connaissances neurophysiologiques.

Thèses sur les notions

Montaigne — une conscience à hauteur d'homme

■ **Montaigne** fait état d'une certaine humilité quant à la connaissance que chacun peut embrasser, sur le monde et sur lui-même. Dans ses ***Essais*** (1580-1595), il note, non sans ironie : « Excusons ici ce que je dis souvent que je me repens rarement et que ma conscience se contente de soi : non comme de la conscience d'un ange ou d'un cheval, mais comme de la conscience d'un homme [...]. Je parle enquérant et ignorant, me rapportant de la résolution, purement et simplement, aux croyances communes et légitimes. Je n'enseigne point, je raconte. »

Sigmund Freud — l'inconscient reconnu comme élément d'un système

■ **Freud** est le fondateur de la psychanalyse. Il explique ce qu'il entend par « inconscient » dans un article rédigé directement en anglais, « A note on the Unconscious in Psycho-Analysis » (1912) [traduction française d'Alexandre Abensour, « Inconscient », dans *Vocabulaire européen des philosophies,* Seuil/Le Robert, 2004] : « L'inconscience nous a d'abord semblé être seulement la caractéristique énigmatique d'une activité psychique déterminée. Elle signifie davantage à nos yeux maintenant. Elle indique que cet acte participe de la nature d'une certaine catégorie psychique que nous connaissons par d'autres caractéristiques plus importantes, et qu'elle fait partie d'un système d'activité psychique qui mérite toute notre attention. La valeur de l'inconscient comme indice a dépassé de beaucoup son importance comme propriété. À défaut d'un terme meilleur et moins ambigu, nous utilisons le mot "inconscient" pour désigner le système dont le signe est que les actes particuliers qui s'y déroulent sont inconscients. En allemand, je propose de désigner ce système par les lettres *Ubw,* abréviation du terme allemand *Unbewusst.* C'est là le troisième sens, le plus significatif, que le terme "inconscient" a acquis en psychanalyse. »

La démonstration

« Mais la science dépend de la démonstration, et l'invention des démonstrations d'une certaine méthode, qui n'est pas connue de tout le monde. »

Gottfried Wilhelm Leibniz, « La vraie méthode »,
préface à ***Science générale*** (1679).

Étymologie et définition

1) Montrer et démontrer

Pendant longtemps, « démontrer » a signifié « montrer ». Un sens abstrait nouveau, celui de « donner des preuves », s'est progressivement constitué en ancien français à partir du XIIe s. Le mot *démonstration* désigne, vers la même époque, un genre argumentatif et juridique, puis prend un sens proprement logique. Démontrer se distingue alors de montrer par le geste, ou même par des images.

2) La démonstration comme manifestation de la nécessité

Au sens logique et argumentatif qui intéresse la philosophie et la science, la démonstration désigne une manière de **manifester la nécessité d'une conclusion** en la tirant rigoureusement d'un ensemble de données de départ, nommées prémisses. **Aristote** l'a clairement formulé dans son analyse de la démonstration par syllogisme : « le *syllogisme* est un discours dans lequel, certaines choses étant posées, quelque chose d'autre en résulte nécessairement par le seul fait de ces données » *(Premiers Analytiques).*

La démonstration est donc d'abord une **méthode logique** et un **instrument argumentatif** : démontrer une thèse, c'est la poser de telle sorte qu'elle exclut toute autre possibilité et donc fait taire toute objection. C'est pourquoi la démonstration a toujours été l'un des idéaux de la recherche de la vérité (voir cette notion), avec l'évidence intuitive (vérité tellement claire par elle-même qu'on n'a pas besoin de la démontrer par autre chose). Elle a d'abord été une norme du travail mathématique avant de devenir l'un des grands modèles du savoir rigoureux.

Analyse de la notion

1) Qu'est-ce qu'une bonne démonstration ?

Démontrer, c'est donc faire apparaître clairement la **nécessité d'un enchaînement**. Mais la fonction exacte et les moyens de la démonstration font débat. Pendant longtemps, le syllogisme a été la base de la logique et l'outil principal de la démonstration, en dehors des mathématiques. Sa structure comporte deux prémisses et une conclusion : une majeure (tous les hommes sont mortels), une mineure (Socrate est un homme) et la conclusion (donc Socrate est mortel).

Dans les *Analytiques,* Aristote s'est efforcé de distinguer les syllogismes corrects des syllogismes incorrects, tout en établissant une typologie générale des formes syllogistiques. Le but était de formaliser cet outil précieux afin de réfuter les mauvais syllogismes des sophistes, ce qu'on nomme aujourd'hui des « sophismes ». Retenons cette différenciation importante d'Aristote, celle qui définit les « syllogismes parfaits » (car complets) par distinction avec les « syllogismes imparfaits ». Cela permet de saisir un critère essentiel de la démontrabilité : l'explicitation des **conditions nécessaires et suffisantes** à la nécessité de l'enchaînement.

Descartes a adressé au syllogisme une critique radicale qui en souligne la pauvreté. Selon lui, le syllogisme et toutes les démonstrations logiques traditionnelles n'enseignent rien de neuf. « En les examinant, écrit-il dans son ***Discours de la méthode*** (1637), je pris garde que, pour la logique, ses syllogismes et la plupart de ses autres instructions servent plutôt à expliquer à autrui les choses qu'on sait ou même, [...] à parler, sans jugement, de celles qu'on ignore, qu'à les apprendre. »

Cette critique marque un changement dans la fonction de la démonstration : non plus inférer une conclusion valide, mais **démontrer de nouvelles connaissances**. La démonstration doit aussi être féconde. D'outil argumentatif à bien connaître pour prouver ou réfuter, elle devient instrument de connaissance.

2) Y a-t-il une méthode universelle de démonstration ?

C'est pourquoi Descartes se tourne vers la démonstration mathématique, qu'il nomme **analyse**, car elle part du problème pour en construire la solution, alors que le syllogisme ne livre qu'une synthèse à partir d'énoncés dont on ignore la source (les prémisses). Ainsi, dans ses ***Règles pour la direction de l'esprit*** (1701), Descartes développe une *mathesis universalis,* sorte de méthode universelle qui généralise l'algèbre, pour traiter selon un ordre précis tout problème relatif à des quantités. Descartes étendra et reformulera ensuite sa méthode pour l'appliquer à toute question scientifique ou philosophique, en gardant le principe d'un ordre analytique partant des données du problème. La démonstration se fait alors suite de raisonnements bien liés.

C'est dans le *Discours de la méthode* que Descartes détaille quatre règles principales à respecter. Il s'agit de procéder par ordre, d'une part en divisant le problème en autant de parties qu'il faut pour que l'esprit puisse le saisir facilement, d'autre part en enchaînant les étapes avec évidence, c'est-à-dire sans qu'aucun doute ni aucune zone d'ombre ne demeure. En un mot : **diviser et ordonner** en parcourant prudemment toutes les étapes.

Le syllogisme ne disparut pas à la suite de Descartes. **Leibniz**, notamment, en défendit encore l'intérêt, mais la **démonstration analytique** sur le modèle mathématique prit une importance croissante. La logique contemporaine (XXe s.), dite aussi logique mathématique, mit définitivement fin au syllogisme et formalisa entièrement la démonstration en remplaçant le langage naturel (les langues courantes) par un langage formel spécial. La démonstration consiste alors à respecter certaines **règles formelles d'inférence** en partant de certains axiomes.

3) La démonstration met-elle fin au doute ?

Pour les philosophies rationalistes voulant établir des vérités universelles et nécessaires, la démonstration représente un **modèle de validation** des connaissances et de recherche de la vérité. Mais elle n'est pourtant pas oubliée par les autres traditions philosophiques. Le **scepticisme** – tradition qui maintient le doute sur toutes les assertions objectives (qui prétendent atteindre les choses au-delà de ce qui nous apparaît) – ne s'est pas arrêté devant la démonstration. Au contraire, il y a vu un atout. Deux des « modes » essentiels des sceptiques antiques relativisant nos moyens de connaître (voir la notion « vérité ») s'appuient directement sur la démonstration.

a) La régression à l'infini

L'un des arguments les plus puissants des sceptiques est la régression à l'infini, qui attaque la prétention à la vérité par ses points de départ : si une démonstration est valide, elle s'appuie sur des prémisses qui à leur tour doivent être démontrées, et ce à l'infini. Cet argument souligne les **limites de la démonstration** à partir d'une analyse de sa structure logique : le point de départ doit être postulé sans pouvoir être démontré, sinon par une autre démonstration. Les sceptiques insistent ainsi sur le problème des premiers principes. Selon Aristote, « il faut bien s'arrêter » lorsqu'on cherche un premier principe du mouvement (dans la ***Physique***). Cela vaut aussi lorsqu'on démontre : il faut partir de principes servant de point de départ et de base soutenant l'ensemble. Mais les sceptiques répondent : vous ne pouvez pas vous arrêter, et cela en raison des procédures mêmes que vous employez, en l'occurrence la démonstration. Cet argument a été renouvelé contre l'évidence cartésienne censée montrer par intuition (saisie immédiate par l'esprit) la vérité de certains principes servant de fondement.

b) Le diallèle, ou cercle vicieux

Un autre argument célèbre est le diallèle, ou cercle vicieux. La démonstration semble totalement y échapper en raison de la nécessité de l'enchaînement et de la distinction entre prémisses et conséquence. **Sextus Empiricus** montre cependant qu'il faut faire confiance à cet instrument pour l'utiliser, d'où une nouvelle question qui prend au piège le penseur dogmatique : comment prouver que la démonstration est une **procédure valide** ? Si l'on veut exploiter la démonstration pour justifier la démonstration, on tombe dans un diallèle : il faut présupposer la démonstration pour justifier la démonstration. Si l'on veut sortir du cercle en fondant la démonstration sur un autre instrument intellectuel, le sceptique demandera la justification de ce nouvel outil, etc. La démonstration fait ainsi basculer du diallèle à la régression à l'infini, et inversement. La démonstration est donc l'une des armes privilégiées du scepticisme dans l'arsenal argumentatif contre les philosophes dogmatiques.

4) L'expérience peut-elle être démonstrative ?

La démonstration est d'abord une affaire de logique, donc de raisonnement valide. Mais une expérience peut-elle viser le même genre de nécessité ? Depuis les « instances cruciales » de **Bacon** (***Nouvel Organon***, 1620) et les « expériences cruciales » des savants de la Royal Society (Académie des sciences anglaise, fondée en 1660), une méthode visant à rendre des expériences démonstratives s'est constituée. Le principe est de construire l'expérience de telle sorte que seule une interprétation soit possible, ce qui la rend nécessaire.

Selon l'image prise par Bacon, il faut pouvoir **trancher entre les hypothèses** comme entre les branches d'une croix indiquant les directions sur un chemin (jeu sur l'*experimentum crucis* ; le latin *crux* donnera *croix* en français). Un modèle a été donné par Isaac Newton (1642-1727) dans ses expériences sur la décomposition de la lumière solaire par un prisme (voir la notion « théorie et expérience »). Il confirme ce qu'avait annoncé Bacon : seul un ensemble bien lié d'expériences peut viser la démontrabilité, non une expérience isolée. Cela demande de construire précisément une théorie et de faire servir l'expérience à sa validation.

Néanmoins, l'histoire et la philosophie des sciences ont souvent montré que la démontrabilité parfaite des expériences est un idéal inatteignable quoique utile pour la recherche : il existe toujours d'autres interprétations possibles d'un même ensemble d'expériences.

5) Faut-il chercher à tout démontrer ?

L'usage de la démonstration en science mais surtout en philosophie soulève un autre problème, celui de sa pertinence. Car, en cherchant à tout démontrer, on occulte d'autres manières plus souples d'aborder un problème et, surtout, on s'efforce de clore tout débat par la nécessité prétendue d'une démonstration. Il faut donc préciser le type de questions et les domaines où la démonstration est souhaitable, voire **exigible** (comme en mathématique, en excluant les axiomes), et ceux où elle peut devenir **inappropriée, voire dangereuse**.

Ainsi, lorsque Descartes prétend démontrer l'existence de Dieu, il s'oppose à ce que l'athéisme soit une vraie position philosophique. Ce n'était pas le propos de Descartes, mais ce genre de démonstration peut servir de caution à un dogmatisme transformant en vérité officielle ce qui est du registre du débat. Il est alors utile de distinguer la démonstration et l'**argumentation**, cette dernière étant plus propre aux domaines comme la philosophie et la politique, où il s'agit de défendre une idée sans estimer qu'elle est la seule valide et que toutes les autres sont fausses.

Renvois

Notions : autrui, le désir, le devoir, langage et interprétation, la liberté, la morale, la religion, théorie et expérience, la vérité.

Repères : absolu - relatif ; cause - fin ; essentiel - accidentel ; idéal - réel ; universel - général - particulier - singulier.

Thèses les plus classiques sur la notion

Les sceptiques les apories de la démonstration

La tradition sceptique a retourné la démonstration contre les penseurs dogmatiques en montrant ses limites et surtout ses apories, c'est-à-dire ses impasses. Dans ses *Hypotyposes pyrrhoniennes,* **Sextus Empiricus** résume ainsi le retournement sceptique dans lequel la démonstration joue contre les prétentions dogmatiques : « Celui qui dit qu'il existe quelque chose de vrai n'emportera pas la conviction s'il le dit sans démonstration, à cause du désaccord, et s'il veut apporter une démonstration et qu'il convient qu'elle est fausse, il n'emportera pas la conviction, mais s'il dit que la démonstration est vraie, il tombe dans l'argument du diallèle [cercle vicieux], et on lui demandera aussi une démonstration de ce que cette démonstration est vraie, et une autre pour celle-là, à l'infini. »

Dans un ton moins logique, **Montaigne** a renouvelé le scepticisme en réduisant les ambitions pertinentes du savoir humain. Une psychologie critique de l'esprit humain dénonce les prétentions orgueilleuses et dangereuses : « on me fait haïr les choses vraisemblables quand on me les plante pour infaillibles » (***Essais***, 1580-1595).

René Descartes l'exigence de démonstration

Descartes a radicalisé et universalisé une exigence de démonstration qu'il a trouvée dans les mathématiques. Son projet philosophique est, dans son principe, axé sur la démonstration contre les sceptiques, mais aussi contre la vraisemblance dont se contentent les scolastiques. Descartes se concentre sur deux problématiques touchant au bon usage des facultés humaines : d'une part la méthode visant à bien enchaîner les idées, d'autre part la formulation de premiers principes évidents par eux-mêmes qui puissent servir de fondement à l'édifice entier du savoir. D'où le rôle du *cogito* et de la démonstration de l'existence de Dieu, les deux principes essentiels de la métaphysique cartésienne qui fondent le reste du savoir.

Le désir

« L'on dit que le désir naît de la volonté ; c'est le contraire ; c'est du désir que naît la volonté. »

Denis Diderot, ***Éléments de physiologie*** (vers 1780-1784).

Étymologie et définition

1) La désignation d'un manque

Le mot *désir* vient du latin *desiderare,* qui signifie littéralement « sans astre ». Est-ce un terme du vocabulaire des marins ou des devins comme certains le suggèrent ? Le désir désignant un manque, il n'est guère étonnant de le trouver sous la plume des psychanalystes : le mot sert à traduire *Wunsch* chez Freud, alors que d'autres traducteurs proposent « souhait » (ou « vœu ») et réservent « désir » à *Bergierde.*

2) Une réalité difficilement saisissable

Pierre Larousse (1817-1875) propose la définition suivante : « Le désir est une inclinaison de l'âme vers un but déterminé. » Il ajoute qu'il est « difficile d'en fournir une analyse exacte », tant il résulte de l'affectif et de la sensibilité qui ne sont ni rationnels ni raisonnables, mais imprévisibles, soudains et excessifs. Il résume sa pensée en une formule choc : « le désir est au sentiment ce que l'attention est à la connaissance »… qui d'ailleurs ne satisfait pas vraiment notre attente. C'est donc admettre que ce mot s'avère bel et bien insaisissable.

Analyse de la notion

1) Un bien qu'il faut maîtriser

Platon localise le désir dans l'une des trois parties de l'âme et l'apparente à trois qualités : l'appétit, la concupiscence et le courage. **Aristote** considère le désir *(orexis)* comme **moteur de l'action** : nous ne nous lançons dans une activité que poussés par le désir, c'est lui qui sert de déclencheur. Sans désir, nous n'avons envie de rien, rien ne nous motive, nous restons inactifs, comme inertes. Dans *De l'âme,* Aristote remarque : « Tout désir est aussi en vue d'une fin, car ce qui est l'objet du désir, c'est là le principe de l'intellect pratique, et le dernier terme de la discussion est le point de départ de l'action. » **Épicure** prône le plaisir mais curieusement avec modération, pour lui le bien-être évite les excès et la **maîtrise de ses désirs** conduit l'individu à la plénitude. Les philosophies antiques s'accordent sur l'indépendance que chacun doit avoir vis-à-vis de ses désirs. Après tout, c'est le « désirant » qui sait, au final, où est son bonheur. Les Grecs distinguent l'appétence, le désir, la volonté, sans pour autant les hiérarchiser et sans considérer que le désir serait l'expression de la plus grande jouissance. Au contraire, ils œuvrent pour une certaine mesure qui échappe à la raison.

2) Entre péché et connaissance

Le chinois possède le terme *yu* pour dire « désir » et les sages chinois antiques, tel Confucius (v. 551 - 479 av. J.-C.), conseillent une sorte de régulation ordinaire des désirs. Il ne s'agit ni de les brimer ni de les exalter, mais d'assurer une continuité pour une existence saine et mesurée. Les théologiens chrétiens de la période médiévale sont convaincus que le **désir conduit au péché** et le récusent en invitant chacun à une ascèse dans la vie quotidienne et, éventuellement, à un amour mystique envers le Christ, pour les plus transportés d'entre eux.

Les poètes et littérateurs de la Renaissance, qui osent s'émanciper des principes chrétiens, chantent le désir, seul **ressort de la vie**. Rabelais (v. 1494 - 1553), dans *Gargantua* (1534), explique que le désir n'est pas que sexuel, qu'il concerne aussi la connaissance et qu'ainsi l'homme est toujours en état de désirer le désir. Maurice Scève (1501 - v. 1560) confirme ce point de vue lorsqu'il évoque, dans *Microcosme* (1562), ce « curieux désir toujours insatiable ». Pour **Descartes**, les passions sont indépendantes de la volonté et contribuent à **orienter chacun dans le choix de son destin**. À chaque désir, l'homme doit, selon ses références morales, décider ce qu'il en fait. Dans *les* ***Passions de l'âme*** (1649), Descartes entreprend un classement des passions et n'arrive pas vraiment à en élaborer une philosophie, abandonnant le lecteur à improviser. En effet, seul le libre arbitre sait ce qu'il convient d'accepter dans le jeu, parfois confus, des passions qui s'entrechoquent. Descartes n'indique qu'un but au lecteur : éviter les maux qui chagrinent.

Spinoza, dans *l'**Éthique*** (1677), reconnaît que le désir « est l'essence même de chacun, ou sa nature, en tant qu'il est conçu comme déterminé à faire quelque chose par sa constitution telle qu'elle est donnée ». **Pascal**, dans la lignée du jansénisme, condamne le désir qu'il associe aux trois **vices** dénoncés par saint Jean (Ier s. apr. J.-C.), à savoir : les désirs de la chair, de l'esprit et de la volonté. La réplique ne tarde pas : les libertins appellent à la jouissance de tous les sens et à une vie exclusivement dédiée à la satisfaction de ses désirs.

3) Une force essentielle

Les philosophes des Lumières adhérent à cette vision de l'existence humaine. Charles Fourier (1772-1837), qui use peu du terme, élabore la loi d'attraction passionnée, dépasse l'opposition bien/mal pour sortir de la moralité et annonce un monde nouveau dans lequel toutes les passions sont non seulement possibles, mais aussi essentielles au bonheur terrestre.

Nietzsche approuve le débordement, la profusion, l'exubérance, la luxure, l'outrance, la débauche. Ces situations témoignent de la **vitalité**, de la **puissance**, de la **créativité**, comme il l'écrit dans *le* ***Gai Savoir*** (1882) : « Il suffit d'aimer, de haïr, de désirer, de simplement sentir, et *à l'instant même* l'esprit et la force du rêve s'emparent de nous et nous escaladons les yeux ouverts, insouciants de tout danger, les chemins les plus dangereux pour atteindre les toits et les tours de l'imagination débridée, et sans vertige nous qui sommes nés pour grimper – nous, somnambules en plein jour ! »

4) Le désir en psychanalyse

La psychanalyse freudienne cherche à comprendre l'insatisfaction de l'analysé en l'aidant à explorer son rêve. C'est par le rêve que le désir trouve sa réalisation. **Freud** étudie également la **pulsion sexuelle** – la *libido* –, qui rend malheureux le sujet ne pouvant vivre ses fantasmes ni les transférer sur d'autres « objets » plus prompts à être satisfaits. L'individu oscille entre deux principes, celui de plaisir et celui de réalité, d'où le malaise qu'il ressent lorsqu'il se considère toujours réprimé, et jamais heureux.

Dans ses *Écrits* (1966), Jacques Lacan (1901-1981) admet le désir comme structure générale des pulsions et suggère : « ce désir, où se vérifie littéralement que le désir de l'homme s'aliène dans le désir de l'autre, structure en effet les pulsions découvertes dans l'analyse ». Faut-il éduquer le petit enfant selon les normes morales en vigueur, quitte à cadenasser ses pulsions et aussi ses désirs, ou au contraire en favoriser le déploiement ? C'est un enjeu éducationnel qui attend toujours d'être débattu.

5) Un des chemins de la liberté

Le désir – les désirs, faudrait-il préciser, sans omettre de dire qu'ils sont de nature différente et parfois contradictoires entre eux – apparaît aux uns comme ce qui stimule l'individu, le fait avancer, grandir, s'enthousiasmer, créer, alors que pour d'autres, il l'épuise, le rend perpétuellement insatisfait, le culpabilise. Il est vrai que le désir est combattu par les religions qui misent sur la frustration pour attiser la foi, alors que plus l'être humain trouve en lui-même et par lui-même son équilibre (entre désir et satisfaction), plus il est heureux. L'histoire du désir est aussi l'histoire de son interdiction. Chaque oppression suscite une révolte qui magnifie la jouissance, preuve ultime de la liberté.

Renvois

Notions : l'art, autrui, le bonheur, la conscience et l'inconscient, la morale, la perception, la raison, le sujet.

Repères : absolu - relatif ; cause - fin ; en acte - en puissance ; genre - espèce - individu ; idéal - réel ; obligation - contrainte ; transcendant - immanent ; universel - général - particulier - singulier.

Thèses sur la notion

Arthur Schopenhauer — le désir est souffrance

■ Dans *le* ***Monde comme volonté et comme représentation*** (1818), **Schopenhauer** aborde la question des désirs et constate qu'ils sont rarement assouvis : « Entre les désirs et leurs réalisations s'écoule la vie humaine. Le désir, de sa nature, est souffrance ; la satisfaction engendre bien vite la satiété ; le but était illusoire ; la possession lui enlève son attrait ; le désir renaît sous une forme nouvelle, et avec lui le besoin ; sinon, c'est le dégoût, le vide, l'ennui, ennemis plus rudes encore que le besoin. Quand le désir et la satisfaction se suivent à des intervalles qui ne sont ni trop longs, ni trop courts, la souffrance, résultat commun de l'un comme de l'autre, descend à son minimum ; et c'est là la plus heureuse vie. »

Herbert Marcuse — désir et civilisation

■ Herbert Marcuse (1898-1979), philosophe allemand exilé aux États-Unis afin de fuir l'antisémitisme nazi, est l'auteur d'une œuvre qui mêle la philosophie et la psychanalyse, l'anthropologie et la sociologie. On lui doit *l'****Homme unidimensionnel*** (1964) et *Éros et Civilisation* (1955), dans lequel nous pouvons lire : « Et la réactivation de désirs et d'attitudes préhistoriques et enfantines n'est pas nécessairement une régression ; elle peut très bien être l'opposé : la proximité d'un bonheur qui a toujours été la promesse refoulée d'un avenir meilleur. Dans une de ses formulations les plus avancées, Freud a défini un jour le bonheur comme "la réalisation attardée d'un désir préhistorique. C'est la raison pour laquelle la richesse y contribue aussi peu : l'argent n'est pas un désir de l'enfance." Mais si le bonheur humain dépend de la réalisation de désirs enfantins, la civilisation, selon Freud, dépend de la suppression du plus puissant de tous les désirs enfantins : le désir œdipien. »

Le devoir

« Quiconque a écrit sur nos devoirs a bien écrit dans tous les pays du monde, parce qu'il n'a écrit qu'avec sa raison. »

Voltaire, article « Juste (du) et de l'injuste »,
dans ***Dictionnaire philosophique portatif*** (éd. de 1767).

Étymologie et définition

1) Le devoir comme dette

Le *devoir* est un mot ancien des langues européennes qui a d'abord signifié la « **dette** » (tenir quelque chose de quelqu'un) et, par extension, l'« **obligation** ». Il faut alors prendre ce terme au sens propre, aujourd'hui un peu désuet, où « être obligé » consiste à se sentir le débiteur de quelqu'un en estimant avoir à lui rendre quelque chose (un bien, un symbole ou simplement un sentiment de reconnaissance). C'est en ce sens qu'on dit encore au XVIIIe s. qu'on est l'obligé d'une personne qui vous rend service.

Plus largement, l'obligation désigne le fait d'être tenu par une sorte de **lien social ou moral**, d'avoir à faire quelque chose pour ne pas être en faute. Il est bon de se souvenir de l'ancrage social de ces concepts de devoir et d'obligation. Comme le souligne **Nietzsche** dans ***Généalogie de la morale*** (1887), il y a au cœur du devoir une violence symbolique de plus en plus masquée par le processus de civilisation, mais bien réelle : le devoir intériorisé, c'est d'abord la dette qu'on pouvait faire payer, dans le cas d'un mauvais payeur, par la souffrance du débiteur qui servait en quelque sorte de remboursement symbolique. Cette première approche sociale et symbolique livre une dimension qu'il sera intéressant d'approfondir.

2) Le devoir comme obligation consciente

De nos jours, le devoir a pris une nouvelle signification, notamment en morale, mais aussi dans certains univers sociaux. Le devoir juridique, même s'il désigne toujours la possibilité d'une sanction en cas d'infraction – sanction destinée à « laver » ou en tout cas « réparer » la faute –, est devenu un **concept moral**. Il faut entendre par là qu'il relève d'une **décision consciente**, censée être volontaire et libre (en partie).

Malgré l'obligation fixée par la loi, on peut toujours ne pas accomplir son devoir et on sait bien que seuls les êtres conscients peuvent avoir des devoirs.

C'est encore plus net pour le devoir proprement moral qui, dans certaines conceptions philosophiques, se dégage de tout lien extérieur pour devenir une obligation qu'on s'impose à soi-même. En ce sens, le devoir se couple avec l'autonomie (se donner ses propres règles).

Analyse de la notion

1) Une contrainte ou une obligation ?

La première difficulté est proprement conceptuelle : comment penser le devoir par rapport aux concepts, apparemment proches, de contrainte et d'obligation ? Comment distinguer la dette (ressentie et reconnue) du pur rapport de force ? On peut commencer à répondre à la question en présentant le devoir comme une réalité située entre la contrainte et la liberté spontanée, comme une obligation où le lien (être tenu à) n'est ni une pure contrainte physique ni un pur désir personnel. Le devoir envisagé comme dette, ou comme forme de retour social et symbolique (le « contre-don »), entre dans ce cadre. C'est ce qu'analyse Marcel Mauss (1872-1950) dans son *Essai sur le don* (1923-1924) : on est tenu de rendre à la fois dans un **mélange de liberté** (on peut ne pas rendre) et de **pression sociale** (ne pas rendre fait encourir des sanctions). Il faut alors distinguer précisément la contrainte et l'obligation.

Ainsi, dans le célèbre passage du ***Contrat social*** (1762) cité ci-dessous, **Rousseau** réfute le droit du plus fort en montrant l'absurdité qu'il y a à concevoir un devoir d'obéissance à la force. Car celle-ci relève de la contrainte physique, du pur fait, alors que le devoir renvoie au droit et suppose de ressentir consciemment une obligation. Obéir au plus fort est souvent nécessaire, parfois prudent, mais ce n'est pas une obligation : « Céder à la force est un acte de nécessité, non de volonté ; c'est tout au plus un acte de prudence. En quel sens pourra-ce être un devoir ? » Entendue ainsi, l'obligation prend une valeur morale spécifique, même lorsqu'il s'agit d'un devoir purement juridique : elle désigne l'**acte conscient et volontaire** de celui qui ressent le devoir et choisit d'obéir.

2) Le devoir est-il un acte pur de la conscience ?

a) Devoir et conscience individuelle

Cela permet de préciser un second problème : faut-il voir dans le devoir ce qui nous lie à l'extérieur (une loi juridique, des contraintes professionnelles ou familiales) ou bien ce qui révèle notre rapport à nous-mêmes à travers notre capacité à décider de suivre ou non un principe ? Dans les deux cas, le devoir marque une responsabilité. Mais celle-ci n'est pas de même nature : d'une part, il y a responsabilité devant la loi sociale avec la possibilité de sanctions sociales et une certaine soumission face à la règle extérieure (hétéronomie) ;

d'autre part, il y a responsabilité devant soi-même. Les distinctions de la partie précédente suggèrent que le **devoir est en partie un rapport à soi**, puisque la conscience se décide à suivre une règle, même lorsqu'il s'agit d'une limite juridique formulée par d'autres. Cela suppose l'existence d'un pouvoir de décision, voire, comme l'a affirmé **Kant**, une **puissance législatrice de la conscience morale** : l'homme peut se donner ses règles, ce qui est la forme la plus haute et la plus authentique du devoir. En ce sens, le devoir moral, tout en étant le plus exigeant, est le vrai devoir. Selon les distinctions de Kant, le devoir moral est le seul où l'action est commise par devoir, c'est-à-dire avec le but de respecter le devoir lui-même érigé en principe, et non seulement conformément au devoir. Dans ***Fondements de la métaphysique des mœurs*** (1785), Kant prend l'exemple d'un marchand qui ne vole pas un client naïf, non par principe, mais par calcul économique sur le long terme : l'acte n'est pas moral. Cela implique d'opposer le devoir authentique, où le motif est le devoir lui-même, au devoir apparent, où l'on se conforme extérieurement au devoir par intérêt.

b) Devoir et intérêt général

Kant se démarque ici d'une tradition importante des Lumières, qui s'appuie sur la philosophie politique de **Montesquieu** (*De l'**esprit des lois***, 1748) et sur la critique du libre arbitre pour penser le devoir à partir de l'**intérêt bien compris**. Dans cette dernière hypothèse, le devoir authentique n'est plus un acte pur de la conscience, autrement dit un acte sans autre motif que la volonté d'obéir au devoir, mais un acte réfléchi dont les conséquences sont estimées favorables à un groupe (devoir familial, etc.), à la société (devoir civique) ou à l'humanité (devoir moral). L'élan spontané de la conscience morale n'est pas oublié, mais il se lie à un calcul prudent et – pour les philosophes matérialistes comme **Diderot** – il est le fruit de l'éducation. Sans être matérialiste, Rousseau propose une conception complexe où, d'une part, le devoir correspond à des intérêts qui se généralisent, l'**intérêt général donnant sa valeur au devoir le plus haut**. Le *Contrat social* fait ainsi la théorie de la vertu politique, excellence des citoyens, où l'intérêt particulier se fond dans l'intérêt général du corps politique. Mais, d'autre part, l'élan du cœur a une valeur irréductible au calcul raisonnable, d'où la célèbre formule que l'on trouve dans la *Profession de foi du vicaire savoyard* (***Émile***, 1762) : « Conscience ! Conscience ! Instinct divin, immortelle et céleste voix ; guide assuré d'un être ignorant et borné, mais intelligent et libre ; juge infaillible du bien et du mal, qui rends l'homme semblable à Dieu, c'est toi qui fais l'excellence de sa nature et la moralité de ses actions. »

3) Avons-nous des devoirs envers nous-mêmes ?

En dehors des devoirs moraux (qui engagent autrui ou des principes universalisables) et des devoirs sociaux, se pose la question de l'existence de **devoir envers soi-même**. L'idée semble paradoxale, car si nous sommes naturellement enclins à défendre nos intérêts, on voit mal en quoi cela serait un devoir. Cela impliquerait en outre qu'on puisse fauter dans son rapport à soi-même. Mais peut-on reprocher à quelqu'un de ne pas se respecter lui-même ? Pour donner sens à cette idée, il faut considérer que le sujet découvre en lui-même quelque chose qui le dépasse tout en le constituant.

Le devoir envers soi-même naît également de l'idée que le sujet n'est pas seulement un être de plaisir, mais qu'il a aussi un **devoir de respect de ce qui le définit**. C'est ainsi que plusieurs philosophies antiques, de **Platon** aux stoïciens, défendent le principe d'un respect de soi à travers certains comportements adéquats et une certaine tempérance générale. Limiter les désirs n'est pas seulement un impératif de prudence. C'est avant tout un devoir eu égard à la valeur de l'âme, au respect de cette part divine en nous. Dans ses ***Pensées pour moi-même***, **Marc Aurèle** vante le respect supérieur dû au « principe directeur » qui nous constitue, non au sens où le « moi » psychologique serait exalté, mais bien au contraire parce que l'âme nous rapproche de l'esprit universel qui gouverne la nature. On peut nommer **éthique personnelle** cette forme de souci de soi, et **devoir éthique** ce type d'obligation.

4) Des normes extérieures intériorisées ?

Si le devoir peut être le fruit de l'éducation et non un sentiment inné, qu'en est-il du sentiment de culpabilité ? N'est-il pas, comme le soulignent Kant et les défenseurs de l'indépendance de la conscience morale, un acte purement intérieur et spontané ? Le remords indique en fait un problème complexe qui mêle le social et l'intime, l'extérieur et l'intérieur, le rapport aux autres et à soi.

En effet, la culpabilité ressentie peut être l'effet d'une **intériorisation des règles sociales**, comme l'a montré **Freud**, et comme l'avait souligné avant lui la pensée juridique et politique : le meilleur moyen de faire obéir les hommes à des règles sociales est qu'ils cherchent à les respecter d'eux-mêmes et qu'ils soient punis par leur propre conscience en cas de désobéissance. Chez Freud, le « surmoi » (instance psychique de censure mêlant le social et l'intime) est le moyen par lequel les règles sociales extérieures sont intériorisées et construisent notre comportement et notre vie psychique. Dans le registre de l'éducation, les interdits posés par les parents sont vécus par l'enfant comme des limites généralement peu comprises, mais qu'il s'agit de respecter pour gagner et garder l'affection parentale.

Le rapport au devoir serait donc d'abord affectif. La vie adulte, malgré une plus grande conscience du rôle des limites, garde une forte dimension affective et sociale : il s'agit toujours au fond (au moins en une large part) de satisfaire à certaines normes pour être accepté dans un groupe social.

Renvois

Notions : autrui, la conscience et l'inconscient, l'État, la justice et le droit, la liberté, la morale, la société, le sujet.

Repères : contingent - nécessaire - possible ; en fait - en droit ; en théorie - en pratique ; idéal - réel ; légal - légitime ; obligation - contrainte ; universel - général - particulier - singulier.

Thèses les plus classiques sur la notion

Les stoïciens — respecter la part divine en soi

Les stoïciens sont parmi les philosophes antiques les plus soucieux du devoir éthique envers soi-même. Même lorsque le devoir concerne autrui ou la société, il est encore question de faire ce que nous nous devons à nous-mêmes, au sens où il s'agit d'accomplir sa fonction d'homme rationnel et sociable. On voit dans les ***Pensées pour moi-même*** de **Marc Aurèle** combien la pratique stoïcienne du devoir vise à construire un bon rapport à soi et à préserver son âme des vices qui pourraient l'entacher.

Jean-Jacques Rousseau — l'élan moral

Rousseau a cherché à prendre en compte les différentes dimensions du devoir. Il a développé des analyses fondamentales de la vertu comme devoir politique, tout en posant le problème de la tension entre le devoir moral, prenant comme critère l'humanité, et le devoir civique, privilégiant le groupe social. Peut-on à la fois être un homme de bien et un bon citoyen, par exemple en cas de guerre ?

Mais Rousseau s'est aussi intéressé à l'irréductibilité de l'élan moral : tout en étant déterminé par l'intérêt général, ce dernier procède d'un sentiment spécifique. Le philosophe en vante la valeur propre, contre ceux qui veulent entièrement le réduire à la prudence (en termes d'intérêt bien compris), et il cherche à en comprendre la genèse à travers la pitié, c'est-à-dire l'identification par l'imagination à l'être qui souffre (***Discours sur l'origine et les fondements de l'inégalité parmi les hommes***, 1755 ; ***Émile***, 1762). Le devoir moral est, ainsi, la forme spécifique que prend le sentiment de l'autre lorsqu'il se généralise pour viser tout homme.

Emmanuel Kant — agir par devoir

Sur le plan pratique, **Kant** peut être considéré comme un philosophe du devoir. Concernant la déontologie (théorie du devoir), il a fourni des distinctions cruciales en vue de préciser la moralité du devoir (***Fondements de la métaphysique des mœurs***, 1785 ; ***Critique de la raison pratique***, 1788). Cela permet de renforcer les liens entre le devoir authentique et la liberté : l'action morale commise par devoir est parfaitement autonome (la règle et son but ne sont pas extérieurs), elle atteint le plus haut degré de liberté.

Kant a prolongé ces réflexions dans un débat mené avec Benjamin Constant (1767-1830) sur le droit de mentir : pour le philosophe allemand, le devoir moral de véracité prime sur toute autre considération. Cela permet de dépasser la conception juridique où un devoir correspond à un droit. Kant initie ainsi (ou réinvente) une tradition importante selon laquelle il existe des devoirs prioritaires pour le sujet qui ne correspondent à aucun droit d'autrui.

Les échanges

« En Utopie, l'on ne se sert jamais d'espèces monnayées dans les transactions mutuelles ; [...] l'or et l'argent n'ont aucune vertu, aucun usage, aucune propriété dont la privation soit un inconvénient naturel et véritable. »

Thomas More, ***Utopie*** (1516).

Étymologie et définition

L'échange est le résultat d'un transfert entre deux parties, individu ou collectivité, d'un bien matériel ou immatériel. Ce terme dérive du verbe « changer », qui vient du latin *cambiare,* cette circulation de biens ou de services entre deux personnes qui s'accordent sur leur **équivalence**.

Analyse de la notion

1) Quelles sont les différentes formes de commerce ?

a) L'échange

Pour **Platon**, l'échange n'est possible qu'avec la division du travail qui oblige chacun à être solidaire des autres. Si je produis du blé, je vais l'échanger contre du lait ou des chaussures, une serpe ou un cheval, un livre ou un ordinateur, car je ne les fabrique pas et j'en ai besoin ou envie. Si je ne consomme pas tout ce que j'ai produit, et qu'épargner mon surplus ne me sert à rien, alors j'entre dans la grande farandole des échanges **avec ou sans monnaie**, **avec ou sans marché**. Il est envisageable de proposer ses compétences contre d'autres compétences ou des marchandises, ou encore des biens vernaculaires, domestiques, qui échappent au marché. Par exemple, j'offre deux heures de jardinage, ou une leçon de flûte ou un cours d'anglais contre la vidange de ma voiture, la réparation de mon vélo, plusieurs pots de confiture ou des ourlets à mes nouveaux pantalons.

b) Le troc

Ces modes d'échanges existent depuis les premiers jours de l'humanité. Les SEL (Systèmes d'échanges locaux) et les banques du temps qui timidement se manifestent dans les pays occidentaux touchés par la crise économique, renouent avec ce troc entre produits et savoir-faire. Le troc est un **échange sans l'intermédiaire monétaire**. Ce mot vient du verbe « troquer », de « trokk », qui consiste à frapper ses mains en signe d'accord, lors d'un échange. Le troc, plus généralement, est présenté, à tort, comme l'ancêtre du commerce. En fait, il a vraisemblablement précédé le marché avec prix et monnaie, mais il existe encore et cohabite avec le négoce contrôlé par des marchands.

Les ethnologues ont observé diverses pratiques de troc, dont le « troc muet » : des chasseurs qui vivent dans la forêt déposent du gibier à l'orée du bois. Les villageois l'évaluent et placent, à ses côtés, des poteries, des fruits et légumes cultivés, des outils et des armes. Les chasseurs reviennent voir ce qui leur est proposé en échange : soit ils concluent l'affaire en prenant ce que les villageois ont apporté, soit ils laissent comme gibier ce qu'ils considèrent correspondre à cet échange. Aucune parole n'est prononcée, d'où l'idée d'un « troc muet ».

2) Qu'est-ce que le don ?

a) Selon Marcel Mauss

Marcel Mauss (1872-1950) théorise le don, après avoir constaté que tous les peuples pratiquent l'échange sans toutefois posséder la monnaie, cet équivalent général. Il considère que le don s'effectue en trois temps : **donner**, **recevoir** et **rendre**. Le mot *don* vient du latin *donum,* « action de donner », du verbe *dare,* « donner ». Le don est par conséquent un présent, une offrande, un cadeau. Il a une valeur – celle qu'on lui attribue. Il n'a pas de prix, car ce qu'il représente change régulièrement. Il peut aussi être inégal.

Mauss a repéré des sociétés indiennes d'Amérique qui rendent plus qu'elles n'ont reçu. Cette opération est nommée *potlatch*. Il s'agit d'une cérémonie au cours de laquelle un chef offre une fête à un autre chef et lui fait des présents. Celui qui reçoit ces cadeaux, plus tard, à son tour, préparera une fête et pour montrer sa puissance, face à son rival, lui donnera beaucoup plus. Cet excès en appellera un autre et ainsi de suite. Le *potlatch* indique une surenchère dans le don, une sorte de combat pacifique, d'où l'idée d'un **échange cérémoniel** dont l'essentiel est extra-économique.

b) Selon Claude Lévi-Strauss

Claude **Lévi-Strauss**, dans *les Structures élémentaires de la parenté* (1949), analyse trois formes d'échange présentes dans la plupart des sociétés : l'**échange des femmes** (qui préside à la parenté), l'**échange des biens et des services** (qui alimente l'économie) et l'**échange de paroles et de symboles** (qui nourrit la culture). Ainsi, l'échange dépasse largement le domaine du négoce, avec son marketing, sa publicité, ses centres commerciaux et autre e-commerce. Il est constitutif de la vie sociale : pas de société sans échanges, y compris guerriers. À ces trois modalités d'échange, l'anthropologue Maurice Godelier (né en 1934) en ajoute une quatrième : la **transmission**. Il explique que certains biens et valeurs sont transmis, donc ni achetés, ni vendus, d'une génération à une autre, par exemple.

3) Le commerce est-il moral ?

a) Le commerce et la légitimité du profit

Les philosophes grecs sont méfiants vis-à-vis de l'échange marchand, ils n'apprécient pas qu'on puisse s'enrichir uniquement en servant d'intermédiaire entre un producteur et un consommateur. **Aristote** dénonce le **profit** lorsque l'argent est le seul but, et non le simple moyen pour échanger des biens. Le marchand n'a pas bonne réputation chez les premiers philosophes. Et cela va durer un certain temps. En effet, la civilisation médiévale est également sourcilleuse quant au boutiquier, elle préfère l'artisan qui vend directement le produit de son travail, et bien sûr le paysan. C'est pourtant cette civilisation qui accueille les foires, généralise la monnaie, accepte les villes hanséatiques (réseau de villes marchandes) et élabore diverses réglementations commerciales. Les théologiens chrétiens et musulmans dénoncent alors l'**usure**, cet échange à partir d'un bien qui n'appartient qu'à Dieu : le temps. En effet, comment prêter de l'argent contre de l'argent avec un **intérêt** ? Ils élaborent la notion de « juste prix » afin de contenir les intérêts.

Les XVIe et XVIIe siècles sont, en Occident, favorables à l'activité commerciale. Certains économistes affirment que la richesse provient de l'échange et que, sans commerce, une société périclite et disparaît. Ils formulent les règles du **mercantilisme**, qui, paradoxalement, attribuent à l'État un rôle moteur dans les modalités et les contrôles du marché. C'est à cette époque, avec la navigation au loin et l'ouverture de nouvelles routes maritimes, qu'affluent en Europe des métaux précieux, qui stimulent l'activité économique, corroborant ainsi ces théories. Les marchands anglais militent pour le *free trade,* ou liberté totale du commerce – l'expression date de 1606 et entrera dans le vocabulaire français bien plus tard, vers 1840, sous le nom de « **libre-échange** ».

Entre-temps, « l'économie politique » va faire du marché l'instrument quasi magique qui accorde l'**offre et la demande**. Jean-Baptiste Say (1767-1832), David Ricardo (1772-1823), Adam Smith (1723-1790) et plus tard Frédéric Bastiat (1801-1850) chanteront les louanges de la division internationale du travail, de l'avantage des coûts comparatifs, du laisser-faire et fustigeront l'interventionnisme étatique, les droits de douane et toutes les formes de protectionnisme. Le jeune **Marx** les dénonce dans son *Discours sur la question du libre-échange* qu'il prononce à l'intention de l'Association démocratique de Bruxelles en 1848 et où il perçoit, sans encore le formuler aussi clairement que dans *le **Capital*** (livre I, 1867), que c'est du travail que l'on échange lorsqu'on commercialise du café, un chapeau, un livre, une locomotive ou des actions, mais du travail qui n'est pas payé à sa valeur.

b) La dimension vertueuse du commerce

Un philosophe témoigne de l'engouement pour le commerce, c'est **Montesquieu**. Dans *De l'**esprit des lois*** (1748), il note que « le commerce guérit des préjugés destructeurs ; et c'est presque une règle générale que partout où il y a des mœurs douces il y a du commerce ; et partout où il y a du commerce il y a des mœurs douces ». Il ne se contente pas d'y voir un **bénéfice économique**, et en cela ne s'apparente pas aux libre-échangistes ; il y voit aussi un **bénéfice culturel** : « L'effet du commerce sont les richesses ; la suite des richesses, le luxe ; celle du luxe, la perfection des arts. » Le commerce génère un heureux enchaînement qui associe richesses matérielles et créations artistiques.

Mais il observe aussi que le commerce, en transformant tout en marchandise, supprime le don, le rien, le service amical et il écrit : « L'hospitalité, très rare dans les pays de commerce, se trouve admirablement parmi les peuples brigands. » On le voit, il y a une dimension morale qui intervient lorsqu'on souhaite apprécier le commerce : l'échange est-il juste ? En quoi consiste un équivalent ? Qui le mesure ? Que représente la monnaie ? Le marché est-il accessible à chacun pareillement ? Nous savons que les États cherchent en vain des systèmes de régulation des marchés des matières premières agricoles ou minières, des énergies, des biens manufacturés, etc. Que les firmes jouent sans cesse de leur influence pour conquérir un marché, d'où des accords secrets, des tactiques capitalistiques qui dénaturent le marché et créent des situations de monopoles ou d'oligopoles. Quant au consommateur lambda, que peut-il faire ? S'informer auprès d'associations de défense des consommateurs…

L'échange est obligatoire, personne ne peut survivre seul, en autarcie. Il s'agit non seulement de pourvoir à sa consommation de biens et services indispensables à la vie quotidienne, mais aussi d'entretenir sa **santé mentale**. L'être humain échange de l'amitié, de la tendresse, de l'amour. Et aussi des idéaux, des combats, des promesses, des rêves. Il réclame de l'écoute et, réciproquement, souhaite entendre. Ne parle-t-on pas de commerce des idées ? L'échange se présente comme le déclenchement de la communication, qui réclame ses mécanismes de régulation afin de faciliter l'écoute et sa réciprocité.

Renvois

Notions : autrui, le bonheur, l'État, la justice et le droit, langage et interprétation, la morale, la société, le sujet, le travail et la technique.

Repères : absolu - relatif ; cause - fin ; égalité - différence - identité ; en fait - en droit ; idéal - réel ; obligation - contrainte ; persuader - convaincre ; universel - général - particulier - singulier.

Thèses sur la notion

Piotr Kropotkine donner plus

■ Le géographe et prince russe Piotr Kropotkine (1842-1921) publie, en 1902, *l'Entraide. Un facteur de l'évolution,* dans lequel il expose, en utilisant les travaux de Charles Darwin (1809-1882), sa conception de la solidarité entre les hommes issue du monde animal. Il fait état des tentatives variées que les hommes expérimentent pour contrer les égoïsmes et vaincre les totalitarismes, comme les communaux, les associations, les coopératives, les guildes, les corporations, les clubs, les syndicats, etc. Dans la conclusion, il stipule : « La conception plus élevée qui nous dit "point de vengeance pour les injures" et qui nous conseille de donner *plus* que l'on n'attend de recevoir de ses voisins, est proclamée comme le vrai principe de la morale – principe supérieur à la simple notion d'équivalence, d'équité ou de justice, et conduisant à plus de bonheur. »

Marcel Mauss l'échange, un des termes du contrat social

■ Marcel Mauss est une des figures majeures de la sociologie, qu'il considère être l'étude de tout « fait social total », sachant que n'importe quel élément d'une culture dit plus que ce qu'on croit. C'est ce qu'il explicite sur les échanges en explorant d'innombrables sociétés, dans son *Essai sur le don* (1923-1924), où nous pouvons lire : « D'abord, ce ne sont pas des individus, ce sont des collectivités qui s'obligent mutuellement, échangent et contractent [...] De plus, ce qu'ils échangent, ce n'est pas exclusivement des biens et des richesses, des meubles et des immeubles, des choses utiles économiquement. Ce sont avant tout des politesses, des festins, des rites, des services militaires, des femmes, des enfants, des danses, des fêtes, des foires dont le marché n'est qu'un des moments et où la circulation des richesses n'est qu'un des termes d'un contrat beaucoup plus général et beaucoup plus permanent. »

L'État

« L'État moderne est un groupement de domination de caractère institutionnel qui a cherché (avec succès) à monopoliser, dans les limites d'un territoire, la violence physique légitime comme moyen de domination et qui, dans ce but, a réuni dans les mains des dirigeants les moyens matériels de gestion. »

Max Weber, ***le Métier et la vocation d'homme d'État*** (1919).

Étymologie et définition

1) L'autorité souveraine

Le mot *état* est dérivé du latin *status,* qui signifie au sens large « manière d'être ». L'état désigne, à partir de la fin du XIVe s., un groupement humain qui est soumis à une même autorité. Il désigne ensuite, avec une majuscule, la **puissance souveraine** exerçant une autorité politique sur un peuple et un territoire. À partir du XVIIe s., l'État peut renvoyer à une forme de gouvernement, ce que nous appellerions aujourd'hui un **régime politique**.

2) L'institution politique suprême

D'une manière générale, la philosophie politique entend par État la puissance souveraine au sens de l'**autorité suprême** qui fixe les lois, organise leur application et prend les décisions principales de la vie collective. En ce sens, les cités antiques comme Athènes et Rome sont des formes d'État.

La diversité des types d'État doit cependant être soulignée : l'**État-nation** moderne est une réalité récente (à partir des grandes monarchies européennes qui unifient un territoire, et surtout un peuple, autour d'une même puissance souveraine et une langue nationale officielle, à côté de parlers régionaux). En effet, pendant longtemps, l'Occident a connu des **cités libres**, des **provinces** ou **principautés** (sous autorité seigneuriale ou ecclésiastique) ainsi que des **empires**. Cette diversité s'accroît si l'on prend en compte les entités politiques d'autres civilisations et la pluralité des régimes politiques. L'État désigne donc une large palette d'institutions possédant l'autorité suprême sur un territoire (délimité par des frontières) ou un peuple.

Analyse de la notion

1) Qu'est-ce qu'une Cité-État ?

a) La Cité antique

La notion d'État est rendue complexe par la diversité géographique, mais surtout historique des organisations politiques. La réflexion politique occidentale s'est d'abord concentrée, dans l'Antiquité, sur une structure politique quasiment disparue : la **Cité-État**. Celle-ci se réfère d'abord à un territoire généralement délimité par des murs. La Cité-État est une réalité bien identifiée aux limites facilement perceptibles. Alors que les dialogues de **Platon** se situent en général à l'intérieur de la Cité, le ***Phèdre*** remarque que **Socrate** et son interlocuteur franchissent les murs : c'est un fait qui ne passe pas inaperçu. Une cité comme Athènes comptait à l'époque démocratique (vers le Ve s. av. J.-C.) 10 000 à 20 000 citoyens et une population globale d'environ 100 000 personnes. Cette échelle réduite introduit d'énormes différences avec ce que sera l'État moderne et, déjà, avec la Rome impériale (dont la population, à son apogée, avoisine le million) : les citoyens peuvent facilement s'identifier à un territoire, à une communauté de taille réduite. Ils se considèrent comme éduqués et même élevés par la loi – la « **loi nourricière** » –, qu'ils votent eux-mêmes à main levée sur l'agora (place publique servant à la vie politique et commerciale). Cela éclaire (avec d'autres raisons) la décision de Socrate, à la suite de sa condamnation à mort, de subir une peine qu'il estime pourtant injuste : le citoyen préfère mourir en subissant l'injustice que de fuir la Cité. C'est une décision bien sûr personnelle, mais qui s'inscrit dans un **cadre collectif** où le citoyen se conçoit difficilement séparément de la Cité.

Dans un texte soulignant la différence entre la liberté des Anciens et celle des Modernes (*De la liberté des Anciens comparée à celle des Modernes,* 1819), Benjamin Constant (1767-1830) révèle par contraste l'**unité quasi organique** du mode de vie dans la Cité antique. Le citoyen, en particulier à Athènes mais aussi à Rome, était dégagé des tâches serviles (travail productif, contraintes domestiques) et pouvait se consacrer à la vie sociale et politique. En un sens, il voyait son bonheur à travers son **rôle sociopolitique**, ce que souligne l'importance des honneurs et de la discussion publique.

b) Le modèle athénien

On remarque cependant une différence sensible entre les modèles athénien et romain, soulignée par l'étymologie : alors que le terme « citoyen » dérive, en grec, de celui de « cité » (*polis*/cité a donné *politai*/citoyen), c'est l'inverse en latin (*civitas*/citoyen a donné *civis*/cité). D'un côté, la citoyenneté se définit par l'appartenance à la Cité ; de l'autre, par l'exercice individuel de certains droits. **Aristote** caractérise ainsi la citoyenneté comme **ce qui parfait l'homme** en le faisant vivre en Cité. Cette dernière préexiste à l'individu et lui permet d'accomplir sa nature : « une cité est par nature antérieure à une famille et à chacun de nous. Le tout, en effet, est nécessairement antérieur à la partie, car le corps entier une fois détruit, il n'y a plus ni pied ni main, sinon par homonymie » *(les Politiques).*

c) Le modèle romain

Alors qu'Aristote continuait de penser la politique à partir du paradigme de la Cité athénienne tout en étant au service d'Alexandre le Grand (356 - 323 av. J.-C.) et de son empire, la Rome impériale offrit un nouveau modèle de vie politique. La citoyenneté peut être accordée au-delà des frontières de la Cité, la vie politique tend à se spécialiser à travers la codification des charges et une répartition plus poussée des fonctions. La vie politique s'éloigne du modèle organique : il n'est pas besoin de naître citoyen pour l'être et le Romain a une vie domestique et sociale qui ne se fond pas dans l'entité politique. Pourtant, l'empereur philosophe **Marc Aurèle** pense encore sa fonction politique à travers la catégorie de Cité : il appartient d'une part à la Cité des hommes et d'autre part à la Cité romaine ***(Pensées pour moi-même)***. Une large part de l'imaginaire romain continue, pendant toute la période impériale, à voir en Rome une **Cité républicaine**.

2) Y a-t-il un régime politique meilleur que les autres ?

La question classique de la réflexion politique antique est celle du **meilleur régime** : monarchie, oligarchie (pouvoir exercé par un petit nombre de puissants), démocratie ? Le problème central est de savoir à qui confier le pouvoir. Les philosophes antiques, depuis Platon et Aristote, se demandent le plus souvent qui doit gouverner. Dans *la **République***, Platon précise la question de l'aptitude au gouvernement en définissant une série de compétences intellectuelles et morales. On en a retenu la thèse dite du « philosophe-roi » : le philosophe étant le plus apte à gouverner, c'est à lui qu'il faut confier l'autorité politique, soit en faisant advenir un philosophe au pouvoir, soit en faisant que le prince devienne philosophe. Platon a d'ailleurs connu plusieurs mésaventures en essayant d'accomplir ce programme auprès du tyran de Syracuse Denys le Jeune (v. 397 - 344 av. J.-C.). De son côté, Aristote promeut le gouvernement des meilleurs (« aristocratie » en grec), mais prend en compte les variations que les circonstances peuvent imposer.

Ce primat de la question du meilleur régime signale une philosophie politique axée sur le problème de l'**aptitude morale** et de la **compétence intellectuelle**. C'est pourquoi la légitimité de l'État et sa nature sont moins approfondies : la nécessité d'une organisation politique sur le modèle de la Cité est affirmée sans grand débat. Cela dit, il existe dès l'Antiquité des traditions sceptiques et sophistiques qui soulignent la dimension conventionnelle, voire arbitraire, de l'État.

Avec l'***Utopie*** (1516) de Thomas More (1478-1535) se pose, dans un nouveau genre littéraire, la question de la « bonne » république. Mais la question du meilleur régime tend à cette époque à perdre de sa centralité.

3) Qu'est-ce que l'État moderne ?

a) Machiavel et le prince unificateur

À partir du XVIe s. et surtout du XVIIe s., l'État moderne s'affirme dans la réalité et le discours politiques. Il existe bien sûr des prémices, et la construction de l'État moderne est un long processus qui remonte à la reprise en main par les rois des royaumes européens à partir du XIe s. Mais les grandes monarchies du début de l'âge classique (XVIe-XVIIIe s.) marquent une nouvelle conception de l'État (parallèle à l'essor du mot en français).

Machiavel, dans *le* ***Prince*** (1532), souligne la nécessité pour l'Italie de se réunifier autour d'un nouveau roi. Il révèle ainsi une nouvelle conception où l'État unifie un peuple partageant certains traits historiques et culturels (origine de ce qu'on appellera l'**État-nation**), et où le roi n'est plus le premier des seigneurs mais l'autorité suprême. Le prince est à la fois un élément régulateur de la société (il équilibre les rapports entre l'aristocratie et le peuple) et une puissance à part. C'est en jouant de la rivalité entre le peuple et les nobles que le prince peut asseoir une autorité que ces derniers ne lui reconnaissent pas d'eux-mêmes.

b) Hobbes et l'état civil

Mais c'est avec **Hobbes** que plusieurs dimensions fondamentales de l'État moderne sont théorisées. La question que pose Hobbes est particulièrement profonde : il ne s'agit pas de savoir comment un peuple est réuni dans un État, mais de savoir ce qui fait qu'un peuple est peuple. La question politique devient celle de la **constitution du peuple** comme tel, avec le passage de la multitude d'individus isolés à l'unité d'un corps social. C'est le premier rôle de la distinction entre l'état de nature, où les hommes sont mus par leurs désirs individuels sans autre limite que celle de leur puissance respective, et l'état civil, qui correspond à la naissance de l'État. Les hommes désirant globalement les mêmes biens et ceux-ci étant en nombre limité (surtout pour les honneurs et la richesse qui sont des biens concurrentiels), ils sont à l'état de nature dans une concurrence non régulé. Selon la célèbre formule du ***Léviathan*** (1651), cela donne un « état de guerre de chacun contre tous », dont Hobbes retrouve certains signes dans la guerre civile que connut l'Angleterre dans les années 1640.

Le pire est que les hommes sont rationnels, donc comprennent la nécessité de sortir de l'état de nature, mais savent aussi qu'ils ne peuvent se faire confiance : chacun sait que l'autre, comme lui-même, est animé par ses désirs propres. D'où la nécessité d'un contrat social en deux temps. Le premier consiste dans la décision de désigner un **tiers** chargé de mettre tout le monde d'accord par certaines règles. Quelques individus (ou un seul) sont ainsi mis à part et constituent une nouvelle autorité à laquelle chacun accepte par principe de se soumettre pour mettre fin à l'état de nature. Dans un second temps, l'État entre en fonction et accomplit son **rôle régulateur** grâce au pouvoir que chacun a accepté de lui céder. Hobbes souligne avec force que l'État est par essence un **monopole** : celui de la **puissance collective** et de l'**autorité**

législative. La célèbre définition de Max Weber (1864-1920) mise en exergue se fait l'écho de cette idée centrale.

4) L'État représente-t-il le peuple ?

a) La théorie de la représentation de Hobbes

Mais le plus original et le plus profond, chez Hobbes, est probablement sa théorie de la représentation. Car, pour faire que des individus mus par des désirs égoïstes constituent un peuple uni et cohérent, il faut non seulement des lois, mais aussi et surtout un nouveau mode de vie et de pensée. Il faut que chacun se considère comme **partie d'un tout incarné par l'État**.

Alors que les penseurs antiques tendaient à concevoir l'insertion de l'individu dans l'unité politique comme naturelle, Hobbes y voit le problème majeur. C'est pourquoi il souligne par une métaphore théâtrale l'originalité de la relation instaurée par le contrat social : le peuple/auteur fixe le rôle que l'État, par ses représentants/acteurs, met en œuvre. Hobbes s'intéresse peu à la question du régime politique : ce n'est pas l'essentiel. Mais il faut que des représentants (roi, parlement, nobles, peu importe) **jouent le rôle** dévolu à l'État, en un double sens : qu'il le fasse exister et que par cette action il incarne aux yeux de tous l'unité du tout. Une image parlante l'illustre : sur le frontispice du *Léviathan* figure un grand homme (le roi) composé de petits visages (les citoyens) tournés vers lui, dont il constitue et manifeste l'unité.

b) Contre Hobbes

À la suite de Hobbes se poseront de nouvelles questions concernant la représentation. **Rousseau**, dans *Du **contrat social*** (1762), refuse non seulement le pacte de Hobbes, qu'il voit comme un pseudo-contrat d'asservissement (voir la notion « liberté »), mais aussi sa théorie de la représentation. Des magistrats peuvent s'occuper de tâches exécutives et judiciaires, mais seul le peuple lui-même peut décider ce qu'il veut. La loi, incarnation de la volonté générale, ne peut qu'être votée directement : **la volonté ne se délègue pas**. Mais si l'on admet la nécessité de représentants (y compris pour la puissance législative), comme c'est le cas dans les démocraties actuelles, cette critique de Rousseau souligne un problème essentiel : celui de la **représentativité**. Les représentants représentent-ils effectivement la volonté du peuple ? Doivent-ils aussi représenter sa diversité (ethnique, sociale, religieuse, etc.) ? Comment améliorer cette représentativité ?

Une importante tradition anarchiste, un peu oubliée malgré l'intérêt de ses questions, a en outre souligné un problème radical : si l'État est finalement une puissance distincte du peuple, si ses représentants deviennent toujours une nouvelle classe dominante qui se reproduit, pouvons-nous nous passer de l'État ?

Renvois

Notions : le désir, le devoir, la justice et le droit, la liberté, la morale, la raison, la religion.

Repères : absolu - relatif ; en théorie - en pratique ; idéal - réel ; légal - légitime ; obligation - contrainte ; transcendant - immanent.

Cela suppose, contre Hobbes, d'interroger les manières par lesquelles une **auto-organisation des citoyens** est possible, sans recours à une institution supérieure. C'est un enjeu approfondi par les théoriciens anarchistes comme Piotr Kropotkine (1842-1921).

Thèses les plus classiques sur la notion

Nicolas Machiavel — la nécessité d'un État durable

- La pensée politique de **Machiavel** est centrée sur la question de la genèse et de la durée de l'État. Cela s'explique par un regard historique sensible aux variations et par l'idée que l'État est la seule réponse possible à ces fluctuations de la fortune. *Le **Prince*** (1532), ouvrage le plus célèbre de Machiavel, cherche ainsi à cerner les compétences politiques nécessaires à la mise en place et au maintien d'un État nouveau, dont le philosophe fait le projet pour l'Italie. Malgré la sensibilité républicaine de Machiavel dans d'autres ouvrages, *le Prince* valorise l'excellence politique (la « vertu ») d'un homme, qu'il théorise en la séparant de toute vertu morale : il s'agit ici d'efficacité durable. Cela n'empêche pas la recherche du soutien du peuple, mais *le Prince* définit le cadre d'une pensée politique réaliste et largement amorale.

Hobbes et Rousseau — les théories du contrat social

- Depuis **Hobbes** s'est développée une importante pensée politique axée sur la théorie d'un contrat social. Contre l'idée antique d'une nature politique de l'homme et contre l'origine divine du pouvoir politique, l'idée de contrat suppose une forme d'invention artificielle de la politique : l'État est le fruit d'une convention. Mais le contrat social représente aussi un ensemble de débats, notamment entre **Rousseau** et Hobbes sur le statut de la liberté et de la sécurité, ou encore sur la délégation de la souveraineté au représentant par le peuple (refusée par Rousseau). La pensée du contrat se poursuit avec **Kant** et le philosophe américain John Rawls (1921-2002) dans une perspective axée sur la liberté politique contre toutes les formes de domination.

Marx et Bakounine — la critique radicale de l'État

- Voir au verso.

Marx et Bakounine — la critique radicale de l'État

L'État est aussi l'objet d'une critique suivie par certaines pensées politiques qui y voient le moyen principal de la domination d'une classe sociale sur une autre. **Marx** a ainsi caractérisé l'État comme un appareil (un ensemble d'instruments) au service des dominants économiques pour garantir et renforcer (par le droit, la police) leur domination. Mais Marx a maintenu un usage nécessaire de l'État pour protéger le futur mouvement révolutionnaire contre le retour de la bourgeoisie lors d'une phase provisoire de « dictature du prolétariat ». C'est ce que le penseur anarchiste Bakounine (1814-1876) a très tôt dénoncé en y voyant une illusion : l'État ne peut jamais servir la libération, il redevient toujours un instrument de domination. En effet, pour Bakounine, même si la domination politique ne dérive pas nécessairement d'une domination économique, elle finit par y aboutir.

L'existence et le temps

« L'homme n'est rien d'autre que son projet, il n'existe que dans la mesure où il se réalise, il n'est donc rien d'autre que l'ensemble de ses actes, rien d'autre que sa vie. »

Jean-Paul Sartre, ***L'existentialisme est un humanisme*** (Nagel, 1946).

« Le temps n'est pas. Il y a temps. »

Martin Heidegger, « Temps et Être » (1962), dans ***Questions IV*** (Gallimard, 1976).

Étymologie et définition

1) L'existence

Il n'est pas de mot, en grec, pour dire « existence » (*ousia* signifie à la fois « essence » et « existence »). Le verbe français est récent, **Voltaire** l'utilise comme équivalent de « vivre ». À partir du XIXe s., le terme *existence* désigne le fait d'exister. C'est ce qu'écrit Pierre Larousse (1817-1875) dans sa définition du mot : « État de ce qui existe, de ce qui est substantiellement. »

L'existence revêt ainsi plusieurs formes : la **réalité de ce qui est** (ce qui peut être constaté : un arbre, un ciel bleu, mon cousin Paul), une **manière de vivre** (une existence besogneuse, aventureuse) et la **durée** (telle institution a une longue existence, elle est millénaire).

Si l'existence concerne ce qui existe, une question se pose : qu'est-ce qu'exister ? Le verbe vient du latin *exsistere,* qui se décompose en *ex* (« hors de ») et *sistere* (« être placé », d'où « se montrer », « se manifester »). Il convient alors de distinguer le réel de l'imaginaire. En effet, je peux rêver d'un arbre et lui donner une existence que personne d'autre ne peut constater, ou bien penser à une personne absente, car éloignée, qui se trouve présente sans être physiquement là. Exister revient à **être situé dans le temps et dans l'espace**.

2) Le temps

Il existe trois mots en grec pour dire « temps » : *aion,* qui signifie « destinée », « âge », « éternité » ; *kairos,* qui évoque le temps opportun, le bon moment pour agir ; *chronos,* qui assure une continuité à la succession des moments et qui donnera en français *chronologie.* Le latin *tempus,* qui dérive du verbe grec *temnein* (« couper »), signifie « moment », « époque » et aussi « saison ». C'est de lui que vient le mot *temps* en français, avec ses nombreux sens : la durée d'une action, la répétition des secondes, des heures, des saisons, des années, la rapidité ou la lenteur, l'époque ou le moment, l'histoire, la météorologie...

Dans la plupart des langues alphabétiques ou idéographiques, et malgré les importantes différences que celles-ci connaissent quant à la conjugaison des temps, on trouve la tripartition du temps entre **présent**, **passé** et **avenir**. L'*Atharta Veda* considère le temps comme une instance suprême qui, selon Jean Filliozat (1906-1982), « est responsable du fait que nous nous représentons les choses soit comme passées et disparues, soit actuelles, soit comme futures » (« Le temps et l'espace dans les conceptions du monde indien », *Revue de Synthèse,* 1969). Dans ses ***Confessions*** (397-401), saint **Augustin** examine ces **trois temporalités** qui, ensemble, constituent l'existence de tout un chacun : « Ces deux temps-là donc, le passé et le futur, comment sont-ils, puisque s'il s'agit du passé il n'est plus, s'il s'agit du futur il n'est pas encore ? Quant au présent, s'il était toujours présent, et ne s'en allait pas dans le passé, il ne serait plus le temps mais l'éternité... Nous ne pouvons dire en toute vérité que le temps est, sinon parce qu'il tend à ne pas être. »

Les philosophes qui s'interrogent sur le temps partent généralement du présent, qui, vécu, se transforme en passé, alors qu'espéré il est l'avenir. **Bachelard** note dans *l'Intuition de l'instant* (1932) : « Et comme le passé n'est qu'un souvenir et que l'avenir n'est qu'une prévision, nous affirmerons que passé et avenir ne sont au fond que des habitudes. [...] Le philosophe doit les reconstruire en s'appuyant sur la seule réalité temporelle immédiatement donnée à la Pensée, sur la réalité de l'*Instant.* »

Analyse des notions

1) Que veut-dire « exister » ?

a) L'homme doit son existence à Dieu

Toute l'ambiguïté du verbe *exister* réside dans sa proximité avec le verbe *être,* dont il n'est pas strictement un synonyme. Aussi le sens commun prétend-il que les espèces qui appartiennent à la flore et à la faune vivent, mais que seule l'espèce humaine existe. Pourquoi ? Car elle en a conscience. Elle a **conscience d'exister** et sait aussi qu'elle est mortelle : elle a conscience de sa **finitude**. Exister, alors, c'est savoir qu'on va mourir. Le théologien Richard de Saint-Victor (v. 1110 - 1173), auteur de *De Trinitate,* s'interroge : « Que signifie exister ? » Il répond : « Provenir de quelque chose. » Ainsi, si l'homme provient de la création divine, il existe. La preuve de son existence tient de son statut d'**être créé par Dieu**, et son existence n'est pas éternelle à la différence de celle de son créateur. Pour lui, toute personne est « un existant par soi seul, selon un mode singulier d'existence ».

b) Du cartésianisme à l'existentialisme

Plus tard, s'émancipant prudemment de la pensée chrétienne, **Descartes** affirme : « Il n'y a point de doute que je suis [...] Je suis, j'existe » (***Méditations métaphysiques***, 1641). Si **Kant** forge le mot d'« existentialité » comme caractéristique de ce qui existe, et s'il emploie dans ***Critique de la raison pure*** (1781) le mot *dasein* pour exprimer le simple « fait d'être », nous ne trouvons pas chez lui une philosophie de l'existence. Au contraire de chez **Kierkegaard**, qui s'attarde pour sa part sur « l'exister », cette manière de **déployer son être dans la temporalité** (***Miettes philosophiques***, 1844). Le philosophe religieux danois examine également l'angoisse qui envahit chacun dès qu'il se sent libre de faire ce qu'il ne sait pas qu'il peut faire ; ce pouvoir sans pourquoi et sans finalité provoque un sentiment de vertige qu'il assimile au péché (*le Concept d'angoisse,* 1844). Il faut attendre le XXe s. pour que l'**existentialisme** s'impose, non pas comme école de pensée, mais comme thématique. En effet, les existentialistes – pensons à Nicolas Berdiaev, ou Berdiaeff (1874-1948), Martin Buber (1878-1965), Karl Jaspers (1883-1969), Gabriel Marcel (1889-1973), Jean-Paul **Sartre**, Maurice **Merleau-Ponty**, Simone de Beauvoir (1908-1986), Albert Camus (1913-1960) – ne partagent pas nécessairement les mêmes conceptions et de l'être et de l'existence.

2) Exister d'abord ?

a) Heidegger : une nouvelle façon de penser le temps

En publiant ***Être et Temps*** en 1927, **Heidegger** révolutionne la manière de **penser ontologiquement le temps**. L'être humain temporalise le temps en existant. C'est par le fait d'exister qu'il confère au temps sa valeur. Pour Heidegger, l'être humain est « jeté pour la mort », c'est-à-dire que dès sa naissance il commence à mourir. C'est sa condition de mortel qui le caractérise eu égard aux autres « étants » (un arbre, une table, un animal, etc.). Le philosophe note que « le *dasein* est l'étant qui, se comprenant en son être, se rapporte à cet être. Ainsi est indiqué le concept formel d'existence. Le *dasein* existe. Le *dasein,* en outre, est l'étant que je suis à chaque fois moi-même. » Ainsi, l'être humain en étant présent-au-monde-et-à-autrui assure une **temporalité à son existence**.

En 1962, Heidegger prononce une conférence dont le titre (« Temps et Être ») indique la distance critique qu'il établit avec son précédent ouvrage. « Nous ne disons pas, écrit-il, l'être est, le temps est – mais : il y a être, et il y a temps. »

Plus loin, il précise : « L'être n'*est* pas. De l'être Il y a, en tant que libération (hors du retrait) d'un déploiement en présence. » Ce « il y a » n'est guère aisé à comprendre. Pourtant, c'est la clé qui déclenche la serrure et ouvre la porte à l'existence : chacun d'entre nous existe, parce que le « il y a » du temps et le « il y a » de l'être en saluent l'existence. L'être et le temps ne sont pas donnés comme extérieurs à nous, ils existent en nous, par nous, « il y a » ce qui fait « temps » et ce qui fait « être ». C'est en présentifiant le temps que ce dernier s'y déploie et assure à l'être son « là ».

b) La philosophie sartrienne de l'existence

Sartre lit Heidegger dans la traduction d'Henry Corbin (1903-1978), avant de se risquer à le lire en allemand, d'où des approximations, comme « réalité humaine » pour *dasein*. C'est dans un roman, *la Nausée* (1938), que Sartre constate que « tout existant naît sans raison, se prolonge par faiblesse et meurt par rencontre [...] l'existence est un plein que l'homme ne peut quitter ». Mais c'est avec ***l'Être et le Néant*** (1943) qu'il formule son « ontologie phénoménologique » et distingue l'être *en-soi* de l'être *pour-soi*. Le premier est ce qu'il est, le second est ce qui lui manque pour être ce qu'il est, d'où la néantisation de l'être *en-soi* par l'être *pour-soi*. C'est aussi dans cet ouvrage qu'il explique que l'individu est condamné à être libre, qu'il peut toujours choisir son destin, que le non-choix s'avère être aussi un choix. En cela « l'existence précède l'essence », car l'**être existe en projet**, présentement tendu vers un futur. Le philosophe trouve, en 1946, une formulation plus grand public lors d'une conférence (« L'existentialisme est un humanisme »), quand il déclare que « l'homme n'est rien d'autre que ce qu'il fait », ou encore, que « l'homme n'est rien d'autre que son projet, il n'existe que dans la mesure où il se réalise ». C'est cette idée qu'il va développer dans son cycle romanesque *les Chemins de la liberté* (1945-1949).

3) Un temps pluriel ?

a) Le temps intime et le temps collectif

L'être humain inscrit son existence dans le temps, un temps personnel, intime, celui de sa vie, mais également un temps social, collectif, historique, qui conditionne et détermine en partie sa liberté d'action. Chacun doit se situer par rapport à ces **deux temps**, en concilier les rythmes et les finalités, en harmoniser les entremêlements, les représentations et les discordances.

Certes, comme le dit Sartre, l'homme décide de son existence, mais dans certaines circonstances qu'il ne contrôle pas toujours, comme le fait remarquer **Marx**. En cela, le **temps de l'individu** est grandement subordonné au **temps impersonnel de la société**. Il suffit de penser à la guerre. Ce n'est pas le simple citoyen qui la déclare, mais une fois les armées en branle, il ne peut l'ignorer et doit se positionner. De même, l'organisation du travail lui impose des horaires (parfois contraires à sa chronobiologie) et des cadences (qui le stressent et le fatiguent). Sans oublier les technologies qui incitent à aller toujours plus vite (l'avion et le train à grande vitesse), à vous rendre disponible en permanence (le téléphone cellulaire, Internet).

Le temps se manifeste à nous comme **unidimensionnel** (notre futur en devenant présent se transforme vite en passé, le temps vécu devient souvenir) et **irréversible** (nous vieillissons d'année en année sans possibilité de rajeunir). Il est **continu** (personne ne peut arrêter les secondes, pas plus que les années qui passent) et vise à l'**instantanéité** (nous voulons tout, tout de suite, sans attente). Il accepte des traitements discriminants entre les périodes qu'il abrite. Ainsi, le « maintenant » semble préféré au « comme toujours », l'immédiateté à l'attente, l'urgence à la plénitude, etc. Il tend à nier la géographie car dorénavant, avec les technologies de l'information et des télécommunications, il ne sert plus à mesurer l'espace en le traversant : il rend proche deux points distants en les liant en une poignée d'infra-secondes.

b) Le temps quotidien des sociétés urbaines

Le temps quotidien des sociétés urbaines vise au trop-plein : les horaires de classe, des services, des usines, les activités sportives, les déplacements ne laissent guère de répit, de pause. Le week-end permet tout juste de rattraper son retard, et les vacances, contrairement à leur appellation, n'invitent pas à la vacance mais à des activités et des voyages impossibles à effectuer en temps ordinaire. Le rythme planifié de l'année calendaire (l'agenda anticipe les mois à venir) ne permet pas l'imprévu, la surprise. Seule la sieste, pour ceux qui résistent à la course perpétuelle, apparaît comme un *temps-à-soi-pour-soi,* une sorte d'exception qui confirme la **règle d'une quotidienneté intégralement occupée**. On le voit, le temps est consommé sans modération !

Privilégier la maîtrise de son temps devient dès lors un véritable acte politique d'une **écologie temporelle** largement à inventer. Les utopistes tels que Thomas More (1478-1535), Robert Owen (1771-1858) ou Charles Fourier (1772-1837) réduisaient le temps de travail obligatoire afin que les « utopiens » puissent, selon leurs désirs et leurs talents, s'adonner aux activités de leur choix. Des auteurs de romans de science-fiction imaginent des machines robotisées qui produisent à la place des humains, qui renouent avec la *skholê* des Grecs, ce loisir grâce auquel on ne s'occupe de rien d'autre que de la connaissance de soi et d'autrui.

« Exister » exige une grande disponibilité que seul un temps ouvert facilite. « Exister » alterne l'intensité et la vacuité, la vitesse et la lenteur, l'attention et l'intention, le plein et le vide. « Exister » revient à être dans son temps à soi avec le temps des autres, pour un temps partagé. En cela, les questions de l'existence et du temps sont philosophiquement liées, et de leur heureuse solidarité dépend notre possibilité de bonheur terrestre.

Renvois

Notions : autrui, le bonheur, l'histoire, la liberté, la religion, le sujet, le travail et la technique, le vivant.

Repères : cause - fin ; contingent - nécessaire - possible ; en acte - en puissance ; genre - espèce - individu ; obligation - contrainte ; universel - général - particulier - singulier.

Thèses contemporaines sur les notions

Gaston Bachelard — le temps est imprévisible

Bachelard s'oppose à **Bergson** et à sa conception psychologique de la durée vécue par le « moi profond ». Dans *la Dialectique de la durée* (PUF, éd. de 1950), il présente ainsi sa vision d'un temps imprévisible, non canalisable : « Il n'y a pas de date et de durée où il n'y a pas de construction ; il n'y a pas de date sans dialectique, sans différences. La durée, c'est le complexe des ordinations multiples qui s'assurent l'une sur l'autre. Si l'on prétend vivre dans un domaine unique et homogène, on s'apercevra que le temps ne peut plus marcher. »

Emmanuel Levinas — la relation existant - existence

Levinas a suivi l'enseignement de **Heidegger**, mais il élabore de livre en livre ses propres conceptions du temps, de l'être et de l'existence dans leur relation à autrui. D'où l'importance qu'il accorde au visage, cette promesse d'une rencontre. Dans *De l'existence à l'existant* (Revue Fontaine, 1947), il écrit : « Notre existence dans le monde, avec ses désirs et son agitation quotidienne, n'est donc pas une immense supercherie, une chute dans l'inauthentique, une évasion de notre destinée profonde. Elle n'est que l'amplification de cette résistance à l'être anonyme et fatal par laquelle l'existence devient conscience, c'est-à-dire relation d'un existant avec l'existence à travers la lumière qui, à la fois, comble et maintient l'intervalle. »

Paul Virilio — le temps accéléré élimine l'espace

Paul Virilio (né en 1932) considère que la vitesse est devenue le seul critère du progrès technique et qu'elle impose le « temps réel », qui favorise la « démocratie émotionnelle » (via la télévision) et n'accorde plus au débat public le temps nécessaire. Dans *la Vitesse de libération* (Galilée, 1995), il explique que « gagner du temps réel sur le temps différé, c'est donc s'engager dans une procédure expéditive d'élimination physique de l'objet, du sujet, à l'avantage exclusif du trajet, mais d'un trajet sans trajectoire, et donc foncièrement incontrôlable. De fait, l'interface réelle supplée définitivement l'intervalle qui avait naguère construit et organisé l'histoire et la géographie de nos sociétés, aboutissant à une véritable culture du paradoxe où tout arrive sans qu'il soit nécessaire, non seulement de se déplacer physiquement, mais encore de partir. »

L'histoire

« Or l'histoire n'est ni signifiée ni signifiante : elle est significative. »

Jean Brun, « Les masques du significatif », dans ***Herméneutique et eschatologie*** (Aubier-Montaigne, 1971).

Étymologie et définition

1) De l'enquête au témoignage

Le terme grec *historia,* qu'utilise Hérodote (v. 484 - v. 420 av. J.-C.), signifie « enquête », « recherche », « information ». Il s'agit d'**observer le déroulement du temps**, de relater strictement le déroulé temporel auquel on a assisté. Or Hérodote prend des libertés et fait part de ses sentiments, il invente des transitions, dramatise tel fait ou enjolive tel autre. Thucydide (v. 460 - apr. 395 av. J.-C.) dénonce la fiction qui enveloppe le discours d'Hérodote et opte pour une forme de témoignage le plus neutre possible, se contentant d'exposer ce qu'on a vu. Du reste, le mot *histor* veut dire « témoin » et se rattache à *iedô,* issu de *eidon,* qui exprime à la fois l'action de voir et celle de savoir, d'où aussi *idea* qui renvoie à « image » et à « idée ».

C'est Polybe (v. 200 - v. 120 av. J.-C.) qui, dans ses *Histoires,* tente d'expliquer les faits qu'il décrit pour les évaluer à l'aune de son système de valeurs (ce qui appartient au « Bien » ou au « Mal ») et de la sorte **éclairer ses contemporains** sur ce qui s'est passé et qui peut se reproduire. Le récit du passé en Occident va, au cours des siècles, quitter la cosmogonie pour l'épopée et accéder à la connaissance. Ainsi l'histoire, en devenant une discipline qui s'enseigne et pour laquelle on ne cesse de produire des études, s'éloigne de plus en plus du ton fabuleux qu'elle avait à l'époque antique.

2) Un fait et un récit

La plupart des langues européennes possèdent deux mots pour dire « histoire », là où le français ne dispose que d'un seul. En effet, l'allemand distingue *geschichte* et *historie,* l'anglais *history* et *story,* l'italien *istoria* et *storia*. Ces deux termes désignent deux histoires différentes : d'une part, l'**enchaînement plus ou moins logique des événements** ; d'autre part, le **récit** qui en rend compte. Ce que corrobore ce propos de Hegel, tiré de ses *Leçons sur la philosophie de l'histoire* (1822-1830, publié en 1837) : « En notre langue "histoire" unit le côté objectif et le côté subjectif, et signifie aussi bien *historiam rerum gestarum* que *res gestas* ; elle est fait non moins que récit. »

Analyse de la notion

1) Vers une histoire scientifique ?

a) De l'épopée à l'histoire érudite

En schématisant, nous pouvons dire qu'en Occident l'histoire – comme manière de raconter le passé des hommes et des femmes et d'en dégager des causes et des leçons – est un savoir qui s'élabore à partir du XVIe s., avec ce que l'on nomme l'« humanisme ». Les Grecs et les Romains disposaient de récits, plus ou moins inventés, plus ou moins fabuleux, qui mettaient en scène les dieux et les humains dans le cadre de mythes.

Avec Tite-Live (59 av. J.-C. - 17 apr. J.-C.), l'histoire des guerres et des conquêtes romaines devient une fresque reconstituée en bibliothèque, l'auteur confrontant les points de vue et donnant son avis. Avec les croisades se multiplient des sortes de reportages sur le vif, les chroniques – celles de Geoffroi de Villehardouin (1148 - v. 1213), de Jean Joinville (v. 1224 - 1317), de Jean Froissart (v. 1337 - apr. 1404) –, au moment même où l'Église encourage l'hagiographie, récit embelli à la gloire des saints.

Avec la Renaissance italienne s'ouvrent des « cabinets d'amateur », se développe la correspondance entre savants de toute l'Europe, se laïcisent les universités : **l'histoire devient érudite**. Jean Bodin (1530-1596) publie une *Méthode pour une facile compréhension de l'histoire* (1566) dans laquelle il explique que, à côté de la théologie et de l'histoire naturelle, s'élabore une histoire des « hommes en société ».

b) Histoire particulière et histoire universelle

Plus tard, dans son *Discours sur l'histoire universelle* (1681), Bossuet (1627-1704) montre que tous les peuples inscrivent leur destin dans une histoire particulière qui participe à une histoire universelle. L'être humain est par conséquent un « **être historique** ». Dans la suite de **Bacon**, Thomas **Hobbes** constate dans *le **Léviathan*** (1651) qu'il existe deux types d'histoire : « l'une s'appelle histoire naturelle, c'est l'histoire des faits, ou effets de la nature, indépendants de la volonté humaine ; telle est l'histoire des métaux, des plantes, des animaux, des régions et ainsi de suite. L'autre est l'histoire civile : c'est l'histoire des actions volontaires des hommes dans les Républiques. »

Des naturalistes comme le Suédois Carl von Linné (1707-1778) ou le Français Georges de Buffon (1707-1788) vont remarquablement contribuer à nourrir cette « histoire naturelle », tandis que Giambattista **Vico**, avec ***Principes de la philosophie de l'histoire*** (1725), s'intéresse aux cycles et autres répétitions historiques. Le mathématicien Condorcet (1743-1794) propose une ***Esquisse d'un tableau historique des progrès de l'esprit humain*** (1795) et Johann Gottfried von Herder (1744-1803) introduit le relativisme dans l'étude comparée des cultures (***Idées sur la philosophie de l'histoire de l'humanité***, 1784-

1791). La philosophie s'empare alors de l'histoire : **Kant** cherche les lois de causalité interne aux faits étudiés, tandis que **Hegel** ne la conçoit qu'avec des individus libres et responsables de leurs actes. « L'histoire universelle, écrit-il, présente le développement de la conscience qu'a l'esprit de sa liberté, et de la réalisation produite par une telle conscience. »

c) Le matérialisme historique

Par la suite, Karl **Marx** et Friedrich Engels (1820-1895) considèrent que « l'Histoire n'est pas autre chose que la succession des différentes générations dont chacune exploite les matériaux, les capitaux, les forces productives qui lui sont transmis par la génération précédente » (***l'Idéologie allemande***, 1845). Ils inventent ce qu'on appellera le « **matérialisme historique et dialectique** », c'est-à-dire le jeu complexe et contradictoire des conditions matérielles de la production (y compris les formes de la propriété) avec l'idéologie et la vie des hommes.

Pour Marx, les individus font l'histoire, mais dans certaines conditions imposées par l'état de la technique, des mœurs, du système politique, etc. D'où son idée que l'histoire « avance » au rythme des conflits entre classes sociales ayant des intérêts divergents et incompatibles. « À un certain stade de leur développement, note-il dans sa ***Contribution à la critique de l'économie politique*** (1859), les forces productives matérielles de la société entrent en contradiction avec les rapports sociaux de production existants [...] s'ouvre une époque de révolution sociale. » Ce sont les rapports sociaux qui déterminent l'orientation de toute la société et par conséquent la vie de chacun, selon sa place dans l'organisation générale de la production. Son analyse du capitalisme le conduit à pointer l'opposition radicale entre les bourgeois et les prolétaires, et à considérer que seul le prolétariat, qui n'a rien à perdre, est révolutionnaire. Ce dernier, par ses actions, vise l'abolition de toutes les classes et l'avènement du communisme, ultime étape d'un long processus historique qui doit conduire l'humanité du règne de la nécessité au règne de l'abondance.

2) Quelle histoire ?

a) Sous la discipline l'historien

Si la philosophie de l'histoire trouve en Allemagne ses principaux théoriciens, la **discipline** se construit largement en France avec François Guizot (1787-1874), Augustin Thierry (1795-1856) et Jules Michelet (1798-1874). Celle-ci rend compte aussi bien des grands personnages que du peuple, des événements majeurs que des faits ordinaires, des mentalités que des sensibilités.

L'historien se dote d'**outils méthodologiques** (chronologie, séries statistiques, double vérification) et s'appuie sur des **archives** (privées ou publiques) afin de reconstituer une période passée qu'il questionne à partir de ses propres préoccupations. Ainsi, l'histoire n'est jamais entièrement connue et réserve toujours sa part de surprises. C'est ce qui explique qu'un historien, plus d'un siècle après un prédécesseur, explore de nouveau la vie de tel monarque ou l'histoire d'une maladie. Il rectifie une analyse et répond autrement à une question préalablement posée. Par exemple, dorénavant, l'histoire de la nature est culturelle au sens où la nature se trouve altérée par l'action et l'inaction des humains qui, en un siècle à peine, sont passés de un milliard à près de sept milliards d'individus.

b) L'apport des sciences humaines et sociales

À présent, un historien ne se contente pas du seul temps comme matériau, il s'ouvre à toutes les **sciences humaines et sociales**. C'est ce que laissait déjà entendre Lucien Febvre (1878-1956) – le fondateur, avec Marc Bloch (1886-1944), de la revue *Annales d'histoire économique et sociale* (1929) – lorsqu'il écrivait : « L'histoire se fait avec des documents écrits, sans doute. Quand il y en a. Mais elle peut se faire, elle doit se faire avec tout ce que l'ingéniosité de l'historien peut lui permettre d'utiliser [...] Donc avec des mots, des signes. Des paysages et des tuiles. Des formes de champ et de mauvaises herbes. Des éclipses de Lune et des colliers d'attelage. Des expertises de pierres par des géologues et des analyses d'épées en métal par des chimistes » (*Combats pour l'histoire,* Armand Colin, 1952).

3) Une question de rythmes et de temporalités ?

a) La chronologie

N'importe quel élève associe à son cours d'histoire l'apprentissage de dates clés (1515 ? Marignan !) sans nécessairement en apprécier l'importance. La chronologie lui paraît utile pour situer un fait par rapport à un autre, mais cette **homogénéisation du temps historique** lamine ses pics et autres discontinuités. Une année ne vaut pas une année lorsqu'on est en guerre et que son pays est occupé par les troupes ennemies. Certains événements se déroulent en un court laps de temps (par exemple la prise de la Bastille le 14 juillet 1789 ou les Trois Glorieuses en 1830) mais laissent des traces sur plusieurs siècles.

Il convient de manier après précaution la chronologie, d'autant qu'elle ne concerne pas toutes les cultures. La Chine ignore la Renaissance italienne. La Russie abolit le servage en 1861 et le Brésil l'esclavage en 1888. Il en va de même pour la diffusion d'une invention qui ne pénètre pas une culture de la même façon qu'une autre, la possession d'une automobile est banale pour un Européen alors qu'elle demeure un rêve pour la majorité des Indiens. Un mouvement artistique peut se manifester dans un pays bien après son lancement dans un autre, le baroque portugais se fait brésilien bien après sa disparition en Italie ou en Bavière.

b) Le temps civil

On attribue à Denys le Petit (fin Ve s. - v. 540), auteur du *Liber de Paschate* (v. 525), la datation de l'an 1 du calendrier chrétien, qui succède à l'an - 1 : on ignore alors le 0. Plus tard, des spécialistes des études bibliques reculeront de 7 ou 8 ans la naissance de Jésus, sans pour autant modifier le **calendrier**, entré dans les mœurs. Il existe de très nombreux calendriers (égyptien, hébraïque, maya, persan, etc.) qui ne sont pas convertibles entre eux et attribuent une certaine rythmique à leur culture. Le calendrier musulman, par exemple, débute avec l'hégire (« exil »), en 622, quand Mahomet quitte La Mecque pour Yathrib, la future Médine. Si la notion de siècle est repérable à l'époque romaine, ce n'est toutefois qu'au XIXᵉ s., avec l'enseignement de l'histoire à l'école, qu'elle se généralise. **Voltaire** n'y est pas pour rien, lui qui a publié *le Siècle de Louis XIV* (1751), solide étude sur le règne du Roi-Soleil.

c) Une pluralité de temps

Les historiens tentent d'apprécier l'**épaisseur historique** d'un événement et, pour cela, distinguent plusieurs temporalités qui s'entremêlent. Ils ont bien perçu qu'un individu comme une société sont tributaires d'une pluralité de temps n'ayant pas le même **tempo**. Une institution comme l'armée ou l'école n'a pas la même histoire qu'un conscrit ou un écolier. Une décision politique ne s'applique que rarement de manière immédiate : on parle alors de lenteur bureaucratique.

C'est certainement Fernand Braudel (1902-1985) qui a le mieux exprimé cette diversité des temps : « En surface, écrit-il dans *Histoire et sociologie* (1958, repris dans *Écrits sur l'histoire,* Flammarion, 1969), l'histoire événementielle s'inscrit dans le temps court : c'est une micro-histoire. À mi-pente, une histoire conjoncturelle suit un rythme plus large et plus lent. [...] Au-delà de ce "récitatif" de la conjoncture, l'histoire structurale, ou de longue durée, met en cause des siècles entiers ; elle est à la limite du mouvant et de l'immobile et, par ses valeurs longtemps fixes, elle fait figure d'invariant vis-à-vis des autres histoires, plus vives à s'écouler et à s'accomplir, et qui, en somme, gravitent autour d'elle. » De nombreux thèmes philosophiques appartiennent à cette histoire longue, comme la vérité, le bien, la mort, l'art, l'amour. C'est pour cette raison qu'on lit des philosophes disparus depuis plusieurs siècles, car leurs propos sur ces sujets nous parlent encore.

4) L'histoire est-elle progressive ?

a) Une réalité sans finalité

Avec le positivisme et le darwinisme, l'histoire accepte volontiers d'être **évolutionniste**, **itérative** et **progressiste**. C'est-à-dire qu'elle considère, comme un postulat, que ce qui existe résulte de ce qui précède et est le fruit d'une évolution. Que tout se succède sans perte, y compris ce qui se répète, comme les saisons. Et que la marche du temps est marquée par un mouvement de progrès conduisant l'humanité toujours vers un mieux.

Cette vision progressiste sera définitivement abandonnée avec la révélation des camps d'extermination nazis. En effet, si un peuple raffiné et cultivé peut accepter un tel crime, alors la **régression** est possible. Depuis, l'actualité n'a cessé d'alimenter cette éventualité d'un retour à la barbarie : que l'on songe aux génocides et aux dictatures dont les méfaits jalonnent le XXᵉ s. L'histoire n'a pas de vérité à proclamer, pas plus que de leçons à donner. Raymond Aron (1905-1983) note dans son *Introduction à la philosophie de l'histoire* (1938) : « l'Histoire n'a pas de but, puisque l'homme n'a pas de destination et que, toujours semblable à lui-même, il crée vainement des œuvres éphémères. » Ainsi, l'histoire et l'Histoire, celle de chacun et celle de tous, se combinent et s'interpénètrent en permanence sans que l'on sache vraiment comment ni pourquoi.

b) L'historicité

C'est pour souligner la **dimension historique de l'existence** que Hegel s'attache au développement historique de l'esprit et qu'il utilise le mot d'« historicité » sans le théoriser. Ce terme n'acquiert véritablement son sens qu'avec le philosophe allemand Wilhelm Dilthey (1833-1911) qui cherche à fonder une « critique de la raison historique », en considérant possible une objectivité historique des connaissances. Puisque tout est situé dans le temps, il faut s'efforcer de se dégager du subjectivisme pour donner à l'historicisme sa vertu explicative, et ainsi non seulement dater un élément du savoir humain, mais en relater la généalogie. **Heidegger** fait de l'historicité une donnée ontologique. Dans ***Être et Temps*** (1927), il explique en quoi l'être humain doit être son être, ce qu'il désigne par *dasein,* s'inscrivant ainsi dans une historicité spécifique à sa condition de mortel.

Paul Ricœur (1913-2005), depuis *Histoire et Vérité* (1955) jusqu'à *la Mémoire, l'histoire, l'oubli* (2000), ne cesse d'élaborer une herméneutique de la conscience historique. L'être « historique » s'accommode de son passé comme de celui de ses proches, par la mémoire, le pardon et la reconnaissance.

Renvois

Notions : autrui, la conscience et l'inconscient, l'existence et le temps, l'interprétation, la liberté, le sujet.

Repères : absolu - relatif ; cause - fin ; en acte - en puissance ; essentiel - accidentel ; expliquer - comprendre ; objectif - subjectif ; origine - fondement.

Thèses principales sur la notion

Friedrich Hegel la rupture de l'histoire linéaire

Hegel rompt avec une histoire linéaire et y introduit le moteur de la dialectique, le jeu des contradictions qui entraîne le dépassement de la situation antérieure. Ainsi, « ce n'est pas dans le temps que tout se produit et passe, note-t-il dans ***Encyclopédie des sciences philosophiques*** (1816), mais le temps même est ce devenir, cette production et cet anéantissement, l'abstraction existante, *Kronos,* qui engendre tout et détruit tout ce qu'il procrée. » Mais cette histoire prend parfois son temps et n'avance qu'au rythme de la conscience, ce qu'explique Hegel dans *Principes de la philosophie du droit* (1821) : « Il y a bien quinze cents ans que la liberté de la personne [...] est devenue un principe universel dans une partie d'ailleurs petite du genre humain. Mais la liberté de la propriété a été reconnue comme principe par-ci par-là depuis hier seulement. C'est un exemple historique de la longueur du temps dont a besoin l'esprit pour progresser dans sa conscience de soi – contre l'impatience de l'opinion. »

Friedrich Engels une conception matérialiste de l'histoire

Friedrich Engels (1820-1895) rassemble plusieurs articles en un ouvrage au titre combatif, ***Anti-Dühring*** (1877-1878), dans lequel il attaque la pensée d'Eugen Dühring (1833-1921), prétexte pour exposer sa conviction que l'humanité est en marche vers un socialisme scientifique, version corrigée (marxiste) du socialisme utopique. Il y présente sa conception matérialiste de l'histoire et le fait que toute société apparue dans l'histoire se fonde sur la production, l'échange et la répartition des produits. « En conséquence, écrit-il, ce n'est pas dans la tête des hommes, dans leur compréhension croissante de la vérité et de la justice éternelles, mais dans les modifications du mode de production et d'échange qu'il faut chercher les causes dernières de toutes les modifications sociales et de tous les bouleversements politiques ; il faut les chercher non dans la *philosophie* mais dans l'*économie* de l'époque intéressée. »

Jack Goody l'histoire confisquée par l'Occident

L'anthropologue britannique Jack Goody (né en 1919) consacre son œuvre à étudier l'Orient et l'Occident. Dans *le Vol de l'histoire : comment l'Europe a imposé le récit de son passé au reste du monde* (2006), il démontre que ce n'est pas l'Europe qui est à l'origine de l'amour, de la démocratie, de la liberté ou du capitalisme, pas plus du reste que de l'ethnocentrisme. « J'entends montrer, quant à moi, écrit-il dans son introduction, que non seulement l'Europe a négligé ou minimisé l'histoire du reste du monde, ce qui a eu pour effet de la conduire à une interprétation erronée de sa propre histoire, mais qu'elle a en outre imposé des concepts historiques et des découpages temporels qui ont beaucoup faussé notre compréhension de l'Asie et sont aussi lourds de conséquences sur l'avenir que sur le passé » (traduction de Fabienne Durand-Bogaert, Gallimard, 2010).

La justice et le droit

« La justice tient le milieu entre l'injustice que l'on inflige et celle que l'on subit, puisque l'une consiste à détenir trop et l'autre trop peu. »

Aristote, ***Éthique à Nicomaque***.

« Le droit est la limitation de la liberté de chacun à la condition de son accord avec la liberté de tous, dans la mesure où celle-ci est possible d'après une loi générale ; et le droit public est l'ensemble des lois extérieures qui rendent possible un tel accord général. »

Emmanuel Kant, ***Sur le lieu commun : il se peut que cela soit juste en théorie, mais, en pratique, cela ne vaut point*** (1793).

Étymologie et définition

1) Le droit

L'adjectif français *droit* est issu du bas latin *directus,* qui signifie « ce qui est direct » (sans courbure ni déviation) et, au sens figuré, « ce qui est juste ». Ce terme est dérivé du latin *regire* : régir. Ces deux sens existent toujours en français, avec un jeu sur la double signification de ce qui est « droit » : la direction (l'absence de détour) et la rectitude (la justice). On trouve cette dimension figurée dès la formule grecque *orthos logos,* « droite raison ». Certains dérivés ont gardé le sens initialement figuré, comme le mot *droiture* qui désigne aujourd'hui une vertu morale.

Le substantif *droit* a la même origine. Il a d'abord été employé au singulier pour désigner ce qui est juste, à la fois **moralement et juridiquement**. À partir du XIIIe s., il tend à devenir plus spécialement un terme juridique et désigne l'**ensemble des lois et des coutumes régissant une société**. En son sein se distinguent notamment les droits correspondant aux statuts et possibilités accordés par la loi à certaines personnes juridiques. Le droit finit donc par correspondre au *jus* latin, qui a donné la « justice ».

2) La justice

Le terme français *justice* est issu du *jus* latin, qui signifie « droit », et plus directement de *justitia,* qui désigne la conformité au droit et à des règles morales. On retrouve donc déjà ici l'ambiguïté entre norme juridique et norme morale.

Le terme de « justice » a d'autres significations, qui remontent aux distinctions des penseurs grecs, notamment **Aristote**. La justice est d'abord une **norme sociale** définissant les comportements corrects (lois et coutumes), associée à une justice judiciaire (établissant des sanctions). En ce sens, elle est un pouvoir (celui de rendre justice, accordé par exemple aux seigneurs féodaux sur leurs terres). Mais la justice caractérise aussi l'**état d'esprit** accompagnant ou produisant ces comportements (la vertu de justice comme disposition intérieure). Enfin, la justice sert de **norme abstraite** pour évaluer les lois elles-mêmes : celles-ci établissent la justice institutionnelle, mais elles doivent se conformer à une justice plus haute (morale, divine, absolue). Or, il peut évidemment y avoir des tensions, voire des contradictions, entre ces types de justice. D'où la nécessité de préciser les différents sens de la justice, réalité plus riche et ambiguë que le droit.

Analyse des notions

1) Qu'est-ce qu'être juste ?

a) La vertu de justice

À la lecture de ces définitions, une première différence intéressante apparaît entre la justice et le droit : alors que ce dernier désigne toujours un ensemble de principes et de règles (morales et surtout juridiques), la justice concerne aussi le comportement et l'état d'esprit des hommes. En plus d'être une norme sociale ou morale et une institution, elle est une vertu. Cela signifie qu'être juste peut être une propriété de l'homme lui-même, et pas seulement des lois ou des institutions.

Selon les penseurs antiques, la vertu est l'excellence de l'homme, ce vers quoi il doit tendre pour accomplir parfaitement sa fonction et sa nature d'être humain. Sans approfondir le problème du rapport entre la vertu en général et les types de vertu, on remarque que la justice est toujours considérée comme un élément indispensable au comportement vertueux. Il est donc essentiel, pour un individu, d'être juste pour être un homme accompli. Aristote estime même que la justice est une « **vertu complète** » qui intègre les autres vertus dans le rapport à autrui : « la justice contient toutes les autres vertus » *(Éthique à Nicomaque)*. Car être juste suppose de manifester sa justice envers autrui, ce qui n'est pas nécessairement le cas des autres vertus qui peuvent demeurer purement intérieures. De plus, être juste suppose de se comporter globalement d'une manière équitable. La justice est la vertu par excellence : « sa pratique est celle de la vertu accomplie ».

b) Aristote et la justice distributive

Aristote cherche à préciser la **disposition intérieure** qui produit des comportements justes et rend l'individu lui-même juste. Car il ne suffit pas de produire des comportements conformes à la justice pour être réellement juste, de même qu'un comportement égoïste ne rend pas nécessairement un individu injuste. Comme toutes les vertus, la justice est, selon Aristote, un juste milieu. Mais, dans ce cas, sa pratique n'est pas chose aisée : peut-on dépasser une limite et être « trop juste » comme on peut être courageux à l'excès et tomber dans la témérité ? La réponse d'Aristote passe par l'analyse de la notion d'égalité.

En effet, la justice appelle, d'un côté, à l'**obéissance à la loi** (le légal) et, de l'autre, à une **certaine forme d'égalité**. Cette dernière se définit comme le fait de donner à chacun son dû. Toutefois, cela demande des distinctions précises : il ne s'agit pas de donner dans tous les cas la même chose à chacun. En fait, il s'agit d'une proportion, c'est-à-dire de l'égalité entre deux rapports (et non de l'égalité directe entre deux choses). Aristote distingue la **proportion arithmétique** (la même chose pour chacun), valable pour la justice corrective (la loi doit sanctionner sans faire de différence selon les personnes), et la **proportion géométrique** (variant selon le mérite), valable pour la justice distributive (qui partage les biens). Ainsi, donner plus à celui qui mérite plus est juste, le juste rapport étant l'égalité entre le mérite de la personne (par rapport à celui des autres) et les biens qu'elle obtient (par rapport à ceux des autres).

Cela permet de définir la justice comme **proportion tenant le juste milieu entre des extrêmes** nommés injustices (donner trop ou trop peu). La différence avec les autres vertus réside dans le fait que c'est le même vice (l'injustice) qui se trouve aux deux extrêmes, alors que le courage, par exemple, est un juste milieu entre lâcheté et témérité. La vertu de justice est ainsi la « qualité qui permet de qualifier de juste l'homme susceptible d'exécuter, d'après un choix librement consenti, des actes justes et d'opérer une juste répartition soit entre lui-même et autrui, soit entre deux autres personnes » *(Éthique à Nicomaque)*.

2) Comment répartir des biens ?

a) La question de la justice distributive

L'analyse aristotélicienne de la justice distributive pose un problème central : comme évaluer le « dû » dans « donner à chacun son dû » ? Aristote précise l'idée de proportion géométrique avec la notion de mérite, mais ce dernier critère pose de nombreux problèmes et demande à son tour à être précisé. Le mérite est-il la seule norme de répartition des biens ? Et comment le mesurer ? Aujourd'hui, ces questions relèvent de ce qu'on nomme la **justice sociale**, celle qui s'occupe de la répartition des richesses, en particulier par les revenus et l'héritage. Si l'on met à part la thèse radicalement égalitariste, très peu défendue et qui rabat la proportion géométrique sur la proportion arithmétique (la même chose pour chacun), la question est de déterminer **une forme d'égalité qui justifie certaines différences**. C'est devenu un enjeu politique majeur de nos sociétés.

b) Le critère du mérite

L'histoire politique et la réflexion philosophique ont principalement formulé deux critères sur lesquels faire reposer la pratique de la justice. Le premier d'entre eux est le critère du mérite. Celui-ci désigne à la fois une **valeur morale** (ce que la personne mérite par ses efforts ou sa valeur intrinsèque), un **indice d'utilité sociale** (ce qu'une personne apporte à la société) et, dans la pensée économique libérale, une **récompense** incitant les gens à aller dans le sens de l'intérêt général.

Le problème principal que pose ce critère est l'extrême difficulté à évaluer le mérite, surtout dans un contexte social où, comme l'a montré Aristote, il faut **comparer les mérites**. Un autre problème, souligné par le philosophe américain John Rawls (1921-2002) dans sa *Théorie de la justice* (1971), est la pertinence du critère. Il est extrêmement difficile de dissocier ce qui relève d'un avantage social (y compris ce qui vient du milieu social et culturel des parents) et ce qui est réellement un **mérite propre**. Quand bien même quelqu'un a des dispositions naturelles pour telle ou telle chose (le dessin, les langues, etc.), peut-on les lui reconnaître comme s'il en était le responsable ? Ce n'est pas parce que quelqu'un est plus intelligent ou plus fort qu'il mérite plus, puisqu'il n'a rien fait pour obtenir ses qualités. Le seul mérite que l'on puisse réellement attribuer à quelqu'un concerne ses efforts. Mais on retombe alors sur le problème du rôle que joue le milieu social : le résultat des efforts varie selon la position sociale – et la sociologie de l'éducation a bien montré, notamment depuis Pierre **Bourdieu**, que même les efforts dépendent de la reproduction sociale (la motivation scolaire découle largement de la présence des parents, de leurs attentes, etc.).

c) Le critère du besoin

Le second critère formulé par l'histoire politique et la réflexion philosophique est le critère du besoin. Celui-ci est plus facile à déterminer si l'on s'en tient à la formulation d'un minimum. Mais on peut aussi, comme Rawls, distinguer certains biens tellement fondamentaux qu'ils doivent être également répartis. Par exemple, le besoin moral de certaines libertés et de certains droits est tel que seule l'égalité absolue est acceptable. À chaque fois néanmoins se pose la question de la **mesure du besoin**, mais, ce dernier étant alors une règle commune, il semble moins problématique à définir que le mérite, qui instaure des hiérarchies.

Une autre réfutation peut être écartée : le besoin n'est pas nécessairement un nivellement vers le bas, même s'il **tend vers l'égalité**. Ainsi, le besoin matériel peut varier suivant la situation (type de situation sociale, familiale, etc.) et, une fois le minimum satisfait, les différences peuvent grandir. À ce niveau, il est même possible de faire jouer le mérite, comme dans la démocratie sociale : des minima garantis pour tous, avant d'envisager un critère fondé sur la compétitivité économique. En revanche, dans les traditions communistes, le besoin marque une conception égalitariste de la justice : la norme du juste est l'égalité, avec quelques variations correspondant à celles du besoin et des contingences sociales.

3) Quelle est la norme du droit ?

La justice définit, en un sens, la norme du droit : ce que le droit doit être pour être conforme à sa fonction. Mais au nom de quoi considérer qu'un droit est juste au-delà de sa seule efficacité sociale (son rôle dans l'organisation de la société) ? Cette question implique de distinguer la justice naturelle ou morale et la justice légale, la légitimité et la légalité (voir le repère « Légal - légitime »). Cela permet de confronter un droit à une norme estimée supérieure pour le critiquer ou le ramener à sa fonction propre. La distinction classique entre **droit positif** et **droit naturel** permet d'approfondir cette question.

a) Le droit positif

Le droit positif désigne le **droit conventionnel** tel qu'il existe dans une société donnée. Il regroupe l'ensemble des règles (normes, décrets, conventions orales dans certains cas) édictées par une société (à travers l'État le plus souvent) et garanties par certaines institutions. Étant une réalité historique qui dépend des contextes, il est particulier et variable.

b) Le droit naturel

Le droit naturel désigne un **droit estimé universel, supérieur, voire absolu**. Il est censé être prioritaire sur le droit positif et peut ainsi servir de repère légitime pour le critiquer. Mais on peut aussi y voir le fondement du droit positif – lequel, issu de ce droit naturel, aurait adapté ses principes universels à un contexte particulier. Dans les deux cas, on se situe dans une **conception normative** du droit naturel. Depuis la Révolution française, les droits de l'homme constituent l'interprétation principale de cette version du droit naturel, que l'on trouve par exemple chez **Kant** sous un angle moral.

Mais le droit naturel peut aussi désigner le **jeu des passions universelles**, ce qui revient paradoxalement à le fondre dans la nécessité. Comme le dit **Hobbes**, le droit naturel est le droit de faire tout ce qu'on peut : il s'étend aussi loin que la puissance et suit la logique des désirs. Cette conception peut aussi servir de base pour penser la justice à travers une théorie des passions, mais elle n'est pas normative : il y a invention de la justice par une convention politique (voir la notion « État »). En ce sens, il n'y a pas de norme de justice naturelle.

Renvois

Notions : autrui, le désir, le devoir, l'État, la liberté, la morale, la religion, la société.

Repères : absolu - relatif ; en fait - en droit ; idéal - réel ; identité - égalité - différence ; légal - légitime ; transcendant - immanent ; origine - fondement ; universel - général - particulier - singulier.

Thèses les plus classiques sur les notions

→ Voir au verso.

Thèses les plus classiques sur les notions

Aristote — les types de justice

Aristote a cherché à distinguer et à préciser les différents sens de la justice. Cela lui a permis de déterminer les concepts et de formuler certaines problématiques toujours essentielles. Il distingue essentiellement la justice comme vertu (disposition intérieure) et l'action juste (conforme à un critère de justice), le respect de la loi et celui d'une forme d'égalité, le respect strict de la loi et l'équité (définie comme l'adaptation de la loi générale aux particularités en conformité avec l'esprit de la loi). Il a aussi marqué la différence entre la justice naturelle, innée et universelle mais modifiable, et la justice conventionnelle, qui varie suivant les sociétés et comporte une part d'arbitraire.

Thomas Hobbes — l'invention de la justice

Quoiqu'il parle de « droit naturel », Hobbes ne reconnaît aucune norme naturelle de justice. Le droit naturel désigne un mécanisme, non une norme préalable ou transcendante. Récusant toute origine divine, morale ou naturelle de la justice, Hobbes s'intéresse à l'invention politique des règles constituant la justice. Ainsi, c'est l'État qui institue la justice : ce qui était indifférent avant l'établissement des lois devient juste ou injuste une fois ces lois établies. Il faut donc accepter que la justice soit relative et variable suivant les communautés politiques. Mais son principe reste le même : la justice définit les règles collectives permettant de réguler les conflits et d'établir un ordre social.

John Rawls — la justice, instrument d'équité

La grande thèse qui anime les débats contemporains sur la justice est celle que développe John Rawls dans sa *Théorie de la justice* (1971). Se situant dans la tradition du contrat social, Rawls cherche à établir les principes de la justice que choisirait une communauté placée dans certaines conditions. L'une de ces conditions, le « voile d'ignorance », signifie que l'individu ne sait pas quelle place il occupera afin d'éviter tout jugement par intérêt.

Rawls aboutit à deux principes essentiels et très différents. Le premier principe, dans l'ordre de formulation et en importance, défend l'argument d'un partage absolument équitable des biens politiques et sociaux que sont les libertés et les droits fondamentaux. Toute inégalité est alors injuste. Le second principe soutient l'idée que, pour les autres biens (comme les richesses, les positions sociales), est juste une répartition ou bien égale, ou bien faisant servir l'inégalité à l'amélioration de la position la moins favorable. Il s'agit ainsi de justifier certains avantages lorsqu'ils s'accompagnent d'un bénéfice, mais en faveur des plus démunis.

Langage et interprétation

« Le langage est la maison de l'être. Dans son abri habite l'homme. »

Martin Heidegger, ***Lettre sur l'humanisme*** (1947).

« Interpréter signifie trouver un sens caché. »

Sigmund Freud, ***Introduction à la psychanalyse*** (1917).

Étymologie et définition

1) Le langage

Selon Pierre Larousse (1817-1875), le langage est « l'emploi de la parole pour exprimer des idées ». Plus généralement, c'est un **instrument de communication** que les humains partagent avec certains animaux, et qui peut être gestuel et pas nécessairement oral. Néanmoins, le langage humain est articulé et exprime, par des sons, des mots que tous les membres d'une même culture comprennent et utilisent pareillement.

Le mot *langue,* qui donne *langage,* vient du latin *lingua* (du verbe *lingere,* « lécher »). Il désigne à la fois le « corps mobile situé dans la cavité buccale, et servant à la dégustation, à la déglutition, à l'articulation des sons de la voix » (Pierre Larousse) et les mots qui permettent la communication. Le latin possède d'autres termes, comme *sermo,* qui a trait à la conversation, et *idioma,* qui signifie le « parler d'une région », un idiome, un dialecte. Le grec *logos* est polysémique et désigne aussi bien le langage que la parole, la langue, le discours, la manière de penser, etc. Très souvent, on associe langue et langage : le langage regroupe toutes les langues, qui sont de registres différents, comme l'argot ou langue verte, le verlan ou « parler de telle cité », la langue des blogueurs, etc.

2) L'interprétation

L'**herméneutique** est « l'art de l'interprétation », dit **Aristote**. C'est la connaissance des significations qu'une langue contient et exprime à la fois, d'où un travail sur le sens des mots, la construction des phrases, la structure d'un texte. Interpréter, c'est comprendre.

Analyse des notions

1) La langue sert-elle à communiquer ?

a) La diversité linguistique

Le mythe biblique de Babel, collectif et anonyme, met en scène des humains qui édifièrent une ville et une tour, ce qui déplut à Dieu qui, pour confondre leur orgueil (vouloir rivaliser avec lui et se doter d'un nom), **confondit les langues**, créant ainsi la zizanie, l'incompréhension et la division. Ce mythe a été analysé différemment au cours de l'histoire. D'abord négatif (en parlant diverses langues, les hommes ne peuvent plus vraiment échanger et se comprendre), il est dorénavant positif (la diversité est une richesse collective ; une société bigarrée, métissée, plurielle est plus créative qu'une société sélective, ségrégationniste, repliée sur elle-même). Le « babélisme » est donc un atout.

Selon l'Unesco, environ 6 000 langues sont parlées actuellement dans le monde, elles ne seront plus que 3 000 dans un siècle. Les langues sont vivantes, c'est-à-dire qu'elles peuvent mourir, pour au moins deux raisons : la **disparition de locuteurs** (plus personne ne parle cette langue et plus personne ne la comprend) et sa **marginalisation forcée** par la démographie (une toute petite communauté utilise tel dialecte et est obligée, pour vivre dans une société plus importante, de parler la langue nationale) ou par l'évolution culturelle (tel langage est déconsidéré et les obstacles pour le parler deviennent de plus en plus insurmontables, comme de nombreuses langues régionales en France). On estime que, avant la conquête de l'Amérique par les Européens, 300 langues étaient pratiquées dans le territoire qui est devenu aujourd'hui les États-Unis, et qu'il n'en restera plus que 5 en 2100. Déjà, le navajo n'a plus qu'environ 100 000 locuteurs. La géopolitique des langues réserve bien des surprises : ainsi, l'espagnol concurrence l'anglais aux États-Unis, et le français connaît un sursaut, via Internet. Les dix langues maternelles les plus parlées au monde sont, dans l'ordre décroissant : le chinois, l'anglais, l'espagnol, le russe, le français, l'hindi, le portugais, le bengali, le japonais, l'allemand.

b) Le langage comme échange

Les langues ne sont pas toutes écrites. Celles qui le sont résistent mieux, qu'elles soient alphabétiques ou idéographiques. On distingue dix familles linguistiques, qui se subdivisent en bassins langagiers. Par exemple, la famille indo-européenne comprend douze groupes, dont le slave et le baltique. La famille ouralo-altaïque se décline en finnois, hongrois, mongol, etc., tandis que la famille nigéro-congolaise rassemble le peul, le ouolof, le bambara, le malinké, le yoruba et le bantou. De nombreux Africains conversent en plusieurs langues selon leurs activités : en bambara au village, en arabe à la mosquée, en français pour l'administration, etc.

L'urbanisation favorise la **langue des échanges**, celle des marchands, sans pour autant éteindre les autres parlers véhiculaires. Il en est de même avec les technologies nouvelles de l'information qui attribuent au langage informatique une place de choix et autorisent des simplifications orthographiques et syntaxiques (le sms ou *short message service*). Ainsi, sans langage, les hommes ne pourraient pas communiquer entre eux, c'est-à-dire non seulement transmettre un message à l'autre ou le recevoir, mais échanger pour apprendre, comprendre et agir.

2) Comment étudier le langage ?

a) Langues nationales, langue universelle

De façon récurrente, les philosophes s'interrogent sur le langage, le sens des mots – leur(s) acception(s) –, la création de néologismes, le passage d'une langue technique (celle de la théologie ou d'un métier) à la langue maternelle, etc. Toute **langue institutionnelle** s'impose de fait aux utilisateurs de l'institution. Ainsi, la chrétienté a d'abord utilisé le grec, puis le latin, qui est devenu la langue partagée entre clercs et gens instruits, avant que chaque nation ne revendique une ou plusieurs **langues nationales**. Plusieurs philosophes et philologues ont proposé leur explication quant à l'origine des langues (**Rousseau**, Adam Smith [1723-1790]) ou tenté d'inventer une langue universelle (Joachim Faiguet de Villeneuve [1703-1780], Jean Delormel [fin du XVIIIe s.], Zalkind Hourwitz [1738-1812]), sans succès massif, comme en témoigne l'espéranto – mis au point par Ludwik Lejzer Zamenhof (1859-1917) dans son ouvrage *Lingvo Internacia* publié en 1887 – qui concerne moins de deux millions de partisans. Le nationalisme privilégie une langue et refuse de céder la place à un **langage universel**.

b) Les sciences du langage

À défaut d'unifier les langues, plusieurs savants ont pu clarifier et analyser les nombreux parlers, en plus des travaux des lexicographes et étymologistes (du grec *etymos,* qui veut dire « vérité »). Quelles sont ces disciplines ? La **linguistique**, qui est l'étude du langage, entendue comme un « système de signes ». Ferdinand de Saussure (1857-1913) explique dans son *Cours de linguistique générale* (publié par ses élèves en 1916) que le signe possède deux éléments constitutifs, le signifié (qui attribue un contenu conceptuel) et le signifiant (qui est la forme sonore ou graphique). S'ensuivent la **sémantique**, ou science des significations, d'après Michel Bréal (1832-1915, auteur d'un *Essai de sémantique* en 1897) et la **sémiotique** (mot déjà utilisé par John **Locke**), ou « système structuré de signes », d'après Charles Sanders Peirce (1839-1914).

Enfin, la **sémiologie**, qui selon Saussure est la « science qui étudie la vie des signes au sein de la vie sociale ». Cette dernière sera davantage développée par Roland Barthes (1915-1980), qui indique que « le mythe relève d'une science générale extensive à la linguistique, et qui est la sémiologie ».

À ces savoirs sur les langues, il convient d'adjoindre les réflexions sur la **traduction** d'une langue dans une autre et surtout l'**interprétation**, tant d'un propos que d'une proposition écrite.

3) Que veut dire « interpréter » ?

a) Clarifier la parole divine

Pour les Grecs, l'interprétation revient à saisir le sens des oracles, des augures, des songes, d'où l'idée d'un art divinatoire, comme l'évoque Aristote. Plus tard, l'herméneutique va consister à rendre claire la parole de Dieu ou le texte d'une loi : pour le dire autrement, à **chercher la vérité d'un texte ou d'un propos**, dégager son sens, puis le commenter, l'expliquer, l'expliciter, le comprendre et le faire comprendre. Ces diverses opérations mentales (cognitives) sont indispensables à la **discussion** mais aussi à la **transmission**. Elles ne vont pas de soi, d'où de nombreuses méthodes pour interpréter un dit qui possède plusieurs significations. Les débats théologiques sont innombrables, qui glosent sans fin sur telle parabole énoncée par Jésus-Christ ou tel hadith prononcé par le prophète Mahomet.

b) Trouver des significations

Wilhelm Dilthey (1833-1911) s'interroge sur l'objectivité des « sciences de l'esprit » qu'il distingue des « sciences de la nature », au nom de l'historicité et de l'humanité qui les caractérisent. En effet, elles résultent d'une histoire et elles visent les humains (l'individu comme le collectif), d'où la difficulté de les interpréter avec la **distance nécessaire au jugement**. Pour cela, il préconise une « critique de la raison historique » qui suggère de nombreuses précautions à celui qui tente d'interpréter un fait social ou un événement historique. « Nous expliquons la nature, nous comprenons la vie psychique », dit-il, ouvrant la voie à d'autres interprétations de la compréhension.

Dans *la Science des rêves* (1900) – ouvrage qui sera connu par la suite sous le titre de ***l'Interprétation des rêves*** –, **Freud** va considérer que **l'inconscient « parle »** et que l'analysé doit effectuer un travail important *sur* et *en* lui-même pour trouver des significations à ces « paroles » que sont les lapsus, les actes manqués, les fantasmes ou les manies. L'analyste se contente d'accompagner, sans intervenir, le patient au cours de sa cure, véritable quête à la découverte de soi, qu'on désigne par « psychanalyse ».

c) Dégager une structure

Paul Ricœur (1913-2005), fin connaisseur de Freud, mais aussi de **Husserl** ou de **Wittgenstein**, s'évertue à clarifier la démarche de l'interprète, qui traduit pour donner et donne pour transmettre, tout en restant fidèle au texte, c'est-à-dire plus au sens qu'à la raison. Il explique : « Si donc l'intention est l'intention du texte, et si cette intention est la direction qu'elle ouvre à la pensée, il faut comprendre la sémantique profonde en un sens foncièrement dynamique, je dirai alors ceci : expliquer, c'est dégager la structure, c'est-à-dire les relations internes de dépendance qui constituent la statique du texte ; **interpréter, c'est prendre le chemin de pensée ouvert par le texte**, se mettre en route vers l'*orient* du texte. Nous sommes invités par cette remarque à corriger notre concept initial d'interprétation et à chercher, en deçà de l'opération subjective de l'interprétation comme acte *sur* le texte, une opération objective de l'interprétation qui serait l'acte *du* texte. » (*Du texte à l'action,* Le Seuil, 1986).

Renvois

Notions : l'art, autrui, la conscience et l'inconscient, démonstration, les échanges, l'existence et le temps, l'histoire, la raison, le sujet.

Repères : abstrait - concret ; analyse - synthèse ; croire - savoir ; expliquer - comprendre ; idéal - réel ; intuitif - discursif ; médiat - immédiat ; persuader - convaincre ; ressemblance - analogie.

Thèses sur les notions

→ Voir au verso.

Thèses sur les notions

Martin Heidegger le langage comme vérité de l'être

■ **Heidegger** constate, dans une conférence intitulée « La parole » (1950 ; reprise dans *Acheminement vers la parole,* 1976), que « l'homme est homme en tant qu'il est celui qui parle » et que « la parole est parlante ». Quelques années auparavant, dans sa *Lettre sur l'humanisme* (1947 ; reprise dans *Questions III,* 1966), il s'inquiétait de « la dévastation du langage » produite par le déploiement des techniques qui éloigne l'homme de son authenticité. Il note : « Avant de proférer une parole, l'homme doit d'abord se laisser à nouveau revendiquer par l'Être et prévenir par lui du danger de n'avoir, sous cette revendication, que peu ou rarement quelque chose à dire. C'est alors seulement qu'est restituée à la parole la richesse inestimable de son essence et à l'homme l'abri pour habiter dans la vérité de l'Être. »

Paul Ricœur la question centrale de l'interprétation

■ Ricœur a consacré de nombreux ouvrages à la question du récit et de son interprétation. Mais le récit est aussi langage, vérité et histoire, imaginaire et temporalité, soi et altérité. Ces mots et concepts du vocabulaire ricœurien vont ensemble, ils s'interpellent mutuellement. C'est pour cela que le philosophe ne cesse de les questionner, sachant que dire revient à agir. C'est cela la mission du langage, car « le langage n'est pas plus fondement qu'il n'est objet ; il est médiation ; il est *médium,* le “milieu” dans quoi et par quoi le sujet se pose et le monde se montre » (*le Conflit des interprétations,* Le Seuil, 1969).

Mais a-t-on toujours à sa disposition le bon mot pour dire la bonne chose ou qualifier le bon sentiment ? La traduction est-elle, selon l'adage romain, toujours une trahison ? Pour Ricœur, la réponse n'est pas aussi simple, car « la traduction ne pose pas seulement un travail intellectuel, théorique ou pratique, mais un problème éthique. Amener le lecteur à l'auteur, amener l'auteur au lecteur, au risque de servir et de trahir deux maîtres, c'est pratiquer ce que j'aime appeler *l'hospitalité langagière* » (« Le paradigme de la traduction », dans *le Juste,* tome 2, Éd. Esprit, 2001).

La liberté

« Renoncer à sa liberté c'est renoncer à sa qualité d'homme, aux droits de l'humanité, même à ses devoirs. »

Jean-Jacques Rousseau, ***Du contrat social*** (1762).

Étymologie et définition

1) La liberté comme absence de contrainte

Le mot *libre* (du latin *liber*) a d'abord signifié « **indépendant** », en parlant d'un individu, d'une cité ou encore d'un peuple. À la fin du Moyen Âge, il désigne l'**absence de soumission** à une autorité ou d'asservissement à un maître : donc le fait de ne dépendre que de soi. Ainsi le serf se réfugiant dans une ville régie par une charte se libérait du seigneur, comme en témoigne cet adage allemand du XVe s. : « L'air de la ville rend libre. »

À partir de la Renaissance, le mot prend un sens élargi en désignant l'**absence d'entrave**. Il devient aussi plus clairement un terme philosophique avec l'idée d'auto-détermination, et les débats entre catholiques et protestants relancent la question du « franc arbitre ». Pourtant, le terme continuera de signifier l'absence de contrainte ou de gêne, comme on le voit encore dans les usages courants qui s'appliquent tant à l'homme qu'aux choses : l'« air libre », la « chute libre » d'une pierre, ou le sentiment de liberté d'un homme suivant ses désirs sans obstacle.

2) La liberté comme autonomie

Néanmoins, si des philosophes comme **Hobbes** (dans *le **Léviathan***, 1651) cherchent à caractériser la liberté comme absence de contraintes extérieures, l'usage philosophique de la notion se méfie de ce sens courant qui confond souvent la liberté et le désir spontané, voire le caprice. La liberté devient alors difficile à caractériser philosophiquement car elle admet plusieurs usages et domaines d'application.

La **liberté politique** suppose de déterminer un rapport aux lois qui s'écarte de la soumission, par exemple par la compréhension du rôle de celles-ci et la participation à leur élaboration. La **liberté métaphysique**, ou liberté intérieure du sujet, demande de préciser la nature du choix en distinguant l'élan spontané de la décision réfléchie. La **liberté intellectuelle**, souvent vantée par les philosophes, est cependant difficile à cerner et interroge l'autonomie de la pensée, c'est-à-dire la manière dont une réflexion se construit en inventant son propre cheminement.

Analyse de la notion

1) La liberté consiste-t-elle dans l'indépendance ?

Le sentiment de liberté trouve souvent son origine dans un état d'indépendance, et davantage encore dans la conquête de son indépendance. Ainsi, l'affranchissement à l'égard d'une tutelle (comme la soumission à un maître) est libérateur en ce qu'il rompt avec une dépendance contraignante et permettra au sujet de faire ses propres choix. Mais l'indépendance n'est-elle pas un leurre : peut-on réellement ne dépendre que de soi-même ?

a) L'approche stoïcienne

Les stoïciens nous offrent une image valorisante de l'indépendance à laquelle l'homme peut et doit accéder. Il faut alors entendre l'indépendance comme **le fait de ne dépendre que de soi**, et plus précisément comme la restriction de nos aspirations à celles qui dépendent de nous et que nous pouvons donc maîtriser. C'est une précision capitale : le stoïcisme ne consiste aucunement dans une valorisation des caprices de l'imagination et dans la toute-puissance du désir. Au contraire, il consiste dans la maîtrise de soi-même par l'attention portée à nos volontés et à nos pensées afin de nous libérer des passions et des appétits qui ne dépendent pas de nous.

La liberté comme indépendance suppose donc un effort constant pour faire coïncider nos comportements, nos pensées et nos aspirations à ce que nous sommes vraiment et pouvons maîtriser, à savoir un esprit voulant et pensant. Selon la distinction classique formulée par **Épictète** ***(Manuel)***, il faut se préoccuper de ce qui dépend de nous, c'est-à-dire nos pensées, nos volontés – en un mot nos « œuvres » –, et délaisser ce qui ne dépend pas de nous, c'est-à-dire le corps (en tant que réalité indépendante de la volonté car on peut et doit contrôler ses actes), les biens matériels et les honneurs – en un mot les œuvres qui nous sont « étrangères ».

b) Liberté et bonheur

Cela conduit à une **articulation de la liberté et du bonheur** : les biens qui dépendent de nous assurent une maîtrise de soi procurant en même temps liberté et bonheur. Mais cette conception promeut aussi l'acceptation du cours des choses afin d'éviter qu'il ne nous affecte. On ne peut empêcher qu'advienne ce qui ne dépend pas de nous, mais on peut empêcher que cela nous prive de liberté en consentant par principe à la fatalité : « La liberté, lit-on dans les ***Entretiens*** d'Épictète, consiste à vouloir que les choses arrivent, non comme il te plaît, mais comme elles arrivent. »

2) L'autonomie est-elle la vraie liberté ?

a) Dangers de l'indépendance

Ceci étant dit, l'indépendance n'est-elle pas une illusion, surtout dans un contexte social ? **Rousseau** a ainsi marqué la différence profonde entre l'**indépendance**, espérance impossible et dangereuse qu'il convient de dépasser, et l'**autonomie**, qui définit la vraie liberté. Contrairement à Hobbes, Rousseau n'estime pas qu'un état de nature originel soit un état de guerre de chacun contre tous, qui implique de limiter la liberté au nom de la sécurité des personnes et des biens. C'est au nom de la liberté elle-même qu'il faut limiter les tendances individuelles dans un contexte sociopolitique (et non naturel) où les intérêts s'opposent. La recherche d'indépendance conduirait nécessairement à une forme de **domination** ou à l'**autodestruction** : « On a beau vouloir confondre, écrit Rousseau dans ses *Lettres de la montagne* (1764), l'indépendance et la liberté, ces deux choses sont si différentes que même elles s'excluent mutuellement. Quand chacun fait ce qui lui plaît, on fait souvent ce qui déplaît à d'autres, et cela ne s'appelle pas un état libre. »

b) Liberté morale, liberté politique

La critique de l'indépendance est donc à la fois politique et morale : l'indépendance oublie les autres et privilégie le désir sur la règle rationnelle. C'est pourquoi, pour ne dépendre de personne, il faut accepter de dépendre entièrement de l'État considéré comme puissance collective garantissant la liberté de chacun.

Ainsi, il convient de savoir mettre sa liberté ailleurs : dans l'autonomie, c'est-à-dire dans « l'obéissance à la loi qu'on s'est prescrite » (*Du **contrat social***, 1762), qu'il s'agisse des règles morales personnelles ou des lois collectives. D'où les distinctions centrales de Rousseau entre la **liberté de l'état de nature** (pouvoir de faire tout ce que nos forces permettent, pouvoir limité par les forces extérieures et asservi aux impulsions du désir), la **liberté civile** (droit de faire ce que les lois permettent – voire, quand le contrat social est ce qu'il doit être, obéissance à la loi collectivement établie) et enfin la **liberté morale** (obéissance à la loi qu'on a choisie en conscience). Dans l'idéal, la liberté morale et la liberté politique s'accordent : le peuple définit à travers l'État les conditions collectives au sein desquelles la liberté individuelle est possible. Rousseau suggère même que l'exercice de la liberté politique est un bon apprentissage de l'autonomie. Mais le philosophe a aussi souligné les tensions entre ces deux libertés, à la fois pour des raisons liées au contexte politique du XVIIIe s. et pour des raisons philosophiques. La liberté de l'homme, mélange d'autonomie individuelle et d'indépendance relative lorsqu'on vit dans un État absolutiste (par rapport auquel on cherche à prendre le plus de distance possible [voir ***Émile***, 1762]), peut s'opposer à la liberté du citoyen définie comme autonomie politique impliquant un mode de vie essentiellement collectif (cas du *Contrat social*).

c) Républicanisme et libéralisme

Contre Rousseau, ou du moins contre le *Contrat social*, Benjamin Constant (1767-1830) développe dans *De la liberté des Anciens comparée à celle des*

Modernes (1819) la thèse d'une limite de l'autonomie politique qui, tout en étant essentielle à la garantie des libertés proprement individuelles, ne peut occuper toute la réflexion d'un homme ni lui imposer des règles trop intrusives, même lorsqu'elle est démocratiquement votée. C'est le point de vue du **libéralisme politique moderne** qu'expose Constant, contre le républicanisme rousseauiste : la liberté individuelle constitue un champ à respecter et à protéger par la loi mais aussi contre ses excès. Contrairement aux anciens Grecs et Romains, dont Rousseau rêve encore, l'homme moderne n'est pas qu'un citoyen : il réclame un bonheur privé et la garantie que la loi ne cherchera pas à tout régir.

3) Avons-nous un libre arbitre ?

a) La question du libre arbitre

Il existe une question qui nous ramène à l'indépendance. Elle concerne la **liberté du choix** d'un point de vue métaphysique ou en rapport aux facultés inhérentes au sujet humain. La question est simple : si la vraie liberté est choix, avons-nous un pouvoir propre nous permettant de choisir en toute indépendance, ou bien sommes-nous (consciemment ou non) déterminés par des pressions extérieures ?

Le problème est complexe, d'une part parce que les pressions à considérer sont multiples et peuvent consister en des causes cachées qui nous traversent, d'autre part parce que la simple existence d'influences possibles ne prouve rien. En effet, il faut savoir si l'on peut résister à celles-ci ou si elles représentent une causalité nécessaire. L'idée de **libre arbitre** est ancienne, comme le rappelle cette formule par laquelle Épictète désigne une liberté naturelle de l'esprit dans ses pensées et ses volontés : « De voleur de libre arbitre, il n'en est pas » *(Dissertation)*. Mais le problème est surtout traité dans la philosophie moderne. Depuis Descartes, on le formule généralement à partir de la question de l'indépendance de la volonté face à toutes les formes de pression.

b) Descartes et la liberté d'indifférence

Descartes a formulé d'une manière radicale la thèse du libre arbitre : même les motifs provenant de la raison ne déterminent pas la volonté, qui reste une faculté spécifique et indépendante. C'est une différence importante avec la conception stoïcienne qui ne cherche pas à distinguer la raison et la volonté.

Au contraire, dans les ***Méditations métaphysiques*** (1641), Descartes développe cette différence, notamment par l'idée d'une **puissance infinie du vouloir** alors que la raison humaine est finie. Nous pouvons ainsi vouloir lorsque la raison ne nous dit rien (cas théorique de l'âne de Buridan face à un seau d'eau et un picotin d'avoine : un homme se déterminera quoique aucune raison ne le détermine à choisir un côté plutôt que l'autre). Nous pouvons également vouloir contre la raison (« suivre le pire, tout en voyant le meilleur »). Dans la lettre au père Mesland du 9 février 1645 (d'où est tirée la citation précédente), Descartes précise que le pouvoir de la volonté n'est pas seulement négatif, dans le sens où celle-ci sait annuler la force d'une pression, mais aussi positif : c'est une puissance qui permet de se déterminer et qui peut aller en toute direction pour tout choix. Ainsi, suivre le bien est un acte libre plus facile (puisqu'on est poussé par l'idée du bien), mais suivre le mal manifeste davantage le pouvoir de la volonté : « Si nous suivons le parti où nous voyons le plus de bien, nous nous déterminons plus facilement ; mais si nous suivons le parti contraire, nous usons davantage de cette puissance positive. »

c) Leibniz et la libre détermination du choix

À la suite de Descartes, les partisans d'une forme de libre arbitre seront souvent gênés par cette indépendance de la volonté à l'égard des motifs rationnels, qui semble séparer la volonté de la raison. Certes, Descartes prend soin d'indiquer que la liberté la plus haute correspond à un usage de la volonté éclairée par la raison. Mais l'indépendance absolue de la volonté est refusée par **Leibniz** qui y voit une forme d'arbitraire. Il faut alors penser la liberté autrement que comme l'indifférence aux facteurs déterminant le choix. C'est ainsi que Leibniz, dans ses ***Essais de théodicée (…)*** [1710], cherche à distinguer la **détermination du choix** (par des facteurs rationnels et par les « perceptions » de l'âme, qui permet de préserver une certaine liberté) et la **nécessité absolue**. Mais cela ne conduit-il pas à remettre en cause fondamentalement le libre arbitre et toute liberté métaphysique de l'individu ?

4) Pouvons-nous être libres sans libre arbitre ?

a) La critique du libre arbitre

Les critiques du libre arbitre furent précoces. Dès la seconde moitié du XVIIe s., **Spinoza**, plus radical que Leibniz, remet en cause toute indépendance de la volonté et l'idée même de volonté comme faculté spécifique. Nous n'avons que des **volontés particulières** déterminées par certaines causes. Le libre arbitre est une croyance répandue en raison de la difficulté à percevoir ces causes : « Telle est cette liberté humaine que tous se vantent de posséder et qui consiste en cela seul que les hommes ont conscience de leurs appétits et ignorent les causes qui les déterminent » (Lettre 58 à Schuller).

b) La « libre nécessité »

Mais Spinoza ne nie pas pour autant toute liberté à l'homme. À partir de l'idée paradoxale de « **libre nécessité** », il développe une conception originale : est libre un acte ou un état déterminé par une nécessité intérieure (pour l'homme, la raison) et non par une contrainte extérieure (que ce soient des passions nous asservissant, des forces physiques ou des préjugés). Cela conduit à replacer la liberté individuelle dans un système d'éducation et un cadre politique : pour

Renvois

Notions : autrui, le désir, le devoir, l'État, la liberté, la morale, la religion, le sujet, la vérité.

Repères : absolu - relatif ; cause - fin ; essentiel - accidentel ; idéal - réel ; universel - général - particulier - singulier.

être libre, il faut cultiver sa raison, apprendre à se laisser déterminer par elle, et, la raison étant commune à tout homme, construire une communauté politique où les lois sont rationnellement discutées. Les Lumières se souviendront de cette articulation de la liberté individuelle, du savoir et de la politique. L'homme ne naît pas libre, mais le savoir et la discussion collective le libèrent.

Thèses les plus classiques sur la notion

Les stoïciens — l'indépendance de l'esprit

■ Les stoïciens pensent la liberté en étroite liaison avec la morale et le bonheur : dans tous les cas, il s'agit de faire ce qui dépend de nous et accepter le reste comme une fatalité. L'homme libre qui se concentre sur ce qu'il pense et veut est donc en même temps bienheureux, puisqu'il est sans entrave et obtient tout ce qu'il souhaite, et vertueux, puisqu'il accomplit sa fonction d'homme raisonnable et sociable – fonction gravée dans son âme, qui s'exprime naturellement si l'on délaisse ce qui ne dépend pas de nous. Mais l'indépendance est le fruit d'une reconnaissance de la dépendance : se restreindre à ce qui dépend de nous implique de savoir accepter ce qui n'en dépend pas.

Jean-Jacques Rousseau — la balance des libertés

■ **Rousseau** a bien montré que la question de la liberté demandait de distinguer et de peser la valeur respective de plusieurs sortes de libertés. Contrairement au contre-sens que **Voltaire** a volontairement commis, Rousseau n'est pas un chantre de la liberté naturelle du « bon sauvage ». Il promeut au contraire la liberté civile et la liberté morale permises par l'autonomie à travers certaines règles. Mais il faut se souvenir de la liberté naturelle, il faut même toujours en sentir en soi la valeur, pour comprendre ce que l'on perd en acceptant la vie sociale, donc ce que l'on doit rechercher comme compensation. C'est bien parce que les hommes sont naturellement libres qu'ils doivent l'être politiquement.

Jean-Paul Sartre — être libre c'est se choisir

■ La célèbre formule sartrienne « l'existence précède l'essence » (***L'existentialisme est un humanisme***, 1946) implique une philosophie de la liberté où ce sont les choix qui nous construisent, et ce, en permanence : l'essence humaine ne se stabilise qu'à la mort. Dès ***l'Être et le Néant*** (1943), **Sartre** identifie l'être de l'homme à la liberté. Le choix engage toute l'existence avec une responsabilité qui s'étend jusqu'à ce que nous sommes, car nous choisissons de l'être : « Pour la réalité humaine, être c'est *se choisir*. »

La matière et l'esprit

« Avec une matière inerte, disposée d'une certaine manière, imprégnée d'une autre matière inerte, de la chaleur et du mouvement, on obtient de la sensibilité, de la vie, de la mémoire, de la conscience, des passions, de la pensée. »

Denis Diderot, ***le Rêve de d'Alembert*** (1769).

Étymologie et définition

1) L'esprit

Le terme *esprit* dérive du latin *spiritus,* qui correspond au *pneuma* des Grecs et signifie originellement « souffle », « air ». Ces racines désignent aussi ce qui anime le corps et prend en charge l'**activité intellectuelle et consciente**. Le mot *esprit* en français a seulement gardé ce dernier sens, l'animation renvoyant plutôt au terme d'âme – qui traduit l'*animus* latin (qui a donné « animal ») et la *psyché* grecque (qu'on retrouve dans tous les composés formés avec le préfixe psy-, par exemple « psychologie »).

Aujourd'hui, dans son sens propre, l'« esprit » est la capacité de penser et ce qui prend en charge toutes les activités intellectuelles. « Esprit » et « âme » sont parfois confondus, mais l'âme est aussi depuis **Platon**, et surtout depuis les théologiens chrétiens, le nom d'une réalité immatérielle revêtue d'une dignité spéciale. L'adjectif « spirituel », qui dérive de *spiritus* (donc d'esprit), correspond plutôt à l'âme : on parle ainsi de spiritualité de l'âme pour désigner une réalité transcendante, voire religieuse. « Intellect » (comme puissance de connaissance) et « intellectuel » renvoient plutôt à l'esprit, qu'il soit spirituel ou matériel.

2) La matière

C'est à **Aristote** que l'on doit l'invention du premier concept de matière. Le mot *hylé* existait en grec mais désignait une sorte de bois de construction. Aristote généralise son sens pour désigner ce **en quoi** (ses constituants ou éléments) et ce **à partir de quoi** (sa base) est faite une réalité quelconque. La matière du lit est le bois : il est fait en bois et à partir de bois *(Physique)*. Ce concept général de matière prend place dans une réflexion sur l'être en général : selon Aristote, toute réalité est un composé de matière et de forme, cette dernière étant associée à une fonction. Ainsi, le lit est du bois mis dans un certain ordre en vue d'un certain usage. Le premier concept de matière est donc issu d'une **réflexion ontologique** élaborée sur un modèle artisanal, ce qui pose le problème d'une lecture anthropomorphique de la nature (voir la notion « vivant »).

Descartes a rénové le concept de matière en l'assimilant à **ce qui occupe de l'espace** et qui peut être en mouvement : l'étendue. La matière prend alors par elle-même différentes figures en raison des causes mécaniques, et il n'y a plus lieu de dissocier matière et forme, Descartes rejetant le concept aristotélicien de forme qui lui semble obscur. Le nouveau couple est « matière et esprit », avec la question de leur différence et de leur rapport. À la suite de Descartes, on discute l'attribution à la matière de nouvelles propriétés, comme le mouvement, l'attraction (après Isaac Newton [1642-1727]), voire une sensibilité potentielle (hypothèse de **Diderot**). La matière est ce qui nous entoure, donc ce qui occupe de l'espace, mais certains penseurs veulent montrer qu'elle est plus active et plus riche qu'on ne le croit.

Analyse des notions

1) La matière et l'esprit sont-ils des réalités séparées ?

La première question que pose le couple matière/esprit est celle de la nature de la distinction. S'agit-il d'une différenciation de deux aspects de la même chose, ou de deux choses complètement hétérogènes ? Dans le premier cas, on parlera de **différence en essence**, voire en **substance** (deux réalités indépendantes) ; dans le second, de **différence accidentelle** ou purement nominale et instrumentale (pour désigner deux dimensions, sans supposer l'existence de deux choses).

a) La vision antique

Dans l'Antiquité, on différencie l'esprit (ou l'âme, les deux termes n'étant pas nécessairement distingués) et le corps, mais sans forcément marquer une **différence substantielle**. Même les philosophes qui, comme Platon, posent une différence nette entre l'esprit et le corps, ne la traduisent pas vraiment sous la forme d'une différence entre des substances complètement hétérogènes. Ainsi, Platon n'hésite pas à comparer l'âme à des matières nobles comme les métaux précieux (dans le *Timée* par exemple). Les premiers chrétiens (y compris les théologiens) ne s'intéressent pas non plus à la différence substantielle : l'âme et même Dieu sont corporels chez Tertullien (v. 155 - v. 222) – ce que s'ingénieront à souligner les penseurs matérialistes comme d'Holbach (1723-1789).

b) Le dualisme cartésien

En revanche, avec Descartes, la différence entre l'esprit et le corps devient une **séparation substantielle** entre deux réalités indépendantes et de nature hétérogène (décrite surtout dans les ***Méditations métaphysiques***, 1641). Descartes traduit ainsi la différence âme/corps dans une division entre les substances spirituelle et matérielle. Esprit et matière deviennent le nom de deux substances, c'est-à-dire de **deux essences** renvoyant chacune à un **type de réalité spécifique**.

Mais au nom de quoi affirmer cette indépendance ? La conception de Descartes est structurée autour d'une répartition des propriétés aux substances, selon ce que l'esprit conçoit clairement. Ainsi, étant définie comme chose étendue, la matière peut recevoir le mouvement, donc rendre compte de tout ce qui dépend de rapports de mouvements et de figures (la mécanique et toute la physique, pour Descartes). En revanche, étant donné que la pensée suppose un rapport à soi, une intériorité, elle ne peut pas être une propriété de la matière et suppose une chose pensante, une âme, définie par la conscience.

2) La matière peut-elle penser ?

Comment concevoir que la pensée puisse être immanente à la matière ? Contre Descartes, **Locke** a lancé une hypothèse audacieuse quoique non précisée : Dieu aurait pu faire que la matière ait la capacité de penser. Pour certains auteurs du XVIIIe s., cette possibilité doit être interrogée plus précisément et sans la perspective de ce que Dieu fait ou aurait pu faire. Julien Offray de La Mettrie (1709-1751) examine ainsi les conditions matérielles de la pensée, notamment le cerveau et le système nerveux qui centralisent les informations venues des sens, pour indiquer une **dépendance exacte** entre phénomènes corporels et phénomènes intellectuels. Une telle interdépendance suggère l'homogénéité : le cerveau et la pensée appartiennent à la même substance, la matière. Mais ce n'est pas la matière qui pense, c'est une **certaine organisation matérielle** (le cerveau) placée dans un contexte organique (système nerveux et sens) et culturel donné. Cela permet de se passer de tout agent immatériel et de ramener l'âme spirituelle à un esprit corporel : « L'Âme n'est donc qu'un vain terme dont on n'a point d'idée, et dont un bon Esprit ne doit se servir que pour nommer la partie qui pense en nous » (*l'Homme-machine,* 1748). La Mettrie est ainsi l'un des premiers « matérialistes » au sens moderne, le mot lui étant d'ailleurs adressé par les théologiens et les censeurs comme une insulte et une accusation – qui pouvait coûter jusqu'à la vie, le matérialiste étant à juste titre considéré comme athée et en général, à tort, accusé d'immoralité.

Aujourd'hui, un large cadre matérialiste anime les recherches scientifiques sur la capacité de penser,

Renvois

Notions : la conscience et l'inconscient, langage et interprétation, la liberté, la morale, la perception, la raison, la religion, le travail et la technique, la vérité.

Repères : absolu - relatif ; cause - fin ; essentiel - accidentel ; formel - matériel ; transcendant - immanent ; universel - général - particulier - singulier.

pour lesquelles un agent transcendant est sans pertinence. Il faut articuler les études du cerveau (neurosciences), de ses capacité cognitives (sciences cognitives), et celles sur le corps, le langage (linguistique, philosophie analytique, etc.) et la culture. C'est donc un programme souple et pluriel qui semble le plus approprié, bien éloigné des accusations de réductionnisme outrancier souvent adressées aux matérialistes, mais proche des tentatives de Diderot et des autres matérialistes du XVIIIe s.

Thèses les plus classiques sur les notions

Les anciens atomistes — des atomes et du vide

■ Bien que le mot n'existe pas avant la fin du XVIIe s., les anciens atomistes comme Démocrite (v. 460 - v. 370 av. J.-C.), **Épicure** et **Lucrèce** sont les premiers matérialistes. Selon eux, seuls existent les atomes, parties insécables constituant les corps, et le vide qui leur sert d'espace pour se mouvoir. On distingue donc les corps et leurs éléments (les atomes) et le vide – mais les deux existent et sont matériels (le vide n'est pas le néant). Cette conception, avec des variantes, attribue le mouvement et certaines qualités aux éléments de la matière, et explique tout corps et processus à partir d'une combinatoire d'atomes en mouvement. Les matérialistes ultérieurs (**Diderot**, La Mettrie, Marx), tout en envisageant des perspectives différentes, se souviendront souvent des thèmes essentiels de l'atomisme ancien : le jeu de l'aléatoire et de la nécessité, la critique des superstitions religieuses, la recherche d'explications tirées de l'immanence.

Karl Marx — un matérialisme historique et social

■ Parmi les matérialismes, celui de **Marx** se détache par son accent sur les phénomènes sociaux et historiques. Philosophe du travail, Marx voit dans les processus de production la clé des autres processus sociaux, produire des biens étant l'activité matérielle par excellence et celle par laquelle une société se produit elle-même et s'entretient. Dans la préface à la ***Contribution à la critique de l'économie politique*** (1859), Marx en vient à distinguer la base, trouvée dans les processus de production économique, et la « superstructure » qui en découle : « dans la production sociale de leur existence, les humains nouent des rapports déterminés, nécessaires, indépendants de leur volonté ; ces rapports de production correspondent à un degré donné du développement de leurs forces productives matérielles. L'ensemble de ces rapports forment la structure économique de la société, la fondation réelle sur laquelle s'élève un édifice juridique et politique, et à quoi répondent des formes déterminées de la conscience sociale. Le mode de production de la vie matérielle domine en général le développement de la vie sociale, politique et intellectuelle. »

La morale

« Deux choses remplissent le cœur d'une admiration et d'une vénération toujours nouvelles et toujours croissantes, à mesure que la réflexion s'y attache et s'y applique : le ciel étoilé au-dessus de moi et la loi morale en moi. »

Emmanuel Kant, ***Critique de la raison pratique*** (1788).

Étymologie et définition

1) La morale comme mœurs

Étymologiquement, la morale renvoie aux **mœurs** à partir du latin *moralis* (relatif aux mœurs, *mores*). Le terme français viendrait d'abord du langage philosophique : l'expression « vertu morale » est utilisée au XIIIe s. pour désigner la **vertu** suivant les lumières de la raison. Ensuite, le mot tend à signifier à la fois « les mœurs », c'est-à-dire des comportements habituels, et les « bonnes mœurs », avec une forte dimension axiologique (relative aux valeurs).

Le rapprochement avec les pratiques habituelles remonte à l'*éthos* grec – dont le latin *mores* et le français « mœurs » se veulent des équivalents –, qui désigne d'abord la **coutume** et le **comportement habituel** (l'*éthologie* est le nom que le naturaliste Étienne Geoffroy Saint-Hilaire [1772-1844] donne à l'étude des comportements animaux). Mais le mot a pris aussi un sens normatif et axiologique que l'on trouve également dans le terme *éthique*. C'est toute l'ambiguïté de cette référence aux mœurs qui mêle la description et la prescription.

2) Le comportement et la disposition intérieure

Une autre ambivalence est à l'origine de l'éthique. Le grec permet de jouer sur deux termes proches : l'*êthos,* qui désigne le caractère, l'état d'esprit, et l'*éthos,* qui comme on l'a dit renvoie aux coutumes et aux habitudes. C'est **Aristote** qui a associé les deux sens dans ***Éthique** à Nicomaque* pour penser la disposition intérieure instituant certaines habitudes. Cela permet de construire un **concept éthique de vertu**, au sens de l'excellence dans le comportement, qui suppose une certaine disposition intérieure. C'est toujours le sens premier du terme *éthique*. On a aussi gardé le terme d'*ethos* pour désigner un certain type « d'état d'esprit » : l'ethos du savant, de l'homme politique, etc.

3) L'universalisation morale

Il faut noter que le terme de « morale », dans la culture occidentale, tend à désigner depuis le XVIIe s. les **règles de conduite** que les hommes devraient suivre. Cela implique de fixer des principes d'action universalisables à tout homme. L'**immoralité** (terme attesté en français au XVIIe s.) désigne ce qui est contraire à ces règles, alors que l'**amoralité** (terme plus récent) signifie l'indifférence aux principes moraux, qu'elle soit réelle (les animaux ne connaissant ni le bien ni le mal moraux, le cynique qui se place au-delà de la morale) ou prétendue (l'immoral qui essaie de se déculpabiliser en relativisant les règles morales). Il peut aussi exister des domaines amoraux qui ne relèvent pas de la morale sans être contre elle, comme l'action politique dans ***le Prince*** (1532) de **Machiavel**.

Analyse de la notion

1) Morale et éthique : quelle différence ?

On le voit, « morale » et « éthique » sont les équivalents d'un terme latin et d'un terme grec qui désignent d'abord les mœurs. Sont-ils donc strictement équivalents ? Cela semble parfois le cas. Néanmoins, il y a certaines nuances. Ainsi, l'article « Éthique » de **Diderot** et d'Alembert (1717-1783) dans l'***Encyclopédie*** (1751-1772) déclare simplement qu'il s'agit de la « science des mœurs » et renvoie à d'autres articles, dont l'article « morale ». Mais ce dernier commence par une définition sensiblement différente : « c'est la science qui nous prescrit une sage conduite et les moyens d'y conformer nos actions. » D'un côté, l'**étude neutre des mœurs** ; de l'autre, l'**étude prescriptive des bonnes règles**. En fait, même dans l'*Encyclopédie,* la distinction n'est pas franchement établie. Le mieux est de la considérer comme une distinction conventionnelle et utile dont il faut toujours préciser le sens.

À présent, l'usage tend à distinguer assez nettement « éthique » et « morale » à propos de trois questions. Dans tous les cas, la morale désigne essentiellement l'universalisation de principes censés valoir pour tout homme. D'une part, on a gardé le terme d'**éthique personnelle** pour désigner les devoirs qui ne concernent pas autrui mais soi-même (voir la notion « devoir »). D'autre part, les devoirs ou les questionnements relatifs aux normes et aux valeurs spécifiques à certains champs, ou à certains individus en raison de leur fonction, sont nommés **éthique médicale**, **éthique sportive**, etc. Enfin, l'écologie soulève la question de l'existence de **devoirs éthiques** envers la nature. Cela supposerait que le devoir ne s'adresse pas nécessairement à des sujets conscients.

2) Qu'est-ce que la moralité ?

Ces considérations conduisent à la question de savoir ce qui justifie les règles morales. Pourquoi faudrait-il suivre certaines règles censées être valables pout tout homme ? Car les philosophes ne prennent pas pour acquises les règles fixées par les mœurs, ni aucun autre code de conduite. En fait, il est indispensable de faire certaines distinctions.

La morale des mœurs est une liste de règles à suivre. Elle est d'emblée une prescription qui transforme le fait en droit : il faut suivre les règles établies. Les morales religieuses peuvent être moins conformistes. Mais elles restent axées sur la prescription de règles de conduite. On y trouve souvent une **morale moralisatrice** qui affirme les bons principes, dénonce les inconduites et appelle à un redressement moral.

La question que les philosophes posent en premier est différente. Ils n'oublient pas la dimension normative, mais ils commencent par soulever le problème du **critère de la moralité**. Ainsi, pour eux, la première question à poser n'est pas celle du contenu de la morale, mais de sa nature et de ses modalités. À quoi reconnaît-on qu'un acte ou un principe est moral ? Comment dépasser le jeu des intérêts et les préjugés pour accéder à d'authentiques normes morales ? Ces questions demandent de caractériser la moralité (ce qui fait qu'une action ou un principe est moral) avant de moraliser en fixant des préceptes. Elles impliquent aussi de distinguer clairement ce que les hommes font et ce qu'ils devraient faire.

Kant est l'un des philosophes qui a le plus mis en avant cette question de la moralité. Pour lui, agir comme autrui s'avère la garantie d'une action « morale ». Mais Kant sépare le **principe d'universalisation** de toute règle particulière et de tout contexte (culturel ou autre) pour en livrer la forme pure : « Agis de telle sorte que la maxime de la volonté puisse toujours valoir en même temps comme principe d'une législation universelle » (***Critique de la raison pratique***, 1788). C'est seulement ensuite que l'on peut déterminer les principes conformes à cette forme générale.

3) La morale est-elle transcendante ?

Ce changement de l'ordre des questions a une dimension critique : avant de discuter au cas par cas les règles particulières, cela permet d'en discuter l'origine, notamment en s'opposant aux normes imposées au nom d'une morale religieuse transcendante. Il peut sembler que la morale dépasse les hommes, soumis à leurs intérêts particuliers et aux conflits sans fin de l'opinion. Dès lors, seule une **origine transcendante de la morale** pourrait mettre les hommes d'accord et les amener à résister à leurs désirs. La plupart des religions monothéistes valorisent cet argument.

Mais si les règles viennent de Dieu, si elles nous sont imposées sans qu'on en saisisse la raison, en quoi sont-elles morales ? Pire, si elles sont respectées par crainte du châtiment divin, il s'agit de prudence et non de morale. C'est ainsi que Diderot, par un habile retournement, fait valoir dans l'*Entretien d'un philosophe avec la Maréchale* (1776) que ce n'est pas l'athée qui est en position de faiblesse quant à la moralité, mais le croyant lorsqu'il n'obéit que pour éviter des sanctions et obtenir des récompenses. Diderot, d'abord envisagé par son interlocutrice très croyante comme un probable danger vu qu'il ne craint pas la justice divine, incarne ensuite une morale authentique. Ce renversement englobe deux problèmes relatifs à l'**immanence** ou à la **transcendance** de la morale : l'origine de la morale (vient-elle de Dieu ou des dispositions humaines ?) et la motivation de l'action morale (faut-il avoir peur de Dieu pour être moral ?).

4) La morale est-elle *a priori* ?

L'immanence de la moralité conduit cependant à un nouveau débat concernant l'origine et la nature exactes de l'exigence morale. Dans quelles dispositions proprement humaines la morale s'enracine-t-elle ? Diderot affirme l'immanence des principes moraux et de la motivation morale en évoquant plusieurs origines qui articulent la raison, le sentiment et le caractère naturel fortifié par l'éducation.

Par opposition, Kant établit la moralité sur la seule **raison pratique**. Le devoir moral (voir la notion « devoir ») procède d'une volonté de respecter le principe, volonté que Kant distingue clairement de l'inclination (ou tendance) naturelle. De même, l'universalisation confère aux principes une valeur proprement morale qui ne doit rien aux sentiments. Kant se démarque ainsi d'une tradition des Lumières qui articulait la raison et un type particulier de sentiments nommés sentiments moraux, comme la pitié chez **Rousseau** (voir la notion « devoir »). De plus, même la conception de la raison diverge. Diderot souligne la **nécessité sociale de la morale** et ce qu'elle procure en termes de satisfaction personnelle, car l'expérience montre « qu'à tout prendre il vaut mieux pour son bonheur dans ce monde être un honnête homme qu'un coquin ». Au contraire, Kant refuse (en morale) l'anticipation des bénéfices : la raison morale en reste à la seule universalisation, indépendamment de tout calcul de conséquence et de toute prise en compte du contexte. C'est le sens du concept d'**impératif catégorique**, principe *a priori* formel caractérisant la moralité indépendamment de son contenu.

Renvois

Notions : autrui, le bonheur, la conscience et l'inconscient, le désir, le devoir, la justice et le droit, la liberté, la religion, le sujet.

Repères : absolu - relatif ; abstrait - concret ; contingent - nécessaire - possible ; formel - matériel ; idéal - réel ; identité - égalité - différence ; légal - légitime ; obligation - contrainte ; transcendant - immanent ; universel - général - particulier - singulier.

Thèses les plus classiques sur la notion

Aristote — la vertu comme juste milieu

■ **Aristote** a développé une conception éthique qui s'écarte de l'affirmation de commandements ou de normes absolus. La vertu morale n'est plus tournée, comme chez **Platon**, vers l'Idée absolue du Bien. Dans ***Éthique** à Nicomaque,* l'excellence éthique consiste dans un comportement adéquat qui tient compte du contexte tout en étant produit par une disposition intérieure constante. Comportement et disposition intérieure sont reliés par le jeu sur l'*éthos* et définissent la vertu comme « disposition acquise volontaire ». Elle consiste dans un juste milieu entre deux extrêmes (un défaut et un excès). Ainsi, le courage est en tant que valeur une excellence (un terme ultime visé comme un idéal), mais il se caractérise par un juste milieu entre la lâcheté et la témérité.

Diderot et les Lumières radicales — une morale du bonheur collectif

■ Plusieurs auteurs radicaux des Lumières ont développé une pensée morale où les normes et la motivation morales sont immanentes à la nature humaine et aux nécessités de la vie sociale. **Diderot** a ainsi fait du bonheur individuel et collectif le critère ultime de la moralité : « Il n'y a qu'un devoir, c'est d'être heureux » (*Mémoires pour Catherine II,* 1773). Il n'y a là aucune dilution de la morale dans les désirs égoïstes. Bien au contraire, est affirmée une visée morale qui demande de faire le bonheur collectif. La morale est ainsi libérée des règles imposées au nom de normes transcendantes. C'est à la raison humaine d'estimer les droits et les devoirs permettant à chacun de tendre à son bonheur dans un contexte social.

Emmanuel Kant — une morale du commandement absolu

■ **Kant** développe une philosophie morale aux répercussions importantes dans la philosophie occidentale. Les principes moraux sont universels et inconditionnés (indépendants des contextes et de toute condition), ce qui permet à une morale rationnelle laïque d'être aussi ferme et universelle que la morale religieuse. L'authentique moralité repose sur l'idée d'intention bonne : avoir une attitude morale, c'est vouloir respecter un principe universalisable quelles qu'en soient les conséquences.

Friedrich Nietzsche — par-delà la morale

■ Voir au verso.

Friedrich Nietzsche par-delà la morale

■ **Nietzsche** est le grand penseur de la généalogie de la morale. Cela permet d'envisager la morale d'un autre point de vue, non seulement contre les morales établies, mais aussi contre la moralité kantienne et ce qu'il nomme « la moraline » (la morale moralisatrice). Nietzsche soulève la question de l'origine de la morale comme mélange de prescriptions, d'interdits et de sanctions. Il en traque la genèse psychologique et sociale pour en montrer l'origine pulsionnelle dans le « ressentiment » de ceux qui ont renoncé à vivre. Cela permet un dépassement vers une forme plus haute d'éthique comprise comme construction de soi. Sous cet angle, Nietzsche se situe dans la filiation de la critique spinoziste des morales de l'interdit au nom de l'expression de son être individuel.

La perception

« S'il y a, d'un côté, ce qui est fait pour être perçu par les sens et par la vue, ce que l'âme voit, elle, c'est l'intelligible et l'invisible. »

Platon, ***Phédon***.

Étymologie et définition

1) La perception comme compréhension

Le verbe latin *percipere* signifie « prendre, recueillir, se pénétrer » et donne en français le mot *percevoir,* qui désigne l'« action d'éprouver, de ressentir, de connaître ». Ainsi, le substantif *perception* traduit cet acte de compréhension d'une chose représentée. **Cicéron** considère que le grec *katalêpsis* a pour équivalent, en latin, *perceptio,* qui veut dire « compréhension ».

2) Une opération cérébrale à partir de nos sens

En français, la perception correspond à la conscience qu'on a d'un objet ou d'un événement au moyen de nos sens. Ce terme possède plusieurs significations en psychologie, selon les écoles de pensée. Ainsi, les théoriciens de la gestalt-thérapie comprennent la perception comme le résultat d'une organisation des données sensorielles élaborée par le cortex. Les transactionnalistes font de la perception une supposition inconsciente produite par une expérience passée. James Gibson (1904-1979) l'a défini comme une « cueillette de l'information » *(information pickup)* et Jean Piaget (1896-1980) en fait une composante « figurative » de l'activité sensori-motrice, qui évolue avec l'âge du sujet.

Dans le sens commun, la perception a deux acceptions. Elle est le **résultat de ce qu'on recueille** (par exemple, la perception des impôts) et aussi l'effet d'une **opération cérébrale à partir de nos sens**.

Analyse de la notion

1) La perception dépend-elle des sens ?

a) La perception rationnelle par l'esprit

Pour les théologiens du Moyen Âge, *perceptio* s'apparente à *cogitatio* (« pensée ») et à *comprehensio* (« compréhension »). C'est donc un **concept du registre de**

la connaissance. **Descartes** hérite, en partie, d'une telle approche, d'où la difficulté que ses traducteurs du latin en français rencontrent avec le mot *perceptio*. Selon Michel Fichant (né en 1941), chez Descartes, « le verbe *percipere* est, de façon dominante, traduit par *concevoir* (trente et une fois) et, plus rarement, par *connaître* et *apercevoir* (cinq occurrences de chaque terme), voire *comprendre* (quatre). On trouve occasionnellement *recevoir* (en mon esprit, ou par les sens), *sentir, ressentir, penser, entendre,* ainsi que la périphrase *avoir la notion de...* » (*Vocabulaire européen des philosophies,* Le Seuil/Le Robert, 2004). Finalement, pour Descartes, la perception équivaut à la pensée en général.

Leibniz note, dans ***Monadologie*** (rédigé en 1714), que la perception est « l'état passager qui enveloppe et représente une multitude dans l'unité ou dans la substance simple ». La monade en est l'expression, mais, ajoute le philosophe, seuls les esprits possèdent la capacité de s'en souvenir et d'en avoir conscience. Cette dernière qualité, Leibniz la nomme l'« aperception ». **Kant** fait de la perception le résultat d'une trinité : une conscience, une sensation et le phénomène (ou objet perçu). Dans ***Critique de la raison pure*** (2e éd., 1787), il note que « le phénomène, quand il est associé à une conscience, s'appelle perception ».

b) Sensualistes et empiristes

Par contraste, les philosophes sensualistes tel **Condillac** privilégient la perception qui provient des sens et l'édifient en connaissance : je connais ce que je ressens, ou plus exactement, c'est parce que je ressens tel sentiment que je le connais, que je le perçois. Les empiristes cherchent ainsi à **déduire nos connaissances** les plus abstraites et générales des expériences sensibles, selon des procédés plus ou moins complexes comme la réflexion sur les sensations. Maurice **Merleau-Ponty**, avec sa ***Phénoménologie de la perception*** (1945), combine les informations produites par le corps et l'intentionnalité selon **Husserl**, ce qui le conduit à affirmer : « Il ne faut donc pas se demander si nous percevons vraiment un monde, il faut dire au contraire : le monde est cela que nous percevons. »

2) Et en psychologie ?

a) Les tenants de la « forme »

La perception est aussi analysée par des **psychologues** et des spécialistes des **sciences cognitives**. Ceux-ci trouvent dans les mécanismes du cerveau d'autres manières de comprendre pourquoi nous sommes sensibles à telle couleur, à telle vitesse, à telle luminosité, et comment à partir de ces éléments nous percevons la réalité de ce qui nous environne. Max Wertheimer (1880-1943), Kurt Koffka (1886-1941) et Wolfgang Köhler (1887-1967) considèrent la totalité d'une « forme » *(Gestalt)* et cherchent à déterminer quelle est la structure qui préside à cette forme, sachant que les sensations « simples » ne suffisent pas à en donner la clé et qu'il est indispensable d'établir leurs interrelations.

b) L'apport contemporain

Jean Piaget est connu pour sa présentation des stades qui marquent le développement de l'intelligence humaine, de la naissance à la constitution de son système optique. C'est dans *les Mécanismes perceptifs* (PUF, 1961) qu'il rassemble les conclusions de ses expérimentations. Dépassant l'apport des « gestaltistes », il écrit : « À la notion d'une totalité fournie sans explication, la méthode relationnelle substituera donc un effort pour construire ou composer le tout, non pas à partir des éléments, mais à partir de leurs relations, ce qui n'est pas la même chose. » Il complète cette théorie avec la méthode génétique qui tient compte de l'âge du sujet et de la transformation de son système sensori-moteur.

James Gibson distingue, dans *The Perception of the Visual World* (1951), le « champ visuel », qui dépend du système anatomique d'excitation, et le « monde réel » tel qu'il est perçu. Alain Berthoz (né en 1939), dans *le Sens du mouvement* (Odile Jacob, 1997), explique que si la perception est multi-sensorielle « c'est que chaque animal n'est intéressé que par certains aspects de la réalité. Il sélectionne donc la configuration des traits qui lui sont utiles et les relations entre les propriétés des objets ». Précisant que Gibson appelle « affordances » ces relations « qui définissent des invariants utiles à une espèce particulière », il propose de les nommer « faisabilités », « parce qu'elles sont une mesure de la possibilité d'exécuter des actions importantes pour l'espèce considérée compte tenu de son répertoire sensori-moteur. »

Renvois

Notions : l'art, autrui, la conscience et l'inconscient, le désir, langage et interprétation, la raison, le sujet, théorie et expérience, la vérité.

Repères : absolu - relatif ; abstrait - concret ; cause - fin ; croire - savoir ; essentiel - accidentel ; genre - espèce - individu ; intuitif - descriptif ; médiat - immédiat ; persuader - convaincre ; ressemblance - analogie ; universel - général - particulier - singulier.

Le chemin est long entre la sensation que nous avons de voir un arbre, par exemple, et l'examen du travail du cerveau qui nous le fait percevoir.

Thèses contemporaines sur la notion

→ Voir au verso.

Thèses contemporaines sur la notion

Maurice Merleau-Ponty — la connaissance par la perception

Dans ***Phénoménologie de la perception*** (Gallimard, 1945), **Merleau-Ponty** confronte les apports des philosophes (des sensationnalistes aux phénoménologues) à ceux des biologistes et des physiciens, ceci quant aux sensations perçues et au corps actif et réactif.

Dans le chapitre consacré au « sentir », il écrit : « Le sujet percevant est le lieu de ces choses (il s'agit des sensations) et le philosophe décrit les sensations et leur substrat comme on décrit la faune d'un pays lointain – sans s'apercevoir qu'il perçoit lui-même, qu'il est sujet percevant et que la perception telle qu'il la vit dément tout ce qu'il dit de la perception en général. Car, vue de l'intérieur, la perception ne doit rien à ce que nous savons par ailleurs sur le monde, sur les stimuli tels que les décrit la physique et sur les organes des sens tels que les décrit la biologie. Elle ne se donne pas d'abord comme un événement dans le monde auquel on puisse appliquer, par exemple, la catégorie de causalité, mais comme une re-création ou une re-constitution du monde à chaque moment. Si nous croyons à un passé du monde, au monde physique, aux "stimuli", à l'organisme tel que le représentent nos livres, c'est d'abord parce que nous avons un champ perceptif présent et actuel, une surface de contact avec le monde ou en enracinement perpétuel en lui, c'est parce qu'il vient sans cesse assaillir et investir la subjectivité comme les vagues entourent une épave sur la plage. Tout le savoir s'installe dans les horizons ouverts par la perception. »

Alain Berthoz — la perception n'est pas une représentation

Professeur au Collège de France (Laboratoire de physiologie de la perception et de l'action), Alain Berthoz commente Maurice Merleau-Ponty dans son essai *le Sens du mouvement* (Odile Jacob, 1997). À propos des peintures rupestres de la grotte de Lascaux, le philosophe écrivait : « Je serais en peine de dire *où* est le tableau que je regarde. [...] Je vois selon ou avec lui plutôt que je ne le vois. » Berthoz analyse : « La perception n'est pas une représentation : c'est une action simulée et projetée sur le monde. La peinture n'est pas un ensemble de stimuli visuels : c'est une action perceptive du peintre qui a traduit, par son geste, sur un support contraignant, un code qui évoque immédiatement, non pas la scène représentée mais la scène qu'il a perçue. La peinture nous touche parce qu'elle reproduit à l'envers le miracle des images de Lascaux. Je regarde le tableau à la place du peintre qui a projeté son activité mentale. Le génie est celui qui me guide à percevoir comme lui. »

La raison

« La raison n'est-elle pas le préservatif de l'intolérance et du fanatisme ? »

Jean-Jacques Rousseau, ***Julie ou la Nouvelle Héloïse*** (1761).

Étymologie et définition

1) La raison comme faculté de connaissance

Le mot *raison* vient du latin *ratio* qui signifie « compte », « calcul », « rapport », « proportion », et désigne la faculté propre à tout être humain de penser, apprécier, juger, connaître. L'action d'user de sa raison consiste à « raisonner », c'est-à-dire à établir des relations entre divers éléments afin de les ajuster, de les mesurer les uns aux autres avant de choisir une ligne de conduite. Le processus qui active la raison se nomme « raisonnement ». Il s'agit, à partir de certains faits, données ou intuitions, d'**élaborer une réflexion** qui les hiérarchise et les articule logiquement, « raisonnablement », et permet d'**argumenter une position**.

En ce sens, on peut prétendre que philosopher revient à raisonner. Mais la raison conduit-elle à la vérité ? Le raisonnement n'est-il pas un pur procédé intellectuel, un simple jeu de l'esprit, qui assure à celui qui le manie avec talent de l'emporter sur celui qui perd la raison ?

2) Raison, passion et plaisir

Dans le langage commun, on n'hésite pas à proclamer que « le cœur a ses raisons que la raison ignore » (aphorisme que **Pascal** mentionne également), pour dire à quel point l'amour échappe à toute explicitation rationnelle et raisonnable. La passion repose sur le désir, l'impulsion, l'incompréhensible, et non sur le calcul. Il en est de même pour le jeu et l'aventure. Si l'on pesait le pour et le contre avant de s'engager, on ne connaîtrait jamais le vertige de l'imprévisible, le trouble de l'inattendu. La **prudence conseille la raison**, tandis que le plaisir repose sur l'excès, l'extravagant. L'être humain doit toujours choisir entre ce que lui dicte sa raison et l'appel du cœur – entendez par là une intuition, un sentiment, une sensation. Vous rentrez content d'un voyage quelque peu improvisé dans une région chahutée du monde, et vous avouez à vos proches : « Oui, j'étais un peu fou d'aller là-bas, mais je ne le regrette pas ! » Cette décision imprudente se révèle agréable et, après coup, vous pouvez la justifier avec une sorte de raison rétrospective.

En fait, la raison de chacun détermine **ce qui est justifié dans un contexte donné**. Ici, elle se télescope avec la **morale** et le **droit**. Si nous nous référons à la célèbre opposition freudienne « principe de plaisir/principe de réalité », nous voyons que la raison penche du côté de la réalité.

Analyse de la notion

1) La raison est-elle toujours rationaliste ?

a) La raison aidée des sens

La philosophie grecque admet que l'être humain est caractérisé par sa raison, ou plus exactement qu'il possède la capacité de rendre intelligible le monde par sa perception des choses, par son attention à ses propres réactions et sentiments, par l'activité de ses sens, par sa mémoire et son imagination. L'entendement, l'intelligence et la raison sont des notions qui ont longtemps été interchangeables pour désigner la formulation des idées, qui naissent de l'**expérience**.

L'empirisme accompagne la philosophie occidentale tout au long de son histoire et bénéficie, pour se maintenir, des évidences suivantes : « je sens donc j'existe » et « ce que je perçois est ». Cependant, ces vérités limitées à la surface des choses et que chacun rencontre ne suffisent pas pour saisir d'autres réalités, dont seule une méthode exigeante – qui combine l'abstraction (la création de concept), la déduction et l'induction, la contradiction et la dialectique, l'hypothèse et la démonstration, la genèse et la mémoire, le langage et ses tournures – peut rendre compte.

b) La raison *a priori*

C'est là la position du rationalisme, pour qui le raisonnement actualise une raison *a priori,* d'où le recours à une **méthode** plus ou moins construite, avec ses lois, son universalisme et ses particularités, ses règles et ses exceptions, sa logique et son argumentaire. Sans nécessairement se revendiquer du rationalisme ou de l'empirisme, la philosophie empruntera parfois aussi bien à l'un qu'à l'autre, sachant que ces deux conceptions prétendent atteindre la **vérité**.

Pour schématiser, **Descartes** représente le courant rationaliste, en fondant le sujet qui pense et qui se dote ainsi d'une conscience (tout en acceptant la théorie des idées innées), et **Locke** représente l'empirisme, avec un sujet qui éprouve ce qu'il est en train de connaître, par lui-même et pour lui-même. Mais les deux courants se considèrent rationnels et chacun échappe à son étiquette. Ainsi, le cartésianisme limité à l'application stricte d'une méthode sans souplesse n'embrasse pas toute la richesse de la philosophie de Descartes, et de même pour Locke.

2) Quels usages de la raison ?

a) Éclairer et guider

Avec les Lumières, la raison devient une **arme pour combattre** tous les préjugés qui maintiennent l'esprit humain dans l'obscurantisme et l'ignorance. D'où la lutte contre les inégalités, les superstitions, les intolérances et autres arbitraires, et pour la perfectibilité de chaque être humain, la liberté de croyance, le contrat social ou le droit de vote. Seule, alors, la reconnaissance de l'égalité de l'homme et de la femme n'a pas pu triompher.

L'empirisme de Locke trouve en **Berkeley**, **Hume**, puis **Condillac** et Antoine Destutt de Tracy (1754-1836), de remarquables continuateurs, tandis que le rationalisme se renforce avec **Leibniz**, puis **Kant**. Ce dernier, dans la ***Critique de la raison pure*** (1781), explique que pour nourrir la connaissance, l'expérience doit être ordonnée par des structures *a priori* comme le temps ou l'espace, qui l'organisent.

b) Les limites de la raison scientifique

Avec **Hegel** puis **Marx** la raison glisse vers la rationalité que la science contribue à fonder, ce qui conduira certains de leurs exégètes à une position outrancière, le scientisme, selon lequel seule la science exprime la raison, avec l'idée que si c'est scientifique, c'est vrai – sans toutefois jamais interroger la « scientificité » de la science et la « raisonnabilité » d'un usage immodéré de la raison. C'est ainsi qu'un usage prudent de la raison invite à prendre ses distances avec la transformation d'un type de questionnement en principe dogmatique et avec celle d'une théorie en système définitif.

c) Le principe de raison

Au XXe s., **Heidegger** consacre son cours de 1955-1956 au « principe de raison » et commente l'œuvre de Leibniz, le premier à avoir formulé celui-ci en indiquant que « rien n'est sans raison ». Cette affirmation, écrit Heidegger, signifie à la fois que « *Tout a* une raison » et que « Tout *étant* a une *raison* ».

En fait, observe le philosophe allemand, le principe de raison ne nous dit rien sur la raison, aussi associe-t-il cette sentence de Leibniz au célèbre vers d'Angelus Silesius (1624-1677) : « La rose est sans pourquoi, fleurit parce qu'elle fleurit/N'a souci d'elle-même, ne désire être vue. » D'un côté, « rien n'est sans raison », et de l'autre « la rose est sans pourquoi ». Dans les deux cas, le « parce que » apporte une réponse insatisfaisante qui ne concerne pas plus l'être de la raison que l'être de la rose. Au final,

Renvois

Notions : la conscience et l'inconscient, le désir, le devoir, les échanges, l'histoire, la justice et le droit, langage et interprétation, la morale, le sujet, la vérité.

Repères : absolu - relatif ; analyse - synthèse ; contingent - nécessaire - possible ; en théorie - en pratique ; expliquer - comprendre ; idéal - réel ; intuitif - discursif ; obligation - contrainte ; persuader - convaincre ; transcendant - immanent ; universel - général - particulier - singulier.

précise Heidegger, le principe de raison n'éclaire pas l'être, en ce sens que la *ratio* est « calcul », « compte », « rapport », et que l'être attend sa mesure. Pour Heidegger, la raison ne calcule pas, ne met pas ceci en rapport avec cela pour logiquement les positionner, mais contribue au dévoilement de la chose à connaître, à comprendre, à sentir.

Thèses sur la notion

René Descartes les quatre préceptes du raisonnement

■ Dans le ***Discours de la méthode*** (1637), **Descartes** décrit les quatre préceptes qui constituent les étapes de son raisonnement : « Le premier était de ne recevoir jamais aucune chose pour vraie que je ne la connusse évidemment être telle [...]. Le second, de diviser chacune des difficultés que j'examinais en autant de parcelles qu'il se pourrait et qu'il serait requis pour les mieux résoudre. Le troisième, de conduire par ordre mes pensées, en commençant par les objets les plus simples et les plus aisés à connaître, pour monter peu à peu comme par degrés jusques à la connaissance des plus composés, en supposant même de l'ordre entre ceux qui ne se précèdent point naturellement les uns les autres. Et le dernier, de faire des dénombrements si entiers et des revues si générales, que je fusse assuré de ne rien omettre. »

Martin Heidegger rien n'est sans raison

■ Après avoir discuté **Leibniz**, **Kant**, **Hegel** et insisté sur l'étymologie du mot « raison » en allemand (*Grund*, « sol », « fond », et *Vernunft*, « intelligence », « entendement », « raison »), **Heidegger** termine ***le Principe de raison*** (1957) par le commentaire d'un propos d'Héraclite (v. 550 - v. 480 av. J.-C.) sur un enfant qui joue : « Il joue parce qu'il joue. Le "parce que" disparaît dans le Jeu. Le Jeu est sans "pourquoi". Il joue cependant qu'il joue. Le Jeu seul demeure : il est Ce qu'il y a de plus haut et de plus profond. Mais ce "seul" est tout. C'est l'Un, l'Unique. Rien n'*est* sans *raison*. Être et raison : le Même. L'être, en tant qu'il fonde, n'a pas de fond. C'est comme sans-fond qu'il joue ce Jeu qui nous dispense, en jouant, l'être et la raison. La question demeure, de savoir si et de quelle manière, en entendant les thèmes et motifs de ce jeu, nous entrons dans le jeu et jouons le jeu » (traduction d'André Préau, Gallimard, 1962).

La religion

« Jamais encore, ni directement ni indirectement, ni sous forme de dogme ni sous forme de parabole, une religion n'a contenu de vérité. Car une religion est née de la peur et du besoin. »

Friedrich Nietzsche, ***Humain, trop humain*** (1878).

Étymologie et définition

1) Le rituel, le culte, la règle

En grec, *thrêskeia* signifie à la fois « culte » et « piété », et le verbe *thrêskeùô* veut dire « suivre minutieusement des prescriptions religieuses ». Aussi le mot « religion » *(thrêskeia)* est-il habituellement traduit par « respect des rituels », « attention au culte », « observance d'une règle religieuse ».

2) « Relier » et « rassembler »

Le mot français *religion* vient du latin *religio,* dont l'étymologie possède deux origines possibles : *religare* (« relier ») et *religere* (« collecter », « rassembler »). Le linguiste Émile Benveniste (1902-1976) examine minutieusement ces deux possibilités et opte pour la seconde : « Au total, la *religio* est une hésitation qui retient, un scrupule qui empêche, et non un sentiment qui dirige vers une action, ou qui incite à pratiquer un culte. »

Analyse de la notion

1) Dieux et Dieu

a) Une relation avec le divin

Dans *De la nature des dieux,* **Cicéron** écrit : « la religion, c'est-à-dire les cultes rendus aux dieux », considérant par là qu'il s'agit bien d'un respect aux ancêtres, d'une **pratique cultuelle**. Dans ses *Institutions divines,* le chrétien Lactance (v. 260 - v. 325) explique que la religion est « le culte du vrai, la superstition du faux. Ce qui importe, c'est ce à quoi on adresse un culte et non pas la manière de le faire. » Pour lui comme pour les chrétiens qui suivront, la religion est avant tout une **relation entre Dieu et ses créatures**, qui lui rendent hommage en priant et en respectant les règles liturgiques (qui varient au cours de l'histoire de l'institution ecclésiastique). La religion relie les hommes entre eux dans la même foi vis-à-vis du même Dieu.

Le mot *dieu* se dit *dios* en espagnol, *dio* en italien, *deus* en portugais, tous issus du latin *deus,* qui signifie « invoquer » et aussi « offrir une libation ». Le grec indique que *theos* a pour substantif *thea,* qui signifie « spectacle » : ainsi est dieu celui qui rend visible le monde, celui qui le montre. *Theos* donnera en français *théologie* (« connaissance de dieu » et plus généralement « discours sur la religion ») et *théocratie* (pouvoir divin, système politique dont la légitimité vient de Dieu).

b) Religions polythéistes, religions monothéistes

Les Grecs et les Romains, mais aussi les hindouistes et de nombreux peuples d'Afrique et d'Océanie, possèdent plusieurs **dieux et déesses**, avec ou sans lien de parenté entre eux, qui figurent dans des mythes cosmogoniques – récits explicatifs de la création du monde et de la hiérarchie entre ces divers dieux, chacun ayant droit à un culte spécifique et à un calendrier particulier.

Avec les trois religions monothéistes (le **judaïsme**, le **christianisme** et l'**islam**), Dieu s'affirme unique créateur de l'univers et des humains, lui-même étant incréé. Ces trois religions se réfèrent à des textes sacrés : la Bible, qui contient l'Ancien Testament et le Nouveau Testament (ajouté par la suite), la Torah et le Coran. Ces monothéismes connaissent de nombreux schismes et se divisent, au fur et à mesure de l'histoire, en d'innombrables sectes rivales. Si le judaïsme n'est pas prosélyte (on est Juif par sa mère et rares sont les conversions), les deux autres monothéismes cherchent à convertir le maximum de personnes et luttent contre l'**athéisme**, cette conviction qu'il n'existe aucun Dieu et que l'homme est seul face à son destin, dont il est le principal artisan. Le christianisme et l'islam sont nés au Moyen-Orient et se sont mondialisés, accentuant la coupure entre leur culture d'origine et les cultures d'accueil.

2) Les philosophes devant le fait religieux

a) L'intrication des discours philosophique et religieux

Longtemps la philosophie occidentale (arabe y compris) a été mêlée à la théologie, au point que le philosophe athée ou laïc devait s'exiler ou adopter un pseudonyme pour exprimer ses doutes quant à l'existence de Dieu et sa méfiance face au monde religieux (institution, clergé, rituels). Le théologien justifiait son Dieu par la **croyance** et par la **foi**. Le mot *croyance* vient du latin *credere,* qui signifie « confier », « croire », « avoir confiance ». Le mot *foi,* issu du latin *fides,* exprime la **confiance**. Ainsi, je n'ai pas à chercher pourquoi je suis croyant, je le suis car j'ai la foi. Je peux aussi perdre la foi, car je suis déçu par Dieu qui fait mourir l'être aimé ou qui condamne les humains, mes frères, à la guerre. La confiance est ici décisive. Pour Bernard de Clairvaux (1090-1153), ce n'est pas le croyant qui décide de croire, c'est Dieu qui l'élit : la foi est donc une sorte de bénédiction, de bienfait qui doit le combler. Au contraire, Pierre Abélard (1079-1142) pense que la **foi ne repose pas sur le mystère mais sur la raison** : c'est en raisonnant qu'on en vient à croire et à remercier Dieu pour toutes les merveilles qu'Il a créées.

b) Quand la pensée s'émancipe de la théologie

C'est avec la Renaissance italienne que la pensée s'émancipe de la théologie, malgré l'Inquisition et les procès pour sorcellerie qui envoient au bûcher nombre d'innocents. Les philosophes élaborent leurs théories en prenant soin d'isoler Dieu, comme par exemple **Descartes** et **Spinoza**, tout en admettant la création, l'immortalité de l'âme et la rédemption. C'est avec les Lumières que la philosophie se sépare distinctement de la théologie, même si certains philosophes par la suite s'afficheront encore ouvertement croyants, comme Jacques Maritain (1882-1973), Emmanuel Mounier (1905-1950) ou Simone Weil (1909-1943).

c) Vers un discours dégagé

David **Hume**, dans *Histoire naturelle de la religion* (1757), analyse le fait religieux de manière anthropologique, montrant comment les hommes se dotent d'une religion qui répond en partie à leurs questionnements. **Voltaire**, qui se prétend déiste, part en guerre contre tous les fanatismes – dont la religion, qui à ses yeux maintient le croyant dans l'ignorance et le contraint à croire sans raison. Pour lui, la religion relève grandement de la **superstition**. **Kant**, comme Hume, pense que la religion ne trouve **aucune explication rationnelle**, mais qu'elle permet à certains humains d'espérer en un monde meilleur, et de supporter leur condition de pauvres mortels. Friedrich Schleiermacher (1768-1834), dans *Sur la religion* (1799), met en avant la **dimension symbolique** de la religion qui comble un manque en chaque homme, celui d'attribuer un sens à son existence et de se doter d'une place dans l'univers. La religion est à la fois une intuition et un sentiment en faveur d'une puissance surnaturelle, qui n'est pas nécessairement le Créateur. Cette attitude grandit l'homme et le fait s'approcher de la grâce.

Dans ***l'Essence du christianisme*** (1841), Ludwig Feuerbach (1804-1872) écrit : « La religion, du moins la chrétienne, est la relation de l'homme à lui-même, ou plus exactement à son essence, mais à son essence comme à un autre être. » C'est, pour lui, une affaire personnelle, et plus encore un **face-à-face** de l'homme qui prie avec l'homme qui est conduit à prier. **Marx**, pour sa part, n'hésite pas à désigner la religion comme une **aliénation de l'homme**, un obstacle qui l'empêche d'atteindre sa propre vérité. C'est pour cela qu'il la présente comme un « opium », c'est-à-dire une drogue qui brouille sa perception du réel et lui fait accepter la domination au nom d'une sorte de fatalisme imprégné de religiosité. Les découvertes scientifiques apportent chaque jour de l'eau au moulin des sceptiques ou des athées qui corrigent les affirmations trompeuses des religieux quant à l'âge de l'humanité, aux mouvements des astres, à la composition de la matière, etc. Finalement, la religion tend à devenir un **choix personnel** (croire ou ne pas croire, pratiquer ou ne pas pratiquer) qui laisse à la cité la laïcité, et par conséquent la liberté du culte. Cela n'empêche pas certains États d'imposer une seule religion et de martyriser les croyants d'autres dieux.

3) Les religions en question

a) Dans l'espace public

Les religions relèvent encore du domaine politique : le nouvel élu qui va présider les États-Unis jure sur la Bible de bien servir son pays, le régime yéménite applique la charia, l'Iran et le Pakistan sont des États islamiques. Pourtant, la **laïcité** s'affirme de plus en plus, laissant à chacun le choix de sa foi, réservant la religion à la **sphère privée**. Cela n'est pas facile et chaque religion veut être présente dans l'espace public, d'où des débats sur la mosquée, la synagogue, l'église ou le temple dans la ville, sans oublier les signes religieux ostentatoires (la burqa ou le voile que portent certaines musulmanes), les références religieuses du calendrier ou les condamnations çà et là du darwinisme et du matérialisme. Les rythmes de la vie sociale sont également dictés par les diverses liturgies : aux cinq prières quotidiennes pour le musulman, il convient d'ajouter les jours spécifiques au culte – le vendredi pour les musulmans, le samedi pour les juifs, le dimanche pour les chrétiens (catholiques et protestants), le jeudi pour les bouddhistes, etc.

b) Une géopolitique mondiale

Les sociétés réussissent difficilement à concilier la **pluralité des cultes**, et des guerres de religion – ou du moins des tensions – se manifestent dans différentes parties du globe, en Irlande du Nord, en Égypte où les Coptes sont régulièrement attaqués, en Inde où des chrétiens sont assassinés par des ultranationalistes hindouistes. Les religions participent de la géopolitique mondiale. Les catholiques ont un État, le Vatican, qui possède une diplomatie. Les musulmans sont divisés entre sunnites et chiites et ces deux groupes eux-mêmes le sont en plusieurs rites. Les Juifs, depuis 1948, ont une terre à eux, Israël, que revendiquent les Palestiniens. Les chrétiens du Soudan sont agressés par les musulmans au pouvoir. On le voit : les religions ne servent pas nécessairement la paix, comme le pressentait **Diderot** qui les considérait comme sources de conflits.

Renvois

Notions : l'art, le bonheur, l'existence et le temps, la liberté, la matière et l'esprit, la morale, la raison, le sujet, la vérité, le vivant.

Repères : absolu - relatif ; cause - fin ; croire - savoir ; expliquer - comprendre ; idéal - réel ; objectif - subjectif ; obligation - contrainte ; origine - fondement ; transcendant - immanent ; universel - général - particulier - singulier.

Thèses sur la notion

Friedrich Nietzsche — la mort libératrice de Dieu

Nietzsche note dans *le* ***Gai Savoir*** (1882) : « *Nouveaux combats.* – Après que Bouddha fut mort, on montra encore son ombre durant des siècles dans une caverne, une ombre formidable et terrifiante. Dieu est mort : mais l'espèce humaine est ainsi faite qu'il y aura peut-être encore durant des millénaires des cavernes au fond desquelles on montrera son ombre. – Et nous – il nous faut aussi vaincre son ombre ! » (§ 108). « Dieu est mort » : cette formule est parfois reprise à contresens, aussi faut-il lire le § 343 dans lequel Nietzsche précise : « nous sentons, à la nouvelle que le "vieux dieu" est "mort", comme baignés par les rayons d'une nouvelle aurore ». C'est une libération qui conduit l'homme à devenir créateur à son tour. C'est donc une bonne nouvelle.

William James — le divin est d'essence humaine

William James (1842-1910), psychologue et philosophe américain, publie en 1902 son essai *l'Expérience religieuse* dans lequel il montre que la croyance n'est ni rationnelle ni irrationnelle, mais que tout être humain est animé par un sentiment particulier – le divin –, qui lui est propre et qui s'apparente à une religion sans pour autant réclamer une explication. Il écrit : « Nous n'avons pas à examiner ici la question de l'origine des dieux de la mythologie grecque ; mais de tous les exemples que nous avons cités, paraît ressortir cette conclusion : il semble qu'il y ait dans la conscience humaine le sens d'une *réalité,* le sentiment et l'idée que quelque chose existe réellement et objectivement. Cette impression est à la fois plus profonde et plus générale qu'aucune de nos impressions particulières qui seules, d'après la psychologie actuelle, attesteraient l'existence des choses. »

La société

« Il y a société là où il y a action réciproque de plusieurs individus. »

Georg Simmel, ***Sociologie*** (1908).

Étymologie et définition

1) La société comme regroupement

Le mot *société* vient du latin *societas,* qui signifie « association », « réunion ». Le mot latin est issu du grec *koinônia,* de *koinos,* « commun », « public », lui-même issu du sanskrit *sakhitvan,* « amitié », dont la racine est *sagg,* « joindre, adhérer ». Le terme latin *societas* dérive de *socius,* le « compagnon », c'est-à-dire à l'époque celui qui vous accompagne à la guerre.

Pierre Larousse (1817-1875) propose la définition suivante : « État social, état d'hommes ou d'animaux vivant sous les lois communes ». Il est vrai que les botanistes et les zoologues utilisent « société » et « individu », tout comme « migration », « acclimatation », « habitat », etc., pour décrire ce qu'ils observent de la vie des plantes et des animaux qui se **regroupent et coopèrent** afin de se reproduire et de vivre.

2) Sociologie et socialité

Si l'étude des mœurs des animaux se nomme l'éthologie, l'analyse des interactions entre individus constituant une société humaine est appelée **sociologie** par Auguste **Comte**, qui a hésité quant à cette dénomination avec la « physique sociale » que le statisticien belge Adolphe Quetelet (1796-1874) avait mise au point.

La **socialité** caractérise l'individu ouvert aux autres, disponible, prêt à participer à une action collective. La **sociabilité** consiste en la recherche de compagnie. « Être sociable » revient à parler à tous, à se dépenser pour le groupe, l'association, l'assemblée, le comité, le club, bref, pour un collectif qui représente bien plus que la somme de ses composantes.

Analyse de la notion

1) Qu'est-ce que la « société civile » ?

a) L'expression de l'État

Si **Aristote** évoque la « communauté politique » *(koinônia politikê),* c'est plus pour expliquer en quoi un citoyen d'Athènes est de fait lié à un autre dans le traitement collectif des affaires de la Cité que pour fonder la « société civile », expression inconnue en grec. **Cicéron** emploie la formule *societas civilis* pour désigner l'association politique et privée de plusieurs citoyens sans liens de parenté, cette association étant différente de la société naturelle qui concerne la famille.

Il faut attendre la fin du XVIIe s. pour que se généralise l'emploi de cette expression. À l'article « société », dans le *Dictionnaire universel* (1690) d'Antoine Furetière (1619-1688), nous lisons cette précision que « les hommes se sont mis en société pour vivre plus commodément et le plus poliment ; ils ont fait des lois sévères contre ceux qui troublent la **société civile** ». On attribue toutefois la paternité du terme à Thomas **Hobbes**, qui, dans ***De cive*** (1642), l'oppose à « l'état de nature » *(status naturae)* et en fait un synonyme d'État. Dans son *Essai sur le pouvoir civil* (1690), John **Locke** effectue un glissement de sens : la « société civile » complète « l'état de nature » et ne s'identifie plus au seul État, construction des hommes pour les protéger ; elle adopte une dimension économique en garantissant à chacun sa propriété, par la loi.

b) Une force distincte de l'État

Au XVIIIe s., **Rousseau** explicite Locke en faisant de la « société civile » le prolongement de « l'état de nature » ; elle est distincte de l'État, qui à ses yeux correspond au corps politique né du contrat social qui relie les hommes entre eux. Il affirme dans son ***Discours sur l'origine et les fondements de l'inégalité parmi les hommes*** (1755) : « le premier qui ayant enclos un terrain s'avisa de dire : ceci est à moi [...] fut le vrai fondateur de la société civile. » Pour Rousseau, la « société civile » repose sur l'injustice et l'inégalité provoquées par la propriété privée, situation qu'il observe et qui le désole.

À la suite de la *Fable des Abeilles* (1714) que rédige Bernard de Mandeville (1670-1733), qui considère que les **intérêts privés servent l'intérêt général**, des économistes tels qu'Adam Ferguson (1723-1816) et Adam Smith (1723-1790) confirment et développent cette thèse, selon laquelle la « société civile » résulte des passions et des intérêts individuels, et tend à se substituer à l'État, conférant à l'**économique** une place décisive dans le fonctionnement des sociétés. Ils sont persuadés que la richesse dépend des échanges et de la division du travail entre les pays et que la société, sans l'État, suffit à promouvoir les progrès, tant matériels que moraux. Le marché régule les éventuels dysfonctionnements, ce que Smith désigne par « la main invisible ». **Diderot**, dans l'***Encyclopédie*** (1751-1772), n'épouse pas cette conception et écrit que la « société civile s'entend du corps politique que les hommes d'une même nation, d'un même État […] forment ensemble, et les liens politiques qui les attachent les uns aux autres ».

Après la Révolution française, l'idée selon laquelle la société civile est opposée à l'État, qu'elle n'en est plus l'expression mais le **contrepoids**, devient dominante – avec toutefois deux versants. L'un libéral, représenté par Benjamin Constant (1767-1830), qui fait du Code civil le moyen de se passer de l'État, car le droit « civilise » l'ensemble de la société. L'autre, d'abord hégélien, pour qui le couple « société civile/État » est solidaire, puis marxiste et résolument antiétatique, qui consacre la « société civile » comme seule force émancipatrice.

Dorénavant, lors de la constitution d'un gouvernement, le Premier ministre prend soin d'indiquer qu'untel, qui a tel portefeuille, est un représentant de la société civile, c'est-à-dire qu'il n'est pas membre du parti au pouvoir et est nommé pour ses compétences et qu'il œuvrera pour le bien commun sans esprit partisan.

2) Y a-t-il une société ou des sociétés ?

a) Communauté et société

Pour **Kant**, l'individu est paradoxal : il se sent membre d'une société avec laquelle il fait corps, et simultanément il ne tient aucunement à aliéner son autonomie, aussi réclame-t-il la liberté d'être seul et d'interrompre, selon son humeur, tout lien avec autrui. C'est cette ambivalence qu'il nomme « **insociable sociabilité** ». Nous pourrions évoquer une urbanité sélective, c'est-à-dire variable selon les personnes avec lesquelles on doit effectuer une action, un voyage, un travail, etc. Chacun en a fait l'expérience : nous ne sommes pas toujours disposé à être en société.

Il faut distinguer une **société vague** dans ses contours qui nous associe tant bien que mal (par exemple, la société française, la société de consommation, la société des loisirs) et des **sociétés qui exigent notre adhésion** franche, volontaire, et parfois payante, comme un syndicat, une association de copropriétaires, de parents d'élèves, un club sportif, etc. C'est le théoricien allemand Ferdinand Tönnies (1855-1936) qui, dans un ouvrage demeuré célèbre, *Communauté et Société* (1887), explique comment l'on passe de la **communauté**, marquée par la famille et l'activité agricole, à la **société**, caractérisée par la prédominance de l'individu, les activités commerciales et industrielles. Ces deux formes sociales cohabitent, mais le mouvement même de l'histoire entraînera la mue de la première en la seconde et des deux en un socialisme, qui représente leur dépassement.

b) L'être social

En 1908, Georg Simmel (1858-1918) publie *Sociologie. Recherches sur les formes de socialisation,* qui aborde de nombreux comportements humains (la solitude, le conflit, le secret, le vote majoritaire, la fidélité et la gratitude, etc.) afin de saisir, dans ses nombreuses manifestations, ce qui fait la société et ce qui rompt son unité et l'incite à se reconstituer sur d'autres bases et en une autre forme. D'emblée, il expose que la sociologie est une « science nouvelle », dont l'objet vise « tout ce qui est humain », avant de proposer sa définition de la société : « Il y a société là où il y a action réciproque de plusieurs individus. » Ainsi, pour qu'il y ait société, il faut non seulement la présence de plusieurs individus, mais en plus qu'ils communiquent entre eux, qu'ils s'associent et pour un temps donné forment un **groupe ayant sa cohérence et son unité**. D'où la définition suivante de la socialisation : « la forme, aux réalisations innombrables et diverses, dans laquelle les individus constituent une unité fondée sur ces intérêts – matériels ou idéaux, momentanés ou durables, conscients ou inconscients, agissant comme des causes motrices ou des aspirations téléologiques – et à l'intérieur de laquelle ces intérêts se réalisent ». Comme Simmel a bien retenu la leçon de Kant, il insiste sur la double appartenance de l'individu, à lui-même d'abord, et à telle ou telle société ensuite, simultanément ou non, contradictoirement ou non. Je suis membre de telle confrérie et aussi de l'association des joueurs de pétanques, or, il peut arriver que la confrérie dénonce la pétanque, m'obligeant alors à choisir entre ces deux appartenances. Ces deux aspects constituent ce que Simmel nomme « **l'être social** ». Chacun d'entre nous est en permanence en train d'assurer l'unité de ces deux composantes, ce qui n'est pas simple. « Être soi » avec et parmi les autres, faire « ensemble » sans pour autant renier sa personnalité et abandonner, ou restreindre, ses attentes.

C'est parce qu'il est social que l'individu s'affiche comme **relationnel**, qu'il noue des relations et que pour cela il doit aussi renoncer à d'autres liens. Simmel indique que l'être humain est « l'être-frontière qui n'a pas de frontière », voulant dire par cette formule que chaque individu souhaite se positionner par rapport aux autres, avec lesquels il fera ou non société, en se démarquant et de lui et des sociétés auxquelles il appartient. Sa frontière change en permanence au rythme des nouvelles configurations, tant affectives qu'intéressées. Pour lui, « la frontière n'est pas un fait spatial avec des conséquences sociologiques, mais un fait sociologique qui prend une forme spatiale ». La frontière délimite socialement, et culturellement, avant de territorialiser un individu. C'est pour cela que la proximité spatiale ne correspond pas à une proximité sociale ou amicale. Je suis plus près d'un de mes correspondants de mon réseau social (Facebook) qui réside au Japon que de mon voisin de palier. Le proche et le lointain s'émancipent de la distance physique, de même que le lien qui cimente une société (une Église, la franc-maçonnerie, la Mafia) échappe à une quelconque rationalité objective. Par contre, ce qui garantie la pérennité d'une société repose sur une **culture partagée**, qui comprend ses **propres règles morales**. Du reste, la plupart des sociétés (un syndicat, un club, une association) possèdent un règlement et enfreindre un de ces articles revient à s'exclure du groupe.

3) Fin de la société, fin de la sociologie ?

Avec la montée en puissance de l'individualisme, certains observateurs concluent à la fragilisation des liens sociaux, à l'épuisement des conditions favorables de « faire société » – le « **chacun pour soi** » s'opposant, de fait, à l'**action collective**. Margaret Thatcher (née en 1925), lorsqu'elle était au pouvoir en Grande-Bretagne, a déclaré que « la société n'existe pas », voulant dire par là, à l'instar des néolibéraux, que seul l'individu existait et qu'il choisissait ses relations selon ses intérêts, à la manière de l'*homo œconomicus,* en minimisant ses engagements et en maximisant ses satisfactions.

Dans son ouvrage *Sociology beyond Societies* (2000), John Urry (né en 1946) constate que, avec la mondialisation, les nouvelles technologies de l'information et des télécommunications, les transformations qui affectent le travail salarié et qui le précarisent, l'individu n'a plus la même **perception** de la société qu'auparavant, du moins qu'à l'époque du *welfare* (de la protection sociale), et qu'il ne conçoit plus de la même façon le rôle de son **engagement** dans la société civile. Il navigue dans son existence comme l'internaute se déplace sur la Toile. Cela ne signifie pas qu'il est hors-société, mais que son rapport avec un groupe (féministe, écologiste, homosexuel, etc.) dépend du combat qu'il décide de soutenir.

Un autre philosophe, Zygmunt Bauman (né en 1925), oppose l'ancienne société « solide » à la **nouvelle société « liquide »** produite par la modernité qui est, à ses yeux, « caractérisée par des frontières floues, éminemment perméables, la dévaluation irrépressible (quoique déplorée et combattue) des distances spatiales et de la capacité de défense des territoires, ainsi que par l'intensité des mouvements humains par-delà les frontières » (*L'éthique a-t-elle une chance dans un monde de consommateurs ?,* Climats, 2009).

Alors qu'en penser ? La sociologie se fragmente avec la société et donne naissance à une sociologie du sport, une sociologie des villes, une sociologie de la famille, une sociologie de l'immigration, une sociologie de l'école, une sociologie de la santé, une sociologie des médias… Néanmoins, chaque moment de la vie d'un individu peut être étudié comme un « **fait social total** », pour reprendre la formule de Marcel Mauss (1872-1950). Quant aux sociétés, elles ressemblent aux figures colorées que chacun observe dans un kaléidoscope : elles sont changeantes, mais réelles.

Renvois

Notions : autrui, les échanges, l'État, l'histoire, la justice et le droit, langage et interprétation, la religion, le travail et la technique.

Repères : contingent - nécessaire - possible ; en acte - en puissance ; en fait - en droit ; genre - espèce - individu ; obligation - contrainte.

Thèses sur la notion

Emmanuel Kant l'individu est paradoxal face à la société

■ **Kant**, avec une incroyable intuition quant à la manière dont la sociologie (qui n'existait pas encore) allait rendre compte des tensions internes à chaque individu en société, écrit : « J'entends ici par antagonisme *l'insociable sociabilité* des hommes, c'est-à-dire leur inclinaison à entrer en société, inclinaison qui est cependant doublée d'une répulsion générale à le faire, menaçant constamment de désagréger cette société. L'homme a un penchant *à s'associer,* car dans un tel état, il se sent plus qu'homme par le développement de ses dispositions naturelles. Mais il manifeste aussi une grande propension *à se détacher* (s'isoler), car il trouve en même temps en lui le caractère d'insociabilité qui le pousse à vouloir tout diriger dans son sens ; et, de ce fait, il s'attend à rencontrer des résistances de tous côtés, de même qu'il se sait par lui-même enclin à résister aux autres » (« Quatrième proposition » d'une *Idée d'une histoire universelle au point de vue cosmopolitique,* 1784).

Günther Anders la critique de la société moderne

■ Günther Anders (1902-1992), élève de **Heidegger**, s'exile aux États-Unis pendant la Seconde Guerre mondiale avant de revenir en Europe en 1950. Parmi une œuvre originale, *l'Obsolescence de l'homme* (1956) fait figure d'ouvrage majeur quant à la critique de la société moderne que l'auteur observe en Amérique, et qui depuis a conquis le monde. Il constate que « la consommation de masse, aujourd'hui, est une activité solitaire. Chaque consommateur est un travailleur à domicile non rémunéré qui contribue à la production de l'homme de masse. » L'individu a l'illusion d'appartenir à la « société de consommation », qui ne le traite pas comme quelqu'un de singulier mais comme un consommateur interchangeable, marquant ainsi la fin de la société, entendue comme une unité.

Le sujet

« Je est un autre. »

Arthur Rimbaud, Lettre à Georges Izambard (13 mai 1871).

Étymologie et définition

1) Le sujet dans la langue courante

Le mot *sujet* vient du latin *subjectus,* signifiant « soumis », « exposé », qui dérive du verbe *subjicere,* signifiant « mettre dessous », « placer sous ». Le sujet est donc une personne subordonnée à une autre qui la contrôle, d'où l'idée d'**assujettissement** et de **sujétion**, proche de la **soumission**. Pierre Larousse (1817-1875) définit ainsi la sujétion : « État de dépendance astreignant à certaines obligations. » Un monarque règne *sur* ses sujets, alors qu'en démocratie le président élu gouverne *avec* ses concitoyens et en leur nom.

Mais ce terme a d'autres sens. Il est utilisé en grammaire dans la construction d'une phrase où l'on distingue le sujet, le complément et le verbe, sachant que le **point de départ** de l'énoncé est justement le sujet. Tout comme en art, où le sujet d'un film, d'un tableau ou d'un roman, n'est autre que son thème.

2) Le sujet en philosophie

Pour la philosophie occidentale, le sujet *(subjectum)* a d'abord été compris comme l'**opposé de l'objet** *(objectum),* avant qu'il ne vienne à désigner une personne qui pense et agit selon sa pensée, acquérant ainsi son autonomie et dévoilant sa personnalité. On parle alors de **sujet conscient et volontaire** qui choisit son destin et est acteur de sa propre histoire.

Dans la philosophie chinoise, le sujet et l'objet ne s'opposent pas : ils font corps dans la réalité, ils se séparent pour mieux s'unifier et se séparer de nouveau, à travers le processus toujours répété du *yin* et du *yang*. Notons que la langue chinoise ignore le verbe « être », qui, dans la pensée occidentale, actionne le sujet et le positionne via sa *praxis* (action) dans la vie de la cité.

Analyse de la notion

1) Le sujet, fruit d'une longue gestation ?

Dans le vocabulaire philosophique, il existe de nombreux termes qui, quoique proches, ne sont pas pour autant interchangeables, comme « personne »,

« individu », « acteur », « moi », « je » et « sujet ». Il paraît alors délicat d'utiliser un de ces termes pour en définir un autre. Par exemple, écrire que le sujet est une personne ou un être individuel, qui pense et se pense à l'instar de la conscience, ne simplifie pas le problème. Il semble préférable d'établir une généalogie de chacun des termes et de leurs interférences et enrichissements mutuels.

a) Une prise de conscience tardive

Dans le cas du sujet, nous observons que le mot n'acquiert son sens actuel qu'avec la laïcisation de la pensée, comme si la dépendance vis-à-vis d'un dieu créateur avait empêché son déploiement, comme si cet assujettissement avait empêché le sujet de s'émanciper de toutes les contraintes – familiales, communautaires, seigneuriales, religieuses – et d'agir par lui-même selon ses convictions.

Le sujet trouve les premières conditions de son émergence avec le christianisme, religion reposant sur l'amour du prochain et sur la **libre détermination** de sa croyance en un dieu aux trois figures (la Trinité), dont l'une est humaine (Jésus-Christ). Mais cette première manifestation est incomplète, car le sujet demeure déterminé par Dieu dans ses agissements. Certes, saint **Augustin** rédige ses ***Confessions*** qui n'appartiennent qu'à lui, lui seul étant sujet de ces confidences.

Plus tard, avec la scolastique médiévale, la lecture devient silencieuse, ce qui, de fait, conforte la **singularité du sujet** qui lit pour lui, à son rythme, et interprète les textes théologiques en aiguisant son esprit critique – que l'on désigne alors par « libre arbitre ». Le lecteur prend conscience de lui-même (comme sujet) au cours de sa lecture, en confrontant ses propres idées à celles exprimées par l'auteur. Ce dialogue muet possède une vertu pédagogique : il éduque le lecteur à sa pensée en élaboration, il fait éclore celle-ci sans toutefois convaincre le sujet de sa totale autonomie. D'autres conditions culturelles sont requises pour cela, qui ne seront réunies que progressivement et incomplètement, comme le sens de l'expérience personnelle, la connaissance raisonnée ou la conscience de soi.

b) La naissance du « je »

Montaigne témoigne dans ses ***Essais*** (1580-1595) de cette **auto-construction du sujet**, en s'observant et en relatant ce qu'il perçoit de lui-même en train de s'examiner. **Descartes**, avec son « Je pense, donc je suis », oriente la philosophie sur l'**action du sujet**, qui non seulement exprime sa subjectivité, mais admet aussi qu'il doute et que c'est justement ce doute qui active sa capacité à penser le monde et sa place dans le monde.

À partir de cette période, le sujet est associé au « je », qui en est la manifestation la plus exemplaire. Ce « je » unifie, à partir de lui-même, les éléments contradictoires qui le constituent. Le « je » est unique et ne ressemble à aucun autre « je » dont il cherche, en permanence, à se distinguer. Ce qui n'empêche pas à un « je » de partager le point de vue d'un autre « je ».

2) « Je » et ses autres

a) La valorisation de la singularité

Toute la pensée occidentale va alors s'évertuer à valoriser la **singularité du sujet**, à lui garantir une pleine liberté (les Lumières visent à le sortir de l'obscurité des croyances en lui offrant les vérités provisoires que lui apportent les sciences), à lui attribuer une place de choix dans la dynamique historique (le « je » devient un individu qui décide de son gouvernement, en tant que citoyen), à le doter d'une place particulière dans le système social (chacun exerce un emploi qui contribue à la fois à satisfaire ses besoins et ceux de la société).

Ainsi, **Locke** invente le *self* (« soi ») ; **Berkeley**, puis **Condillac** insistent sur l'importance des sensations pour la connaissance que chacun a de lui et des autres ; Edmund Burke (v. 1729 - 1797) et **Kant** défendent la subjectivité en matière d'appréciation esthétique ; les Encyclopédistes collectent tous les savoirs produits par les hommes, aussi bien individuellement (tel inventeur, tel savant, tel artiste) que collectivement, et saluent le pouvoir du sujet indépendant et créatif ; **Hegel**, puis **Tocqueville** et aussi **Marx** saluent sa participation intéressée à la fabrique de l'histoire.

b) Un sujet à reconstruire

Une telle présentation linéaire de la philosophie sur plus de deux siècles gomme les survivances qui perdurent, les oppositions qui chahutent le déroulé de cette histoire, les discontinuités qui annoncent des changements paradigmatiques. Mais elle pointe deux nouveautés, eu égard à la philosophie antique : l'**impératif d'autonomie du sujet** et son **implication dans l'histoire et dans son propre destin**.

Avec l'effacement progressif du religieux et, depuis la Révolution française, avec la généralisation de la démocratie et la montée en puissance du féminisme, le sujet (homme ou femme) découvre sa puissance et sa vulnérabilité. Sa puissance ? Il peut tout. Il existe en lui-même et pour lui-même, au point que Henry David Thoreau (1817-1862) l'incite à désobéir au cas où le gouvernement n'agirait pas correctement à ses yeux. Sa vulnérabilité ? Elle dépend de sa manière d'être au monde, de son environnement affectif, de son rapport à autrui. D'où l'importance de la psychanalyse – qui a bien perçu en quoi un sujet dépend de ses parents et de sa famille – et celle de la découverte du jeune Arthur Rimbaud (1854-1891), qui voit en quoi il est aussi fait des autres, en quoi sa personnalité le surprend, à tel point qu'il reconnaît qu'il y a plusieurs « moi » dans son « je », que « Je est un autre ».

L'existentialisme sartrien représente le point d'orgue de cette apologie du sujet, non seulement dans

> **Renvois**
>
> **Notions :** autrui, la conscience et l'inconscient, le désir, l'existence et le temps, l'histoire, langage et interprétation, la liberté, la raison, la société, le travail et la technique, le vivant.
>
> **Repères :** croire - savoir ; en fait - en droit ; genre - espèce - individu ; identité - égalité - différence ; objectif - subjectif ; universel - général - particulier - singulier.

*l'****Être et le Néant*** (1943), qui décrit l'être humain **condamné à la liberté de choisir sa situation**, mais aussi et surtout dans le cycle romanesque *les Chemins de la liberté* (1945-1949), qui met en scène plusieurs destins enchevêtrés de sujets assurant, plus ou moins bien, cette liberté enivrante.

Thèse principale sur la notion

René Descartes la pensée définit le sujet

■ Dans ses ***Méditations métaphysiques*** (1641), **Descartes** évoque bien ce qui agite le sujet, le pousse à réagir et à penser par lui-même : « Mais moi, qui suis-je, maintenant que je suppose qu'il y a quelqu'un qui est extrêmement puissant et, si je l'ose dire, malicieux et rusé, qui emploie toutes ses forces et toute son industrie à me tromper ? Puis-je m'assurer d'avoir la moindre de toutes les choses que j'ai attribuées ci-dessus à la nature corporelle ? Je m'arrête à y penser avec attention, je passe et repasse toutes ces choses en mon esprit, et je n'en rencontre aucune que je puisse dire être en moi. Il n'est pas besoin que je m'arrête à les dénombrer. Passons donc aux attributs de l'âme, et voyons s'il y en a quelques-uns qui soient en moi. Les premiers sont de me nourrir et de marcher ; mais s'il est vrai que je n'aie point de corps, il est vrai aussi que je ne puis marcher ni me nourrir. Un autre est de sentir ; mais on ne peut aussi sentir sans le corps : outre que j'ai pensé sentir autrefois plusieurs choses pendant le sommeil, que j'ai reconnu à mon réveil n'avoir point en effet senties. Un autre est de penser ; et je trouve ici que la pensée est un attribut qui m'appartient : elle seule ne peut être détachée de moi. *Je suis, j'existe* : cela est certain ; mais combien de temps ? À savoir, autant de temps que je pense ; car peut-être se pourrait-il faire, si je cessais de penser, que je cesserais en même temps d'être ou d'exister. »

Théorie et expérience

« Mais si toute notre connaissance débute avec l'expérience, cela ne prouve pas qu'elle dérive toute de l'expérience, car il se pourrait bien que même notre connaissance expérimentale fût un composé de ce que nous recevons des impressions sensibles, et de ce que notre propre pouvoir de connaître (simplement excité par des impressions sensibles) produit de lui-même. »

Emmanuel Kant, ***Critique de la raison pure*** (éd. de 1787).

Étymologie et définition

1) La théorie

Le mot *théorie,* issu du grec *theoria,* désigne à l'origine les émissaires envoyés à un spectacle religieux, mais le sens durable, fixé par **Platon**, est celui de **contemplation**. Un modèle visuel, du spectacle (avec l'organisation et la mise à distance de l'objet) à la vision abstraite, nourrit cette définition. Pendant longtemps, la théorie renvoie ainsi à la connaissance contemplative de l'esprit qui entretient une certaine distance, voire un mépris, à l'égard du sensible et de l'expérience en prise avec les choses. Son modèle est la saisie immédiate des choses, par la pensée pure (mathématique, philosophie) ou l'observation à distance (astronomie).

Par la suite, un second sens s'est progressivement développé dans le cadre de la science moderne. La théorie devient un **système explicatif** pouvant concerner des registres sensibles et expérimentaux très divers, même si les premières grandes théories physiques restent axées sur l'astronomie. Aujourd'hui, on peut parler de théorie dans tous les secteurs de la vie intellectuelle et pratique : il existe des théories en sciences sociales, en art, en sport, etc. La théorie perd alors son sens précis pour désigner un **système d'idées**, un ensemble intellectuel plus ou moins organisé.

2) L'expérience

L'expérience désigne d'abord le fait d'éprouver quelque chose, au double sens d'en prendre connaissance et de le tester. Le terme *expérience* a fini par désigner en français la **perception sensible**, ce qui permet de regrouper les informations venues des sens. On parle alors de connaissance empirique.

Avec la physique moderne, l'expérience devient la **base de la théorisation** physique et elle occupe une place de plus en plus importante dans de nombreux débats philosophiques. L'expérience se spécialise suivant les champs, les protocoles expérimentaux, les contextes et même les sens (un nouvel empirisme, depuis **Locke**, s'intéresse à la différence et à l'articulation des sens). On distingue plus nettement l'observation et de **nouvelles formes d'expérimentations** qui interagissent avec la nature pour la connaître et tenter de la contrôler.

Analyse des notions

1) Théorie et expérience : opposition ou articulation ?

Ces définitions indiquent que les rapports entre théorie et expérience sont complexes et mouvants. On oscille de la démarcation nette, avec une opposition dans les modèles et les buts, à l'articulation qui finit par fondre la théorie et l'expérience dans un ensemble où chacune prend place en fonction de l'autre. Il y a là un débat profond sur la nature de la connaissance et sur la conception des facultés humaines.

a) La nature trompeuse de l'expérience

Retenant l'expérience comme perception liée aux sens et donc au corps, les philosophes anciens ont souvent souligné la nature trompeuse de ce mode de connaissance et ont parfois dévalorisé son ancrage pratique. Indispensable à la vie courante, l'expérience n'est donc pas forcément un mode de connaissance fiable et valorisé.

Platon oppose ainsi la théorie contemplative au sensible, qui désigne à la fois ce qui est perçu par les sens et le registre mouvant et peu rigoureux des choses matérielles. Un modèle mathématique pour la connaissance théorique le conduit à privilégier le rapport de l'esprit à lui-même, la **saisie intuitive** des Formes intelligibles (voir la notion « vérité »). Les rapports entre théorie et expérience relèvent d'une opposition entre **esprit et corps**, **intelligible et sensible**, **être permanent** à l'essence connaissable et **devenir insaisissable** résistant à la connaissance. Platon a pourtant développé un grand intérêt pour l'astronomie, science qui suppose des observations. Mais l'observation astronomique ne relève pas vraiment de l'expérience sensible, d'abord parce que la vue a un statut particulier *(Timée)*, ensuite parce que les astres sont dans la cosmologie antique dominante des êtres échappant à la fluctuation sensible : leur mouvement a des règles mathématiques et leur nature est permanente. Toute une tradition valorisant la contemplation a, avec Platon, spiritualisé la vision – sens marquant une distance bienvenue avec l'objet perçu et permettant une analogie avec les mathématiques (mouvement et formes géométriques des astres, par exemple). Au contraire, l'expérience manuelle, réalisée par essais et tâtonnement, est estimée peu rigoureuse, voire trompeuse.

b) L'expérience comme base de l'effort théorique

Dès **Aristote**, disciple infidèle de Platon sur ce point, le rôle heuristique (relatif à la connaissance) de l'expérience est souligné. Aristote promeut une observation plus active, notamment en histoire naturelle et en anatomie.

Néanmoins, c'est avec la physique moderne que l'expérience devient la base de l'effort théorique de compréhension du monde. Il y a pourtant encore un débat. Galilée (1564-1642) a établi la première loi physique moderne (la loi de la chute des corps) grâce à une expérience faisant intervenir le mouvement d'une boule sur un plan incliné (pour mesurer la vitesse). Mais la loi est surtout fondée sur une **expérience idéalisée** et son interprétation mathématique. En revanche, les sciences du vivant et la chimie ont permis à des penseurs comme **Diderot** d'émanciper l'expérience de l'intelligibilité mathématique, tout en en faisant la base essentielle de l'effort théorique. En chimie, notamment, un lien indissociable se noue entre **faire et connaître** : on prouve en faisant une expérience et il faut d'abord produire une substance ou effectuer une opération pour les étudier.

2) Comment théoriser l'expérience ?

Dès lors se pose un problème redoutable : comment théoriser une expérience ? Autrement dit, comment la penser rigoureusement, la **généraliser** et y voir des **relations abstraites** alors qu'elle est essentiellement concrète, particulière et sensible ?

Les expériences d'Isaac Newton (1642-1727) sur le prisme décomposant la lumière solaire apportent des éléments de réponse. D'une part, l'expérience est prévue, contrôlée et a une fonction précise : elle doit confirmer ou infirmer une théorie sur la composition de la lumière. D'autre part, elle est considérée comme expérience particulière d'un phénomène général : ce rayon lumineux est un échantillon de la lumière solaire en général. Cette généralisation abstraite est contrôlée par la **faculté des expériences à être répétées**, critère essentiel de toute expérience scientifique.

Il s'agit donc de développer une manière de regarder les corps qui articule théorie et expérience : faire l'expérience dans un cadre théorique et tester la théorie par une expérience qui incarne certains aspects. Un **jeu complexe du général au particulier** se joue donc dans cette relation.

Renvois

Notions : la démonstration, la matière et l'esprit, la vérité, le vivant.

Repères : absolu - relatif ; abstrait - concret ; analyse - synthèse ; cause - fin ; contingent - nécessaire - possible ; croire - savoir ; objectif - subjectif ; universel - général - particulier - singulier.

Thèses les plus classiques sur les notions

Les médecins empiriques — une connaissance empirique

■ Contre **Platon** et le primat de la théorie contemplative, une importante tradition médicale a promu dans l'Antiquité une étude empirique des maladies selon les contextes. Se méfiant des généralisations hâtives, les médecins empiriques développaient un mélange d'art thérapeutique et de connaissance du particulier. Plusieurs philosophes sceptiques, notamment **Sextus Empiricus**, sont issus de cette école. La variation des cas et la relativité selon les contextes sont essentielles dans cette tradition médicale et philosophique.

René Descartes — de la théorie vers l'expérience

■ Considéré comme l'un des pères de la physique moderne, **Descartes** a formulé le principe d'une articulation de la théorisation abstraite, fondée sur un modèle mathématique, et de l'expérience. Mais les deux éléments n'ont pas le même statut. Descartes valorise la démonstration (voir cette notion) et cherche à construire la théorie physique sur des déductions à partir de principes abstraits. Le principe d'inertie, que Descartes est le premier à formuler, est ainsi démontré *a priori* à partir de la constance naturelle et divine. C'est seulement dans la physique particulière, lorsque plusieurs explications sont plausibles, que l'expérience devient nécessaire.

Denis Diderot — une philosophie expérimentale

■ Empruntant l'expression à la Royal Society anglaise, **Diderot** développe l'idée d'une philosophie expérimentale. Il s'agit de l'expérience active, celle des artisans comme celle des savants expérimentateurs, et non de la seule observation. Connaître suppose de faire, ceci afin d'épouser par le geste la variation des phénomènes. La théorie devient le prolongement provisoire du travail expérimental, et tout système *a priori* se voit récusé. « Nous avons distingué, écrit-il dans ses *Pensées sur l'interprétation de la nature* (1753), deux sortes de philosophies, l'expérimentale et la rationnelle. L'une a les yeux bandés, marche toujours en tâtonnant, saisit tout ce qui lui tombe sous les mains, et rencontre à la fin des choses précieuses. L'autre recueille ces matières précieuses, et tâche de s'en faire un flambeau ; mais ce flambeau prétendu lui a, jusqu'à présent, moins servi que le tâtonnement à sa rivale. »

Le travail et la technique

« Qu'est-ce que le travail pour l'homme ? La condition de sa liberté. Il faut travailler plus, et mieux, afin de moins travailler. Tel est le cycle infernal qu'il est difficile de rompre. »

Bernard Charbonneau, ***Dimanche et lundi*** (Denoël, 1966).

« Il n'y a pas d'autonomie de l'homme possible en face de l'autonomie de la technique. »

Jacques Ellul, ***la Technique ou l'Enjeu du siècle*** (Armand Colin, 1954).

Étymologie et définition

1) Le travail

Comme le fait remarquer Hannah **Arendt** dans *Condition de l'homme moderne* (1958), la plupart des langues européennes possèdent deux mots pour dire « travail » : le grec distingue *ponein* et *ergazesthai,* le latin *laborare* et *fabricari,* l'allemand *arbeiten* et *werken,* l'anglais *labor* et *work,* le français « travailler » et « œuvrer ». À dire vrai, le français a longtemps usé des verbes « labourer » et « ouvrer » avant de consacrer, à partir du XVIIe s., le verbe « travailler » – issu du latin *tripaliare,* qui signifie « torturer » avec le *tripalium,* instrument à trois pieux. On abandonne alors « œuvrer » aux métiers artistiques : on parle d'une « œuvre » pour désigner un tableau, un roman, une symphonie, etc.

Il convient de distinguer le **travail contraint** et l'**activité créatrice** (ou la distraction). La société contemporaine combine les deux : l'emploi d'un côté et les loisirs de l'autre, même si de plus en plus fréquemment ces derniers sont tributaires de l'économie (les industries des loisirs et du tourisme) ou s'apparentent à des activités ayant leurs obligations et leurs disciplines (pratiquer un sport, fréquenter un conservatoire de musique). Le chômeur qui ne trouve pas de travail se sent à la charge de la société et vit difficilement sa mise à l'écart, à la différence du marginal qui ne veut pas travailler et s'arrange pour vivre comme il l'entend.

2) La technique

Le mot *technique* vient du grec *tekhnê,* qui désigne un **savoir-faire**. « Tu as la technique ! » dira avec admiration un ami à qui vous réparez la moto ou l'ordinateur. C'est en observant un mécanicien, en vous exerçant vous-même, en étudiant le mode d'emploi, que vous avez acquis ces connaissances techniques vous permettant de remettre en état de marche une machine. On parle alors de « ficelles du métier » qui constituent le savoir technique, appris après un long apprentissage ou en suivant un enseignement. Jacques Ellul (1912-1994), dans *la Technique ou l'Enjeu du siècle* (1954), adhère à une interprétation générale de la technique, qu'il définit comme la « recherche du meilleur moyen dans tous les domaines ». Il laisse entendre que la technique concerne toutes les activités humaines (faire la cuisine comme édifier une centrale nucléaire) et qu'elle peut être améliorée (de la technique manuelle du lavoir au lave-linge automatique). La technique dans ce cas naît avec l'humain, qui ne cesse d'améliorer ses performances physiques pour cueillir ou chasser, de se doter d'outils (hache de pierre, filet, feu, piège, etc.) et de manières de faire (planter, irriguer, moissonner, etc.) qu'il perfectionne.

Heidegger observe que « le mot “technique” dérive du grec *technikon.* Cela désigne ce qui appartient à la *technê.* Ce mot a, dès l'aube de la langue grecque ancienne, la même signification qu'*épistémê* – c'est-à-dire : veiller sur une chose, la comprendre. *Technê* veut dire : s'y connaître en quelque chose, et précisément dans le fait de produire quelque chose. » La technique ne consiste pas seulement dans le faire, mais dans le **savoir comment faire**. Ainsi, dans l'histoire occidentale, on a laissé longtemps voisiner la technique avec l'art, tout comme on a associé l'artiste à l'artisan et réciproquement.

Analyse des notions

1) Travailler ou œuvrer ?

Pour les philosophes grecs, l'œuvre l'emporte sur le travail, que l'on réserve à l'esclave. En fait, pour eux, ce n'est pas le travail qui s'apparente à une sorte d'indignité, mais la dépendance de la nécessité : travailler pour vivre, être obligé d'effectuer diverses activités pour satisfaire ses besoins – alors même que le mot d'ordre « Connais-toi toi-même » requiert avant tout du temps pour ne rien faire d'autre que penser et connaître, qui sont deux actions distinctes. Ce temps gratuit se nomme *skholê,* que le latin traduira par *otium* et le français par « loisir » (sauf que *skholê* donnera en français « école »... où les loisirs sont plutôt mal vus !).

Ce que les philosophes grecs opposent au travail est non le loisir mais la paresse, l'oisiveté *(aergia)*. Xénophon (v. 430 - v. 355 av. J.-C.), selon Hannah Arendt, raconte que **Socrate** avait cité le vers d'Hésiode (milieu du VIIIe s. av. J.-C.) : « Ce n'est pas l'ouvrage qui déshonore, c'est l'oisiveté », pour inviter ses disciples à participer aux tâches indispensables à la vie collective. Hésiode, dans *les Travaux et les Jours,* explique que le travail est une **malédiction divine** (Zeus se venge de Prométhée qui a dérobé le feu pour l'offrir aux humains) et que l'œuvre résulte de la bienveillance de la déesse Éris.

Cette idée que le travail s'apparente à une **punition** (« Tu te nourriras à la sueur de ton front », lit-on dans la Bible), du moins à un **asservissement spécifique aux humains** (qui, pour survivre, doivent produire ce qu'ils consomment), va laisser progressivement la place à une autre conception, qui fait du travail le moyen de se réaliser pleinement. Une conception qui culpabilise celui qui ne partage pas ce point de vue et considère que le travail ne provoque que de la fatigue, l'usure des corps, l'abrutissement des ouvriers et qu'il est préférable de ne pas travailler et de créer.

2) De l'amour à la haine du travail ?

a) Le salariat : une réalité d'abord marginale

Longtemps le travail – au sens moderne du terme, c'est-à-dire le salariat – ne concernait qu'une infime partie de la population : ni les marchands, ni les guerriers, ni les prêtres n'étaient « mensualisés ». Quant aux paysans, qui constituaient l'écrasante majorité de la population, leurs revenus dépendaient des récoltes et de leurs statuts (serf, journalier, ouvrier agricole, métayer, propriétaire). Jusqu'à la Révolution française, un noble se déclassait en acceptant un emploi occupé par un roturier ; il pouvait acheter une charge, recevoir une largesse du roi, bénéficier d'une rente, devenir officier ou religieux, mais travailler comme un manant, non. Pour tout un chacun, le travail représente une **contrainte**, ce que confirme la définition de l'***Encyclopédie*** (1751-1772) : « Occupation journalière à laquelle l'homme est condamné par son besoin, et à laquelle il doit en même temps sa santé, sa subsistance, sa sérénité, son bon sens et sa vertu peut-être. »

b) L'essor du travail aliénant

Avec la manufacture, puis l'industrie, le salariat se généralise au cours du XVIIIe s. dans les pays qui s'industrialisent et où la **division technique du travail** (chaque métier est divisé en plusieurs gestes de plus en plus spécialisés, ce qui émiette le travail et simultanément le rend plus productif) se combine à la **division sociale du travail** (chacun exerce une profession spécifique ou occupe une fonction particulière). Avoir un travail devient une obsession générale au point de s'imposer comme une norme.

Les révolutionnaires de 1848, par exemple, revendiquent le « droit au travail », tandis que les socialistes réclament une juste répartition des richesses produites selon le capital, le travail et le talent. Les propriétaires des moyens de production jouent sur la concurrence entre les travailleurs, au sein d'un même pays ou entre pays, pour baisser les salaires et conforter leurs profits. Les inégalités économiques qui résultent de cette opposition, entre capitalistes et prolétaires, exacerbent la **lutte des classes**. Karl **Marx** s'évertue à comprendre le pourquoi de ces inégalités et élabore la **théorie de la plus-value** (ou « survaleur ») dans son œuvre maîtresse, *le **Capital*** (livre I, 1867). La force de travail (ce que le prolétaire vend au capitaliste) est devenue avec le salariat une marchandise comme une autre, ayant à la fois une valeur d'usage et une valeur d'échange. Cette force de travail produit plus qu'elle ne coûte, la différence perçue par le patron peut être réinvestie, redistribuée (système participatif, autogestion) ou simplement accaparée (cas le plus fréquent). Marx invite les travailleurs à réclamer l'**abolition du salariat** et à édifier le **communisme**, société dans laquelle le travail n'est plus aliénant, mais créatif, jouissif et libérateur. Il rejoint là de nombreux utopistes tels que Thomas More (1478-1535), Robert Owen (1771-1858) et Charles Fourier (1772-1837), qui imaginent un monde où chacun est autonome et œuvre selon ses désirs. Le gendre de Marx, Paul Lafargue (1842-1911), publie en 1880 *le Droit à la paresse,* pamphlet dans lequel il fustige les socialistes réformateurs qui font du travail une véritable religion, alors même qu'ils devraient le dénoncer comme responsable de tous les maux qui accablent l'être humain (qui selon lui n'est pas fait pour le travail), et miser sur le machinisme pour s'en libérer.

c) La déshumanisation du travail

L'amour du travail (l'artisan content du vitrail ou du meuble qu'il vient de réaliser, l'imprimeur satisfait du livre qu'il a broché) qui procure à la fois du plaisir et de la gratification est en déclin. En effet, le **machinisme fragmente le travail** et plus personne ne contribue à la totalité d'un processus productif, depuis l'élaboration d'un bien à sa commercialisation. L'ouvrier devient un **appendice de la machine**, qu'il alimente en énergie et en matières premières, répétant les mêmes gestes, sans aucune autre responsabilité que d'assurer la cadence et de réaliser la productivité fixée par sa hiérarchie. C'est le cas du travail à la chaîne qu'illustre si bien le film *les Temps modernes* (1936) de Charlie Chaplin (1889-1977) et que corrobore à l'excès le taylorisme. Le travail apparaît à de nombreux salariés comme un emploi parmi d'autres. Ainsi, je peux considérer que mon travail me rapporte de quoi vivre sans m'enrichir culturellement. Il me dépossède de mes capacités d'initiative et de mes possibilités créatives, pour me cantonner à la routine, d'où mon profond désintérêt. L'amour du travail se transforme alors en haine ou en indifférence.

3) La technique est-elle neutre ?

La technique paraît être au service de l'homme : c'est un ensemble d'outils (du simple marteau au laser) et d'instruments (de transport, de levage, de reproduction) qui lui sont utiles. C'est si vrai qu'un outil qui n'est plus utilisé se retrouve vite exposé dans un écomusée (une houe, un fléau à blé, un gramophone, une machine à écrire, etc.). Par conséquent, la technique semble **neutre** et **utile**.

a) Milieu et culture techniques

Cependant, la neutralité de la technique est remise en cause par des auteurs comme Martin Heidegger, Jacques Ellul, Ivan Illich (1926-2002), qui constatent que la technique ne se limite pas à un simple usage, mais qu'elle conditionne le **milieu** et la **culture**, qu'elle concourt à promouvoir. Ainsi, par exemple, un laminoir qui exige de fonctionner 24 h sur 24 h est plus qu'un laminoir : c'est aussi une organisation du travail avec ses rythmes (les « 3 x 8 ») et ce qui les rend possibles (une main-d'œuvre disponible, des moyens de transport pour la conduire à l'usine, une énergie permanente, etc.). De même, un ordinateur représente bien plus qu'un écran relié à un clavier, c'est un langage informatique, un procédé cognitif, une manière de penser et de travailler. En cela, la technique construit un « milieu technique » qui devient le milieu de vie des humains et une « culture technique » qui subordonne les autres cultures.

b) Quand le progrès engendre la perte

Ainsi, adopter une nouvelle technique consiste non seulement à changer de machine, mais aussi de façon d'être. Tout **progrès** s'accompagne d'une **perte** (du milieu et de la culture propres à l'outil qu'on abandonne ou à la machine qu'on remplace) et d'un **accident**. La perte culturelle consiste à ne plus savoir comment faire comme avant. En effet, une culture se substitue à une autre en l'effaçant et en se rendant indispensable. Par exemple, on construit des appartements non traversants (c'est-à-dire aérés par un courant d'air) puisqu'ils disposent d'air conditionné ; or, lorsque la panne électrique survient, que fait-on ? Paul Virilio (né en 1932) explique qu'avec l'avion vient le crash, avec le train le déraillement, avec la centrale nucléaire les risques de radiation, etc. Aussi chaque progrès technique génère-t-il ses bienfaits économiques (rapidité, efficacité, productivité accrues) et ses dégâts tant environnementaux que sanitaires et culturels, que l'on ne calcule que rarement. Ivan Illich appelait à « dé-outiller » la société car il se rendait compte que chacun perdait de son **autonomie**, et donc de sa **liberté**, en s'équipant d'outils de plus en plus sophistiqués dont le mécanisme lui échappait.

4) La technique contre les humains ?

Heidegger, dans sa conférence « La question de la technique » (1953), affirme que « la technique n'est pas la même chose que l'essence de la technique », puis décortique deux idées reçues (« la technique est le moyen de certaines fins » et « la technique est une activité de l'homme ») pour les critiquer, avant de tenter d'expliquer ce qui distingue la **technique d'avant le machinisme** et la **technique moderne**, la machine à vapeur et l'âge atomique.

Il démontre que la technique moderne relève d'une **finalité sans fin** (comme en témoignent les technologies de l'information et des télécommunications qui ne cessent d'engendrer de nouvelles « générations » rendant obsolètes les précédentes alors même qu'elles sont encore performantes), et qu'elle échappe à la seule action de l'homme (qui rêve de maîtriser la technique tout comme, naguère, il voulait se rendre « maître et possesseur » de la nature, selon les mots de **Descartes** dans le ***Discours de la méthode*** [1637]). Il en arrive à considérer que l'essence de la technique moderne réside dans « l'Arraisonnement ». Heidegger s'attarde sur ce mot : « L'Arraisonnement est, écrit-il, ce qui rassemble cette interpellation, qui met l'homme en demeure de dévoiler le réel comme fonds dans le mode du "commettre". » Cette formulation ardue signifie, plus simplement, que l'essence de la technique est ce qui destine la technique à être ce qu'elle est. La technique ne dépend pas de la seule action humaine, mais de la façon dont l'homme se positionne quant au dispositif technique.

Renvois

Notions : l'art, les échanges, la justice et le droit, la société, le sujet.

Repères : contingent - nécessaire - possible ; identité - égalité - différence ; obligation - contrainte ; universel - général - particulier - singulier.

Thèses sur les notions

→ Voir au verso.

Thèses sur les notions

Karl Marx — le travail, expression d'une culture particulière

Marx écrit : « Un nègre est un nègre. C'est seulement dans des conditions déterminées qu'il devient un esclave. Une machine à filer le coton est une machine à filer le coton. C'est seulement dans des conditions déterminées qu'elle devient du *capital.* Arrachée à ces conditions, elle n'est pas plus du capital que l'or n'est par lui-même de la *monnaie* ou le sucre, le *prix* du sucre » (*Travail salarié et capital,* conférence de 1847, publiée en 1881). Le philosophe explique ainsi, sans racisme, que le travail comme la technique ne sont pas des invariants qui existeraient de tout temps et en tous lieux, mais les expressions d'une culture particulière liée à un mode de production. Le travail comme la technique sont conditionnés par tout un ensemble de facteurs qui s'entremêlent différemment ici et là, comme les formes de la propriété, les religions, la morale, les classes et groupes sociaux, la conception du temps qui prédomine, le mode de vie, etc.

Paul Virilio — la technique en progrès augmente le risque d'accident

Paul Virilio constate : « Pas d'acquis sans perte. Si inventer la *substance,* c'est indirectement inventer l'*accident,* plus l'invention est puissante, performante, et plus l'accident est dramatique. Vient alors le jour néfaste où le Progrès des connaissances devient insupportable, non seulement par ses pollutions, mais par ses performances, la puissance même de sa négativité » (*l'Accident originel,* Galilée, 2005). Le théoricien de la *dromologie* (entendue comme la connaissance de la vitesse, du grec *dromos,* qui veut dire « course ») est convaincu que tout progrès génère son accident plus ou moins inévitable et plus ou moins tragique. Que faire alors ? Ne plus rien inventer ? Refuser toutes les nouvelles découvertes ? Non, bien sûr, mais s'efforcer de les soumettre aux citoyens et à divers contrôles techniques avant de les lancer sur le marché.

La vérité

« La vérité est universelle,
elle ne m'appartient pas à moi,
elle appartient à tous,
elle me possède, je ne la possède pas. »

Karl Marx, ***Remarques sur un décret de censure en Prusse*** (1842).

Étymologie et définition

1) La vérité comme adéquation de l'idée avec la chose

Le mot français *vérité* est issu du latin *veritas,* qui a le même sens avec toutefois une dimension morale plus accentuée (la droiture). En ancien français, *veritet* désigne d'abord, en religion, une opinion conforme au réel, puis plus largement la **conformité d'une idée avec son objet**. Cela rejoint une définition usuelle en philosophie : la vérité est l'adéquation de l'entendement avec la chose (ou le réel) – *adequatio rei et intellectus,* disaient les scolastiques. Il faut aussi retenir de cette définition que la vérité relève du discours et des idées : elle est une **assertion sur le réel**, elle n'est pas la réalité elle-même. Certaines philosophies finissent par identifier vérité et réalité, mais il faut commencer par les distinguer pour penser leur rapport.

2) La vérité comme idéal

Ce sens gnoséologique (relatif à la connaissance) s'accompagne d'autres sens. L'un d'eux caractérise la vérité comme ce qui est authentique, par exemple lorsqu'un homme ou un objet se montre tel qu'il est. La vérité s'oppose alors moins à l'erreur qu'au faux, qu'à ce qui trompe et à l'illusion. La vérité a aussi un sens moral et renvoie à la sincérité : dire la vérité par distinction avec le mensonge et la dissimulation. L'interrogation philosophique sur la vérité peut articuler ces différentes dimensions, faisant ainsi de la vérité l'un de ses idéaux centraux. « Amour de la sagesse », selon la traduction courante de l'étymologie du terme grec *philosophia,* la philosophie est tout autant **amour et recherche de la vérité**.

Analyse de la notion

1) Qu'est-ce que rechercher la vérité ?

a) Une réflexion mêlant désir, méthode, distance

On trouve, à l'origine de la philosophie, une recherche de la vérité. C'est aussi l'attitude qui anime toute forme de « science », qu'on prenne ce terme au sens moderne de domaine spécialisé, ou au sens antique plus large de savoir fiable. L'attitude philosophique, depuis **Platon**, se définit plus précisément comme une **réflexion sur la recherche de la vérité**, mêlant à la fois un amour de la vérité, un effort de méthode pour la viser et une certaine distance.

Car, comme Platon l'a bien montré tant pour la sagesse que pour la vérité, une authentique recherche implique un manque, la **conscience de ne pas déjà posséder ce qu'on cherche**. D'où, dès les ***Dialogues*** de Platon comme le ***Gorgias*** et le ***Protagoras***, un effort de distinction entre la prétention de savoir des sophistes et la recherche philosophique de **Socrate**, entre l'opinion qui affirme et l'authentique vérité qui établit et justifie, entre l'attitude orgueilleuse de celui qui répond et l'attitude ouverte et critique de celui qui questionne et examine. Il n'y a pas nécessairement contradiction entre l'opinion et la vérité – comme l'indique l'idée d'« opinion vraie », formulée dans le ***Ménon*** pour caractériser l'opinion qui atteint une vérité sans pouvoir la justifier et la relier aux autres –, mais la distinction avec la science est indispensable.

b) Une élévation

Contre la prétention des sophistes et des orateurs, Platon associe à la recherche de la vérité un désir qui prend la forme, dans le ***Phèdre***, d'un « délire » philosophique. Par opposition avec le discours rationnel et froid, presque calculateur, d'un orateur sur l'amour, le **délire philosophique** consiste à se laisser porter par le désir pour appréhender des objets de plus en plus élevés (l'amour d'un corps, puis des corps, puis des âmes et finalement du beau en soi).

Ainsi, la recherche de la vérité s'apparente à une élévation vers les Formes, réalités intelligibles que l'esprit vise et qui seules satisfont pleinement son désir. Rechercher la vérité, c'est donc bien **ressentir un manque analogue à celui du désir et même de l'amour**. On trouve dans de nombreuses entreprises philosophiques un écho de cette conception : sans qu'on soutienne nécessairement la théorie de la réminiscence et celle des Formes intelligibles, philosopher s'apparente souvent à sortir de soi pour aller vers une vérité qui, au sens strict, semble nous combler.

2) Atteindre la vérité est-il possible ?

Platon a formulé les questions préalables à celles que l'on se pose spontanément. Lorsqu'on parle de la vérité, on pense à sa recherche, à ce qui l'anime, au cheminement : autrement dit, à la méthode. Mais cela suppose qu'on puisse trouver la vérité. Or, cela n'a rien d'évident. D'où une question fondamentale qui jette un doute sur la pertinence de toute recherche : pouvons-nous atteindre la vérité ?

a) L'approche socratique

Dans le *Ménon,* Socrate cherche avec son interlocuteur (un élève de l'orateur Gorgias) à définir la vertu pour savoir si elle peut s'enseigner. Ménon, ne parvenant pas à proposer une définition correcte et refusant de poursuivre une recherche difficile, propose à Socrate un paradoxe afin de clore la discussion sans perdre la face. L'alternative de Ménon touche au paralogisme (argument fallacieux), mais elle soulève un problème important concernant la **possibilité de la recherche** : si l'on sait ce que l'on cherche, on n'a pas besoin de le chercher ; mais si l'on ignore ce que l'on cherche, on ne sait comment le chercher et, au cas où on le trouverait, on ne saurait même pas le reconnaître. Socrate répond à cet argument en cherchant à montrer que la recherche est non seulement possible, mais qu'elle est aussi estimable et même vertueuse.

C'est le point de départ de la **réminiscence**, à la fois mythe et théorie, selon laquelle l'âme a déjà vu les **réalités intellectuelles**, les **Formes intelligibles** que nos idées doivent viser, et ne fait que les retrouver dans la vie terrestre. La possibilité de la recherche est donc justifiée par l'apprentissage du ressouvenir et par l'assimilation de la recherche à un effort pour retrouver à la faveur du questionnement ce que l'on sait déjà. Socrate ne cherche pas à préciser tout ce que la présentation mythique de la réminiscence implique (préexistence de l'âme, séjour prénatal dans les réalités intelligibles), mais il retient que la connaissance est possible et que la recherche nous rend « meilleurs, plus courageux, moins paresseux ».

b) Le doute sceptique

On pourrait croire que cette leçon définit l'effort philosophique lui-même. C'est probablement ce que pensent Socrate et Platon. Néanmoins, la possibilité de la vérité peut être critiquée d'une manière parfaitement philosophique, comme l'ont montré les sceptiques. Les sceptiques antiques affirmaient partager le désir de savoir et rechercher la vérité, mais ils pensaient qu'aucune proposition théorique, aucune doctrine n'avait satisfait cette attente. Surtout, ils ont établi par des arguments très puissants la difficulté, voire l'**impossibilité de prouver la validité d'un propos**, c'est-à-dire de passer de l'opinion à la vérité.

Sextus Empiricus, dans ses *Hypotyposes pyrrhoniennes* (du nom d'un célèbre sceptique des IVe-IIIe s. av. J.-C., Pyrrhon), a rassemblé les dix « tropes » ou « modes » sceptiques servant à sonder et à critiquer la prétention de vérité objective et universelle d'une connaissance. L'un des modes, le relatif, est en fait la clé centrale de l'argumentation sceptique. Il s'agit de montrer que nos perceptions et nos opinions nous apparaissent bien telles qu'elles nous semblent, et peuvent avoir une certaine efficacité pratique, mais qu'elles ne sauraient avoir une valeur indépendante : elles sont relatives à notre position, au contexte, en un mot « à celui qui juge et à ce qui est observé conjointement ». Il faut prendre ici garde au fait que le **relatif sceptique** est un mode précis d'une redoutable puissance, qui suppose de bien connaître ce qu'on examine, et pas une vague notion servant à relativiser paresseusement la première idée venue. Ainsi, la relativité sceptique s'attaque précisément à la démonstration (voir cette notion) et inclut le sceptique dans son doute : le sceptique n'affirme pas dogmatiquement son doute, mais que les choses lui paraissent douteuses.

3) Quels sont les critères de la vérité ?

La question de la nature de la vérité et celle de la méthode pour l'atteindre conduisent à interroger les critères de la vérité, c'est-à-dire les **normes précisant ce qui fait qu'un discours est vrai**. Le problème est alors que la vérité se **pluralise** : il y a plusieurs manières pour un énoncé d'être vrai, qui correspondent à plusieurs types de vérité.

a) La vérité logique

La vérité logique consiste dans la **cohérence interne** d'un discours ou d'une théorie. Seule compte la relation logique entre les énoncés, par exemple la démonstration d'une conclusion à partir de prémisses. Les philosophes, notamment ceux intéressés par la force des démonstrations mathématiques, ont souvent valorisé ce critère qui produit des vérités universelles, nécessaires (au moins à partir de certains points de départ) et rationnelles (la conclusion est déduite, donc à la fois valide et intelligible).

b) La vérité empirique

Par contraste, la vérité empirique consiste dans la **concordance externe** entre une proposition (ou un ensemble de propositions) et une expérience portant sur le même objet. Il faut dans ce cas sortir de l'énoncé pour le confronter au monde sensible par l'intermédiaire d'une expérience (voir la notion « théorie et expérience »). Les philosophes empiristes, notamment ceux de l'âge classique, ont valorisé ce critère qui implique de sortir de soi, de se méfier des évidences et de corriger la raison par l'expérience. Ce sont souvent des philosophes intéressés par la médecine (comme **Locke**) ou par des sciences expérimentales (la chimie avec **Diderot** et **Rousseau**).

c) Un conflit de modèles

Aucun philosophe n'a vraiment soutenu un type de vérité en excluant l'autre : il est difficile d'oublier la vérité logique ou la vérité empirique dans une réflexion sur la vérité. Néanmoins, il existe un débat sur le **modèle prioritaire pour construire la vérité**, notamment lorsqu'une tension entre ces deux critères intervient. Par exemple, contre la divisibilité à l'infini de la matière affirmée par **Descartes**, à partir d'un modèle géométrique qui identifie la matière à l'étendue, et à partir d'un raisonnement selon lequel la division d'une quantité finie est sans terme, des philosophes chimistes ont opposé le principe d'un terme naturel à toute analyse : à un moment, on atteint un élément indécomposable. La divisibilité géométrique devient alors une vue de l'esprit sans corrélat dans la réalité. La philosophie de la connaissance et des sciences est traversée par ce conflit de modèles, tout en cherchant à articuler le raisonnement logique et l'expérience (voir la notion « théorie et expérience »).

4) Faut-il toujours dire la vérité ?

Mais la vérité ne pose pas seulement des problèmes de connaissance. Un questionnement moral s'intéresse à la vérité comme norme de l'usage public de la parole et de la vie humaine en général. Il s'agit alors d'opposer la vérité comme **norme de comportement** (car la parole relève ici de l'agir) au mensonge et à l'hypocrisie. C'est ainsi que **Kant** a mis en avant l'importance d'un devoir de véracité, défini comme impératif moral de dire la vérité. Selon Kant, la véracité est même l'un des devoirs les plus fondamentaux, car il définit le sujet moral en tant qu'être sincère cherchant à respecter fidèlement certains principes. Cela transparaît dans un débat célèbre avec Benjamin Constant (1767-1830) [voir la notion « devoir »].

Renvois

Notions : autrui, la conscience et l'inconscient, la démonstration, le désir, le devoir, l'histoire, langage et interprétation, la morale, la perception, la religion, théorie et expérience.

Repères : absolu - relatif ; abstrait - concret ; analyse - synthèse ; croire - savoir ; expliquer - comprendre ; intuitif - discursif ; médiat - immédiat ; persuader - convaincre ; principe - conséquence ; universel - général - particulier - singulier.

Thèses les plus classiques sur la notion

Platon — la recherche de la vérité

■ **Platon** a, le premier, formulé en détail l'exigence philosophique de recherche de la vérité. Entretenant une distance avec l'opinion sans la déconsidérer absolument, il distingue précisément l'examen patient et le questionnement authentique, et la quête du pouvoir à travers l'usage rhétorique du langage. C'est ainsi qu'il faut distinguer convaincre et persuader, savoir et croire. Adversaire des sophistes mais aussi des sceptiques (qui pouvaient se rejoindre, comme Protagoras affirmant dans le ***Théétète*** de Platon que « chacun de nous est la mesure de ce qui est et de ce qui n'est pas »), Platon cherche à établir la pertinence d'une recherche du Vrai absolu à travers la théorie des Formes (réalités intelligibles que notre connaissance cherche à retrouver).

Diderot et les Encyclopédistes — une vérité désacralisée

■ À la fois contre la théologie et contre les philosophies systématiques et rationalistes, **Diderot** et de nombreux auteurs de l'***Encyclopédie*** (1751-1772) abordent la vérité d'une manière humble. La recherche peut être passionnée et passionnante, mais la vérité n'est pas un absolu venant de Dieu, d'idées innées, de Formes intelligibles ou même de notre raison. Le critère étant essentiellement expérimental, il s'agit de scruter la nature, de faire et refaire des expériences, de les méditer et les assembler, et cela dans un travail permanent qui ne saurait aboutir à un système définitif. D'où une certaine relativisation de la vérité, qu'il ne faut cependant pas confondre avec le relativisme complet selon quoi toutes les opinions se valent. Il s'agit plutôt de souligner la pluralité et la dimension historique des sciences et de la philosophie contre toute prétention à atteindre, ou même à viser, une norme absolue.

Emmanuel Kant — les conditions *a priori* de la recherche de la vérité

■ **Kant** est resté célèbre pour avoir profondément modifié l'interrogation sur la vérité. Dans ce qu'il a considéré comme une « révolution copernicienne » (préface à la 2e édition de ***Critique de la raison pure***, 1787), Kant cherche dans les structures *a priori* (indépendantes de toute expérience possible) de la raison les conditions des jugements apodictiques (nécessairement vrais). Par exemple : 5 + 7 = 12 est un « jugement synthétique *a priori* » qui apporte quelque chose de nouveau dans une conclusion, sans que l'on puisse pour autant le prouver par l'expérience. Remplaçant le monde empirique (qui est l'objet de la connaissance), la raison humaine et les facultés intellectuelles (qui sont le sujet de la connaissance) deviennent le centre des problématiques de la possibilité et de la nature de la vérité. La question concerne d'abord les mathématiques, mais elle englobe bientôt l'ensemble des sciences et la métaphysique. Ainsi, toute la philosophie de la connaissance kantienne cherche à trouver les structures permettant et justifiant ce travail *a priori* de la raison.

Le vivant

« La vie est expérience, c'est-à-dire improvisation, utilisation des occurrences ; elle est tentative dans tous les sens. »

Georges Canguilhem, ***la Connaissance de la vie*** (Hachette, 1952).

Étymologie et définition

1) Le vivant et la vie

Par distinction avec la vie, qui est une propriété générale ou une force, et avec le verbe « vivre », qui renvoie à un mode d'existence, le vivant désigne un **être réel**. C'est à ce titre qu'il fait l'objet d'études à la fois scientifiques et philosophiques, alors que la vie tend à être délaissée par les courants de pensée qui se méfient des abstractions trop générales.

Ceci étant dit, le vivant est défini comme être réel doué de la propriété d'être vivant, ce qui implique de caractériser les phénomènes de la vie. **Aristote** a notamment repéré la sensibilité et le mouvement, attribuant une forme spéciale au vivant sous le nom d'« âme sensitive » (définie non comme une intelligence consciente, mais comme ce qui organise le corps et prend en charge les fonctions animales). Mais cela soulève la question de savoir s'il faut distinguer le vivant, non seulement de l'**inerte**, mais aussi du **végétal**.

2) Le végétal et l'animal

Pour Aristote et les Grecs anciens, *zoon* (le vivant) et *bios* (la vie) renvoient à l'animal. D'où l'attribution, par Aristote, d'une forme organisatrice spéciale au végétal : l'âme végétative, qui prend en charge les fonctions végétales, essentiellement la nutrition et la croissance. Par la suite, la distinction entre vivant et végétal est débattue. Les chimistes de l'âge classique (XVIIe-XVIIIe s.) sont à l'origine d'une distinction entre trois règnes au sein desquels ils puisent les substances qu'ils travaillent (notamment pour la pharmacie), chacun ayant des propriétés spéciales : le **minéral**, le **végétal** et l'**animal**. Cette distinction, qui n'a plus rien à voir avec l'échelle hiérarchique des êtres par la théologie, permet d'interroger les rapports entre les substances végétales et animales : on découvre ainsi que certains éléments matériels sont communs, d'autres plus spécifiques au vivant.

Les naturalistes et les philosophes s'interrogent aussi sur les êtres intermédiaires que sont les zoophytes (comme le polype d'eau douce), sur ceux qui ont des propriétés du végétal (reproduction possible par bouture, par exemple) et du vivant (nutrition par digestion, mouvement). La question sera finalement tranchée par Lamarck (1744-1829) lorsqu'il forge le mot « **biologie** » : « Tout ce qui est, écrit-il dans *Recherches sur l'organisation des corps vivants* (1802), généralement commun aux végétaux et aux animaux comme toutes les facultés qui sont propres à chacun de ces êtres sans exception, doit constituer l'unique et vaste objet d'une science particulière qui n'est pas encore fondée, qui n'a même pas de nom, et à laquelle je donnerai le nom de biologie. »

Analyse de la notion

1) Le vivant est-il définissable ?

a) La variété du vivant

Ces questions de délimitation et de caractérisation soulèvent en fait le premier problème : le vivant est-il définissable ? Le vivant exprime par excellence une difficulté typiquement philosophique et, en l'occurrence, tout autant scientifique : un être le plus souvent facilement reconnaissable, dont chacun a une idée intuitive, peut poser d'énormes difficultés de définition, notamment parce qu'il faut établir une catégorie générale qui regroupe et différencie.

Concernant le vivant, la difficulté devient un réel problème en raison du nombre extrêmement grand d'espèces différentes, c'est-à-dire de la **variété du vivant**. Depuis Charles Darwin (1809-1882), et même depuis le XVIIIe s., cela se double de la **variation des espèces** au cours du temps. Le vivant semble donc infiniment riche dans l'espace et dans le temps. Cette difficulté explique qu'on ait souvent eu recours à une énumération de **propriétés distinctives** plutôt qu'à une définition livrant une essence unique. Complétant Aristote, Buffon (1707-1788) a proposé la caractérisation suivante : le vivant est « la matière vivante et organisée qui sent, agit, se meut, se nourrit et se reproduit. Conséquemment, le végétal est la matière vivante et organisée, qui se nourrit et se reproduit ; mais qui ne sent, n'agit, ni ne se meut » (*Histoire naturelle,* 1749-1804).

b) De la définition essentielle à la caractérisation souple

Il faut cependant prendre cela plus comme un repère que comme une essence fixe. **Diderot**, qui cite et commente Buffon dans l'article « Animal » de l'***Encyclopédie*** (1751-1772), souligne les limites de l'exercice de définition qui tend à établir des divisions trop tranchées : « il nous sera bien difficile de fixer les deux limites entre lesquelles l'animalité, s'il est permis de s'exprimer ainsi, commence et finit. Une définition de l'animal sera trop générale, ou ne sera pas assez étendue, embrassera des êtres qu'il faudrait peut-être exclure, et en exclura d'autres qu'elle devrait embrasser. » En fait, Diderot change la perspective en envisageant la vie comme une **propriété variable**, et non comme une classe regroupant des êtres parfaitement similaires et encore moins une essence immuable. Soulignant les variations des propriétés comme la sensibilité, et insistant sur l'existence des « plantes-animaux » comme le polype, Diderot aborde la vie comme un ensemble de propriétés distribuées en degrés selon les êtres : un être est plus ou moins animal qu'un autre.

Aujourd'hui, la question n'est pas close et l'on se demande par exemple si les virus sont des êtres vivants : ils ont certaines propriétés classiques du vivant, comme la reproductibilité, mais ne peuvent subsister en dehors des organismes qu'ils infectent. Une autre perspective souligne que tous les êtres vivants peuvent être affectés par des virus : ceux-ci pourraient donc paradoxalement servir à caractériser le vivant sans en être forcément un.

2) Peut-on expliquer le vivant sans cause finale ?

Depuis les premières tentatives de compréhension rationnelle et empirique du vivant, notamment à partir d'Aristote, se pose la question des moyens conceptuels adéquats. Car, contrairement à l'inerte, le vivant a une organisation interne et une adéquation apparente avec son milieu, ce qui suggère une forme d'**harmonie** dont il faut rendre compte. Est-il pertinent de supposer une intelligence ou un principe d'ordre ayant produit cette harmonie **à dessein** ? Cela soulève la question de la pertinence des **causes finales** (voir le repère « Cause - fin »). Alors qu'un être doué d'intelligence comme l'homme peut avoir des comportements explicables en termes de fins, n'est-il pas anthropomorphique de transposer l'explication finaliste sur la nature ? Mais comment expliquer autrement l'organisation et l'adaptation au milieu : le hasard et des lois aveugles (sans intention) suffisent-ils ?

À la suite des critiques de **Bacon** et **Descartes** à l'encontre des causes finales en science de la nature, les savants et philosophes des Lumières cherchent de plus en plus à rendre compte du vivant par les seules **causes efficientes**. Diderot, Julien Offray de La Mettrie (1709-1751), Buffon font alors intervenir des processus aléatoires, des lois nécessaires et une perspective historique. Il faut attendre Lamarck et surtout Darwin, dont *De l'origine des espèces* (1859) marque une rupture centrale, pour avoir une théorie scientifique générale satisfaisante de la production immanente et efficiente des êtres vivants. Darwin articule deux paramètres : des **mutations aléatoires** (aujourd'hui rapportées à la génétique) et la **sélection naturelle par le milieu**. Mais celle-ci n'est pas finaliste : le vivant ne fait pas un effort pour s'adapter, il est au contraire sélectionné par le milieu (y compris les autres espèces et les membres de son espèce) d'une manière parfaitement mécanique. C'est la sélection du plus apte dans un contexte donné, et non, comme on a parfois voulu le croire, la victoire du meilleur absolu. Philosophiquement, cela marque le succès d'une vision « immanentiste » de la nature, voire du matérialisme (voir la notion « la matière et l'esprit »).

Renvois

Notions : autrui, le désir, le devoir, l'existence et le temps, l'histoire, la liberté, la morale, la religion, la vérité.

Repères : absolu - relatif ; cause - fin ; essentiel - accidentel ; idéal - réel ; universel - général - particulier - singulier.

Thèses les plus classiques sur la notion

Aristote — la finalité dans le vivant

■ **Aristote** a proposé un cadre général pour concevoir le vivant qui servit pendant longtemps de base aux discussions. Il articule des causes efficientes et des causes finales, les unes correspondant à des processus matériels, les autres à la visée d'une forme (principe d'organisation) assumant certaines fonctions. Aristote se situe dans une perspective spécifique, où la nature est un principe intelligent de mise en ordre. Mais les théologiens chrétiens s'empareront de ce cadre en attribuant l'intelligence à un être conscient et transcendant : Dieu.

René Descartes — les animaux-machines

■ **Descartes** s'est efforcé de rendre compte des processus vivants sans cause finale. Prenant un modèle mécanique, il cherche à expliquer toutes les fonctions vitales (respiration, réflexe, etc.) à partir de causes efficientes sur le modèle de l'horloge ou des machines hydrauliques. À la suite de Descartes, on a retenu l'idée d'« animal-machine », parfois en caricaturant la position cartésienne. Car si Descartes assimile le fonctionnement du vivant (y compris le corps humain) à celui d'une machine, c'est pour exclure la pensée et cela s'accompagne d'une extension de ce que peut le corps seul. Ainsi, Descartes ne nie pas que les animaux puissent avoir une forme de mémoire (purement matérielle) et de réaction mécanique au milieu. En revanche, ils n'ont selon lui pas de conscience ni d'intelligence.

Dans *l'Homme-machine* (1748), La Mettrie joue avec la perspective de Descartes en montrant que l'homme lui-même (ainsi que son esprit) peut être considéré comme une machine au sens où tout s'explique par des processus nécessaires et purement matériels.

Abstrait - concret

Cause - fin

Idéal - réel

Repères philosophiques

Croire - savoir

Formel - matériel

Origine - fondement

Transcendant - immanent

Absolu - relatif

Définitions

Est **absolu** ce qui est indépendant et ne varie pas. Inversement, est **relatif** ce qui dépend d'une chose et varie en fonction d'elle.

Pour s'en convaincre, il suffit de prendre un exemple tiré de la physique. La température d'un gaz est relative à sa pression et à son volume (loi de Boyle-Mariotte). Ainsi, la température d'ébullition de l'eau n'est pas un absolu, mais dépend de la pression à volume constant : dans une Cocotte-Minute, l'eau bout au-dessus de 100 °C. À l'inverse, ce qu'on nomme en physique le zéro absolu est… absolu ! Il s'agit de la température minimale qu'il est possible d'atteindre (environ - 273 °C). Cette limite est estimée absolue car elle correspond à l'absence de mouvement des particules microscopiques.

Cette première distinction se vérifie dans de nombreux domaines de la réflexion philosophique. Ainsi, lorsqu'on veut relativiser une chose, il faut préciser **de quoi dépend cette chose et en fonction de quoi elle varie**. Par exemple, si l'on veut défendre que le jugement esthétique est relatif, il faut préciser par rapport à quoi et tâcher de le démontrer : dire qu'il dépend de certains cadres culturels n'est pas la même chose que de le faire dépendre de ses goûts individuels.

Mais un second niveau peut être établi. **Descartes**, dans ses ***Règles pour la direction de l'esprit*** (1701, posthume), formule **l'idée d'un absolu relatif**, défini comme ce qui, dans une question donnée, peut servir de base constante. Ce terme est considéré comme absolu dans ce problème, mais il peut varier dans d'autres cas. Dans notre exemple, si le jugement esthétique est universel et constant pour tout homme, on pourra l'estimer absolu sans pour autant considérer qu'il est valable au-delà de l'homme (pour Dieu, pour la nature elle-même). On peut alors dégager l'idée de degrés d'*absoluité* (et de relativité) – le terme le plus absolu (l'Absolu) pouvant être Dieu ou l'Univers.

Problématiques

La réflexion philosophique a souligné cette distinction en cherchant à **cibler les vrais absolus** et en manifestant la **relativité de pseudo-constantes** qui sont souvent des préjugés. C'est une manière récurrente de formuler les problèmes philosophiques. Par exemple, le bonheur est-il absolu, valable pour tout homme indépendamment des contextes sociaux et culturels, des goûts individuels, ou bien est-il relatif à certains de ces facteurs ?

L'essentiel est de déterminer en fonction de quoi les concepts pourraient varier. Les problèmes doivent être circonscrits et on ne saurait se contenter de tout relativiser ! En outre, il faut distinguer les degrés de relativité et ne pas confondre la relativité et le relativisme (tout se vaut). Par exemple, si certaines vérités scientifiques peuvent être relatives à des configurations expérimentales particulières, cela ne signifie pas pour autant que toutes les opinions se valent et que la vérité disparaît dans l'opposition d'affirmations arbitraires.

Renvois

Repères : objectif - subjectif ; transcendant - immanent ; universel - général - particulier - singulier.

Notions : l'art, autrui, le bonheur, la justice et le droit, la liberté, la morale, la religion, le sujet, la vérité.

Abstrait - concret

Définitions

Ce couple de repères est complexe et comporte deux grands sens. À un premier niveau, est **abstrait** ce qui n'est pas sensible, ce qui renvoie au registre de l'intelligible. Est **concret** ce qui est sensible et peut faire l'objet d'une perception empirique. En ce sens, l'âme, Dieu, les Formes de **Platon** sont des réalités abstraites, alors qu'une couleur est sensible.

À un second niveau, est abstrait ce qui est détaché d'un objet et devient une propriété généralisable. Est concret l'objet particulier tel qu'il peut être perçu avec toutes ses propriétés. En ce sens, telle couleur est concrète, mais la couleur est abstraite en tant que propriété générale, en elle-même non sensible (on ne peut percevoir la couleur).

Problématiques

Ces distinctions permettent de préciser plusieurs problèmes, notamment celui du statut de la pensée et des idées générales. Les idées intellectuelles sont nécessairement abstraites, au moins au sens où elles désignent des propriétés détachées du sensible pour être généralisées. La première question est de savoir si elles sont également **suprasensibles**, comme le pensait Platon, renvoyant en cela à des réalités intelligibles dont le sensible est au mieux une pâle copie. Au contraire, le nominalisme défend pour sa part que les idées générales ne sont que des classes, des **instruments utiles**, les seules réalités étant les êtres particuliers.

Une seconde question concerne l'origine de ces idées : étant générales, elles ne peuvent venir directement du sensible particulier, ni de l'imagination qui suppose une figure particulière (je peux imaginer tel triangle, mais pas le triangle en général). Mais sont-elles des idées innées (nées avec nous), des structures de la raison pure (indépendantes de toute expérience) ? Dans la perspective empiriste, il faut prendre en compte des processus d'abstraction par lesquels les objets particuliers sont regroupés et divisés selon certaines propriétés progressivement généralisées (des objets blancs à la blancheur, en passant par plusieurs intermédiaires). Comme le souligne **Locke**, le langage est alors un instrument essentiel à la pensée et à la genèse des idées abstraites : les mots servent de marques et de signes aux abstractions progressivement construites.

Renvois

Repères : absolu - relatif ; formel - matériel ; genre - espèce - individu ; intuitif - discursif ; médiat - immédiat ; origine - fondement ; universel - général - particulier - singulier.

Notions : la démonstration, langage et interprétation, la perception, la raison, la vérité.

Analyse - synthèse

Définitions

Ce couple a de nombreux usages, avec des différences notables selon les domaines. Mais on peut distinguer deux grands sens. D'une manière générale, l'**analyse** désigne la décomposition et la remontée vers les principes, la **synthèse** correspondant au cheminement inverse : recomposition et descente vers les conséquences. On peut, dans ce cadre, analyser et synthétiser aussi bien des idées que des substances (analyse chimique).

En philosophie de la connaissance et en science, on remarque, notamment depuis **Descartes**, un sens élargi de l'analyse. Elle désigne la **méthode générale** par laquelle on traite un problème à partir de ses données pour le résoudre par étapes successives. Cette méthode est promue car elle fusionne la découverte (ou l'invention), la démonstration et la dimension pédagogique avec l'explication (elle montre comment faire). Par contraste, la synthèse désigne ici une **méthode d'exposition et de démonstration** par laquelle on construit une réponse à partir de principes que l'on pose, sans les tirer des données du problème – on ne sait donc pas comment les trouver avec cette seule méthode.

Problématiques

L'enjeu central, souligné par Descartes (***Règles pour la direction de l'esprit***, 1701, rédigé en 1628 ; puis ***Discours de la méthode***, 1637), est la promotion de la juste méthode. Descartes part d'un modèle algébrique pour construire son analyse, mais la méthode – qui reste identique puisqu'elle correspond au bon usage de l'esprit – régit toute forme de connaissance. Cependant, certains savants et philosophes chercheront ensuite à pluraliser les types d'analyse (**Rousseau** et **Diderot** avec la chimie, dont l'analyse est irréductible à des règles *a priori*) ou à repenser l'analyse générale par une théorie du langage (tel **Condillac**).

Renvois

Repères : en théorie - en pratique ; expliquer - comprendre ; intuitif - discursif ; médiat - immédiat ; principe - conséquence.

Notions : la démonstration, langage et interprétation, la raison, théorie et expérience, la vérité.

Cause - fin

Définitions

Sans précision supplémentaire, on entend aujourd'hui par **cause** ce qu'**Aristote** appelait la **cause efficiente**, c'est-à-dire la production mécanique d'un effet selon un lien aveugle et nécessaire. À l'inverse, la **fin** est le terme que vise un processus, ce qui suppose normalement une conscience ou au moins une intelligence. Aristote a nommé **cause finale** l'explication causale faisant intervenir les fins, lorsqu'on estime que le terme dirige le processus.

Par exemple, *l'animal voit parce qu'il a des yeux* est une explication causale efficiente (l'organe produit et explique la fonction). La cause précède et produit nécessairement l'effet sans le savoir ni le vouloir. En revanche, *l'animal a des yeux pour voir* est une explication finaliste (qui fait intervenir une cause finale), car la fin détermine le processus et les moyens comme s'ils étaient choisis exprès par la nature.

Problématiques

Il est indispensable, dans toute interrogation sur la nature et sur la connaissance rationnelle, de distinguer la cause efficiente et la fin. Depuis les XVIIe et XVIIIe siècles, la connaissance scientifique procède exclusivement selon la causalité efficiente, y compris pour le vivant. La question est donc de savoir si la causalité finale est entièrement évacuée, ou si elle peut se justifier en métaphysique et en religion. Les succès grandissants des explications scientifiques légitiment la cause efficiente et compliquent de plus en plus le maintien d'une forme de finalisme naturel.

En revanche, la question demeure plus problématique pour l'homme, dont l'intelligence le rend capable d'actions intentionnelles (déterminées par des intentions, donc des fins) : comme l'affirme **Spinoza**, il se pourrait que les actes humains soient aussi déterminés par des **causes nécessaires** (souvent non conscientes).

Renvois

Repères : absolu - relatif ; formel - matériel ; objectif - subjectif ; transcendant - immanent.

Notions : la conscience et l'inconscient, la liberté, la matière et l'esprit, le sujet, la vérité, le vivant.

Contingent - nécessaire - possible

Définitions

Est **nécessaire** ce dont le contraire (ou la négation) implique contradiction, ou bien n'est pas possible. Autrement dit, est nécessaire ce qui ne peut pas ne pas arriver, soit dans l'absolu – **nécessité absolue** –, soit dans un contexte donné – **nécessité relative**. On distingue plusieurs degrés de nécessité, de la plus forte : la nécessité métaphysique (il est impossible de penser et de ne pas être en même temps, d'où la certitude indubitable de « Je pense, donc je suis »), à des nécessités plus relatives : par exemple la nécessité d'un effet étant donné telle cause et tel contexte (si A, alors B est nécessaire dans le contexte C). Il y a aussi des niveaux différents de nécessité : ce qui est nécessaire pour notre esprit – **nécessité logique** – ne l'est pas forcément pour la nature ou pour Dieu. Ainsi, selon **Descartes**, Dieu aurait pu faire que 2 + 2 ne soit pas égal à 4.

Est **contingent** ce qui est possible, mais dont le contraire est aussi possible. Le plus souvent, on parle de contingence d'un fait ou d'un événement : il existe, ou peut arriver, mais son contraire n'implique aucune contradiction et est physiquement possible. Les mêmes distinctions que pour la nécessité se retrouvent ici : la contingence peut être absolue ou relative, relever des limites de notre connaissance (nous ne voyons pas les causes nécessaires d'un phénomène) ou désigner une réalité profonde (hasard réel ou avenir non prédéterminé).

Est **possible** ce qui est soit nécessaire, soit contingent. Le possible englobe le contingent mais aussi le nécessaire, qui est *a fortiori* possible. Le contraire du possible est l'impossible. Il est donc facile de déduire qu'une chose (A) qui n'est pas nécessaire (non A est possible) est soit contingente (A et non A sont possibles), soit impossible (A n'est pas possible). Réciproquement, si A n'est pas impossible, il est soit nécessaire soit contingent.

Problématiques

Ces remarques peuvent paraître abstraites, mais elles aident à penser ce qu'on nomme en logique **les « modalités »** (en l'occurrence les modalités classiques étudiées par **Aristote** et qui concernent le degré et le type de possibilité et de certitude). Sous cet angle, leur application est très générale. Mais elles ont aussi une portée concrète plus sensible sur certaines questions déterminées. Globalement, la dimension morale de la vie humaine semble impliquer la conscience des possibles et la contingence : ressentir un devoir, c'est savoir qu'on peut ou non respecter tel principe. De même, être libre semble revenir à pouvoir choisir entre deux possibles. Le problème du libre arbitre revient ainsi à **savoir si nos choix sont nécessaires** (déterminés par des causes) **ou contingents** (indépendance de la volonté). Le débat entre Descartes et **Spinoza** (voir la notion « liberté », chapitres 3 et 4) se ramène à la question de savoir si l'impression de liberté éprouvée dans l'acte de choisir renvoie à une vraie contingence ou à une impression de contingence due à l'ignorance des causes nécessaires.

Une question analogue concerne l'ordre et le devenir du monde : est-il en lui-même parfaitement déterminé par des lois nécessaires dont la connaissance scientifique est une approche (déterminisme de Laplace [1749-1827]), ou bien y a-t-il une contingence réelle due à un hasard absolu ou à des puissances supérieures (thèse en général rejetée par les philosophies intéressées par les sciences), ou bien encore est-il déterminé par une historicité du devenir faisant advenir des événements imprévisibles ? Le dernier cas est souvent envisagé pour l'histoire du vivant et surtout pour l'histoire humaine : sans supposer le libre arbitre ou un hasard absolu, les événements historiques semblent avoir une part de contingence.

Renvois

Repères : absolu - relatif ; croire - savoir ; expliquer - comprendre ; objectif - subjectif ; principe - conséquence ; transcendant - immanent.

Notions : la conscience et l'inconscient, la démonstration, le devoir, l'existence et le temps, l'histoire, la justice et le droit, langage et interprétation, la liberté, la morale, théorie et expérience, la vérité.

Croire - savoir / persuader - convaincre

Définitions

Croire signifie adhérer sans preuve ou sans justification à un énoncé ou à une conception. Son principal moteur, avec le préjugé et le sentiment immédiat, est la **persuasion**, qui repose sur un discours séduisant, avec des images et un jeu sur les émotions, en un mot sur la rhétorique. La croyance englobe l'opinion, individuelle ou collective, la foi et certaines formes d'adhésion immédiate relatives à la connaissance. Par contraste, **savoir** signifie assumer avec raison une idée ou une doctrine, adhérer en connaissance de cause, notamment en ayant connaissance des principes ou des causes pertinentes. Le savoir repose sur l'argumentation, la démonstration ou la preuve empirique, en un mot sur les ressources rationnelles et expérimentales de la **conviction**.

Ainsi, on croit en Dieu et – si l'on est ignorant des raisons scientifiques – on croit que le soleil se lèvera demain, par habitude. Mais on sait qu'il se lèvera lorsqu'on en connaît les causes ou les lois nécessaires. **Descartes** pense aussi prouver l'existence de Dieu qui, dans ce cas, relèverait du savoir. La répartition des objets est donc débattue ; il s'agit surtout d'une différence dans les démarches intellectuelles et dans le degré de certitude.

Problématiques

Un premier enjeu est la nécessité méthodique de distinguer la croyance et la persuasion d'un côté, le savoir et la conviction de l'autre, afin de tenir compte des exigences argumentatives de l'exercice philosophique, et plus largement de la réflexion rationnelle. D'une manière générale, la philosophie et la science se tournent vers les normes du savoir et de la conviction, par opposition avec la rhétorique, la sophistique, le préjugé et les thèses religieuses qui reposent sur l'autorité ou la foi.

Mais un problème se pose : peut-on tout prouver et certaines formes de croyances ne sont-elles pas une voie légitime d'accès à la vérité ? C'est ainsi qu'on s'interroge sur les **étapes intermédiaires** vers la connaissance rationnelle (cas de l'« opinion vraie » dans le ***Ménon*** de **Platon**) et sur un **type non démonstratif de vérité** (cas des vérités du cœur dans les ***Pensées*** de **Pascal**). Il s'agit donc de savoir de quelle vérité la croyance est susceptible, provisoirement ou définitivement.

Renvois

Repères : absolu - relatif ; abstrait - concret ; en théorie - en pratique ; expliquer - comprendre ; intuitif - discursif ; objectif - subjectif ; ressemblance - analogie ; transcendant - immanent ; universel - général - particulier - singulier.

Notions : la démonstration, langage et interprétation, la raison, la religion, théorie et expérience, la vérité.

En acte - en puissance

Définitions

Il s'agit ici d'une distinction, remontant à **Aristote**, entre deux manières d'envisager des êtres et des processus. Est **en acte** ce qui est achevé, ce qui n'est pas (ou plus) en devenir et dispose pleinement de toutes ses propriétés. Au contraire, est **en puissance** soit ce qui est en cours d'accomplissement et est en train de s'actualiser (potentialité dynamique), soit ce qui pourrait devenir autre chose (pure potentialité).

Par exemple, le nouveau-né est en puissance doué de langage : sans le posséder en acte, il en a la potentialité, disposition dynamique qui s'actualise de plus en plus. D'un autre côté, lorsqu'on a mélangé du vin et de l'eau, il est possible de les séparer : l'eau et le vin, qui n'existent plus tels quels, peuvent être retrouvés. Mais ils ne font aucun effort pour se séparer : c'est une potentialité passive.

Problématiques

Cette distinction technique, essentiellement aristotélicienne, a néanmoins une utilité générale. Elle permet de distinguer les états d'un être sans s'arrêter à ce qu'il est actuellement. Cela permet d'éviter les raisonnements naïfs allant des propriétés actuelles à l'essence, en oubliant les **potentialités**. C'est notamment une distinction importante pour tous les problèmes relatifs à la définition de l'homme, être par excellence doué de nombreuses potentialités. En un sens, le fasciste est celui qui oublie tout ce que les hommes ont en puissance pour ne regarder que certains traits actuels permettant d'établir des hiérarchies. Ce repère constitue aussi l'une des manières d'aborder le virtuel, domaine devenu incontournable dans les sociétés contemporaines.

Renvois

Repères : absolu - relatif ; essentiel - accidentel ; formel - matériel ; médiat - immédiat.

Notions : autrui, langage et interprétation, la matière et l'esprit, la raison, le sujet, la vérité, le vivant.

En fait - en droit

Définitions

Ce couple de repères distingue deux registres. L'expression **en fait** (le registre du fait) renvoie à ce qui est de l'ordre du constat, les choses telles qu'elles sont en fonction des rapports de force, de l'histoire, des causalités ou du hasard. Par opposition, **en droit** (le registre du droit) fait référence à ce qui doit être, que ce soit selon des normes morales ou politiques de légitimité, ou selon une théorie fixant des lois de comportement qu'on s'attend à voir suivies. « En droit » semble ici surtout viser le premier cas (légitimité).

Par exemple, les femmes sont de fait (statistiquement) moins payées que les hommes, à travail et situation équivalents, alors qu'en droit, selon la loi et le principe fondamental d'égalité, elles doivent recevoir un salaire égal. Une statistique et même un fait généralement accepté (par hypothèse) ne définissent pas une norme légitime.

Problématiques

Cette distinction est de la première importance pour toute analyse des champs moraux, juridiques et politiques, mais plus largement dans toute réflexion sur les normes. Confondre le fait et le droit, c'est ne plus pouvoir penser la **différence entre l'être et le devoir être**, c'est donc accepter tout ce qui est comme une norme indépassable et s'interdire toute analyse critique.

Rousseau a analysé avec brio l'usage polémique et problématisant qu'on peut faire de cette distinction dans sa célèbre réfutation du droit du plus fort. Cette expression et le principe politique de domination qu'elle recouvre passent du registre de la force, qui renvoie au fait, à celui du droit. Par la distinction des registres, Rousseau démantèle le principe contradictoire du droit du plus fort. Cela permet de poser précisément la question centrale du ***Contrat social*** (1762) : sur quoi reposent le droit et la légitimité politique ?

Renvois

Repères : absolu - relatif ; en théorie - en pratique ; idéal - réel ; légal - légitime.

Notions : le devoir, l'État, la justice et le droit, la morale, la société.

En théorie - en pratique

Définitions

Ce couple de repères recouvre deux grands sens en philosophie. Il rejoint d'abord la distinction commune entre ce qui se passe « sur le papier » et en réalité. Ainsi, la **théorie** renvoie à ce que l'on conçoit et peut estimer selon un cadre intellectuel donné, par exemple selon une théorie scientifique. La **pratique** est alors ce qui peut toujours modifier, voire démentir la prédiction théorique. La pratique révèle ainsi que, pour certaines expériences concrètes dans un contexte donné, la rigueur intellectuelle de la théorie n'était qu'approximative.

Un second sens a été fixé par **Kant**, pour qui la théorie renvoie à la **connaissance** et la pratique à l'**action**, notamment morale. Ainsi, savoir si la paix perpétuelle est possible est une question théorique, savoir si elle est un idéal moral est une question pratique.

Problématiques

La première question est celle de l'écart entre la théorie rigoureuse dans ses énoncés internes et la réalité extérieure manifestée à travers certaines expériences. **Diderot** souligne ainsi, dans l'article « Art » de l'***Encyclopédie*** (1751-1772), que pour améliorer les productions techniques la « géométrie académique » doit se lier – afin d'estimer et corriger ses approximations – à une « géométrie des boutiques », sorte de savoir pratique des artisans au contact du réel concret. Mais c'est peut-être dans le domaine sociopolitique que l'**écart entre théorie et pratique** peut être le plus dramatique. C'est le danger de tous les programmes politiques qui, telles les pires utopies, construisent un idéal abstrait dont la réalisation est impossible ou demande des concessions risquant de devenir totalitaires.

Une deuxième question a été soulignée par Kant, celle de la **différence** et de la **priorité** entre les impératifs pratiques de la morale et les connaissances théoriques : ce n'est pas parce qu'une chose est peu probable, voire impossible, qu'il ne faut pas lutter pour elle.

Renvois

Repères : absolu - relatif ; en fait - en droit ; idéal - réel ; légal - légitime.

Notions : l'État, l'histoire, la justice et le droit, la morale, la société, la technique, théorie et expérience, la vérité.

Essentiel - accidentel

Définitions

Est **essentiel** ce qui renvoie à l'essence de quelque chose, c'est-à-dire la propriété qui la définit. Dans le cas d'une essence générale, cette propriété doit regrouper tous les êtres qui lui appartiennent et en exclure les autres. Au contraire, est **accidentel** ce qui, tout en caractérisant un être, ne fait pas partie de son essence mais est seulement une propriété accessoire.

Dans le ***Ménon***, **Platon** distingue la caractéristique commune à toutes les abeilles – un insecte volant rayé faisant du miel – des caractéristiques accidentelles, comme être petites ou grandes. Ces dernières caractérisent certaines abeilles mais pas toutes, et elles ne définissent pas l'abeille en tant qu'abeille. Un autre exemple souligne l'enjeu moral de cette distinction : être doué de raison semble essentiel à l'homme, alors qu'être blanc est accidentel – sauf pour un fasciste.

Problématiques

Cette distinction indique d'abord les exigences de toute bonne définition : **cibler l'essence** sans la confondre avec des caractéristiques accidentelles. L'enjeu est d'abord logique : bien cerner le point de vue envisagé (telle abeille en particulier ou l'abeille en général) et trouver l'essence adéquate. Mais dans certains cas, comme dans celui de l'homme, la définition comporte une forte dimension politique et morale. Assigner une essence, c'est donc aussi établir des priorités et discerner l'important.

Il faut également déterminer ce que l'on doit et peut exiger pour une définition suivant les domaines. C'est en mathématiques que l'on trouve les définitions les plus simples et les plus rigoureuses, car une seule propriété bien choisie suffit à livrer l'essence. Par exemple, le triangle peut être défini comme une figure à trois côtés, ce qui permet de déduire toutes ses autres propriétés et de regrouper rigoureusement tous les triangles, et seulement eux. Dans d'autres domaines, il faut souvent se contenter de l'énumération de caractéristiques essentielles – nous l'avons fait à propos des abeilles, le vivant en général et chaque espèce en particulier étant particulièrement difficiles à définir.

Renvois

Repères : absolu - relatif ; abstrait - concret ; en théorie - en pratique ; objectif - subjectif ; ressemblance - analogie ; transcendant - immanent ; universel - général - particulier - singulier.

Notions : la démonstration, la morale, le sujet, la vérité, le vivant.

Expliquer - comprendre

Définitions

Cette distinction comporte deux niveaux. Si l'on se reporte à l'étymologie, **expliquer** signifie dégager les éléments d'un raisonnement ou d'une idée pour facilité leur saisie et les rendre plus clairs. L'explication va donc du tout vers le détail. À l'inverse, **comprendre** signifie saisir le tout formé par plusieurs éléments, donc les rassembler et les relier. Mais il y a évidemment complémentarité entre ces deux démarches qui se conditionnent l'une l'autre. L'explication permet la compréhension : **analyser** un tout pour le **recomposer** plus clairement et précisément.

Un second sens, plus technique, a été fixé par Wilhelm Dilthey (1833-1911). Selon le philosophe allemand, l'explication est la recherche des **causes efficientes** et constitue la démarche des sciences de la nature. Son problème est de comprendre comment, ou par quel processus mécanique, un phénomène advient. La compréhension est la recherche du sens d'un acte et constitue la démarche adéquate pour les sciences humaines. Elle se pose la question du pourquoi, en cherchant des signes extérieurs permettant d'estimer les intentions sous-tendant un acte et de les confronter à leur réalisation effective.

Problématiques

En retenant le second sens et en l'élargissant, on peut repérer deux grandes questions. D'une part, celle des **règles de l'explication scientifique** : s'agit-il de rechercher des causes, de repérer des lois rendant raison des phénomènes, de formuler des modèles théoriques, etc. ? L'explication scientifique admet plusieurs démarches selon les champs et les orientations épistémologiques. Dans tous les cas, aujourd'hui, les sciences de la nature se méfient de la question du sens qui pourrait introduire des causes finales ou des formes d'explication transcendantes jugées irrecevables. Mais la question se pose à propos des actes humains : faut-il les expliquer comme des phénomènes naturels, ou tenir compte des **intentions des agents** ? Dans cette dernière hypothèse, l'enjeu est de construire une méthode d'étude qui ne se contente pas de faire confiance aux motifs conscients pour lesquels les hommes croient agir.

Renvois

Repères : cause - fin ; contingent - nécessaire - possible ; objectif - subjectif ; transcendant - immanent.

Notions : la conscience et l'inconscient, langage et interprétation, la liberté, la morale, la religion, théorie et expérience, la vérité.

Formel - matériel

Définitions

Cette distinction trouve son origine dans la différence entre forme et matière dans la philosophie d'**Aristote**. Est **formel** ce qui renvoie à la forme conçue en tant que principe d'ordre renvoyant à une structure intelligible et/ou à une fonction. Est **matériel** ce qui renvoie aux constituants d'une réalité, indépendamment de toute organisation (qui relève de la forme).

La définition relève surtout de la forme : la forme et la fonction correspondante caractérisent plus que la matière un objet technique comme un lit, ou une réalité naturelle comme une feuille d'arbre. Le constituant peut changer sans que la forme et donc l'essence ne varie.

Un sens dérivé de cette distinction concerne deux types de vérités. On différencie ainsi la vérité formelle, qui renvoie à la seule structure logique du raisonnement, et la vérité matérielle, qui renvoie au contenu (à l'objet réel visé).

Problématiques

Les problèmes essentiels concernent, d'une part, l'ontologie – avec la question de ce qui compose et définit une réalité. D'autre part il s'agit, dans la réflexion sur la vérité, de distinguer ce qui relève du raisonnement pur, de la logique formelle, et ce qui dépend directement de l'expérience.

Kant distingue aussi, dans une idée ou un jugement, sa forme (selon lui dépendante de structures *a priori* de la raison) et sa matière, c'est-à-dire le contenu que lui donne l'expérience. Le philosophe insiste sur leur différence de nature et en valeur gnoséologique (relative à la connaissance) : seuls les principes *a priori* de la raison, indépendants de toute expérience possible, garantissent une vérité nécessaire selon Kant. Mais, selon les empiristes, même le raisonnement formel dépend en dernière instance de l'expérience, qui reste l'origine et le critère ultimes de toute théorie.

Renvois

Repères : abstrait - concret ; cause - fin ; essentiel - accidentel ; genre - espèce - individu.

Notions : la démonstration, la matière et l'esprit, théorie et expérience, la vérité, le vivant.

Genre - espèce - individu

Définitions

Cette distinction remonte à **Aristote**, qui cherchait à classer les types d'êtres et les concepts selon une forme d'emboîtement : le **genre** englobe différentes espèces, chaque **espèce** englobant différents **individus**. Le genre correspond au niveau général, l'espèce à une sous-catégorie particulière et l'individu à l'être singulier. Aristote en faisait aussi une méthode de définition : pour définir un être (notamment un être naturel), il faut indiquer son genre et cibler la caractéristique *spécifique* (adjectif dérivé du nom « espèce ») qui le distingue des autres espèces du même genre. La célèbre définition de l'homme comme animal doué de *logos* (raison et langage) est construite sur ce modèle.

Aujourd'hui, cette distinction est surtout employée dans le domaine biologique, notamment en systématique (classification des êtres vivants), où elle a pris un sens spécial. C'est le savant suédois Carl von Linné (1707-1778) qui la systématisa pour classer les êtres vivants, proposant une méthode générale dite « binominale ». Ainsi, le loup commun est nommé *Canis lupus* (genre *Canis*, spécification *lupus*). Linné invente aussi la dénomination *Homo sapiens* (*Systema naturæ*, édition de 1758). En élargissant, on peut classer le genre dans des catégories plus générales – comme la **classe** (mammifères dans les deux cas) avec, au sommet, le **règne** (vivant).

Problématiques

Cette distinction est utile pour préciser les relations entre concepts, notamment leurs niveaux de généralité et leurs éventuels emboîtements. Mais elle soulève la question de savoir à quoi correspondent le genre et l'espèce, c'est-à-dire les catégories générales. S'agit-il de purs **instruments** intellectuels et linguistiques, ou bien désignent-ils des **réalités** ? On remarque que le sens de la classification linnéenne a changé : alors que Linné y voyait un décalque de l'ordre réel de la nature, on la considère aujourd'hui comme une méthode de nomenclature, d'autant plus que les espèces évoluent et ne sont pas fixes (comme le pensaient Aristote et Linné).

Renvois

Repères : absolu - relatif ; formel - matériel ; identité - égalité - différence ; ressemblance - analogie ; universel - général - particulier - singulier.

Notions : langage et interprétation, la matière et l'esprit, la vérité, le vivant.

Idéal - réel

Définitions

Dans ce couple de repères, le **réel** désigne les choses telles qu'elles sont indépendamment des jugements de valeur et des aspirations humaines. Le réel ici peut renvoyer à ce qui est déterminé par certains rapports de forces ou par certaines causes indépendantes de nous. Il relève en tout cas du **registre du fait**.

Par contraste, l'**idéal** renvoie au **registre des normes et des valeurs**, au droit plutôt qu'au fait, au normatif plutôt qu'au descriptif. L'idéal désigne alors le terme ultime d'un projet moral, politique ou plus largement normatif.

Ces deux termes s'opposent souvent : l'idéal est généralement éloigné du réel, dont il révèle par un effet de contraste le décalage par rapport à certaines normes et valeurs. Mais l'idéal est aussi une manière d'envisager le réel selon une échelle normative et axiologique (relative aux valeurs). Dès lors, le réel peut être modifié au nom de l'idéal et s'en rapprocher. L'écart n'est plus absolu mais relatif.

Problématiques

Cette distinction est essentielle dans la réflexion morale qui a besoin de pouvoir critiquer ce qui est à partir de certaines normes, et de fixer des idéaux servant de repères pour l'action. Mais la distinction entre idéal et réel est complexe, d'autant qu'elle se double du couple idéaliste-réaliste. Ce dernier insiste sur un problème spécifique : la **possibilité de réaliser** (au sens d'accomplir et de rendre réel) **un idéal**.

La difficulté concerne les rapports entre l'idéal et le réel, notamment la fonction de l'idéal et la nature de l'écart avec le réel. Il convient d'abord de se méfier des oppositions manichéennes : l'idéal est souvent peu intéressant lorsqu'il désigne une perfection absolue conduisant à dénoncer le réel. Mais il convient aussi d'écarter une idée contraire courante : un idéal n'est pas mauvais simplement parce qu'il ne serait pas conforme au réel. Sa fonction est justement de **permettre la critique et l'amélioration du réel**. Il faut alors distinguer le degré de conformité au réel (la rupture introduite par l'idéal) et la possibilité de réaliser l'idéal : un idéal radical, voire révolutionnaire, peut être réalisable. La relativité du jugement de possibilité doit ici être prise en compte : ce qui semble impossible dans un contexte donné peut devenir réalisable dans un autre (cas de la Révolution française, que les penseurs les plus radicaux des Lumières n'avaient pas cru possible).

Mais il peut être pertinent de dépasser la question de la possibilité et la distinction entre idéalisme et réalisme.

C'est ainsi que, dans ***Critique de la raison pure*** (1781), **Kant** envisage les **impératifs catégoriques comme des idéaux régulateurs** : il est probable que jamais les hommes ne les respecteront parfaitement, mais ils n'en constituent pas moins des repères moraux indispensables. Kant affirme même un changement de question : dans les discussions sur les droits universels ou sur la paix perpétuelle, le problème central n'est pas de savoir ce qui est possible (ce qui relève de la raison théorique), mais de déterminer ce qu'il faut faire (enjeu de la raison pratique).

Renvois

Repères : absolu - relatif ; contingent - nécessaire - possible ; en droit - en fait ; en théorie - en pratique ; identité - égalité - différence ; légal - légitime ; objectif - subjectif ; transcendant - immanent.

Notions : autrui, le bonheur, le devoir, l'État, la justice et le droit, la liberté, la morale, la raison, la religion.

Identité - égalité - différence

Définitions

Au sens mathématique ou logique, **l'égalité implique l'identité**, c'est-à-dire la possibilité d'intervertir les données égales sans créer de différence. L'égalité s'oppose donc ici à la différence. Par exemple, 2 + 2 = 4 signifie que 2 + 2 et 4 sont égaux et que l'un des termes peut remplacer l'autre sans créer de changement.

Par contraste, l'égalité au sens moral ou juridique n'implique pas l'égalité et **ne s'oppose pas à la différence, mais à l'inégalité ou à l'iniquité**. Deux hommes égaux devant la loi ou en dignité demeurent différents et ne sont pas interchangeables : la différence éventuelle de sexe ou d'origine ethnique n'est pas annulée. C'est même parce qu'ils sont différents que l'on affirme leur égalité pour s'opposer à ce que cette différence conduise à une inégalité de traitement. L'égalité signifie donc ici traitement équitable ou respect équivalent, mais pas identité.

Problématiques

Cette distinction a une importance morale, juridique et politique centrale. La plupart des questions mettant en jeu les rapports entre les hommes demandent d'abord de déterminer les relations d'égalité. Ainsi, le principe fondamental du droit dans les sociétés démocratiques, l'égalité devant la loi, implique de savoir **reconnaître l'égalité malgré et à travers les différences**. Cela soulève aussi un problème moral : au nom de quoi traiter comme égaux des hommes différents ? La réponse des philosophies du sujet, telle celle de **Kant**, consiste dans la conscience de soi, que tous les hommes ont en commun. Elle peut être trouvée dans l'autre source de dignité égale qu'est la liberté, mais l'essentiel est de marquer une égalité morale fondant les autres égalités, notamment l'égalité juridique et l'égalité politique. C'est donc une distinction fondamentale des sociétés démocratiques.

Par contraste, la logique fasciste cherche toujours à traduire une **différence en inégalité**. C'est le sens des discours soulignant les différences ethniques, culturelles, sexuelles, etc. : suggérer une hiérarchie derrière la distinction. Cela dit, au-delà de cette confusion dangereuse, le problème du fondement de l'égalité dans la différence demeure. Y a-t-il une égalité profonde manifestée dans une propriété humaine fondamentale ? Ne repère-t-on pas toujours des différences, même au niveau de la conscience ? La justification de l'égalité peut plutôt être cherchée dans la relation humaine elle-même, comme la communication par le langage rationnel selon l'article « Droit naturel » de l'***Encyclopédie*** (1751-1772) rédigé par **Diderot**.

Renvois

Repères : absolu - relatif ; abstrait - concret ; en théorie - en pratique ; essentiel - accidentel ; légal - légitime ; objectif - subjectif ; ressemblance - analogie ; transcendant - immanent ; universel - général - particulier - singulier.

Notions : autrui, la conscience et l'inconscient, le devoir, l'État, la justice et le droit, la liberté, la morale, la société, le sujet.

Intuitif - discursif

Définitions

Ce repère distingue deux modes de connaissances. Dans ce cadre, est **intuitif** ce qui relève d'une saisie immédiate par l'esprit. L'intuition peut être parfaitement rationnelle et évidente : elle ne renvoie pas, comme dans le langage courant, à une inspiration mystérieuse. Par contraste, est **discursif** ce qui se construit progressivement, selon des étapes successives, comme un discours.

Le célèbre *cogito* cartésien (« Je pense, donc je suis » ou « Je suis, j'existe ») est intuitif. Parfaitement rationnel puisqu'il est même le premier principe certain sur lequel fonder le savoir, le *cogito* n'est pas une déduction progressive : l'esprit saisit d'un seul acte que, pour penser, il faut nécessairement exister. En revanche, les « longues chaînes de raisons » dont parle la deuxième partie du ***Discours de la méthode*** (1637) prennent appui sur les déductions suivies des mathématiques pour formuler un modèle démonstratif de la connaissance.

Problématiques

Le premier enjeu est le repérage puis l'analyse de nos moyens de connaître. Dans les ***Règles pour la direction de l'esprit*** (1701, posthume), **Descartes** en distingue deux : l'intuition et la déduction. Mais lorsque chacune est à sa place, il y **complémentarité** et non opposition entre ces deux facultés. Une suite d'intuitions bien liées forme ainsi un ensemble déductif et, pour bien déduire, il faut avancer d'intuition en intuition.

Mais le statut de l'intuition pose un problème : y a-t-il vraiment des évidences rationnelles, des saisies immédiates de certaines vérités par l'esprit ? On peut en effet considérer, d'une part, que l'immédiateté n'est qu'apparente et, comme le soutiennent **Diderot** et **Condillac**, qu'elle est toujours le fruit d'une construction (souvent inaperçue ou oubliée). D'autre part, toute une tradition empiriste et sceptique se méfie des prétendues évidences de la raison, qui peuvent receler des croyances et qui permettent d'affirmer péremptoirement certains principes.

Renvois

Repères : absolu - relatif ; médiat - immédiat ; origine - fondement ; principe - conséquence.

Notions : la conscience et l'inconscient, la démonstration, langage et interprétation, la perception, théorie et expérience, la vérité.

Légal - légitime

Définitions

Quoique ces deux termes soient issus de la même racine (*leg-*, qui désigne la « loi »), il est indispensable de les distinguer. La **légalité** renvoie au **droit positif** (le droit établi de fait dans une société donnée) et désigne ce qui est conforme à la loi et, par extension, à l'ensemble des règles conventionnelles du droit (décrets, etc.). La **légitimité** désigne la conformité à des **principes d'un niveau plus fondamental**, souvent à connotation morale. Elle renvoie plutôt au droit naturel ou à l'idée d'un droit universel. Mais elle peut aussi renvoyer aux principes fondamentaux du droit, comme une Constitution, les juristes parlant aussi de légitimité. On peut donc distinguer une légitimité à prétention universelle et absolue, et une légitimité contextuelle désignant les principes fondamentaux valant dans une société donnée.

Problématiques

La première fonction de cette distinction est d'introduire une différence, au sein de la justice, entre ce qui relève, d'une part, de l'institution et des normes établies, et, d'autre part, de principes fondamentaux, d'un idéal de justice. Elle implique de distinguer le fait (la justice telle qu'elle est édictée et appliquée dans le droit positif) et le droit (ici au sens de la catégorie philosophique : la justice telle qu'elle doit être). D'où une **fonction critique** : montrer l'écart éventuel entre ce qu'est le droit et ce qu'il devrait être.

Mais elle a aussi une **fonction fondatrice**, la légitimité pouvant et devant servir de repère pour construire le droit (au moins dans ses grandes lignes). On distingue ici deux attitudes. D'un côté, un fondement strictement politique ou juridique, où une convention (comme le contrat social de **Hobbes**) fixe seule les principes régissant la formulation du droit. D'un autre côté, une volonté de replacer le niveau juridique et politique dans un cadre moral (chez **Kant**, par exemple).

Renvois

Repères : absolu - relatif ; en fait - en droit ; idéal - réel ; origine - fondement ; principe - conséquence ; transcendant - immanent.

Notions : le devoir, l'État, la justice et le droit, la morale, la société.

Médiat - immédiat

Définitions

Au sens premier, est **médiat** ce qui passe par certains intermédiaires (les « médias » étant censés être des intermédiaires entre la société et l'individu par le biais de l'information) et **immédiat** ce qui se passe de tout intermédiaire. Il peut s'agir du temps, mais pas seulement : en philosophie, on s'intéresse à d'autres formes de médiations.

Ainsi, l'intuition cartésienne est une saisie immédiate par l'esprit d'une idée ou d'une relation. Au contraire, un long raisonnement suppose de passer par plusieurs moments (compréhension de chaque terme, construction progressive de leurs relations).

Problématiques

Cette distinction invite à réfléchir sur la **construction** de ce qui semble un donné immédiat, que ce soient des idées, des perceptions, les facultés du sujet ou des éléments de culture. Ainsi, sur le plan sensible, la vue semble une perception immédiate, mais plusieurs analyses (telles celles de **Diderot** dans la ***Lettre sur les aveugles à l'usage de ceux qui voient***, 1749) tendent à montrer qu'il n'en est rien et que plusieurs ordres de médiations la construisent (temps de la lumière et surtout de la perception, construction par le cerveau des informations, interprétation de l'esprit selon les autres sens, selon la culture, etc.). De même, le rapport de la conscience à elle-même est-il immédiat, comme le soutiennent les philosophes du sujet, ou passe-t-il par certains **intermédiaires** complexes, comme le jeu avec l'inconscient, et donc tout un vécu ?

Il existe ainsi plusieurs traditions philosophiques (empirisme ou scepticisme classiques, déconstructivisme plus récemment) qui traquent les médiations derrière l'apparente immédiateté de notre rapport à nous-mêmes et au monde.

Renvois

Repères : absolu - relatif ; intuitif - discursif ; principe - conséquence ; transcendant - immanent.

Notions : la conscience et l'inconscient, la démonstration, le désir, langage et interprétation, la morale, la perception, la religion, la vérité.

Objectif - subjectif

Définitions

Cette distinction d'usage courant recèle une difficulté car elle comporte deux niveaux. Au sens premier, est **objectif** un énoncé conforme à son objet, et, par extension, une attitude qui traite l'objet en respectant ce qu'il est. Par opposition, est **subjectif** ce qui dépend des dispositions du sujet et non du seul objet visé, ce qui se traduit par une altération de l'objet. C'est en ce sens qu'on dit que la science est un modèle d'objectivité (toute sa méthode vise à conformer ses énoncés sur un objet à ce qu'est l'objet lui-même). En revanche, quelqu'un de mauvaise foi laisse parler sa subjectivité en confondant ses sentiments avec ce que sont réellement les choses. Mais dans certains cas, il peut n'y avoir que subjectivité, par exemple dans le goût artistique.

En un second sens, est subjectif ce qui se rapporte au sujet en général. Les philosophes du sujet, comme **Kant**, invitent ainsi à penser aux **structures universelles de la subjectivité**, qui sont à distinguer absolument des préjugés et autres biais individuels. Sous cet angle, les normes de l'objectivité relevant de la raison du sujet, elles sont subjectives (mais elles sont les mêmes pour tout sujet rationnel). Mais il peut aussi exister, en art, non seulement des goûts particuliers (subjectif particulier), mais aussi un repère universel (pour tout sujet) qui serait le beau.

Problématiques

Cette distinction permet d'abord de marquer la différence entre l'objectivité lucide et prudente, idéal de la recherche scientifique et plus largement de la connaissance, et les dispositions propres à un sujet, qu'il ne faut ni transposer sur les objets (qui ne sont pas conformes par exemple à mes désirs) ni élargir à tout sujet (tout le monde n'a pas à avoir les mêmes goûts que moi).

Mais, au second niveau, ce repère permet d'approfondir l'analyse grâce à la distinction entre **subjectivité universelle** et **subjectivité particulière**, et entre l'objectivité comme **idéal** et comme raisonnement à **construire**. Un premier problème se pose, qui est l'existence de structures universelles du sujet ; un autre est la construction par les sujets de l'objectivité (l'objectivité n'est-elle que l'accord entre les sujets sur ce qu'est le monde ?).

Renvois

Repères : absolu - relatif ; abstrait - concret ; intuitif - discursif ; médiat - immédiat ; transcendant - immanent ; universel - général - particulier - singulier.

Notions : l'art, la conscience et l'inconscient, le désir, la matière et l'esprit, la morale, la perception, la religion, le sujet, la vérité.

Obligation - contrainte

Définitions

La **contrainte** désigne une force extérieure exerçant une pression ou imposant une limite. Son modèle est la cause physique, mais elle peut aussi revêtir la forme d'une forte pression sociale ou morale. Son registre est celui de la **causalité**, de la **nécessité**, ou tout au moins de la pression exerçant une influence réelle.

L'**obligation** renvoie à une règle ou à une limite que l'on s'impose ou que l'on accepte de respecter. Elle peut avoir une origine extérieure, mais l'obéissance demande l'adhésion ou au minimum une forme d'acceptation intérieure de l'agent. C'est pourquoi, en principe, seuls les êtres conscients et les institutions qu'ils forment peuvent avoir des obligations. Le registre de l'obligation peut être **social**, **politique** ou proprement **moral**, mais on peut résumer en disant qu'il est moral au sens large.

Certains exemples illustrent clairement la différence, quoiqu'elle soit parfois problématique. Ainsi, céder à une force physique revient à subir une contrainte. Par extension, obéir à l'ordre d'un maître ou à la loi d'un tyran en raison d'un rapport de force à notre désavantage, est une soumission à la contrainte – quoique la pression (la sanction en cas de désobéissance) puisse être seulement annoncée et non exercée de fait. En revanche, obéir aux règles morales qu'on s'est soi-même données renvoie à l'obligation. De même, choisir consciemment de respecter des lois qu'on considère justes, ou dont on pense légitime l'origine (lois démocratiquement votées par exemple), revient à s'obliger d'obéir. Cela se complique quand une loi estimée légitime est relayée par une sanction : l'obéissance peut alors à la fois renvoyer à l'obligation et à la peur de la contrainte. Néanmoins, il faut **maintenir la distinction entre obligation et contrainte**, au moins en première approche, afin de préciser les niveaux.

Problématiques

Cette distinction est fondamentale pour réfléchir à la spécificité du rapport des hommes aux règles et aux institutions. On ne peut penser la liberté politique sans différencier l'**obéissance par contrainte** et l'**obéissance par devoir**. L'idée même de devoir renvoie souvent à une obligation, qu'elle soit juridique, morale ou éthique. Confondre l'obligation et la contrainte, c'est ne plus pouvoir dénoncer le prétendu « droit du plus fort », principe politique de domination dont **Rousseau** montre l'absurdité à partir d'un travail de distinction conceptuelle (***Du contrat social***, 1762).

Le philosophe établit en effet précisément les registres respectifs de la force et du droit : la force renvoie à la contrainte imposée de l'extérieur, elle est un pur fait et n'implique donc aucun droit ni aucun devoir. Au contraire, le devoir comme obligation renvoie à un respect volontaire et conscient qui reconnaît la légitimité de la puissance ou de la règle à laquelle obéir. Cela révèle que l'obligation n'a de sens que s'il est possible de désobéir et si l'obéissance n'est pas seulement due à la peur ou à une prudence forcée (anticipation des sanctions).

Renvois

Repères : contingent - nécessaire - possible ; en fait - en droit ; idéal - réel ; légal - légitime ; médiat - immédiat ; objectif - subjectif ; transcendant - immanent.

Notions : la conscience et l'inconscient, la justice et le droit, la liberté, la morale, le sujet.

Origine - fondement

Définitions

L'**origine** désigne le point de départ de quelque chose (le commencement) ou sa formation. C'est un terme historique, mythologique et, dans certains cas, scientifique et philosophique, qui concerne la question de la genèse. Le **fondement** désigne un principe ou une réalité qui rend raison, en expliquant ou en justifiant. C'est plus étroitement un concept philosophique et savant qui concerne la question de la raison des choses.

Par exemple, l'origine religieuse du mal dans le christianisme est le péché *originel* (comme son nom l'indique). L'origine historique d'un événement renverrait plutôt à ses différentes causes. Quant au fondement, on peut trouver celui du droit dans un principe moral, l'égalité morale entre les hommes fondant ainsi l'égalité juridique devant la loi.

Problématiques

Le premier enjeu est de ne pas confondre la question de l'origine et celle du fondement : l'origine de quelque chose ne le justifie pas, et inversement le fondement n'est pas nécessairement une origine historique (l'égalité morale fondant le droit peut être proclamée après l'égalité proprement juridique).

Une autre question concerne le statut du concept d'origine, que sa racine mythologique et son sens absolu (le premier commencement) rendent suspect à la raison. Les travaux philosophiques et scientifiques ont ainsi cherché à relativiser l'origine pour mieux poser les **questions de genèse**. C'est ainsi que **Rousseau**, dans le ***Discours sur l'origine et les fondements de l'inégalité parmi les hommes*** (1755), pluralise les origines en examinant un ensemble de facteurs et des étapes successives, réfutant l'idée d'un début absolu. Mais Rousseau s'attaque aussi à l'ambiguïté axiologique (relative aux valeurs) de l'origine : elle a souvent une dimension mythique qui tend à justifier les phénomènes dont on raconte l'origine comme s'ils étaient implacables et voulus par un ordre supérieur. En relativisant et distribuant l'origine dans une histoire complexe (en l'occurrence hypothétique), Rousseau s'oppose à l'idée que l'inégalité serait inscrite telle une fatalité dans le devenir de l'homme.

Renvois

Repères : absolu - relatif ; abstrait - concret ; médiat - immédiat ; principe - conséquence ; transcendant - immanent.

Notions : la démonstration, le devoir, l'histoire, langage et interprétation, la morale, la religion, la vérité.

Persuader - convaincre

Voir le repère « **Croire - savoir** ».

Principe - conséquence

Définitions

Il s'agit à la fois d'une distinction et d'une relation. Le **principe** désigne ce qui justifie, explique et fonde les **conséquences**. Dans la relation purement logique, le principe est ce qui permet de déduire les conséquences selon une implication nécessaire.

Par exemple, le principe de l'égalité universelle entre les hommes fonde et justifie métaphysiquement ou moralement la conséquence politique de l'égalité des citoyens. Les principes logiques de non-contradiction (« Il est impossible qu'un même attribut appartienne et n'appartienne pas en même temps et sous le même rapport à une même chose », **Aristote**, dans la ***Métaphysique***) et du tiers exclu (si p, alors non p et réciproquement) permettent de déduire la loi de l'alternative (soit p, soit non p).

Problématiques

L'essentiel est de ne pas confondre le principe et les conséquences, donc de savoir cibler ce qui a vraiment valeur de principe et ce qui doit être fondé et justifié par d'autres principes. Il faut aussi distinguer la **relation logique et intellectuelle** « principe - conséquence » de la **relation physique** « cause - effet ». Même si l'on peut chercher à les articuler dans les théories physiques, il faut distinguer l'enchaînement des idées et celui des phénomènes.

Ce repère permet de préciser un problème central : y a-t-il des principes absolument premiers, qui pourraient ainsi être les principes justifiant tous les autres ? Cela renvoie à un débat profond quant à la **possibilité de fonder le savoir** sur des vérités premières servant de principes à tout l'édifice de la connaissance.

Renvois

Repères : absolu - relatif ; abstrait - concret ; analyse - synthèse ; formel - matériel ; identité - égalité - différence ; intuitif - discursif ; médiat - immédiat.

Notions : la démonstration, la justice et le droit, la morale, la vérité.

Ressemblance - analogie

Définitions

Ces deux termes correspondent à deux types distincts de rapports. La **ressemblance** désigne une similitude sensible, c'est-à-dire la perception d'une certaine parenté entre les caractéristiques ou l'allure d'ensemble de plusieurs choses. Par exemple, deux hommes se ressemblent si leurs traits physiques ont des similitudes et se font écho.

L'**analogie** est une comparaison qui ne suppose pas de similitude, mais plutôt une position proche dans une relation. Elle est davantage produite par l'esprit que perçue par les sens et suppose d'établir des relations logiques ou métaphoriques. Le mieux est de la concevoir comme une sorte de proportion où l'égalité n'est pas stricte, sur le modèle : A est analogue à B sous un certain point de vue, car le rapport de A à C est proche de celui de B à D. Par exemple, selon la comparaison de **Platon**, le rapport entre l'Idée du Bien et les autres Idées (Formes intelligibles) est analogue à celui du Soleil et des autres réalités : l'Idée du Bien, comme le Soleil, éclaire ce qui l'entoure.

Problématiques

L'essentiel est de ne pas confondre ces deux comparaisons, notamment en se méfiant des ressemblances sensibles qui ne révèlent parfois aucune réelle analogie. Il faut distinguer les **rapports sensibles** et les **rapports logiques** (proportion stricte) ou **analogiques** (quasi proportion). Cela renvoie au sens premier de la raison, celui de rapport et plus précisément de proportion, qui cherche à établir des relations pour préciser les idées et appréhender le monde. Mais, tout en étant distincte de la ressemblance, l'analogie n'a pas la rigueur de la stricte proportion. D'où un mélange de raison et d'imagination, parfois de sagesse et de folie, qui fait la beauté mais aussi le danger de l'analogie.

Renvois

Repères : absolu - relatif ; formel - matériel ; identité - égalité - différence ; intuitif - discursif.

Notions : l'art, langage et interprétation, la raison, la religion, théorie et expérience.

Transcendant - immanent

Définitions

Est **transcendant** ce qui est radicalement supérieur et dépasse un premier niveau. La transcendance désigne ainsi souvent la divinité et les autorités suprêmes.

Par contraste, l'**immanence** indique l'appartenance à un niveau homogène, voire ce qui est à l'intérieur même de quelque chose. Ainsi, ce qui est immanent se situe à une même échelle ou dans un même registre.

Par exemple, le miracle suppose l'intervention transcendante d'une **puissance surnaturelle**, alors que l'**explication scientifique** relie un effet naturel à une cause naturelle. Dans cet exemple, la transcendance est absolue : elle désigne la divinité qui dépasse même la nature et se situe au-delà des réalités matérielles.

Il existe un sens relatif plus nuancé. Ainsi, chez **Hobbes**, l'État transcende la société : il est en position d'autorité suprême et régit unilatéralement la société. D'où la comparaison de l'État à un monstre biblique, le Léviathan (titre du livre le plus important de Hobbes, voir ***le Léviathan***), et la caractérisation de l'État comme équivalent de Dieu sur terre. Néanmoins, l'État qui se substitue à Dieu reste une production humaine : dans son fonctionnement, l'État est transcendant à l'égard de la société, mais il a une origine immanente à la société à travers le pacte social qui le fonde.

Problématiques

Cette distinction permet de préciser les relations en distinguant les **rapports horizontaux et verticaux**, et surtout de différencier les **types de hiérarchies et d'hétérogénéité**. La transcendance signale les ruptures radicales où une entité est radicalement au-dessus d'une autre, par distinction avec les échelles réversibles, les hiérarchies nuancées et évidemment les relations réciproques et égales.

On peut repérer deux grands problèmes où ce repère est particulièrement éclairant. Premièrement, il illustre l'opposition entre deux types d'explication et deux modes d'appréhension du réel. On l'a dit, l'explication immanente explique la nature par la nature. L'immanence est le mode général d'explication que pratique la science et, pour les philosophies **naturalistes ou matérialistes**, le seul légitime. Au contraire, la transcendance est affirmée par la **pensée théologique** et par certaines philosophies se posant des questions d'origine absolue (la création du monde) ou voulant préserver une dimension humaine irréductible à la seule nature (une âme spirituelle, la conscience de soi, la liberté).

Deuxièmement, le statut de l'État oscille de la transcendance, chez les partisans d'une autorité absolue ou suprême, à l'immanence, chez ceux qui relativisent la hiérarchie dans la société. **Rousseau**, pourtant défenseur de l'autorité du contrat social, se situe dans le second cadre en affirmant que d'un certain point de vue l'État est le peuple.

Renvois

Repères : absolu - relatif ; cause - fin ; origine - fondement ; principe - conséquence.

Notions : autrui, la conscience et l'inconscient, l'État, la justice et le droit, la liberté, la matière et l'esprit, la morale, le sujet, la vérité, le vivant.

Universel - général - particulier - singulier

Définitions

Est **général** ce qui concerne un ensemble de cas englobés dans une catégorie. Par opposition, est **particulier** ce qui concerne un sous-ensemble d'une catégorie générale. Par exemple, **Platon** différencie dans le ***Ménon*** l'abeille en tant que catégorie générale et tel type d'abeille (les petites, les grandes, etc.) en tant que sous-ensemble particulier. Mais la différence est relative et il s'agit en fait de degrés de généralité. Ainsi, ce qui est général peut devenir particulier selon le point de vue adopté (la catégorie *abeille* par rapport à celle d'*insecte volant*). Inversement, ce qui est particulier peut devenir général (la catégorie *petites abeilles* par rapport à *telle abeille*).

L'**universel** désigne ce qui est valable dans tous les cas sans exception. À niveau absolu, il concerne l'univers entier (tout sans restriction) : la gravitation est universelle en ce qu'elle s'applique à toutes les réalités physiques. Mais l'universel peut aussi renvoyer à tous les cas d'une catégorie générale : c'est en ce sens qu'on dit que les vérités mathématiques sont universelles (le théorème de Pythagore [v. 570 - v. 480 av. J.-C.] est valable pour absolument tous les triangles rectangles). L'universalité souligne ici l'**absence totale d'exception**. Il existe enfin un dernier usage important : l'universalité morale qui renvoie à tout homme.

À l'opposé, le **singulier** désigne ce qui est particulier sans pouvoir être considéré comme un sous-ensemble d'une catégorie générale. Une autre manière de le définir est de dire qu'il qualifie ce qui est seul dans son cas. L'individu est par excellence singulier lorsqu'on prend en compte toutes les propriétés qui le constituent et qui font de lui un être unique. Un événement historique est aussi singulier si on envisage tous ses détails propres.

Problématiques

Ces distinctions logiques permettent de comprendre certains enjeux cruciaux de la rigueur philosophique, notamment l'exigence de définition générale et l'établissement de relations précises entre les concepts. Toutefois, elles concernent plus particulièrement deux grands problèmes.

Premièrement, d'un point de vue moral, juridique et politique, ce repère permet de préciser la distinction des règles en portée et en valeur. Ainsi, selon **Kant**, un principe moral universel est prioritaire sur un principe juridique simplement général, qui lui-même dépasse l'intérêt particulier. L'**universalisation morale** est à l'origine de principes spécifiques comme les droits de l'homme, valables pour tout homme en tout lieu et en tout temps. D'où le fait qu'ils sont imprescriptibles et peuvent être rétroactifs : le procès de Nuremberg (1945-1946) a pu justifier la condamnation pour crime contre l'humanité malgré le fait que les nazis n'avaient pas enfreint le droit allemand ni le droit international (la *Déclaration universelle des droits de l'homme* ne fut signée à l'ONU qu'en 1948).

Deuxièmement, ce repère est indispensable en **théorie de la connaissance**. Si la science est connaissance du général, pour reprendre la formule d'**Aristote**, elle délaissera les particularités et oubliera les singularités. Néanmoins, la singularité est un défi pour la connaissance : elle n'est pas susceptible de généralisation et rend sensible aux différences réelles. Contre Aristote, **Spinoza** affirme ainsi dans ***l'Éthique*** (1677) que la plus haute forme de connaissance est celle du singulier en tant qu'elle appréhende les choses mêmes et non des généralités abstraites sur ces choses.

Renvois

Repères : absolu - relatif ; abstrait - concret ; contingent - nécessaire - possible ; en fait - en droit ; essentiel - accidentel ; genre - espèce - individu ; identité - égalité - différence ; légal - légitime ; transcendant - immanent.

Notions : le bonheur, la démonstration, le devoir, l'histoire, la justice et le droit, langage et interprétation, la morale, théorie et expérience, la vérité.

René Descartes

Montaigne

Baruch Spinoza

Grands philosophes

Jean-Paul Sartre

Emmanuel Kant

John Locke

Martin Heidegger

Alain

Alain (Émile Chartier, dit),

Mortagne-au-Perche 3 mars 1868 - Le Vésinet 2 juin 1951

Philosophe français

Penseur dans la plus pure tradition socratique, Alain se rattache au courant rationaliste né avec **Descartes**. Tant par son action de pédagogue, prolongée par d'éminents disciples, que par ses *Propos,* qui sont œuvre à la fois de moraliste et d'esthète, il a exercé une forte influence sur le mouvement des idées au XXe siècle.

Un idéaliste républicain

Fils de vétérinaire, le jeune Émile Chartier se voue à la philosophie après avoir suivi les cours de Jules Lagneau (1851-1894) à Paris. Élève de l'École normale supérieure, il passe l'agrégation et commence en 1892 une carrière de professeur qui le mène au lycée Corneille de Rouen puis au lycée Henri-IV de Paris, où il est professeur de rhétorique supérieure de 1909 à 1934. Il y a comme élèves de futurs grands noms de la pensée, entre autres Raymond Aron (1905-1983), Georges Canguilhem (1904-1995) et Simone Weil (1909-1943). Entre-temps, il a fait l'expérience du journalisme en collaborant à *la Dépêche de Rouen et de Normandie* à partir de 1903. Sous le nom d'Alain, il y lance la formule des *Propos,* d'abord hebdomadaires puis quotidiens, qui paraîtront ensuite dans *la Nouvelle Revue française* avant d'être réunis en volumes : *Propos* (1908-1920), *Système des beaux-arts* (1920 ; édition augmentée en 1926), *Propos sur l'esthétique* (1923), *Souvenirs concernant Jules Lagneau* (1925), *Propos sur le bonheur* (id.), *Propos sur l'éducation* (1932), *Idées* (id.), *Propos sur la littérature* (1934), *Propos de politique* (id.), *les Dieux* (id.), *Propos d'économique* (1935), *Histoire de mes pensées* (1936), *Vigiles de l'esprit* (1942)...

Radical par tempérament, qui se range avec ardeur du côté des dreyfusards, Alain est aussi pacifiste par conviction. Par devoir, cependant, il prend part à la Première Guerre mondiale dans l'artillerie – alors qu'il est âgé de 46 ans lorsque le conflit éclate. C'est au cours de cette période passée sous les drapeaux qu'il se met à la rédaction de plusieurs ouvrages, dont font partie les *Quatre-Vingt-Un Chapitres sur l'esprit et les passions* – qui paraîtront en 1917 et seront refondus en 1941 sous le titre *Éléments de philosophie* –, de même que son célèbre pamphlet *Mars ou la Guerre jugée* (1921), une pièce, *le Roi Pot,* et les *Vingt et Une Scènes de comédie,* dont la publication sera posthume.

Démobilisé en 1917 après une grave blessure à un pied, Alain s'installe au Vésinet. Il se consacre alors à d'autres livres importants – *les Dieux* étant à ses yeux le meilleur de tous – et à des commentaires de poèmes de Paul Valéry (1929 et 1936). Conscient de la menace d'une nouvelle guerre dès le début des années 1930, il anime, avec le physicien Paul Langevin (1872-1946) et l'ethnologue Paul Rivet (1876-1958), le Comité de vigilance des intellectuels antifascistes. Victime d'une attaque cérébrale en 1936, il finit sa vie en fauteuil roulant.

Un fervent humaniste

Nombre de lycéens ont eu et auront encore à disserter sur les citations d'Alain, qui se prêtent au déclenchement de la réflexion philosophique.

Son œuvre, abondante et variée, s'ordonne autour des deux thèmes majeurs que sont la perception et les passions. Par le premier, hérité de Jules Lagneau, Alain est le continuateur d'une tradition philosophique toujours vivante : rationaliste, il accorde une importance décisive au jugement, qui libère des apparences subjectives de la sensation ; le monde objectif est alors un ensemble de relations nécessaires conçues par l'entendement. Par le second, en revanche, il apparaît comme le représentant d'un courant critique qui refuse l'apport des sciences humaines en psychologie et qui, à ce titre, récuse l'inconscient freudien.

Dans le domaine politique, ses vues sont celles d'un homme du juste milieu qui défend la liberté de l'individu contre les séductions de la puissance et la responsabilité du citoyen contre toutes les formes de tyrannie (*le Citoyen contre les pouvoirs,* 1926). Son esthétique est celle d'un esprit nourri de la tradition (parmi ses contemporains, il ne reconnaît guère que Paul Claudel et Paul Valéry) et de la fidélité à quelques livres (en tête desquels *la Chartreuse de Parme,* qu'il prétendait avoir lu cinquante fois).

Alain apparaît comme l'un des représentants de la tradition rationaliste qui ne désespère jamais de la valeur civilisatrice de la raison.

Anselme (saint)

Aoste 1033 - Canterbury 1109

Philosophe et théologien bénédictin

Appliquant à la lettre le précepte de saint **Augustin** « la foi qui cherche l'intelligence », saint Anselme voulut donner à la foi chrétienne des fondements issus de la seule raison *(sola ratione)*. Précurseur de ce qui est connu dans l'histoire de la pensée comme la preuve ontologique de l'existence de Dieu, il peut être considéré comme le père de la scolastique.

L'archevêque philosophe

Entré à l'abbaye du Bec (aujourd'hui Le Bec-Hellouin), fondation bénédictine de Normandie dont son compatriote, l'abbé Lanfranc, avait fait un haut lieu de la pensée et des études théologiques, le futur saint Anselme en devient le prieur en 1063 puis l'abbé en 1078. C'est également comme successeur de Lanfranc qu'il est nommé en 1093 archevêque de Canterbury et qu'à ce titre il devient le primat du royaume anglo-normand fondé par Guillaume le Conquérant. Auteur d'ouvrages réputés en leur temps, tels que le *Proslogium,* le *Monologium* et le *Cur Deus homo* (méditation sur le mystère de l'Incarnation), il fait aussi œuvre d'édification par ses nombreuses lettres et homélies. Ardent défenseur de la suprématie du spirituel sur le temporel, il est exilé par le roi Guillaume II le Roux (1087-1100), mais il est rétabli par Henri Ier Beauclerc (1100-1135) dans ses prérogatives ecclésiastiques.

La seule raison

À l'époque d'Anselme, deux courants théologiques s'affrontent : l'un, que représente Roscelin de Compiègne (v. 1050 - v. 1120), fondateur du nominalisme, affirme le primat de la dialectique ; l'autre, défendu par saint Pierre Damien (1007-1072), ne place rien au-dessus des autorités spirituelles – les Saintes Écritures et les Pères de l'Église. Ainsi, Roscelin considère que la raison est le critère suprême que l'homme est censé suivre dans sa quête du savoir. Il résulte de cette position que la foi et ses mystères sont nécessairement subordonnés à la raison. Ceux qui, au contraire, s'opposent à cette ingérence de la raison dans le domaine de la foi se contentent de proposer aux croyants des arguments d'autorité. Dans cette atmosphère intellectuelle tendue, Anselme, alors prieur de son abbaye, est pressé par les autres moines de donner de la révélation divine une intelligence rationnelle.

Pour cela, Anselme va suivre une méthode originale. Il pose la nécessité de croire pour comprendre. Mais il veut que l'on s'efforce ensuite de comprendre ce que l'on croit : « Ne pas faire passer la foi d'abord, écrit-il, c'est présomption ; mais ne pas faire appel ensuite à la raison, c'est négligence. » L'importance déterminante qu'il faut accorder à la foi est donc en même temps le point de départ et le point d'aboutissement de cette méthode. La foi doit proposer l'objet que la raison devra scruter à son tour.

D'autre part, la raison ne doit jamais détruire, mais confirmer ce que la foi enseigne : c'est un sévère avertissement qu'Anselme adresse aux « dialecticiens » de son époque. Par une démarche somme toute paradoxale, la raison qui est l'outil de cette démarche reçoit de la foi son authentification dans la mesure où elle se révèle capable d'arriver par ses propres forces aux mêmes vérités que celles que la foi enseigne. La raison comprend qu'elle est vraiment capable de saisir la Vérité.

L'argument ontologique

Si l'expression *sola ratione* se trouve déjà chez saint Augustin, la méthode qu'elle désigne est propre à Anselme, dont le projet théologique aboutit à limiter le domaine de la recherche rationnelle à l'objet de la foi. Ce projet repose sur la recherche de l'enchaînement logique d'une série de raisons nécessaires.

En soutenant la solution que **Platon** avait apportée à la question de l'origine des idées, Anselme tire de ce raisonnement philosophique, baptisé *réalisme,* toute la valeur de la preuve de l'existence de Dieu qu'il expose dans le *Monologium.* « Nous avons l'idée de l'Être parfait ; or la perfection implique l'existence ; donc l'Être parfait existe. » Par cet argument, dit *ontologique,* il trace une ligne de partage entre ceux dont la philosophie institue l'identité de l'existence et de l'être intelligible conçu par la pensée (de saint Bonaventure à **Descartes** et à **Hegel**) et ceux qui fondent la philosophie sur une donnée empirique existante (de **Thomas d'Aquin** à **Kant**).

Arendt (Hannah)

Hanovre 14 octobre 1906 - New York 4 décembre 1975

Philosophe américaine d'origine allemande

Universitaire de renom aux États-Unis, solidaire des victimes du totalitarisme dont elle a analysé les conditions d'émergence, Hannah Arendt a mené une réflexion originale et essentielle, qui a fait surgir la notion de crise de la culture allant de pair avec la perte du sens de la tradition.

Une vie dans le monde

Issue d'une famille juive aisée et cultivée, Hannah Arendt fait de brillantes études secondaires puis universitaires en philosophie, philologie et théologie. Liée dès 1925 avec **Heidegger**, qui marquera profondément sa vie intellectuelle tout autant que personnelle, elle suit aussi les cours de **Husserl** et de Karl Jaspers (1883-1969), sous l'égide duquel elle soutient sa thèse : « le Concept d'amour chez saint Augustin ». En 1933, elle fuit l'Allemagne nazie et se réfugie en France, où elle apporte son aide à de jeunes Juifs qui veulent émigrer en Palestine. Accueillie une première fois aux États-Unis en 1941, elle se fait naturaliser américaine en 1951. La même année, elle publie son ouvrage majeur, *les* ***Origines du totalitarisme***, dont les trois volumes paraîtront en français sous les titres *le Système totalitaire* (1972), *Sur l'antisémitisme* (1973) et *l'Impérialisme* (1982).

Auteure également de *Condition de l'homme moderne* (1958) et de *la* ***Crise de la culture*** (1961), Hannah Arendt assiste à Jérusalem au procès du nazi Adolf Eichmann et publie ensuite les articles qu'elle consacre à l'événement (*Eichmann à Jérusalem*, 1963). Chargée de cours dans les plus grandes universités américaines, elle obtient en 1963 la chaire de science politique à Chicago, puis est nommée en 1967 à la New School for Social Research de New York. Son dernier livre, *la Vie de l'esprit* (posthume, 1978), réunit les textes de conférences sur les thèmes de « la Pensée » et de « la Volonté ».

La vie de l'esprit

Loin de tout esprit de système, Hannah Arendt déclare faire de la « théorie politique » plutôt que de la philosophie. Elle s'efforce de comprendre la réalité dans sa complexité, en utilisant à la fois les apports de la pensée grecque et ceux de la pensée moderne. L'objet principal de sa réflexion est l'humanité de l'homme. L'humanité n'est pas seulement l'ensemble des hommes ; elle est aussi la qualité propre à l'homme, celle qui le distingue de la bête ou du monstre barbare. Cette qualité est fondée essentiellement sur la mémoire, c'est-à-dire sur la conservation de réalités susceptibles de lier les générations, de constituer un sens irréductible aux logiques de pouvoir. La production de biens voués à disparaître par leur usage n'est pas à proprement parler humaine : elle satisfait seulement à l'urgence de la vie ; l'homme, en cela, ne se démarque pas de l'animal, mais est ce qu'on peut appeler un *animal laborans*.

Ce n'est que par la production d'une œuvre offerte à la contemplation que le lien humain se tisse au-delà des limites temporelles : une idole cycladique, une cathédrale témoignent de l'humanité de l'homme et contribuent à former un monde, une cohérence signifiante dont l'homme individuel est partie prenante. Ainsi, on peut comprendre que la crise de la culture est crise de la mémoire. La modernité, qui se caractérise par le culte de la nouveauté, a indirectement favorisé la crise de la culture. En effet, la valorisation de la nouveauté pour elle-même conduit à une forme de violence : l'abolition des héritages, le refus de la transmission détruisent les liens entre le présent et le passé.

L'analyse du phénomène totalitaire

Le totalitarisme, sous les formes du nazisme et du stalinisme, ne ressemble à aucun autre système politique. Les typologies classiques définissent, en effet, les régimes par leurs règles institutionnelles. Or, le totalitarisme bafoue les principes mêmes de l'État de droit ; il repose essentiellement sur la terreur et sur l'idéologie.

La terreur abolit tous les liens entre les personnes et les communautés qui constituent la société : sans la liberté qu'octroient les liens interpersonnels, les individus sont sous le contrôle du pouvoir discrétionnaire. L'individu, dépossédé de tout lien avec les autres, avec le monde et avec le passé, connaît la « désolation », le délaissement le plus radical.

L'idéologie est une représentation du monde qui prétend devenir réalité. Le totalitarisme affirme ainsi une loi de développement implacable, la société sans classes dans le communisme ou la race pure dans le nazisme. Toute réalité est soit moyen, soit obstacle ; aucun domaine ne saurait y échapper. Le questionnement sur le sens de la vie est aboli au profit d'une vérité totalisante, qui s'impose par la violence d'État.

Le totalitarisme est étroitement lié à la crise de la culture : la perte du sens de l'histoire entraîne une perte du sens du relatif ; l'oubli de la complexité conduit à un abandon de la réflexion sur les fins. La logique totalitaire supprime ainsi le sens de la liberté et de la responsabilité individuelle : l'individu se perçoit lui-même comme un rouage du système. Dès lors, le mal tel que l'incarne Eichmann apparaît non plus sous les traits de l'horreur mais sous ceux de la banalité. La banalité du mal est l'expression la plus abominable de la crise de la culture, de la déresponsabilisation.

Pour surmonter la tentation totalitaire, il faut retrouver la possibilité d'un espace public de discussion. Selon Hannah Arendt, l'individu pensant doit pouvoir rendre sa pensée compréhensible par n'importe qui et s'offrir ainsi à la critique de tous les autres sujets pensants. La condition de la pensée rigoureuse est une condition même de la démocratie.

Renvoi

Notion : le travail et la technique.

Aristote

Stagire, Macédoine, 384 - Chalcis, Eubée, 322 av. J.-C.

Philosophe grec

« En puissance, la science est dirigée vers le général, en acte vers le particulier. » Cette formule d'Aristote vaut aussi pour son œuvre tout entière, dont le thème fondateur est la référence à un « univers » où coexistent raison et société, expérience et pensée, vie et éternité, devenir et perfection. L'aristotélisme irrigua toute la pensée médiévale.

Le pédagogue

Fils du médecin de la maison royale de Macédoine, Aristote, souvent appelé « le Stagirite », part à 17 ans pour Athènes, où il rejoint l'Académie. Il y suit les cours de **Platon** vingt années durant, mais il échoue dans sa tentative pour lui succéder. Il décide alors de se rendre en Asie Mineure, à Assos, afin de créer un centre d'enseignement et de recherche. Il y compose le dialogue *Sur la philosophie,* dit la « charte d'Assos », qui servira longtemps de source principale relativement au projet aristotélicien. Dès cette époque, il se montre soucieux de fixer l'héritage intellectuel de ses prédécesseurs et de le faire fructifier.

Tandis qu'Aristote se trouve à Lesbos, Philippe II, roi de Macédoine, l'appelle à sa cour pour lui confier l'éducation du jeune Alexandre, âgé de 13 ans. Il lui dispense alors son savoir universel, lui donnant aussi le goût de la médecine comme l'atteste Plutarque. Après l'avènement de son élève, Aristote reprend le chemin d'Athènes. Il y fonde le Lycée (335 avant J.-C.), où il enseigne « en se promenant » – d'où le nom de son école dite « péripatéticienne ». Parallèlement, il se consacre à l'élaboration d'une vingtaine d'ouvrages.

À l'annonce de la mort d'Alexandre, le parti national athénien, encore dirigé par Démosthène (384-322 av. J.-C.), fourbit ses armes. Aristote se décide alors à quitter la cité, afin d'« épargner aux Athéniens un second attentat contre la philosophie » après la sentence de mort prononcée contre **Socrate**. Il se retire à Chalcis, en Eubée, et y meurt – sans doute d'un ulcère de l'estomac – à l'âge de 63 ans, laissant une fille, Pythias, et un fils, Nicomaque. Théophraste (v. 372 - 287 av. J.-C.), l'auteur des *Caractères,* est son exécuteur testamentaire. Le Lycée connaîtra de nombreuses difficultés, et l'enseignement de la philosophie sera plusieurs fois soumis à des interdictions. Les disciples d'Aristote s'installeront de plus en plus à Alexandrie.

Le philosophe

Seuls nous sont parvenus de rares fragments des œuvres de jeunesse d'Aristote, destinées à un large public : l'*Eudème,* qui s'interroge sur l'immortalité de l'âme ; le *Protreptique,* qui critique ceux qui séparent l'étude de la pratique ; le traité *De la philosophie* ou *Du bien,* qui marque le moment de rupture avec la philosophie platonicienne et contient déjà une critique de la théorie des Idées. Ses grands ouvrages furent édités par Andronicus de Rhodes dans la Rome de **Cicéron**.

Chez ce penseur universel, rigueur et clarté sont liées dans les classifications, qu'il s'agisse des régimes politiques : monarchie, aristocratie, oligarchie, démocratie, tyrannie ***(Politique, Constitution d'Athènes)***, de morale ***(Éthique** à Nicomaque)*, des procédés oratoires *(la **Rhétorique**)*, des genres littéraires *(la Poétique)* ou encore des règnes naturels (il introduit la distinction entre roches et minéraux).

Soucieux de recherche, Aristote multiplie les distinctions : contenus et fonctions, niveaux de principes, acte et puissance, matière et forme. Attentif au langage, tout en se méfiant de l'abus des mots, il crée la logique (dont le terme lui est postérieur) en tant que système formel : il utilise des symboles pour les variables, pose des principes et réfléchit à une combinatoire pour situer entre eux les concepts dans l'expérience. La logique est considérée comme une propédeutique à la science et comprend cinq traités, réunis sous le nom d'***Organon*** (mot qui signifie « instrument ») : *les **Catégories*** (ouvrage élémentaire consacré à l'étude du terme et des différents genres de l'être) ; *De l'interprétation* (sur les propositions) ; les *Premiers Analytiques* (qui fournissent la théorie générale du syllogisme) ; les *Seconds Analytiques* (qui établissent la théorie de la démonstration, ou théorie du syllogisme, dont les prémisses sont nécessaires) ; les *Topiques* (qui proposent la théorie du raisonnement dialectique ou simplement probable – les prémisses n'étant que des opinions généralement admises) ; la *Réfutation des Sophismes.*

Dans sa ***Métaphysique*** – qui vient en fait « après la physique », parce qu'elle présuppose la théorie physique de la causalité –, Aristote expose, en les critiquant, les diverses doctrines philosophiques de Thalès à Platon et établit qu'elles ont eu le tort de considérer comme les seules causes des êtres celles qui relèvent de la matière. La matière est nécessaire, mais elle est inconcevable en tant que séparée de toute forme. La forme par rapport à la matière est un bien, une perfection. Au sommet de l'échelle des êtres, par-delà le monde sensible, il y a la forme sans matière, l'acte pur : Dieu.

Le savant

L'époque à laquelle vivait Aristote le conduisit à poser des questions de fond : la structure de la matière, l'organisation de la vie, le pouvoir de l'esprit et ses limites, la liberté de l'homme et son sens, la transcendance de la divinité et son mystère. Il parvient à constituer un système du monde, qui intègre les transformations dans une organisation avantageant l'état stable, source et fin du mouvement (***Physique*** [divisée en plusieurs livres se rattachant au *Traité des principes* et au *Traité du mouvement*] ; *Du ciel* ; *les Météores*).

Aristote décrit 400 espèces animales environ. On lui doit notamment la grande subdivision du règne animal entre vertébrés (« sanguins ») et invertébrés (« exsangues »), le classement des chauves-souris parmi les mammifères, la description de la vie sociale des abeilles, la distinction entre insectes diptères et hyménoptères, des observations sur divers poissons, des ouvertures vers l'écologie et la zoogéographie, enfin la notion capitale d'« espèce ».

Aristote est aussi le premier à signaler l'accroissement du delta du Nil ou la lenteur des révolutions du globe. Certaines de ses découvertes ne seront confirmées qu'au XIXᵉ siècle. Plus biologiste que mathématicien, il fonde l'anatomie et la physiologie comparées et, surtout, développe la notion de nature *(De la génération et de la corruption, Des parties des animaux, Sur la marche).*

Renvois

Notions : autrui, le bonheur, la conscience et l'inconscient, la démonstration, le désir, les échanges, l'État, la justice et le droit, langage et interprétation, la matière et l'esprit, la morale, la société, théorie et expérience, le vivant.

Repères : cause - fin ; contingent - nécessaire - possible ; en acte - en puissance ; formel - matériel ; genre - espèce - individu ; principe - conséquence ; universel - général - particulier - singulier.

Augustin (saint)

Tagaste, auj. Souk Ahras, Algérie, 354 - Hippone 430

Théologien, Père de l'Église latine

Considéré dès son époque comme l'un des plus grands théologiens de l'Église, également philosophe et moraliste, saint Augustin est le témoin d'un monde qui s'éteint et d'un autre qui naît, transformé par le message de l'Évangile. Il nous livre aussi une vision de l'histoire qui exerça une immense influence sur la pensée occidentale.

L'évêque d'Hippone

Romain d'Afrique, Augustin appartient à l'une de ces familles provinciales qui, en 212, ont obtenu le droit de cité à la suite d'un édit de Caracalla. Son père, Patricius, est un petit notable qui fait d'importants sacrifices pour l'envoyer faire ses études à Carthage. Ce père est païen, tandis que Monique, la mère d'Augustin, est chrétienne. Lui-même a un fils, Adéodat (372-389).

La voie de la réussite passe alors par l'art de l'éloquence, discipline reine de la culture romaine. Dès 374, Augustin est professeur de rhétorique à Carthage. En 383, il s'établit à Rome, puis en 384 à Milan, où il devient orateur officiel. C'est à Milan, où sa mère l'a rejoint, que s'achève son évolution spirituelle. Passant du manichéisme de ses débuts au néoplatonisme, il écoute aussi la prédication de l'évêque de Milan, le futur saint Ambroise. Tandis que la connaissance de l'Évangile – en particulier celle des épîtres de saint Paul – ouvre son esprit aux mystères de la Révélation, il se dit lui-même touché par la grâce, dans le jardin de sa maison de Milan, alors qu'il médite au pied d'un figuier un jour d'août 386. L'année suivante, la veille de Pâques, il reçoit le baptême en même temps que son fils. Ses ***Confessions*** (397-401) retracent les étapes de sa conversion, qui, du même coup, met un terme à son ambition de faire carrière au service de l'Empire romain.

Augustin décide de repartir en Afrique. Sur le point de s'embarquer à Ostie, il perd sa mère (387). Il quitte définitivement l'Italie en septembre 388 et, rentré à Tagaste, vend ses biens pour en donner le prix aux indigents. Ses traités religieux l'ont déjà rendu célèbre. À l'instigation des chrétiens d'Hippone, Augustin est ordonné prêtre en 391 par Valère, l'évêque de la ville, et, en 396, c'est lui-même qui occupe le siège épiscopal. La charge est d'autant plus prestigieuse que l'empereur Théodose vient d'imposer le christianisme comme religion d'État.

Augustin ne continue pas moins à mener une vie ascétique de type monastique. Les clercs dont il s'entoure s'engagent à respecter une règle commune de pauvreté ; ces hommes, que l'on peut déjà appeler des augustins, seront presque tous des fondateurs de monastères ou des évêques en Afrique du Nord. En même temps, Augustin consacre un large temps à la prédication, qui s'exprime dans plus de quatre cents sermons, et à la correspondance avec les plus grandes figures de la chrétienté, de saint Paulin de Nola à saint Jérôme en passant par plusieurs papes et empereurs. Ses *Lettres* sont parfois de véritables traités.

Le docteur de l'Église

Augustin le contemplatif parachève son apostolat par une œuvre écrite dont l'évêque Possidius se demandait s'il serait jamais possible de la lire tout entière. Le manichéisme puis le donatisme et le pélagianisme sont au premier rang de ses cibles. Contre les donatistes, en particulier, il publie son curieux *Psaume alphabétique,* rédigé en latin populaire et en vers rythmés. Sa longue lutte contre le moine Pélage et ceux qui s'inspirent de sa doctrine aura une influence déterminante sur la mise au point de la théologie augustinienne du péché originel et de la grâce (augustinisme).

« Philosophe de l'essence » contre les manichéens, « docteur de l'Église » contre les donatistes, « champion de la grâce » contre les partisans de Pélage – selon l'historien Henri-Irénée Marrou –, saint Augustin fut aussi le « théologien de l'histoire » contre les païens. Sa ***Cité de Dieu,*** apologie du christianisme, préfigure et nourrit tout un courant chrétien de l'histoire, dont Bossuet, dans son *Discours sur l'histoire universelle,* sera l'un des plus illustres représentants.

L'œuvre de saint Augustin est profondément enracinée dans l'Écriture sainte : on y a relevé 13 276 citations de l'Ancien Testament et 29 540 du Nouveau Testament. Cette œuvre immense est très variée, saint Augustin s'intéressant à tous les grands problèmes dogmatiques, moraux, ascétiques et mystiques, et adaptant sa pensée aux interlocuteurs les plus dissemblables. Sa langue est classique et pourtant vivante ; elle donne au latin d'Église ses lettres de noblesse.

Les grands thèmes augustiniens, connaissance et amour, mémoire et présence, grâce et sagesse, vont dominer toute la théologie occidentale jusqu'à l'avènement du thomisme. Luther reprendra, en la transformant, la vision pessimiste de l'homme pécheur. Le jansénisme aura pour source un livre *(Augustinus)* écrit pour présenter une synthèse des idées de saint Augustin.

Les dernières années de l'évêque d'Hippone sont troublées par l'invasion des Vandales, qui ont entrepris la conquête de l'Afrique. Il meurt dans sa ville assiégée, le 28 août 430. Son corps sera transporté en Sardaigne en 486, puis à Pavie, où ses reliques auraient été retrouvées en 1695. À Hippone même a été élevée, de 1881 à 1900, une basilique en l'honneur de saint Augustin.

Renvois

Notions : l'existence et le temps, le sujet.

Averroès

Averroès,
en ar. Abū al-Walīd ibn Ruchd,
Cordoue 1126 - Marrakech 1198

Philosophe arabe

Alors que l'Occident n'avait pas su conserver l'intégralité de l'héritage grec, c'est par le truchement d'érudits arabes qu'il le redécouvrit. Avec Averroès, musulman d'Espagne, culmine une pensée qui va mettre au premier plan l'œuvre d'Aristote.

Le juriste et le philosophe

Les biographies d'Averroès diffèrent quelque peu, mais elles s'accordent sur le fait qu'il est le descendant d'une lignée de juristes : son grand-père et son père ont été cadis de Cordoue. Il reçoit des professeurs les plus célèbres de l'époque un enseignement qui lui confère une érudition exceptionnelle, s'étendant à la jurisprudence, la théologie et la philosophie, la grammaire, la médecine, la physique, l'astronomie et les mathématiques. Lui-même sera cadi de Séville (1169), puis grand cadi de Cordoue (1182). Introduit à la cour des califes almohades au Maroc, il y fait carrière comme magistrat et comme médecin, tout en développant sa philosophie ; or celle-ci s'éloigne des rigueurs du malékisme, alors influent parmi le peuple, et lui vaut une période de disgrâce qui ne prend fin que quelques mois avant sa mort.

Averroès est l'un des principaux commentateurs d'**Aristote**, et tout son effort tend à concilier la philosophie de ce dernier avec le Dieu du Coran. Parmi ses sources, certaines sont authentiquement aristotéliciennes et d'autres néoplatoniciennes ; il procède ainsi à l'interprétation de textes déjà interprétés. On distingue dans son œuvre quatre sortes de livres : avant 1162, les *Paraphrases* ou *Petits Commentaires* d'Aristote *(**Organon**, **Physique**, **Métaphysique**, Des parties des animaux)* ; au cours des quinze années suivantes, les *Petits et Moyens Commentaires* ; plus tardifs, les *Grands Commentaires*, suivis d'un opuscule sur **Platon** ; des traités scientifiques et écrits philosophiques (entre 1174 et 1180).

L'influence du maître à penser

Pour Averroès, Aristote a mis au point la « preuve démonstrative », instrument de la science et de la philosophie. À sa suite, il explique le monde par des concepts physiques (matière, forme, mouvement) et non mathématiques. Aussi défend-il, avec plusieurs savants de son temps en Espagne, l'astronomie d'Aristote contre celle de Ptolémée. En médecine, il donne toujours raison à Aristote contre Galien. En métaphysique, sa théorie de l'être repose sur la substance : substances sensibles et corruptibles de notre monde, soumises au mouvement rectiligne des éléments ; substance du ciel, sensible et incorruptible, soumise au mouvement circulaire.

Partout où il peut y avoir une preuve démonstrative, la parole est à la philosophie. Mais cette preuve ne s'applique pas à tous les problèmes que se pose l'esprit humain, à ceux des origines et des fins dernières. Là, il faut pousser la raison jusqu'à ses dernières limites afin de les reconnaître. Mais on ne peut aller au-delà, et la foi religieuse seule est alors capable de donner une réponse. Tel est le cas des problèmes de la création du monde, de l'immortalité de l'âme et de Dieu. On démontre que la matière et le mouvement ne sont pas créés dans le temps ; mais peut-on parler d'une éternité du mouvement ? On prouve que l'âme individuelle, comme forme du corps, est corruptible ; mais comment concevoir un intellect corruptible capable de saisir des intelligibles incorruptibles et éternels ? La raison cherche, mais ne trouve rien de satisfaisant, et, sur tous ces points, Averroès est loin de donner des solutions définitives.

La plupart des œuvres d'Averroès nous sont parvenues par l'intermédiaire de traductions latines ou hébraïques. À l'Université de Paris, elles pénètrent à partir de 1240. Averroès est ensuite, pendant quatre siècles, un des animateurs de la pensée occidentale, suscitant autant de disciples que d'opposants. Ainsi, saint **Thomas d'Aquin**, auteur d'un *Contre Averroès,* conteste les points de sa doctrine qui demeurent inconciliables avec la foi chrétienne. À l'époque de l'humanisme, au XVe siècle, la pensée d'Averroès connaîtra un nouveau temps fort en Occident, dans le cercle des maîtres de l'école de Padoue, qui seront parmi les promoteurs de la Renaissance.

Bachelard (Gaston)

Bar-sur-Aube 27 juin 1884 - Paris 16 octobre 1962

Philosophe français

Théoricien de la connaissance scientifique, Gaston Bachelard est l'un des maîtres fondateurs de la nouvelle épistémologie française. Il s'est, en même temps, illustré dans une analyse des formes de l'imaginaire éclairée par la psychanalyse.

Une carrière exemplaire

Fils d'artisan, entré aux Postes et Télégraphes après ses études secondaires, Gaston Bachelard va faire une double carrière de scientifique et de philosophe. Licencié en mathématique en 1912, il est mobilisé en 1914 et sera décoré de la croix de guerre 1914-1918. Entre 1919 et 1930, il enseigne la physique et la chimie au collège de Bar-sur-Aube. Veuf dès 1920, il doit élever seul sa fille Suzanne (1919-2007), qui, plus tard, contribuera à diffuser et à commenter ses travaux d'épistémologue.

Également licencié de philosophie en 1920, après une seule année d'études, Bachelard réussit l'agrégation en 1922 et enseigne désormais dans deux disciplines à Bar-sur-Aube. Docteur ès lettres en 1927, il devient professeur à la faculté de Dijon, avant d'être nommé à la Sorbonne, où, de 1940 à 1954, il est le titulaire de la chaire d'histoire et de philosophie des sciences, tout en dirigeant l'Institut d'histoire des sciences et des techniques. Élu à l'Académie des sciences morales et politiques en 1955, il reçoit en 1961 le grand prix national des Lettres.

La philosophie du non

Dans son ouvrage majeur, *le Nouvel Esprit scientifique* (1934), Gaston Bachelard fait de la connaissance scientifique une critique à la fois simple et rigoureuse. Sans accorder une confiance aveugle à la science, il en examine les conditions de possibilité loin de tous les exclusivismes. Contre les partisans du raisonnement par induction, il fait observer que l'on ne peut jamais affirmer qu'il n'y aura pas de contre-exemples à la loi que l'on a établie. Contre les empiristes, il montre que l'objet de la science tient aux régularités observables et que, en conséquence, les lois ont une légitimité rationnelle. Le rationalisme doit être « appliqué » et non pas cantonné dans l'abstraction dénuée de sanctions expérimentales. Les instruments scientifiques sont ainsi des théories matérialisées, de sorte que toute théorie est une pratique ; on peut alors parler de « matérialisme rationnel ».

La science procède donc par une double rupture. D'une part, elle est en rupture par rapport aux erreurs anciennes. Connaître scientifiquement exige de s'opposer à ce qui est tenu pour vrai sans être offert à l'examen critique et à l'expérience. Les théories établies peuvent devenir des préjugés si elles ne sont pas offertes à la possibilité de la réfutation. Ainsi, toute étude épistémologique doit être historique. D'autre part, la connaissance scientifique est en rupture avec l'expérience commune de la réalité. Le sens commun constitue, en effet, un obstacle qu'il faut dépasser : l'affectivité qui lui est liée ne concerne pas l'objet à étudier mais le sujet, et lui seul ; le scientifique doit donc s'en départir. Dès les premiers mots d'une autre de ses œuvres clés, *la* ***Formation de l'esprit scientifique*** (1938), Bachelard l'annonce clairement : « Rendre géométrique la représentation, c'est-à-dire dessiner les phénomènes et ordonner en série les événements décisifs d'une expérience, voilà la tâche première où s'affirme l'esprit scientifique. » La condition même du nouvel esprit scientifique est donc une « philosophie du non », selon le titre même de son ouvrage de 1940.

La poétique de la rêverie

L'imagination de l'individu lui est propre mais, à la fois, elle est structurée par un inconscient collectif, lui-même porteur d'archétypes. La littérature et la mythologie expriment et mettent en forme ces archétypes. La psychanalyse peut constituer un outil précieux pour interpréter le sens des images, des rêves mais aussi des connotations affectives. Bachelard réalise ainsi une critique de l'imaginaire centrée sur les quatre éléments que la philosophie de la nature présocratique, notamment celle d'Empédocle, avait distingués. Chacun des quatre éléments est le foyer d'images et d'évocations particulières que le scientifique doit écarter.

Le texte de Bachelard se fait lui-même poésie, et ses titres sont évocateurs : *la Psychanalyse du feu* (1938), *l'****Eau et les Rêves*** (1942), *l'Air et les Songes* (1943), *la Terre et les rêveries du repos* (1948), *la Terre et les rêveries de la volonté* (id.), *la Poétique de l'espace* (1957), *la Poétique de la rêverie* (1960), *la Flamme d'une chandelle* (1961). La prose de l'épistémologue épouse son sujet et laisse entrevoir la force des images : « Tout rêveur de flamme est un poète en puissance. Toute rêverie devant la flamme est une rêverie qui admire » *(la Flamme d'une chandelle).*

Les évocations oniriques remontent à l'enfance et s'enracinent dans des traditions ancestrales ; elles sont également liées aux grands textes de la littérature. Dans *l'Eau et les Rêves,* par exemple, Bachelard évoque le poète allemand Novalis, qui associe l'eau à la figure de la femme ; dans *l'Air et les Songes,* il étudie **Nietzsche** et Wagner, penseur et musicien « ascensionnels ». Les mythes nous habitent et portent un sens qui souvent reste pour nous inconscient : le feu, volé par Prométhée, est la figure de la transgression ; gardé par les vestales, il symbolise la continuité de la cité.

La pensée de Gaston Bachelard, indépendante de tous les systèmes, adopte une position équilibrée : le rapport poétique à la réalité ne doit pas être déprécié au nom de la science ; il coexiste avec elle. Le chercheur, pour être scientifique, n'en est pas moins homme. Cette approche exercera une grande influence sur l'épistémologie française à travers l'œuvre, principalement, de Georges Canguilhem (1904-1995) et de Michel **Foucault**.

Renvoi

Notion : l'existence et le temps.

Bacon (Francis)

Bacon (Francis, baron Verulam, vicomte de Saint Albans),

Londres 22 janvier 1561 - id. 9 avril 1626

Homme d'État et philosophe anglais

Philosophe de la singularité des faits naturels, qu'il a tenté de saisir par la méthode de l'induction, Francis Bacon marque la rupture avec la vision scolastique du monde et les préjugés qui ne résistent pas à l'épreuve des expériences. Son *Nouvel Organon* est l'un des ouvrages fondateurs de la pensée scientifique.

De l'ambition politique à la réflexion philosophique

Fils d'un garde des Sceaux de la reine Élisabeth Ire (1558-1603), Francis Bacon exerce le métier d'avocat et siège à la Chambre des communes de 1584 à 1593. Protégé du comte d'Essex, lui-même favori de la reine, il obtient cependant la condamnation de ce dernier lorsqu'il tombe en disgrâce. Il consolide alors sa position à la cour sous le règne de Jacques Ier (1603-1625) : il devient successivement procureur général (1613), conseiller privé du roi (1616), garde des Sceaux (1617), lord-chancelier (1618).

Auteur des ***Essais de morale et de politique*** (1597), où il distingue l'une de l'autre – non sans référence à **Machiavel** –, Bacon va perdre toutes ses charges officielles en 1621. Accusé de vénalité par le Parlement, il doit renoncer à la vie publique. Dès lors, il a tout loisir pour se consacrer à l'élaboration de son projet philosophique, auquel il donne le nom de « Grande Reconstitution » ou « Grande

Restauration » (*Instauration magna,* 1623). Trois œuvres majeures en sont issues : le *Traité de la valeur et de l'avancement des sciences* (1605), le **Nouvel Organon** (*Novum Organum Scientiarum,* 1620) et *la Nouvelle Atlantide* (posthume, 1627).

L'enquête sur le savoir

Bacon entend purger la connaissance de l'héritage de **Platon** et d'**Aristote**. Le savoir étant la plus haute vocation de l'homme, hormis son salut par la foi, il possède une valeur morale et politique qui nous fait repousser les apparences et nous inspire des doutes salutaires. Le savoir est structuré comme l'est l'entendement humain, de sorte que l'histoire correspond à la mémoire, la poésie à l'imagination et la philosophie à la raison. Bacon, avant **Descartes**, compare le savoir à un arbre dont la philosophie serait le tronc. La science naturelle se divise en physique et en métaphysique, celle-ci revêtant un sens nouveau : celui d'étude des principes ou axiomes communs dont dépendent à leur tour diverses sciences.

La méthode inductive. La méthode à suivre est celle de l'expérimentation. Elle consiste en premier lieu à dresser un grand inventaire de ce que l'homme sait déjà, en se méfiant des expériences isolées, qui surgiraient par hasard ou qui n'auraient qu'une utilité immédiate. Il est essentiel de privilégier les expériences qui « tirent à conséquence » et qui permettent d'inventer des expériences nouvelles. Pour cela, il faut conduire l'expérimentation avec précision et fermeté. Ainsi seront découvertes les choses dans leur nature même et, par induction, établies les lois générales qui régissent les liens existant entre elles.

Dans l'*induction ordinaire,* on passe d'emblée de l'observation des faits particuliers aux principes les plus généraux, tandis que dans l'*induction expérimentale* on doit avancer de manière graduée, non pas vers des notions générales, mais vers des principes qui « adhèrent à la nature des choses ». L'expérimentation doit aussi rectifier les erreurs imputables aux sens, mais elle a besoin, pour cela, d'une purification préalable. Elle seule permet une nouvelle « instauration » du savoir.

La fin des « idoles ». Or, il n'y aura pas restauration des sciences tant que les notions fausses, comparées à des « idoles », obscurcissent l'esprit à la manière des ombres dans la caverne de Platon. Pour disperser ces ombres, Bacon recommande de « constituer une enquête unique et générale » sur les modes de transmission du savoir. Mais la découverte de connaissances nouvelles exige également qu'on recherche, qu'on vérifie, qu'on dénombre et qu'on mesure ce qui est enseigné par l'expérience. Une fois cette foule d'observations particulières rassemblée, il reste à les ranger et à les coordonner.

Bacon cherche avant tout à comprendre le donné empirique, hors de toute considération de type métaphysique. Aussi rejette-t-il les notions aristotéliciennes de cause finale, formelle et matérielle. Cette approche critique inspirera les empiristes tels que **Hume**, même si ceux-ci vont plus loin que lui dans la mise en cause de la causalité, qu'ils enracinent dans les habitudes de l'esprit humain.

Renvois

Notions : la démonstration, l'histoire, le vivant.

Bergson (Henri)

Paris 18 octobre 1859 - id. 4 janvier 1941

Philosophe français

La philosophie de Bergson porte peu la marque de son époque. Elle fut avant tout, dans cette première moitié du XXe siècle, l'expression d'une importante réaction aux théories du positivisme.

Le philosophe prix Nobel

Henri Bergson appartient à une famille de neuf enfants ; son père, d'origine juive, est né à Varsovie et sa mère, à Londres. Lauréat du premier prix de mathématiques au concours général, il s'oriente toutefois vers la philosophie et entre à l'École normale supérieure en 1878. Après l'agrégation, il enseigne à Angers, à Clermont-Ferrand et à Paris. En 1884, il édite et préface des morceaux choisis de **Lucrèce**. En 1889, il soutient ses deux thèses : *Essai sur les données immédiates de la conscience* et, en latin, *la Théorie aristotélicienne du lieu*. Sa candidature à la Sorbonne avait déjà été repoussée plusieurs fois quand, en 1896 (année où paraît ***Matière et Mémoire***), il accède comme suppléant à la chaire de philosophie grecque et latine du Collège de France, qu'il inaugure avec un cours sur **Plotin** ; il en devient titulaire en 1900. En 1904, il occupera la chaire de philosophie moderne.

Deux ouvrages, *le* ***Rire*** et *l'****Évolution créatrice***, parus respectivement en 1900 et 1907, donnent lieu à des controverses qui aboutissent à une mise à l'Index par l'Église, mais aussi à un curieux succès mondain qui attire le Tout-Paris aux cours de Bergson. Celui-ci est élu à l'Académie française en 1914, et use de son autorité morale pour s'acquitter de diverses missions diplomatiques pendant la Première Guerre mondiale (notamment auprès du président américain Wilson) et au lendemain de celle-ci. Sous le titre *l'Énergie spirituelle*, il publie en 1919 un recueil d'articles. Son œuvre, surtout louée dans le monde anglo-saxon, est couronnée par le prix Nobel de littérature en 1927.

Depuis 1925, Bergson souffre de rhumatisme déformant. Il rédige encore *les Deux Sources de la morale et de la religion* (1932), puis *la Pensée et le Mouvant* (autre recueil d'articles [1934]). Lui qui s'était rapproché du catholicisme refuse de rompre avec le judaïsme devant la montée de l'antisémitisme et meurt en pleine Occupation.

Le penseur de l'intuition

Toute philosophie, dit Bergson, « se ramasse en un point unique », son intuition initiale et centrale. Pour lui, il s'agit de la durée, qui est la réalité même. Par durée, il faut entendre « la forme que prend la succession de nos états de conscience quand notre moi se laisse vivre, quand il s'abstient d'établir une séparation entre l'état présent et les états antérieurs » *(Essai sur les données immédiates de la conscience)*. Ces états sont des moments qualitatifs qui s'opposent aux quantités se juxtaposant dans l'espace. Du fait que le quantitatif seul se mesure, la science ne pourra pas atteindre les états de conscience. Aussi la qualité – donc tout fait psychique –, rebelle à la mesure, n'est-elle accessible qu'à l'intuition, érigée par Bergson en véritable méthode philosophique. « C'est à l'intérieur même de la vie que nous conduit l'intuition. »

La thèse centrale de *Matière et Mémoire* est résumée par Bergson lui-même dans l'« image du cône ». C'est sur le plan de l'action, de la matière, du présent que le corps agit grâce aux souvenirs accumulés, qui constituent sa mémoire, son expérience. Mais, à mesure que la conscience, se désintéressant de l'action, quittera ce plan, elle s'élèvera d'une simple répétition mécanique du passé dans l'acte habituel à une véritable représentation de celui-ci dans les divers degrés du souvenir. Ainsi, le souvenir, né de l'inattention à la vie, manifeste l'infinie contractilité de la durée, puisqu'un souvenir quasi instantané peut pourtant ressusciter de vastes portions du passé. Inversement, la matière, du fait de sa rigidité, ne peut que répéter le passé, et cette répétition occupera le même temps que l'original.

L'Évolution créatrice montre comment la durée règne dans l'univers lui-même. Rejetant mécanisme et finalisme en biologie, Bergson se rattache à une sorte de néo-lamarckisme. Puissance de métamorphose, la vie est entraînée par l'élan vital dans des séries divergentes de transformations, qui, après que la durée s'est scindée en matière et vie, l'orientent elle-même vers la vie végétale et la vie animale, l'animal vers l'instinct et vers l'intelligence, celle-ci enfin vers l'action technique et vers la compréhension intuitive. C'est ce mouvement de différenciation que *les Deux Sources de la morale et de la religion* poursuivent sur le terrain de la vie sociale.

Renvois

Notions : la conscience et l'inconscient, l'existence et le temps.

Berkeley (George)

Château de Dysert, comté de Kilkenny, 12 mars 1685 - Oxford 14 janvier 1753

Évêque et philosophe irlandais

Membre du clergé anglican, George Berkeley offre l'exemple d'une vie et d'une pensée étroitement unies dans le combat tout intellectuel qu'il mena contre le matérialisme et l'incroyance. Pour lui, seul importe le langage par lequel Dieu nous parle ; il n'y a pas de différence entre sensibilité et entendement.

Homme d'Église, homme de science

Fils aîné d'une famille aisée dont le père, Irlandais de naissance, est d'ascendance anglaise, George Berkeley entre à 11 ans au collège de Kilkenny (l'« Eton irlandais ») et à 15 ans au Trinity College de Dublin, bouillant foyer philosophique et scientifique d'où il sort diplômé en 1707. Anglican dévoué à sa foi, ordonné diacre en 1709, il acquiert la conviction que, si la science et la philosophie s'épuraient chacune de son côté, il en résulterait une sagesse tout à fait conforme au christianisme. Il consigne ses pensées dans un « Cahier de notes » *(Commonplace Book)* qui ne sera publié qu'en 1871. Il y fait clairement apparaître qu'il faut délivrer l'intelligence des préjugés nés de l'emploi du langage.

Berkeley publie en 1707 – à 22 ans – *l'Arithmétique démontrée sans le secours de l'algèbre ni de la géométrie,* puis en 1709 un *Essai sur une nouvelle théorie de la vision,* où il entreprend d'expliquer l'élaboration de la notion d'espace. Son œuvre maîtresse, annoncée dans le

Commonplace Book, fait suite en 1710 : le *Traité sur les principes de la connaissance humaine,* tout entier tourné vers la défense de la Parole de Dieu en un temps où les progrès de l'esprit scientifique suscitent les plus vives controverses entre les défenseurs de la tradition religieuse et les libres-penseurs. L'accueil que lui réserve la communauté des philosophes déçoit Berkeley, qui précise alors certains points essentiels de sa doctrine dans les *Dialogues entre Hylas et Philonous* (1713).

En 1713 s'ouvre une période de voyages qui durera près de vingt ans. Membre d'une mission diplomatique, Berkeley séjourne en Italie et en France, où il rédige un traité sur le mouvement *(De motu),* publié à Londres en 1721. À cette date, il est nommé doyen de Derry et pense alors consacrer sa vie à cette charge. Mais, en 1728, il met à exécution le grand projet qu'il mûrit depuis quatre ans : il part pour l'Amérique (avec une bibliothèque de 20 000 volumes !). Il a l'intention de s'installer aux Bermudes à la fois pour évangéliser les populations et pour encourager le commerce entre l'archipel et la métropole. En réalité, il demeure dans le Rhode Island, où il compose l'*Alciphron,* ouvrage didactique formé de sept dialogues successifs et publié à Dublin en 1732. Faute de subsides, Berkeley doit prendre le chemin du retour en 1731. Consacré en 1734 évêque de Cloyne (près de Cork), il y mène une vie toute de charité et de tolérance envers les nombreux catholiques de son diocèse.

Une théorie « immatérialiste »

Un monde divin. Opposé à l'empirisme de **Locke**, parce que l'idée d'une matière existant en soi lui apparaît indémontrable, Berkeley élabore sa théorie en se fondant sur le principe que les choses ne nous sont connues que comme idées. En Dieu qui les crée, les sensations elles-mêmes sont idées. Le monde est l'œuvre mais aussi la pensée de Dieu. La matière n'existe pas en dehors de l'idée que nous en avons. On compare des idées particulières pour produire une idée générale : c'est le fait de l'abstraction.

La science n'a pas à construire des théories faussement abstraites ; elle repose sur la certitude sensible. De là découle une preuve originale de l'existence de Dieu. « Il est évident pour moi, écrit Berkeley, que les choses sensibles ne peuvent exister autre part que dans un entendement ou un esprit, et je conclus de là, non point qu'elles n'ont pas une existence réelle, mais qu'attendu qu'elles ne dépendent pas de ma pensée ou qu'elles ont une existence distincte de la qualité d'être aperçues par moi, il faut qu'il y ait quelque esprit dans lequel elles existent. Ainsi, autant il est certain que le monde sensible existe réellement, autant l'est-il qu'il existe un esprit infini et présent partout qui les contient et qui les soutient. »

Une démarche fondatrice. La formule *esse est percipi* (« être, c'est être perçu ») est au centre de ce que l'on appelle l'« immatérialisme » de Berkeley : le monde corporel n'existe que comme objet de perception. Berkeley part des sensations pour démontrer qu'au moyen des sens nous ne connaissons que nos perceptions ; le monde matériel n'est que le monde des phénomènes. Il n'y a pas d'au-delà des choses perçues, de substance, de permanence ; il n'y a que des esprits et les idées de ces esprits. La cause des modifications sensibles est en Dieu : c'est ce dernier qui nous parle et qui dirige notre volonté à travers la nature, dont les phénomènes constituent Son langage.

L'importance historique de Berkeley tient à la critique que celui-ci a faite de la notion de matière, dont l'évidence n'avait jamais été mise en cause par ses contemporains. En affirmant que l'objet, tel qu'il est perçu, n'existe pas indépendamment de l'entendement, il ouvre la voie à la philosophie idéaliste, pour laquelle la matière n'existe pas de manière complètement indépendante de l'esprit.

Renvois

Notions : la raison, le sujet.

Bourdieu (Pierre)

Denguin, Pyrénées-Atlantiques, 1er août 1930 -
Paris 23 janvier 2002

Sociologue français

Auteur d'une des œuvres théoriques les plus importantes du XXe siècle, Pierre Bourdieu a contribué à renouveler entièrement la sociologie et l'ethnologie tant françaises que mondiales. Il fut aussi un intellectuel très engagé auprès des mouvements sociaux.

Du Béarn au Collège de France

Pierre Bourdieu passe son enfance et son adolescence dans le Béarn. Malgré des origines sociales fort modestes, il poursuit des études brillantes et entre, en 1951, à l'École normale supérieure. Il étudie alors la philosophie, et obtient l'agrégation en 1954. Après avoir accompli son service militaire en Algérie pendant la guerre (1955-1958), puis occupé un poste d'assistant à la faculté d'Alger (1958-1960), il rentre en France et devient l'assistant de Raymond Aron (1905-1983) à la Sorbonne. En 1964, il est élu directeur d'études à l'École pratique des hautes études, et, en 1981, il devient titulaire de la chaire de sociologie au Collège de France ; il l'occupera jusqu'à sa retraite, en 2001.

Une sociologie critique

Rares sont les domaines de la vie sociale qui ont échappé à l'attention de Bourdieu. Son œuvre, composée de presque quarante ouvrages traduits dans le monde entier, aborde un nombre extrêmement important de sujets, dont elle a, à chaque fois, renouvelé l'interprétation. Sont notamment analysés les pratiques culturelles et leurs déterminations sociales (*la Distinction,* 1979), les échanges linguistiques et leurs enjeux (*Ce que parler veut dire,* 1982), l'université et son fonctionnement (*Homo academicus,* 1984), le champ littéraire et la création artistique (*les Règles de l'art,* 1992), la domination masculine et la sexualité (*la Domination masculine,* 1998), l'activité scientifique et son déroulement (*Science de la science et réflexivité,* 2001).

Mais ce sont ses études sur le système scolaire qui comptent parmi les plus célèbres. Des livres comme *les **Héritiers*** (1964) ou *la Reproduction* (1970), signés avec Jean-Claude Passeron (né en 1930), ont contribué à modifier radicalement la perception des fonctions de l'école, en mettant en évidence que, loin d'être une instance libératrice, celle-là joue un rôle essentiel dans la perpétuation, la reproduction et la légitimation des inégalités.

Un « structuralisme génétique »

L'œuvre de Bourdieu est animée d'une profonde unité. Car chaque étude particulière porte la marque de la théorie générale du monde social qu'il a voulu élaborer. Son système, construit dans une discussion permanente avec les œuvres de Karl **Marx**, Émile **Durkheim**, Max Weber (1864-1920), ou, celles, plus récentes, de Claude **Lévi-Strauss** et Jean-Paul **Sartre**, est exposé dans des livres comme *le Sens pratique* (1980) et *Méditations pascaliennes* (1997). Il s'articule autour de deux concepts clés, celui de *champ* et celui d'*habitus,* que Bourdieu a forgés afin de sortir des oppositions entre société et individu, structuralisme et existentialisme, déterminisme et liberté.

Si le champ renvoie aux structures objectives du monde social, l'habitus désigne les structures corporelles et psychiques des individus. Selon Bourdieu, la sociologie doit étudier les interactions entre ces deux réalités, c'est-à-dire la manière dont les individus contribuent à façonner et à déterminer les structures matérielles qui contribuent elles-mêmes à les façonner et à les déterminer. C'est pourquoi Bourdieu préfère à la notion de « règle » celle de « stratégie », qui, selon lui, permet mieux de rendre compte du fait que les agents sociaux ne se contentent pas d'appliquer des règles préétablies et d'adopter des comportements prescrits, mais que, au contraire, ils travaillent activement à changer les règles du jeu social.

Insistant sur le fait qu'il porte une attention toute particulière à la façon dont les structures sociales se constituent et se transforment, Bourdieu affirme que c'est l'étiquette de « structuralisme génétique » qui convient le mieux pour désigner sa démarche (*Choses dites,* 1987).

Une politique scientifique

Tout au long de sa vie, Bourdieu s'attelle à une politique scientifique dont le but est d'assurer la publication, la circulation et la diffusion de travaux français ou étrangers. Ainsi, il est éditeur : il fonde et dirige, de 1964 à 1992 aux Éditions de Minuit, la collection « Le sens commun », puis, de 1997 à 2002 aux Éditions du Seuil, la collection « Liber » ; en 1996, il crée la maison d'édition Raisons d'agir. Fondateur, en 1975, de la revue *Actes de la recherche en sciences sociales,* il en restera le directeur jusqu'à sa mort. Il animera également le Centre de sociologie européenne.

S'il manifeste parfois une certaine antipathie à l'égard de la figure de l'intellectuel engagé telle que Sartre l'incarne, Bourdieu n'en met pas moins, très souvent, son autorité et son prestige au service des causes et des luttes dont il se sent proche. Le volume *Interventions, science sociale et action politique* (2002) rassemble ses textes politiques écrits entre 1961 et 2001 en faveur, notamment, des sans-papiers, des homosexuels ou de la lutte contre le néolibéralisme.

Renvoi

Notion : la justice et le droit.

Cicéron

Cicéron, en lat. Marcus Tullius Cicero,

Arpinum 106 - Formies 43 av. J.-C.

Homme politique et orateur romain

Éminente personnalité de la République romaine, Cicéron dut sa notoriété tant à son talent d'orateur qu'à l'étendue et à la variété de son œuvre d'écrivain. Il est resté, pour la postérité, l'auteur de référence par excellence des lettres latines.

Un homme nouveau

Issu d'une famille provinciale et plébéienne entrée dans l'ordre équestre, Cicéron suit à Rome les leçons des maîtres de l'éloquence latine (Crassus, Scaevola) et les conférences des orateurs grecs (Molon de Rhodes). Il aborde la vie publique en simple avocat alors que sévit une triple crise, économique, sociale et politique. Il débute dans la carrière politique en 79 av. J.-C., en attaquant Sulla à travers un de ses affranchis *(Pro Roscio Amerino)*. Bien que soutenu par la puissante famille des Metelli, il préfère s'éloigner après ce coup d'audace et part pour Athènes où il s'initie aux grands courants de la pensée hellénique. Il est alors entre deux ordres : détenteur d'une culture originale différente de celle de l'aristocratie grecque, il est aisé, sans toutefois être riche (il est sans ancêtre sénateur). Il n'a cependant que de l'aversion pour les aventures démagogiques du parti populaire qui cherche ses appuis du côté des grandes familles patriciennes – à commencer par celle de Jules César – plutôt qu'auprès des « hommes nouveaux ».

Rentré en Italie en 77, nommé questeur en Sicile, Cicéron se fait une réputation de justice et les habitants de l'île le chargent d'attaquer leur ancien gouverneur, Verrès. Cicéron le fait avec beaucoup d'habileté : s'opposant avec fermeté au consul et avocat célèbre Hortensius, intimidant le tribunal par le nombre des témoins à charge, il contraint Verrès à s'enfuir sans avoir à prononcer sa plaidoirie (*les Verrines,* 70).

De l'orateur au philosophe

Reconnu comme le premier orateur de Rome (*Pro Cluentio,* 66 ; *Pro Archia,* 62), Cicéron s'impose dès lors à l'aristocratie (il est édile en 69, préteur en 66, consul en 63) et obtient pour Pompée des pouvoirs exceptionnels (*Pro lege Manilia,* 66). Triomphant de la conjuration de Catilina (***Catilinaires***, 63), il se croit le premier homme d'État à Rome et envisage une sorte de partage du pouvoir entre lui (la toge, l'administration de la République) et Pompée (les armes, les conquêtes extérieures). Mais il se rend vite compte qu'il n'a été que l'exécuteur des hautes œuvres et de la basse politique du sénat. Abandonné par le triumvirat (Pompée, Crassus, César) à la rancune d'un tribun de la plèbe, Clodius, Cicéron est condamné à l'exil. Rappelé, il tente une vengeance timide (*Pro Milone,* 52) et part gouverner la Cilicie. Il hésite au milieu de la guerre civile, penche pour Pompée, mais se réconcilie avec César et, confiné dans le rôle de leader d'une opposition toute formelle, se consacre aux lettres. Il écrit des traités rhétoriques (*De oratore,* 55 ; *Orator,* 46), politiques (*De la* ***république***, 54-51 ; *Des lois,* 52), philosophiques surtout (*Des termes extrêmes des biens et des maux,* 45 ; ***Tusculanes***, 45 ; *De la nature des dieux,* 45-44 ; *De l'amitié,* 44 ; *Des devoirs,* 44-43). Ces traités acclimatent dans la littérature latine la métaphysique et la morale grecques, et Cicéron y confronte la pensée théorique aux nécessités de l'action.

À la mort de César, il rentre cependant dans la vie politique et commet l'erreur de vouloir dresser Octave contre Antoine (*Philippiques*, 44-43) : les deux adversaires, réconciliés, portent Cicéron sur la liste des proscrits et le font assassiner. En 34, Octave, dans sa lutte contre Antoine, obtient du fils de Cicéron et de son ami Atticus la publication de la correspondance de l'orateur. Cette manœuvre politique révèle un des chefs-d'œuvre de la littérature épistolaire : les *Lettres à Atticus*, dont la rédaction s'étend de 63 à 43 av. J.-C.

Le maître de l'éloquence latine

Issu d'une classe charnière et homme du juste milieu, Cicéron, hérissé par la gloire militaire et fasciné par les nuances, était fait pour les exercices de corde raide et les entreprises de conciliation. Il a rêvé de l'équilibre des pouvoirs, il a conçu Rome comme une puissance ouverte et universaliste. Au fond, c'est un « philosophe de l'impérialisme » tempéré, de l'exploitation bien comprise, qui rassemble généraux et marchands, sénateurs et chevaliers. L'ironie a voulu qu'il ne réalise cette union que le bref instant d'une dissension civile et dans le sang de Catilina et de ses partisans.

Combinant la rigueur du stoïcisme et le doute méthodique de **Socrate**, Cicéron est l'homme des synthèses dans une époque de dissociation : synthèse philosophique au nom du scepticisme académique ; synthèse politique, au nom du *consensus bonorum*, le rassemblement des « honnêtes gens » ; synthèse esthétique, au nom de la variété et de l'adaptation du discours au sujet et aux circonstances. Philosophe éclectique et écrivain artiste, il sera pour la Renaissance et le classicisme européens le modèle de l'éloquence fondée sur les vertus morale et civique, et la référence constante dans l'élaboration du goût littéraire.

Renvois

Notions : la perception, la religion, la société.

Comte (Auguste)

Montpellier 19 janvier 1798 - Paris 5 septembre 1857

Philosophe français

Instigateur de l'une des grandes aventures intellectuelles de son siècle en cherchant à appliquer la méthode scientifique au fait social, Auguste Comte élabora le positivisme et devint le précurseur de la sociologie moderne.

Le savant philosophe

Au lycée de Montpellier, où Auguste Comte entre comme interne en 1807, tous ses professeurs lui reconnaissent des qualités intellectuelles particulièrement brillantes. Son père, Louis Comte, fondé de pouvoir à la recette municipale, lui inculque les principes d'un catholicisme fervent et d'un attachement indéfectible à la royauté. Sa mère, Rosalie Boyer, le couve d'une affection qu'il n'oubliera jamais.

À 16 ans, Comte est admis à l'École polytechnique, où il ne reste que deux ans pour cause de fermeture provisoire. Il devient le secrétaire de Saint-Simon (1817-1824), mais les deux hommes se brouillent. Il poursuit alors la rédaction des *Opuscules de philosophie sociale* (1819-1826), dans lesquels il pose les fondements d'un système qui le rendra célèbre. Il veut aussi agir pour améliorer la société de son temps. Or, lui-même va vivre une expérience traumatisante après avoir épousé, en 1825, Caroline Massin, une prostituée qu'il a entrepris de rééduquer. Celle-ci met à l'épreuve sa santé mentale déjà fragile. Après avoir passé six mois en clinique psychiatrique, en 1826, Comte tente de se suicider en se jetant dans la Seine. Il est sauvé de justesse.

Le maître à penser en son siècle

Reprenant ses activités après cet événement dramatique, Comte travaille à la synthèse de sa doctrine en donnant à son domicile un cours que fréquentent des personnalités comme Hippolyte Carnot (1801-1888), Alexander von Humboldt (1769-1859) ou John Stuart **Mill** – lequel l'aide aussi généreusement de ses subsides. De 1830 à 1842 s'échelonnera la publication des six tomes de ce ***Cours de philosophie positive*** qui aura un retentissement considérable. En même temps, en 1830, Comte inaugure un cours gratuit d'astronomie à la mairie du IIIe arrondissement de Paris, à l'intention des ouvriers, et fonde l'Association polytechnique pour l'instruction populaire.

Pour vivre, Comte n'a guère d'autres ressources que celles que lui procure l'enseignement. En 1832, il est admis comme répétiteur à l'École polytechnique, puis il y occupe un poste d'examinateur de 1836 à 1844. En revanche, il n'obtiendra jamais la chaire d'analyse qu'il souhaite, non plus que la chaire d'histoire des sciences au Collège de France qu'il réclame à Guizot.

Comte a désormais dans sa vie Clotilde de Vaux, qui est de dix-sept ans sa cadette. Il lui voue un amour éperdu et platonique, qui sera de courte durée. Un an plus tard, le 5 avril 1846, il perd celle qu'il appelle son « ange gardien ». Il ne se remettra jamais de cette disparition, qui influera sur le développement ultime de sa pensée.

Une méthode pour les sciences

Au contact de Saint-Simon, Auguste Comte a découvert la pensée sociale. En lui apportant sa propre expérience scientifique, il conçoit un système qui repose sur l'affirmation de la « loi des trois états ». Celle-ci revient à distinguer trois méthodes dans la manière de percevoir le monde. Par la première méthode, dite *théologique,* on explique le monde par « l'action directe et continue d'agents surnaturels plus ou moins nombreux ». Par la deuxième, dite *métaphysique,* « les agents surnaturels sont remplacés par des forces abstraites ». Enfin, par la troisième, que Comte appelle *scientifique* ou *positive,* « l'être humain renonce à rechercher l'origine et la destination de l'univers, et à connaître les causes intimes des phénomènes, pour s'attacher uniquement à découvrir, par l'usage bien combiné du raisonnement et de l'observation, leurs lois effectives, c'est-à-dire leurs relations invariables de succession et de similitude ». D'où le nom de *positivisme* que l'on donne à sa pensée. Pour Comte, il ne s'agit pas moins que d'établir des lois auxquelles tous les phénomènes seraient soumis et de préciser leurs relations, pour expliquer l'évolution sociale.

Dans son système, Comte établit une classification des sciences selon un ordre de complexité croissant : astronomie, physique, chimie, physiologie végétale et animale, physique sociale – qu'il appellera plus tard *sociologie*. Quant aux mathématiques, elles constituent la base de toutes les sciences. L'idée de dresser un tableau hiérarchique des parties du savoir est classique depuis **Aristote**, mais l'innovation d'Auguste Comte consiste à accorder à la science politique et sociale le statut d'une science d'observation ; c'est en ce sens qu'on peut le considérer comme le fondateur de la sociologie. Le *Système de politique positive* (1851-1854) expliquera comment cette science qui accède aux mêmes vérités que les sciences naturelles doit couronner l'ensemble de l'édifice.

Une religion pour l'humanité

« L'Amour pour principe, l'Ordre pour base et le Progrès pour but », telle est la formule sacrée du positivisme, qu'Auguste Comte a érigé en science, et dont il va faire une religion. Lui qui n'a eu de cesse de prôner une réforme intellectuelle en appelle désormais à la réforme morale et spirituelle. Il se veut comme le grand prêtre d'une religion universelle.

Le *Catéchisme positiviste ou Sommaire Exposition de la religion universelle* est publié en 1852, quatre ans après la fondation de la Société positiviste. Comte y proclame sa foi en une Humanité devenue le Grand Être, entouré du Grand Milieu (l'espace) et du Grand Fétiche (la Terre). La religion de l'Humanité a ses dogmes, ses rites et ses sacrements, mais aussi son clergé et son calendrier, dans lequel les savants ont remplacé les saints. Le philosophe est devenu prophète, et c'est entouré de ses disciples qu'il meurt.

Renvoi

Notion : la société.

Condillac (Étienne Bonnot de)

Grenoble 30 septembre 1714 - abbaye de Flux, près de Beaugency, 3 août 1780

Philosophe français

Partant de l'empirisme de **Locke**, Condillac fut l'un des adversaires du rationalisme hérité du XVIIe siècle. Il se fit spécifiquement le théoricien du sensualisme, en affirmant que toutes nos idées nous viennent des sensations et que de celles-ci dépend donc l'activité de notre entendement.

L'abbé académicien

Troisième des cinq enfants d'une famille de magistrats qui le destine à la vie religieuse, Condillac vient à Paris en compagnie de son frère, le futur abbé Mably. Entré au séminaire de Saint-Sulpice en 1733, il est ordonné prêtre en 1740. Sa vraie vocation étant d'être philosophe au siècle des Lumières, il fréquente **Diderot** et les Encyclopédistes, **Rousseau**, **Voltaire**. En 1758, il se rend à Parme où Louis XV l'envoie auprès de son petit-fils, le futur duc Ferdinand Ier (1751-1802), et publie à son retour le ***Cours d'études*** (1768-1775) qu'il a dispensé à l'infant. Élu en 1768 à l'Académie française, il n'y siège que rarement.

Auteur de deux ouvrages philosophiques importants, l'***Essai sur l'origine des connaissances humaines*** (1746) et le ***Traité des sensations*** (1754), Condillac publie aussi un *Traité des systèmes* (1749), un ***Traité des animaux*** (1755) et un livre d'économie intitulé *le Commerce et le Gouvernement considérés relativement l'un à l'autre* (1776), dont l'intérêt sera redécouvert au XIXe siècle.

Il y développe l'idée que les besoins individuels sont à la source même de l'activité économique.

L'archéologie du savoir

Le rationalisme admet la raison comme une donnée innée. Or, écrit Condillac dans son *Essai* de 1746, « quand nous commençons à réfléchir, nous ne voyons pas comment les idées et maximes que nous trouvons en nous auraient pu s'y introduire ». Son projet est donc de découvrir la génération de ces idées, en procédant à une sorte d'« archéologie du savoir », et le but de sa recherche n'est pas purement spéculatif, mais avant tout critique. En effet, « nos erreurs viennent de ce que nos idées ont été mal faites [...] ; le seul moyen de les corriger, c'est de les refaire ». Connaître l'origine de nos idées permet donc de reconstruire artificiellement la liaison des idées que la nature a spontanément mal faite. Toutefois, la principale source d'erreur est dans l'inadéquation des idées et des signes du langage (que Locke avait déjà mise en cause). L'*Essai* tente, pour cela, de retrouver une situation où l'homme n'inventerait des signes qu'au fur et à mesure qu'il éprouverait de nouvelles sensations.

Condillac partage le souci de son époque, qui fait de l'établissement d'une langue bien faite la condition d'une connaissance vraie : autrement dit, une science n'est qu'une langue bien faite. Mais cette langue bien faite ne peut pas être le langage technique des métaphysiciens, coupables d'apporter le trouble dans le bon sens des langues vulgaires. Deux ouvrages posthumes, *la Logique* (1780) et *la Langue des calculs* (1798), trouvent cette langue bien faite tout simplement dans la mathématique, à condition de partir du simple sensible et de la méthode « naturelle » de calcul : compter avec ses doigts...

La logique sensualiste

Partout on retrouve chez Condillac cette volonté, commune à **Descartes**, de partir du simple. Mais, alors que chez ce dernier le simple est un acte de pensée (le *cogito*), le simple chez Condillac est toujours la sensation. Cette exigence l'amène à tenter ce que Locke lui-même n'avait pas fait : ramener à la sensation les « idées de réflexion », c'est-à-dire les idées de nos facultés de penser, que Locke définissait comme premières. La logique sensualiste est ainsi conduite à son terme dans le *Traité des sensations,* où chaque faculté est dérivée d'une sensation transformée.

Dans un passage resté fameux, Condillac imagine une statue « organisée intérieurement comme nous et animée d'un esprit privé de toute espèce d'idées », mais qui les acquiert progressivement quand on lui accorde l'usage des différents sens. Il montre comment, à partir d'une simple odeur de rose, apparaissent successivement l'attention, la mémoire, le jugement, l'imagination, et, parallèlement, le besoin, le désir, la passion et le vouloir. Selon le *Traité,* ces facultés sont antérieures à l'emploi des signes qui ne servent ensuite qu'à les étendre à un plus grand nombre d'objets.

Renvois

Notions : la conscience et l'inconscient, la perception, la raison, le sujet.

Repères : analyse - synthèse ; intuitif - discursif.

Cournot (Antoine Augustin)

Gray 28 août 1801 - Paris 30 mars 1877

Savant et philosophe français

Mathématicien de formation, Antoine Cournot fut aussi un auteur fécond de la pensée philosophique à laquelle il appliqua les résultats de ses recherches sur le calcul des probabilités. Ainsi, sa philosophie est un probabilisme fondé sur une théorie du hasard qui a profondément renouvelé la réflexion sur cette question.

Un esprit polyvalent

Issu du milieu de la bourgeoisie commerçante, Cournot a une vocation surtout scientifique. Entré à l'École normale supérieure en 1821, il soutient en 1829 une thèse portant sur « le mouvement d'un corps rigide, soutenu par un plan fixe ». Nommé professeur de mathématiques à l'université de Lyon (1833), il est ensuite recteur de l'académie de Grenoble (1836-1848) puis de celle de Dijon (1854-1862). Après avoir publié un *Traité élémentaire de la théorie des fonctions et du calcul infinitésimal* (1841), il s'attache à développer le calcul des probabilités (*Exposition de la théorie des chances et des probabilités,* 1843). Déçu par l'accueil qu'il reçoit, il se tourne vers la recherche philosophique, que jalonnent d'importants ouvrages : *Essai sur les fondements de nos connaissances et sur les caractères de la critique philosophique* (1851) ; ***Traité de l'enchaînement des idées fondamentales dans les sciences et dans l'histoire*** (1861) ; *Considérations sur la marche des idées et des événements dans les temps modernes* (1872) ; *Matérialisme, vitalisme, rationalisme. Études sur l'emploi des données de la science en philosophie* (1875).

Également économiste, Cournot sera considéré par Léon Walras (1834-1910) comme le « père de l'économie mathématique ». Dans son livre *Recherches sur les principes mathématiques de la théorie des richesses* (1838), il définit en effet les mécanismes du marché – l'offre et la demande – comme des relations entre des fonctions mathématiques. Par ailleurs, ses théories sur la demande qui est fonction du prix, du prix de monopole et du prix d'oligopole, sont devenues classiques.

Une vision nouvelle de l'idée de hasard

Une théorie probabiliste. Cournot est surtout connu pour sa théorie philosophique du hasard et pour son interprétation à la fois probabiliste et spiritualiste de l'histoire. Il est classique de dire que le hasard n'est que l'expression de notre ignorance. Ainsi, les causes qui amènent une carte à être distribuée à un joueur précis sont rigoureusement déterminées, mais celui-ci ne peut les connaître, encore moins les prévoir, et les affuble du nom de « chance ».

Cournot dépasse ce point de vue et définit le fait de hasard comme la rencontre de deux (ou de plusieurs) séries causales indépendantes, tout comme « un homme tient, par ses père et mère, à deux séries d'ascendants ». Si quelqu'un décide, par exemple, de prendre le train pour se rendre à la campagne (première série causale) et que ce train déraille à la suite d'un incident quelconque (deuxième série), on dira que le voyageur a péri « par hasard », car les causes qui ont amené l'accident ne tenaient en rien à sa présence. Cette définition permet de réconcilier le déterminisme le plus rigoureux et l'imprévisibilité, de fait, de l'événement fortuit. Elle postule seulement qu'il existe dans l'Univers des systèmes indépendants de phénomènes qui peuvent interférer à certains moments. Cournot pense (après **Diderot**) qu'il est ridicule de prétendre que, « en frappant la terre du pied, on ébranle le système des satellites de Jupiter ».

Une expression de la volonté divine. Ces ruptures, dues aux interférences de systèmes relativement indépendants, permettent d'affirmer que le monde obéit à un ordre, non pas logique (c'est-à-dire tel que tous les événements puissent s'insérer dans les mailles d'un ensemble de théorèmes), mais rationnel (compatible avec les principes fondamentaux de la raison). **Pascal** avait bien vu que l'histoire obéissait à cette raison au-delà de la logique, lorsqu'il remarquait que, si le nez de Cléopâtre avait été plus court, « toute la face de la terre aurait changé » *(Pensées)*. Mais l'historien philosophe discerne, à côté de ces petites causes facilement sensationnelles par le retentissement que peut avoir le plus petit événement, un ordre de causes plus profondes, plus régulières, et qui ne relèvent pourtant jamais d'un déterminisme massif et mécanique.

La réponse ultime de Cournot – qui répugnait au terme de « mysticisme », trop équivoque – est le *transrationalisme*. Les hasards relèvent d'un ordre au-delà des ordres particuliers, celui par lequel Dieu, en mêlant les séries causales, tisse les événements particuliers où sa volonté s'exprime sans contrevenir aux lois générales qu'il a lui-même établies.

Deleuze (Gilles)

Paris 18 janvier 1925 - id. 4 novembre 1995

Philosophe français

Gilles Deleuze est l'auteur d'une des œuvres théoriques les plus importantes et les plus influentes du XXe siècle. Ses livres sur l'histoire de la philosophie, la psychanalyse, ou sur l'art, le cinéma et la littérature, sont célèbres dans le monde entier. Il fut aussi l'une des grandes figures de l'engagement intellectuel.

De la Sorbonne à Vincennes

Gilles Deleuze fait ses études secondaires au lycée Carnot, à Paris. Entré à la Sorbonne en 1944, il y suit un cursus de philosophie et passe l'agrégation en 1948. Il occupe alors des postes d'enseignement dans différents lycées (à Amiens, à Lyon, à Paris [Louis-le-Grand]), puis, après la soutenance, en 1969, de sa thèse intitulée *Différence et Répétition,* il devient professeur à l'université expérimentale de Paris VIII-Vincennes, où il donnera des cours attirant un public très nombreux jusqu'à sa retraite, en 1987.

Un historien de la philosophie

Les premiers livres de Gilles Deleuze sont des ouvrages d'histoire de la philosophie de facture assez classique. Mais ceux-ci lui permettent d'acquérir une grande renommée dans le cercle restreint des philosophes. L'originalité de sa démarche consiste à étudier des auteurs considérés à ce moment-là comme mineurs par la tradition universitaire, c'est-à-dire à restituer des courants de pensée souvent négligés, voire oubliés. Il publie ainsi des études sur **Hume** (*Empirisme et Subjectivité,* 1953), **Nietzsche** (*Nietzsche et la philosophie,* 1962), **Bergson** (*le Bergsonisme,* 1966), **Spinoza** (*Spinoza et le problème de l'expression,* 1968) – autant d'auteurs qui, dit-il, ont pour point commun de s'opposer au rationalisme qui domine la philosophie et d'être négligés par le hégélianisme alors tout-puissant dans les cercles intellectuels. Il publie également un petit livre sur **Kant** (*la Philosophie de Kant,* 1963).

Contre la psychanalyse

Gilles Deleuze est transformé par les événements de mai 1968, qui le font entrer en politique. Il s'engage alors fortement, avec Michel **Foucault** notamment, dont il est très proche, aux côtés des travailleurs, des immigrés, des prisonniers, des homosexuels... De plus, sa rencontre avec le psychanalyste Félix Guattari (1930-1992), en 1969, oriente son travail dans une nouvelle direction : la critique de la psychanalyse. Ils publient ensemble des livres comme *l'Anti-Œdipe* (1972) ou *Mille Plateaux* (1980), qui constituent une charge féroce contre la notion de complexe d'Œdipe et contre la psychanalyse elle-même, mais qui peuvent plus globalement se lire comme une remise en cause de l'ensemble des dispositifs théoriques, politiques ou pratiques qui répriment les désirs.

Dans la perspective de Deleuze et Guattari, le désir n'est plus conçu comme un manque, mais comme une production, une affirmation. En 1975, leur livre intitulé *Kafka, pour une littérature mineure* propose une nouvelle théorie de l'inconscient. Contrairement à la tradition analytique, celui-ci n'est plus conçu comme familial et personnel, mais, au contraire, comme essentiellement collectif, et, par là même, historique et politique.

Une philosophie de l'art

Gilles Deleuze consacre une grande partie de son œuvre à l'étude de l'art et de la littérature. L'un de ses premiers livres a pour titre *Proust et les signes* (1964). Il publiera également une étude sur Samuel Beckett (*l'Épuisé,* 1992) et un livre de théorie de la littérature (*Critique et Clinique,* 1993). Deleuze s'intéresse aussi à la peinture, notamment celle de Francis **Bacon** (*Logique de la sensation,* 1981). Enfin, il écrit deux livres, qui font événement, sur l'image et le cinéma : *Cinéma 1 - l'Image-mouvement* (1983) et *Cinéma 2 - l'Image-temps* (1985).

Pour Deleuze, la philosophie n'a pas à être considérée comme une discipline qui réfléchit sur des activités ou des problèmes, et dont la mission ne consisterait qu'à interpréter et dire le « sens » de divers registres de l'existence. La philosophie lui apparaît, au contraire, comme une activité créatrice au même titre que toutes les autres pratiques artistiques. Ainsi, il écrit, dans ***Qu'est-ce que la philosophie ?*** (1991), signé avec Félix Guattari : « La philosophie n'est ni contemplation, ni réflexion, ni communication. Elle est l'activité qui crée des concepts. »

Descartes (René)

La Haye, auj. Descartes, Indre-et-Loire, 13 mars 1596 - Stockholm 11 février 1650

Philosophe, mathématicien et physicien français

Premier philosophe moderne, qui met un terme à la longue suprématie de l'aristotélisme en Occident, René Descartes a le projet de fonder une science universelle. Pour y parvenir, il invente une méthode qui est aussi une nouvelle façon de penser.

La vie d'un soldat philosophe

Fils d'un conseiller au parlement de Rennes, René Descartes entre à l'âge de 10 ans chez les jésuites du collège de La Flèche. Titulaire, en 1616, du baccalauréat et d'une licence en droit, il embrasse en fait la carrière militaire. C'est en Allemagne que, dans la nuit du 10 novembre 1619, calfeutré dans son « poêle » (pièce chauffée par un poêle), il a la révélation d'une « science admirable » dont il conçoit les fondements. Après avoir parcouru l'Europe, il se met en quête, en 1629, d'une « solitude parfaite » pour se consacrer à la recherche de la vérité. Il choisit la Hollande, où il passera plus de vingt ans. Il acceptera toutefois de se rendre à la cour de Suède, où la reine Christine l'a invité à discourir sur le souverain bien. Il y contracte une pneumonie, dont il mourra.

Le cartésianisme dans le texte

Descartes est déjà l'auteur d'un *Abrégé de musique* (*Compendium musicae* [1618]), lorsqu'il se met, en 1628, à la rédaction des ***Règles pour la direction de l'esprit*** *(Regulae ad directionem ingenii),* qui resteront inachevées et ne seront publiées qu'en 1701. Tandis qu'il travaille déjà à ses *Méditations métaphysiques (Meditationes de prima philosophia),* il compose, en 1633, le ***Traité du monde*** (dont fait partie le *Traité de l'homme*), qu'il renonce à publier en apprenant la condamnation de Galilée par le Saint-Office.

En 1637 paraît en français le ***Discours de la méthode,*** qui tient lieu de préface à trois essais *(Dioptrique, Météores, Géométrie).* Enfin achevées, les ***Méditations métaphysiques*** paraissent d'abord en latin (1641), puis en français (1647), dans une traduction due notamment au duc de Luynes. Elles sont suivies des *Objections et Réponses.*

De 1644 datent les ***Principes de la philosophie*** *(Principia philosophiae),* dont la traduction en français sera faite par l'abbé Picot (1647). Le problème de l'union de l'âme et du corps poussera Descartes à écrire son traité des ***Passions de l'âme,*** qui paraîtra en français en 1649.

L'œuvre philosophique

La pensée cartésienne est, par le rôle central qu'elle accorde au sujet, le point de départ de la philosophie moderne occidentale. Dans sa démarche, selon l'ordre des raisons, Descartes entend déduire de sa métaphysique les principes de la science ; mais de fait, dans sa vie, son œuvre scientifique a précédé sa réflexion métaphysique.

La méthode. Descartes se voue à la recherche d'une méthode « pour bien conduire sa raison et chercher la vérité dans les sciences », en considérant qu'il existe une unité foncière des connaissances humaines. L'erreur s'explique par la disproportion entre l'entendement fini et la volonté infinie : la volonté peut donner son assentiment à des énoncés qui ne sont pas clairs pour l'entendement. Pour connaître la vérité, il faut donc n'affirmer que ce qui est clair et douter dans le cas contraire.

La métaphysique. La première évidence mise au jour par le doute est le cogito : *cogito, ergo sum,* « je pense, donc je suis » – je ne peux pas douter que je suis puisque le fait de douter me prouve que j'existe. Cette première évidence conduit ensuite à la preuve dite « ontologique » de l'existence de Dieu : le sujet pensant a l'idée d'un être parfait ; or, la perfection absolue implique l'existence ; donc l'être parfait existe. C'est Dieu qui garantit la vérité de nos idées « claires et distinctes ». C'est encore Dieu qui nous assure de l'existence du monde extérieur, lequel n'est qu'étendue (géométrique et quantifiable) et mouvement, et ne comporte aucune des « qualités sensibles » que nous présentent nos sens.

La métaphysique cartésienne distingue la « chose étendue » *(res extensa)* et la « chose pensante » *(res cogitans),* sans toutefois conclure que ces deux substances ne communiquent pas. La morale analyse la relation corps-âme.

La morale. Dans *les Passions de l'âme,* Descartes dégage une morale du contentement et de la « générosité », qui s'attache à domestiquer les passions. Dans la 3e partie du *Discours de la méthode,* il a proposé une « morale par provision » (c'est-à-dire provisoire) ; mais il n'a pas donné une forme explicite à sa véritable morale.

L'œuvre scientifique

Descartes a laissé une œuvre scientifique importante.

Les mathématiques. Le traité sur la *Géométrie* est d'une très grande originalité. Descartes donne d'abord une signification géométrique aux quatre opérations élémentaires de l'arithmétique et à l'extraction des racines carrées. Il établit ainsi que la géométrie euclidienne est fondée sur la structure du corps des nombres réels, contribuant de cette façon à créer, à peu près de toutes pièces, ce que l'on appellera vers 1800 la « géométrie analytique ».

Par ailleurs, Descartes emprunte à Apollonios de Perga l'utilisation d'un repère de référence formé d'un point origine, d'un axe des abscisses issu de ce point et d'une direction fixe pour les ordonnées ; les coordonnées dites « cartésiennes » dérivent de ce procédé. La *Géométrie* contient aussi une théorie de la résolution des équations algébriques, où l'auteur pose le principe suivant : « Le nombre des racines est égal au degré de l'équation. » Certaines de ces racines peuvent être « imaginaires ». Parmi les racines réelles, certaines sont « fausses » (négatives). Enfin, avec une prescience remarquable, il distingue les nombres algébriques des nombres transcendants et entrevoit l'impossibilité de résoudre par radicaux la plupart des équations algébriques. L'influence de l'œuvre mathématique de Descartes sera surtout sensible sur **Leibniz** et sur Newton.

La physique. En optique géométrique, Descartes dégage, peu après Snel Van Royen, et de façon indépendante, les lois de la réfraction (dites « lois de Snel-Descartes »). En physique, il découvre la notion moderne de travail et pose les principes d'un déterminisme mécaniste, s'appliquant aussi en médecine et en physiologie (où sa théorie de l'animal-machine assimile tous les corps vivants à des automates).

L'astronomie. Descartes propose une théorie tourbillonnaire de l'Univers, qui justifie l'héliocentrisme, mais qui repose sur des considérations plus philosophiques que scientifiques. Il imagine les étoiles au centre de tourbillons entraînant les planètes, les comètes errant d'un tourbillon à l'autre.

Renvois

Notions : autrui, le bonheur, la conscience et l'inconscient, la démonstration, le désir, l'existence et le temps, la liberté, la matière et l'esprit, la perception, la raison, la religion, le sujet, théorie et expérience, la vérité, le vivant.

Repères : absolu - relatif ; analyse - synthèse ; contingent - nécessaire - possible ; intuitif - discursif.

Diderot (Denis)

Langres 5 octobre 1713 - Paris 31 juillet 1784

Écrivain et philosophe français

Connu de son vivant comme le maître d'œuvre de l'***Encyclopédie*** (1751-1772), Denis Diderot exerça, après sa mort, une influence esthétique majeure sur les précurseurs du romantisme. Entre philosophie et littérature, roman et théâtre, il édifia une œuvre riche et complexe.

L'Encyclopédiste

La famille de Diderot appartient à la petite bourgeoisie provinciale. Denis, ayant reçu la tonsure, et destiné, après ses études de théologie, à succéder à son oncle chanoine, échappe aux jésuites chez qui son père l'avait enfermé. Se détournant de sa famille, il s'enfuit à Paris et épouse secrètement une jeune lingère. Il mène alors une vie de bohème littéraire. Ses traductions de l'anglais le sortent de l'anonymat : l'*Histoire de Grèce* de Temple Stanyan (1742), l'*Essai sur le mérite et la vertu* de Shaftesbury (1745). Cette compétence le désigne pour animer l'*Encyclopédie ou Dictionnaire raisonné des sciences, des arts et des métiers,* conçue d'abord par le libraire André-François Le Breton (1708-1779) comme l'adaptation française de la *Cyclopaedia* d'Ephraim Chambers. L'entreprise va rapidement s'émanciper de ce modèle tandis que Diderot s'affirme comme un penseur intrépide. Il publie en 1746 les *Pensées philosophiques,* condamnées aussitôt à être brûlées. Il rédige l'année suivante la *Promenade du sceptique,* dont le manuscrit est saisi quelque temps plus tard. L'ancien étudiant en théologie s'achemine vers le matérialisme et l'athéisme.

À partir de 1748, le chantier encyclopédique accapare Diderot. Mais cette activité le familiarise avec les secteurs les plus divers du savoir et l'ouvre à de nombreuses formes d'écriture. Elle lui permet de composer des œuvres philosophiques majeures : la ***Lettre sur les aveugles à l'usage de ceux qui voient*** paraît en 1749 (la *Lettre sur les sourds et muets* paraîtra en 1751). Le « Prospectus » de l'*Encyclopédie* qu'il rédige est un acte de foi dans le progrès des connaissances. De telles positions ne pouvaient laisser indifférentes les autorités : Diderot est arrêté en 1749. Il passe un mois au donjon de Vincennes. C'est là que **Rousseau** lui rend visite et discute avec lui de la question du progrès des sciences et des arts, qui nourrira le ***Discours sur les sciences et les arts*** (1750) du citoyen de Genève.

Le dramaturge et l'esthète

Se réconciliant avec sa famille à Langres, Diderot fait la connaissance d'une jeune femme, Sophie Volland (1716-1784), qui devient sa maîtresse, sa confidente, et avec laquelle il entretient

les philosophes

une abondante correspondance. C'est l'époque également où il se tourne vers le théâtre et invente des formes nouvelles de critique d'art. L'œuvre dramatique de Diderot associe la réflexion critique et la pratique proprement littéraire. Ainsi, en 1757, paraît *le Fils naturel ou les Épreuves de la vertu,* comédie en cinq actes et en prose, accompagnée de trois *Entretiens sur le Fils naturel.* Un dispositif identique est reproduit l'année suivante : Diderot publie un nouveau drame, *le Père de famille,* suivi d'un discours, *De la poésie dramatique.* Cette défense et illustration d'un nouveau « drame bourgeois », ou « genre sérieux », fait date. La recherche de Diderot se poursuit dans des traductions ou adaptations de l'anglais. L'expérience du style de David Garrick, qu'il relate dans un article de 1769, nourrit une longue réflexion qui aboutit au *Paradoxe sur le comédien,* défense d'un jeu raisonné contre l'inefficacité d'une spontanéité pulsionnelle.

La recherche sur le théâtre s'intègre chez Diderot à une pensée esthétique qui s'interroge sur les différents arts. En musique, mêlé à la querelle des Bouffons, il se prononce en faveur de l'opéra italien ; en 1771, il éditera les *Leçons de clavecin et principes d'harmonie* d'Antoine Bemetzrieder. Mais c'est dans les *Salons* que Diderot s'affirme comme créateur d'un genre. Tous les deux ans, de 1759 à 1771, puis en 1775 et en 1781, il compose pour la *Correspondance littéraire* du baron de Grimm un compte rendu des œuvres exposées au Louvre.

Le romancier philosophe

Abandonnant le caractère abstrait du dialogue philosophique classique, Diderot fait sortir la philosophie du cabinet d'étude et l'ouvre au romanesque de la vie quotidienne. En 1769, le *Rêve de d'Alembert* met en scène un débat sur le matérialisme et ses conséquences morales. À l'exposé linéaire et dogmatique sont préférées une exposition éclatée et une recherche foisonnante nourrie d'hypothèses. Le problème moral reparaît dans le *Supplément au Voyage de Bougainville* (1773). Les liens qui unissent dialogue et récit, roman et théâtre, sont soulignés par le regroupement qui rapproche en un triptyque le *Supplément, Ceci n'est pas un conte* et *l'Histoire de Mme de La Carlière.* En 1796, Diderot explore les virtualités du genre dans *la Religieuse :* il insère le récit de son héroïne dans une trame épistolaire, la faisant dialoguer avec son protecteur. *Tristram Shandy* de Sterne forme l'une des sources de *Jacques le Fataliste et son maître* (composé en 1771, publié en 1796). Mais le modèle est vite oublié dans cette éblouissante mosaïque qui mêle la réflexion philosophique et le plaisir de conter, le récit des aventures de Jacques et de son maître et les propos adressés par Diderot à son lecteur. Enfin, l'art du dialogue de l'écrivain culmine avec son roman satirique *le Neveu de Rameau* (composé de 1762 à 1774).

Par l'intermédiaire de Grimm, Diderot était entré en contact avec la cour de Russie. En 1765, Catherine II lui achète sa bibliothèque. À l'invitation de l'impératrice, il arrive en Russie en 1773. Mais, prenant conscience des limites du despotisme éclairé, il renonce à son projet d'encyclopédie russe et rentre en France un an après. Jusqu'à la fin de ses jours, grâce aux pensions attribuées par l'impératrice, il mène une existence confortable et studieuse. À sa mort, manuscrits et livres partiront pour Saint-Pétersbourg.

Renvois

Notions : l'art, le devoir, la matière et l'esprit, la morale, la religion, théorie et expérience, la vérité, le vivant.

Repères : analyse - synthèse ; en théorie - en pratique ; identité - égalité - différence ; intuitif - discursif ; médiat - immédiat.

Durkheim (Émile)

Épinal 15 avril 1858 - Paris 5 novembre 1917

Sociologue français

Héritier du positivisme, Émile Durkheim en adopta les méthodes et les buts. Il voulut faire de la sociologie une science objective, conforme au modèle des sciences expérimentales, et s'attacha à étudier les structures qui assurent l'intégration des individus autant que la cohésion des sociétés.

Le pédagogue ardemment républicain

Né dans une famille juive pratiquante, Émile Durkheim refuse de devenir rabbin et s'installe à Paris pour préparer l'École normale supérieure où il entre en 1879. Agrégé de philosophie en 1882, il entend mettre son enseignement au service de son idéal d'universalisme laïc. Après un voyage en Allemagne, où il étudie le développement des sciences humaines et sociales, il inaugure en 1887 la chaire de science sociale et de pédagogie de l'université de Bordeaux. Professeur à la Sorbonne à partir de 1902, il y occupe la chaire de science de l'éducation, qui, en 1913, prendra le nom de chaire d'éducation et de sociologie.

Déjà auteur des ouvrages *De la* ***division du travail social*** (1893) et *Règles de la méthode sociologique* (1894), créateur de *l'Année sociologique* (1896), Durkheim s'entoure d'un groupe important de disciples, dont font partie son neveu Marcel Mauss (1872-1950) ou encore François Simiand (1873-1935) et Maurice Halbwachs (1877-1945). Désespéré par le déclenchement de la Première Guerre mondiale, qui coûte la vie à plusieurs de ses collaborateurs et, en 1916, à son propre fils, il s'éteint lui-même un an après celui-ci.

Le consensus et la solidarité

« Est fait social toute manière de faire, fixée ou non, susceptible d'exercer sur l'individu une contrainte extérieure », dit Durkheim, qui ajoute qu'il faut « considérer les faits sociologiques comme des choses », c'est-à-dire qu'il faut les étudier comme des faits physiques. Par conséquent, il faut aussi se débarrasser des préjugés et « prénotions » qui font obstacle à la connaissance scientifique. À l'instar du médecin, le sociologue doit commencer par poser une définition claire du normal et du pathologique, applicable à chaque société qu'il veut étudier. Telle est la signification ultime des *Règles de la méthode sociologique.*

Au centre de la sociologie se trouve, pour Durkheim, le concept de « conscience collective », qui se définit par l'« ensemble des croyances et des sentiments communs à la moyenne des membres d'une société ». Il n'y a pas de société sans un corps de règles et d'interdits, qui en constituent l'essence même afin d'y être la source d'un consensus. C'est cette prépondérance morale de la société sur l'individu qui présente un caractère éminemment sain. Et c'est le propre d'une société saine que de favoriser le développement de la solidarité entre ses membres. Cependant, comme l'expose *De la division du travail social,* le type normal de solidarité varie selon le degré de modernité de la société considérée, selon le degré de différenciation sociale qui y règne.

Durkheim distingue d'abord la *solidarité mécanique,* qui caractérise les sociétés dites « archaïques » : les membres de la collectivité se ressemblent, éprouvent les mêmes sentiments parce qu'ils adhèrent aux mêmes valeurs – l'individu, au sens moderne du terme, n'existe pas. Puis il développe le concept de *solidarité organique,* qui caractérise les sociétés dites « modernes » : le consensus se réalise par différenciation des individus, qui remplissent chacun leur fonction propre et sont néanmoins indispensables à la vie de la collectivité – c'est la société où règne la « division du travail ».

L'anomie et ses remèdes

À partir du normal, Durkheim peut étudier le pathologique, comme il le fait tant dans *De la division du travail social* que, plus systématiquement encore, dans sa troisième œuvre majeure, *le* ***Suicide*** (1897). Les sociétés évoluent : le changement social est alors facteur de crises et de troubles divers. Si les sociétés sont « malades », il n'existe pourtant pas, selon Durkheim, de contradiction inhérente au corps social telle que rien ne puisse le guérir. Parler de « maladie », c'est parler d'un état passager que le sociologue a justement pour tâche de rendre plus passager encore.

Cette maladie, Durkheim la nomme *anomie,* et il la définit comme une absence de règles communément admises. L'affaiblissement des liens qui rattachent l'individu à la société constitue le fait majeur des sociétés à l'épreuve de l'industrialisation : le développement de l'économie lui paraît en effet trop rapide pour que le groupe social puisse élaborer des règles qui en suivent l'incessant bouleversement. Comme tout médecin en possession d'un diagnostic, Durkheim se doit de préconiser des remèdes. Là encore, sa pensée offre l'image d'une parfaite rigueur et d'une parfaite cohérence, comme en témoignent aussi bien ses ouvrages que ses cours (*Éducation et Sociologie,* posthume, 1922 ; *Leçons de sociologie,* id., 1923).

Durkheim a également publié *les Formes élémentaires de la vie religieuse* (1912), *Sociologie et Philosophie* (posthume, 1925), *l'Évolution pédagogique en France* (id., 1938), *la Science sociale et l'Action* (id., 1970). Au-delà du cadre académique, ses thèses se sont diffusées, en France, en histoire (école des Annales), en linguistique (Ferdinand de Saussure [1857-1913]) et en ethnologie (Marcel Mauss [1872-1950]).

Renvois

Notions : autrui, la conscience et l'inconscient.

Épictète

Hiérapolis, Phrygie, v. 50 - Nicopolis, Épire, v. 125 apr. J.-C.

Philosophe grec

Comme de nombreux penseurs de l'Antiquité, Épictète a privilégié la parole vivante dispensée à des disciples. C'est le principal d'entre eux, Arrien, qui mit son enseignement par écrit afin de le publier et qui transmit ainsi en Occident la pensée de l'un des maîtres du stoïcisme latin, élevé au rang de doctrine morale.

Un ancien esclave affranchi

Originaire d'Asie Mineure, Épictète arrive à Rome comme esclave d'Épaphrodite, lui-même affranchi de l'empereur Néron. Il y entend les leçons du philosophe stoïcien Musonius Rufus, qui le marquent durablement. Une fois lui-même affranchi, il ouvre sa propre école, mais, en 94, est frappé par la mesure de l'empereur Domitien, qui bannit tous les philosophes de Rome et de l'Italie. Il s'établit alors en Épire, dans la ville grecque de Nicopolis, fondée par l'empereur Auguste pour commémorer sa victoire sur Marc Antoine à Actium (31 av. J.-C.). Dans cette cité portuaire ouverte sur l'Italie, il ouvre une seconde école dont le rayonnement sera important. Le futur historien et haut fonctionnaire romain Flavius Arrien (v. 95 - v. 175) est l'un de ses plus fervents disciples ; il prend alors d'abondantes notes, qui nous sont parvenues sous le nom d'***Entretiens*** (ou *Diatribes*) et de ***Manuel*** (ou *Enchiridion*).

Les *Entretiens* d'Épictète. Les quatre livres d'*Entretiens* que nous possédons semblent correspondre à la moitié seulement de ceux qui furent compilés par Arrien. Ils constituent toutefois l'un des textes les plus complets de la littérature stoïcienne, les autres auteurs ne nous étant principalement connus que par des fragments. Le *Manuel* (« livre que l'on garde en main ») est un recueil des réflexions du maître les plus décisives, élaboré ultérieurement par Arrien.

Les *Entretiens* n'obéissent pas à une ligne de conduite prédéterminée ; ils sont en cela le reflet de la liberté de parole d'Épictète. Les sujets qu'ils abordent ne relèvent généralement pas de la physique ou de la logique : la technicité philosophique y est supposée plus qu'exposée. Le propos est principalement ascétique et éthique : le titre de *Diatribes* désigne d'ailleurs un genre littéraire, emprunté au cynisme et consacré à la prédication morale. Par des exhortations parfois véhémentes adressées à un interlocuteur fictif, l'auteur l'invite à se détourner d'une vie déréglée. Le but est ainsi de remémorer au disciple des règles de vie simples ou des questions permettant l'examen critique de soi.

La philosophie comme sagesse

Si l'éthique est dominante dans les *Entretiens,* elle n'en est pas le seul objet. L'éthique repose sur une physique et une logique conformes au stoïcisme tel qu'il était apparu dans ses premières formes, au IIIe siècle av. J.-C., soit quatre siècles avant Épictète. La maxime « Supporte et abstiens-toi », par laquelle on résume souvent la philosophie d'Épictète, ne prend tout son sens que si elle est reliée à son fondement cosmologique. La sagesse, en effet, n'est pas seulement affaire de résignation ; elle repose sur une juste compréhension de l'ordre du monde et de la place que l'homme y occupe.

Nature et raison. L'unité du monde est constituée par un principe immanent, une âme du monde, que l'on peut appeler Dieu ou logos. Toutes les parties du monde sont ainsi unies par des liens d'interdépendance vivants et rationnels. Dès lors, il est contraire à la raison et à la nature des choses de se considérer comme extérieur au monde, d'ériger sa propre volonté en principe des choses. « Suivre la nature », commandement stoïcien par excellence, équivaut à « suivre la raison » : la raison n'est pas d'abord une faculté propre à l'homme, elle est le principe ordonnateur de la réalité. La raison de l'homme participe à la raison du monde. L'éthique est donc indissociable de la connaissance : la vérité est la voie du salut.

L'ignorance nous fourvoie en nous empêchant de discerner l'objet juste du désir. Les sceptiques ont raison de dire que ce ne sont pas les faits qui nous affligent, mais nos jugements. Il faut cependant ajouter, contre les sceptiques, que ce sont nos jugements faux qui nous perdent et non pas les jugements en général. Il importe donc de savoir distinguer ce qui dépend de nous (tel le jugement) et ce qui ne dépend pas de nous (tel le corps) pour ajuster notre désir au possible. On ne doit pas seulement supporter les choses qui ne dépendent pas de nous, mais on doit aussi admettre qu'elles participent à la perfection du monde : de la résignation, le vrai sage passe au consentement. Le consentement est l'expression de sa liberté intérieure.

Une immense postérité. Épictète a exercé une forte influence sur **Marc Aurèle** et sur le néoplatonisme tardif. Ainsi, Simplicius en donne un commentaire au IVe siècle. Les auteurs chrétiens paraphrasent le *Manuel* dès le Ve siècle. **Descartes** s'inspire d'Épictète pour formuler la troisième règle de sa « morale par provision » (***Discours de la méthode***, IIIe partie). **Pascal** le fait dialoguer avec **Montaigne** dans son *Entretien avec M. de Sacy* (1655), sur les « rapports de la philosophie et de la religion ». Au XVIIIe siècle, le père jésuite Lorenzo Ricci en rédige un condensé, dans le *Livre des vingt-cinq paragraphes,* destiné à préparer les intellectuels chinois à accueillir le christianisme.

Renvois

Notions : le bonheur, la liberté.

Épicure

Samos ou Athènes 341 - Athènes 270 av. J.-C.

Philosophe grec

Héritier de Démocrite, qui fut le précurseur de l'atomisme, Épicure laissa son nom à l'un des courants majeurs de la pensée antique. L'épicurisme se présente comme un matérialisme au sein duquel physique et morale concourent à un seul et même but : guérir les maux de l'âme.

La pensée philosophique

Venu une première fois à Athènes, en 323 av. J.-C., afin de s'inscrire pour l'éphébie, Épicure s'y fixe ensuite définitivement en 306. C'est à cette date qu'il installe son école dans le fameux « jardin » que fréquentent disciples et amis. Les seuls écrits qui soient parvenus de lui sont une lettre sur la nature (à Hérodote), une autre sur les météorites et une troisième sur la morale. Diogène Laërce a transmis son *Testament,* tandis que **Cicéron**, **Sénèque** et Plutarque (v. 50 - v. 125) ont livré quelques-unes de ses *Maximes :* peu de chose, en somme, au regard des quelque trois cents ouvrages dont il aurait été l'instigateur.

Épicure fait des sensations le critère des connaissances et des plaisirs qu'elles procurent le principe du bonheur, à condition d'en rester maître. Les canons de la vérité ne sont rien d'autre que diverses sortes d'évidences, au premier rang desquelles est celle de la passion, c'est-à-dire du plaisir et de la douleur. Ces deux modes suffisent à révéler l'aspect affectif des sensations, puisqu'il n'existe pas d'états neutres. Comment, cependant, rendre compte des erreurs des sens ? Épicure a répondu par avance : non seulement la sensation n'est pour rien dans nos erreurs, mais il suffirait de s'en tenir à la sensation pour éviter l'erreur. Cette dernière vient de l'impatience de juger et non des sens eux-mêmes. Le sage doit savoir éviter la précipitation et suspendre son jugement.

La théorie physique

Le monde offre le spectacle d'innombrables composés, qui sont étendus et ne peuvent donc être constitués d'éléments immatériels. Aussi est-il nécessaire qu'existent, comme principes à toute physique, des éléments indécomposables, simples et étendus : ce sont les atomes. Ceux-ci se diversifient par leur forme – unique qualité immuable –, par leur grandeur, nécessairement finie – puisque nul atome ne peut être visible –, et par leur indissolubilité – puisque les « plus petits éléments concevables », non susceptibles de changement, sont en un mot éternels.

Tous les atomes se meuvent dans le vide selon une vitesse identique. Leur poids les entraîne dans une chute verticale au cours de laquelle ils peuvent changer de direction en vertu d'une propriété indéterminée – leur « déclinaison ». Alors, certains d'entre eux se rencontrent et forment des composés. C'est la combinaison des atomes qui explique la pluralité des mondes, dont fait partie notre Univers : aussi ordonné soit-il, celui-ci est le fruit du hasard.

La morale épicurienne

S'il est vrai que l'âme n'est, comme le corps, qu'un composé d'atomes, la terreur des hommes envers la mort n'est pas moins absurde que la crainte des dieux. Dans le désarroi qui accompagne la décadence politique de la cité grecque, la tâche des philosophes est de définir le « souverain bien ». Pour cela, l'épicurisme propose une morale rationnelle du plaisir. Ce dernier survient lorsque l'équilibre physiologique est établi dans un être vivant. Le plaisir est une limite qui ne peut être dépassée sans se transformer immédiatement en douleur. Le plaisir est donc un bien par lui-même, mais un bien toujours menacé. D'où la discipline que s'impose l'épicurien : se suffire à soi-même, se contenter de peu, se moquer du destin sont ses préceptes fondamentaux.

Comment, pratiquement, réaliser cet idéal ? D'une part, en suivant la nature et, d'autre part, en opérant un choix raisonné parmi les désirs. On distingue ceux qui sont naturels et nécessaires, ceux qui sont naturels mais non nécessaires, enfin ceux qui ne sont ni naturels ni nécessaires. Les premiers sont à satisfaire pleinement ; les deuxièmes, à éviter ; les troisièmes, à proscrire. On voit que cet ascétisme ne permet pas de confondre l'épicurisme avec l'hédonisme – lequel ne considère que l'intensité du plaisir et de la douleur, et non les différences qualitatives qu'il peut y avoir entre eux. Épicure ne vise qu'à la quiétude pleine et entière de l'âme à laquelle il donne le nom d'« ataraxie ».

Dans le monde romain, **Lucrèce** fut un continuateur d'Épicure, dont il exposa la doctrine dans son poème didactique, le ***De natura rerum***.

Renvois

Notions : le désir, la matière et l'esprit.

Foucault (Michel)

Poitiers 15 octobre 1926 - Paris 25 juin 1984

Philosophe français

Michel Foucault est l'auteur d'une des œuvres les plus importantes et les plus originales du XXe siècle. Mondialement reconnu, il a introduit en philosophie des objets nouveaux (la folie, la prison, la sexualité) et ainsi renouvelé la réflexion. Il a également soutenu la plupart des combats minoritaires qui ont vu le jour après mai 1968.

Philosophe et psychologue

Fils de chirurgien, Michel Foucault fait des études brillantes. Admis à l'École normale supérieure en 1946, il choisit de poursuivre une formation philosophique et obtient l'agrégation en 1951. Parallèlement, il développe un intérêt pour la psychologie et, en 1952, passe son diplôme de psychopathologie à l'Institut de psychologie de Paris. Ses premiers travaux sont marqués par cette discipline. Ils portent ainsi sur les questions de la maladie mentale (*Maladie mentale et personnalité*, 1954), du rêve (il rédige en 1954 une introduction au livre *le Rêve et l'Existence* du psychiatre suisse Ludwig Binswanger) et de la folie, à laquelle il consacre sa thèse (***Histoire de la folie à l'âge classique***, 1961). Dans celle-ci, il analyse notamment comment la folie a été successivement constituée comme tare morale au Moyen Âge, comme défaillance de la raison à l'âge classique, puis comme maladie mentale à la fin du XVIIIe siècle.

La période structuraliste

Son *Histoire de la folie* apporte à Foucault une grande renommée dans les cercles intellectuels. Mais c'est avec *les* ***Mots et les Choses***, en 1966, qu'il acquiert une large notoriété. Le succès de ce livre, pourtant ardu, est considérable. Dans cet ouvrage, Foucault se donne pour projet, comme l'indique le sous-titre, de mener une « archéologie des sciences humaines », et de comprendre, en particulier, l'émergence du structuralisme, courant de pensée dominant dans le champ intellectuel des années 1960 et auquel de grands noms, comme ceux de l'anthropologue Claude **Lévi-Strauss** ou du psychanalyste Jacques Lacan (1901-1981), sont associés.

Foucault est alors perçu comme l'un des philosophes les plus importants de sa génération. Le voilà donc propulsé aux portes du Collège de France, où il est élu en 1969, grâce à l'appui de l'historien des religions Georges Dumézil (1898-1986) ; il y enseignera jusqu'à sa mort. Sa leçon inaugurale, prononcée en 1970, est publiée en 1971 sous le titre *l'Ordre du discours*. Foucault y analyse les procédures de contrôle et de restriction des énoncés qui définissent ce qui est pensable et « dicible » dans les sociétés contemporaines.

Un philosophe engagé

Michel Foucault est transformé par les événements de mai 1968 et participe alors activement à de nombreux mouvements contestataires. Il manifeste ainsi son soutien, avec d'autres philosophes, comme Jean-Paul **Sartre** ou Gilles **Deleuze**, ou des écrivains comme Jean Genet (1910-1986), aux travailleurs en grève, aux immigrés, aux homosexuels, aux prisonniers, etc.

C'est d'ailleurs la question des prisons qui préoccupera le plus le philosophe. Il fonde ainsi, en 1971, le Groupe d'information sur les prisons (GIP), dont l'objectif est de dénoncer les conditions de détention et de donner la parole à ceux qui habitent ce monde voué au silence. Il entreprend également une analyse historique du système carcéral dans ses cours du Collège de France (« Théories et institutions pénales », en 1971-1972 ; « La société punitive », l'année suivante). Sa réflexion aboutira, en 1975, à l'un de ses livres majeurs, *Surveiller et Punir,* dont le sous-titre, « Naissance de la prison », indique l'enjeu : saisir ce qui a présidé à l'invention de la prison comme forme hégémonique du châtiment dans les sociétés contemporaines.

Repenser la sexualité

Les trois derniers livres de Michel Foucault sont consacrés à la sexualité. Le premier, *la Volonté de savoir* (1976), est un court ouvrage, d'un style assez vif, écrit contre le freudo-marxisme et l'idéologie de la révolution sexuelle d'une part, et contre la psychanalyse d'autre part. Foucault s'efforce en effet de montrer, à travers une analyse historique de la notion de sexualité, que tous les discours qui affirment la place centrale du sexe dans nos vies restent prisonniers d'un schéma d'interprétation mis en place par la psychiatrie du XIXe siècle. Ils s'inscrivent donc dans le dispositif de pouvoir élaboré par cette discipline, qui, au nom d'une science de la sexualité, prétend connaître la vérité des individus sur la base de l'observation et de l'interprétation de leurs pratiques sexuelles. C'est à une réflexion sur les façons possibles d'échapper à ce dispositif que les deux livres suivants de Foucault, *le Souci de soi* et *l'Usage des plaisirs* (publiés en 1984), sont consacrés. Foucault y restitue la manière dont le corps et les plaisirs ont pu être, dans l'Antiquité gréco-romaine, codifiés et interprétés autrement qu'ils ne le sont aujourd'hui. Il meurt du sida la même année.

Freud (Sigmund)

Freiberg, auj. Příbor, Moravie,
6 mai 1856 - Londres 23 septembre 1939

Médecin autrichien, fondateur de la psychanalyse

Auteur de l'une des plus grandes avancées de la pensée moderne, Sigmund Freud consacra sa vie à ce qu'il appela, dès 1896, « la méthode difficile, mais totalement fiable de la psychanalyse ». Avec celle-ci, c'est une nouvelle conception de l'homme qui s'imposait.

La découverte de l'inconscient

Né au sein d'une famille nombreuse, dont le père, négociant en textiles, fait de mauvaises affaires, Sigmund Freud n'a que 4 ans lorsqu'il arrive à Vienne. Après une scolarité brillante, il entre, en 1873, à la faculté de médecine. Après avoir obtenu son diplôme de médecin (1881), il est chargé d'une étude sur la cocaïne, dont il découvre les propriétés analgésiques et pressent les qualités anesthésiques (1884). Surtout, il s'intéresse aux travaux de Josef Breuer (1842-1925), remarquable clinicien qui a eu recours à la « cure par la parole » *(talking cure)* pour soigner une jeune femme souffrant de troubles hystériques spectaculaires ; celle-ci, connue sous le nom d'Anna O., restera rétrospectivement comme la première « patiente » de l'histoire de la psychanalyse. À travers son cas, Freud fait la découverte de l'inconscient.

La seconde rencontre décisive pour son avenir professionnel a lieu à Paris, où Freud arrive en 1885 grâce à une bourse d'études. À la Salpêtrière, il fait un stage chez Charcot, qui traite les hystériques par l'hypnose. « Il m'arrive de sortir de ses cours comme si je sortais de Notre-Dame, tout plein de nouvelles idées sur la perfection », témoigne-t-il dans une lettre à sa fiancée, Martha Bernays, qu'il épousera en 1886. Elle lui donnera six enfants, dont Anna, qui sera l'une des premières à entreprendre des psychanalyses d'enfants.

L'émergence de la psychanalyse

À Vienne, Freud ouvre son propre cabinet, où il traite les cas d'hystérie par électrothérapie et par hypnose. Il traduit alors le livre du médecin français Hippolyte Bernheim (1840-1919), *De la suggestion dans l'état hypnotique et dans l'état de veille,* qui paraît en allemand en 1888. Également traducteur de Charcot, il renoncera cependant à l'hypnose, « procédé incertain qui a quelque chose de mystique », au profit de la méthode des associations libres. En 1895, lui-même publie à la fois *l'Esquisse d'une psychologie scientifique* et *les Études sur l'hystérie* – ce dernier ouvrage en collaboration avec Breuer, dont il se sépare ensuite violemment. Le terme même de « psychanalyse » n'apparaît que dans un texte de 1896, les *Nouvelles Remarques sur les psychonévroses de défense.* Cette même année, la mort de son père déclenche chez Freud une autoanalyse, qui donne lieu à une correspondance capitale avec le médecin et biologiste Wilhelm Fliess (1858-1928).

Ainsi, c'est au cours de son autoanalyse, qui l'amène à se découvrir une attirance pour sa mère et une jalousie, mêlée d'agressivité, envers son père, que Freud rend compte du complexe d'Œdipe. Puis les ouvrages qui fondent la théorie psychanalytique vont se succéder : en 1899, *les Souvenirs écrans* ; en 1900, ***l'Interprétation des rêves*** ; en 1901, *Sur le rêve, Fragments d'une analyse d'hystérie* (qui établit la fonction traumatique de la sexualité dans l'hystérie à travers le cas de la jeune Dora) et *Psychopathologie de la vie quotidienne* ; en 1904, *la Méthode psychanalytique de Freud* ; en 1905, *Trois Essais sur la théorie de la sexualité* et *le Mot d'esprit dans ses rapports avec l'inconscient.*

À cette date, la psychanalyse est devenue mouvement. Autour du fondateur se réunit, depuis 1902, le « cercle » de ses disciples viennois, dont Otto Rank (1884-1939) et Alfred Adler(1870-1937). À partir de 1904, Freud correspond avec Eugen Bleuler (1857-1939) et, en 1907, il reçoit la visite de son assistant, Carl Gustav Jung (1875-1961), qui fonde à Zurich la Société Freud. Puis, en 1908, la Société psychanalytique de Vienne commence ses travaux.

Le temps des ruptures et des remaniements

Jung participe au premier congrès de psychanalyse, qui a lieu à Salzbourg en 1908. L'année suivante, il accompagne Freud aux États-Unis pour une série de conférences à la Clark University de Worcester. En 1910, c'est Freud qui crée l'Association psychanalytique internationale, dont Jung prend la présidence. L'élan de recherche que le travail du maître a suscité va néanmoins provoquer des résistances. Adler, en 1911, puis Jung lui-même, en 1912-1913, sont les premiers à se démarquer du freudisme.

Ces tensions coïncident avec un remaniement important des fondements théoriques de Freud (*Pour introduire le narcissisme,* 1914 ; *Métapsychologie,* 1915). Celui-ci se trouve conduit à une refonte de la conception générale du conflit psychique en faisant émerger les notions de pulsion de vie *(Éros)* et de pulsion de mort *(Thanatos),* celles de principe de réalité et de principe de plaisir (*Au-delà du principe de plaisir,* 1920). Il en arrive ensuite à proposer un nouveau modèle de l'appareil psychique lui-même (*Psychologie collective et analyse du moi,* 1921 ; *le Moi et le Ça,* 1923). Entre-temps, dans ***Totem et Tabou*** (1912), il s'est mis en quête d'une histoire de l'humanité par le biais de l'ethnologie.

Depuis 1923, Freud souffre d'un cancer de la mâchoire. En dépit de la lutte qu'il lui faut mener, il travaille intensément. Il élabore une nouvelle théorie de l'angoisse (*Inhibition, symptôme et angoisse,* 1926). Il étend l'objet de la psychanalyse au statut de la religion (*l'Avenir d'une illusion,* 1927 [traduction française de Marie Bonaparte, 1932]). Avec ***Malaise dans la civilisation*** (1929), il développe explicitement sa conception du monde et du progrès en soulignant la soumission de la civilisation aux nécessités économiques. Il précise encore et met à jour différents aspects du savoir psychanalytique (*le Clivage du moi dans le processus de défense,* 1937) et de la cure (*Analyse finie et analyse infinie,* 1937). ***Moïse et le monothéisme*** (1939), où il revient sur la question du père, est une forme de testament personnel.

À Berlin, les nazis ont brûlé ses œuvres, mais, en 1938, Freud a pu quitter Vienne. Il s'est installé à Londres, où il continue à traiter ses patients presque jusqu'au jour de sa mort.

Renvois

Notions : la conscience et l'inconscient, le désir, le devoir, langage et interprétation.

Guillaume d'Occam (ou d'Ockham)

Ockham, Surrey, v. 1285 - Munich v. 1349

Théologien et philosophe anglais

Disciple du théologien écossais John Duns Scot, Guillaume d'Occam rompit ensuite avec son maître et devint une des grandes figures du nominalisme (dont le terme n'apparut toutefois qu'au XVe siècle). Il peut aussi être considéré comme le penseur qui annonce l'empirisme en philosophie et la Réforme protestante en religion.

Un moine en rupture de ban avec la papauté

Étudiant puis professeur à Oxford, Guillaume d'Occam est sommé, en 1324, de se rendre en Avignon, où siège alors la papauté, pour se justifier de positions jugées hérétiques. Au cours de son séjour, il s'oppose de nouveau au pape Jean XXII (1316-1334), d'abord dans le cadre du conflit qui surgit entre ce dernier et l'ordre des Franciscains auquel il appartient, puis dans le cadre de l'élection à la tête du Saint Empire, qui se fait au profit du roi Louis IV de Bavière contre le candidat officiel du pape. Excommunié en 1330, Occam s'installe à la cour de Bavière, où il se consacre entièrement à ses écrits.

Dans ses *Huit Questions à propos de l'autorité pontificale* (1339-1342), Occam reste sur des positions doctrinales rebelles. Il ne reconnaît au pape qu'une fonction spirituelle et lui refuse la *plenitudo potestatis* en vertu de laquelle il a tout pouvoir dans l'administration de l'Église. Il regarde l'Église elle-même comme une fédération d'Églises nationales et distingue radicalement le pouvoir religieux du pouvoir séculier. Il récuse l'infaillibilité du Concile général et affirme que c'est à l'Université qu'il appartient de trancher les questions importantes, y compris en matière de foi.

Le nominalisme avant la lettre

La principale œuvre philosophique de Guillaume d'Occam, le *Commentaire sur les sentences de Pierre Lombard* (1318-1320), est l'exposé le plus célèbre de la doctrine qui sera appelée « nominaliste » et selon laquelle les mots ne désignent que nos représentations. Occam y conteste en effet les « universaux » (concepts universels et abstraits tels que l'« humanité »), qui, selon lui, n'ont d'existence que dans l'esprit. Seul l'individuel concret existe. Dès lors, la science ne saurait prétendre à aucune prise sur le réel ; elle n'est qu'assemblage de concepts, de mots *(nomina),* qui sont de pures conventions. La connaissance ne résulte pas, comme dans la philosophie scolastique, d'un jugement de séparation ou d'abstraction du réel, aboutissant à reconnaître des degrés d'être, mais d'une intuition qui n'est fondée sur rien d'autre que sur la position autonome de l'esprit.

La pensée d'Occam s'accompagne du risque d'un extrême agnosticisme : elle revient à nier les preuves classiques de l'existence de Dieu et le bien-fondé de la distinction entre l'essence de Dieu et les attributs de Dieu. En termes de théologie, Occam est « fidéiste », c'est-à-dire qu'il suspend toute chose, bien plus radicalement encore que Duns Scot (v. 1266 - 1308), à la volonté divine. Puisque les universaux n'offrent aucune prise sur le réel, seule la révélation permet de connaître l'ordre de la création. De même dépendent de Dieu seul la prédestination et la foi des individus.

La postérité intellectuelle d'Occam

Un des principes de l'école nominaliste s'exprime ainsi : *Entia non sunt multiplicanda praeter necessitatem* (« Les êtres [les choses essentielles] ne sont pas multipliables sans nécessité »). Ce principe, dit « de parcimonie » ou « d'économie » parce qu'il exclut la multiplication des démonstrations à l'intérieur d'une construction logique, est aussi connu sous le nom de « rasoir d'Occam ». Il est un de ceux qui président à la logique moderne et sera repris en 1912 par Bertrand **Russell** en ces termes : « Il ne faut pas multiplier les essences sauf nécessité. »

Les théories d'Occam ne furent jamais censurées par la papauté, mais elles le furent par l'Université de Paris. C'est là, cependant, que le nominalisme se développa et que son précurseur trouva ses plus célèbres disciples : Jean Buridan (v. 1300 - apr. 1358), Pierre d'Ailly (1350-1420), Jean de Gerson (1363-1429). Par Gabriel Biel (v. 1420 - 1495), qui distingue rigoureusement la foi et la raison, et qui fut le maître à penser de Luther, le nominalisme d'Occam a préparé la voie à la doctrine luthérienne de la justification par la foi seule.

Hegel (Georg Wilhelm Friedrich)

Stuttgart 27 août 1770 -
Berlin 14 novembre 1831

Philosophe allemand

Admirateur de **Kant** et de **Rousseau**, Georg Wilhelm Friedrich Hegel affronta la crise intellectuelle qui succéda à l'ère des Lumières en construisant une pensée qui articule les contraires dans une unité systématique.

La genèse de la pensée hégélienne

Issu d'une famille de la petite bourgeoisie, Georg Wilhelm Friedrich Hegel quitte sa ville natale en 1788, une fois ses études secondaires achevées, et entre au « séminaire » protestant de Tübingen. La tradition veut qu'en 1791, avec ses condisciples Friedrich Hölderlin (1770-1843) et Friedrich von Schelling (1775-1854), il ait planté un arbre de la liberté dans les environs de la ville. Dans un premier temps, en effet, il s'enthousiasme pour la Révolution française, mais il s'efforce ensuite d'en comprendre l'échec, qui est celui d'une liberté trop « absolue ». Diplômé de théologie, il renonce à une carrière de pasteur et, de 1793 à 1800, il occupe un poste de précepteur à Berne puis à Francfort.

Hegel manifeste son intérêt pour la question religieuse à travers certains écrits (une *Vie de Jésus,* 1795 ; une *Critique de l'idée de religion positive,* 1795-1796). Il lit les journaux français, étudie la philosophie de Kant et se passionne pour l'organisation sociale de la Grèce antique. Une nouvelle fois, l'échec final du modèle grec occupe longtemps ses réflexions ;

un combat s'instaure en lui entre cet idéal d'universalité et l'affirmation d'absolu que la tradition chrétienne proclame pour chaque destin particulier. Cette crise se dénouera, selon les termes mêmes d'une lettre adressée à Schelling, lorsqu'il se résoudra, après l'élaboration de son « système » de pensée, à « revenir à une action sur la vie de l'homme ».

La dialectique hégélienne

Hegel inaugure à Iéna, en 1800, sa carrière universitaire. Avec Schelling, il fonde le *Journal critique de la philosophie* (1802-1803), dans lequel paraît *la Différence des systèmes philosophiques de Fichte et de Schelling,* que suivent *l'Essence de la critique philosophique, la Philosophie et le Sens commun, le Rapport du scepticisme et de la philosophie* et *Foi et savoir.* Puis, brouillé avec Schelling, il publie *la **Phénoménologie de l'esprit*** (1807) pour surmonter les difficultés qu'il éprouve à faire comprendre l'originalité de sa pensée.

La dialectique est conçue comme la conscience que l'esprit prend de lui-même dans les contradictions auxquelles il est confronté. La logique, la philosophie de la nature et la philosophie de l'esprit sont ainsi les trois moments du développement d'un seul principe, l'Idée, qui, au terme du parcours, atteint l'Absolu. La dialectique englobe donc à la fois les lois du développement de l'esprit et celles qui déterminent le développement de la nature.

Pour Hegel, la conscience n'est pas libre en soi ; elle ne le devient qu'au terme d'un processus complexe. La « dialectique du maître et de l'esclave » en est un des moments majeurs : pour montrer à l'autre et à soi-même qu'elle n'est pas réductible à la vie biologique, la conscience met sa vie en jeu. Ainsi apparaît un combat à mort. Deux attitudes sont alors possibles : aller jusqu'au bout de ce risque, ou préférer la servitude à la mort. La première donne la figure du maître, la seconde celle de l'esclave. La relation de servitude toutefois se renverse : par le travail, l'esclave transforme le monde et accède à une autonomie inaccessible au maître, qui dépend de l'esclave pour accéder au monde. Ainsi, l'esclave se libère de la servitude, et la conscience accède à la Raison.

La logique hégélienne

La vie universitaire d'Iéna étant victime des campagnes napoléoniennes, Hegel doit, en 1808, se contenter d'un poste de proviseur au Gymnase [Lycée] royal de Nuremberg, qu'il conservera jusqu'en 1816. Au cours de cette période extrêmement féconde, il met en forme une sorte de système abrégé, la *Propédeutique philosophique* (1812 ; publiée intégralement après sa mort), et surtout rédige les trois volumes de *la **Science de la logique*** (1812-1816).

Manifestant sa rupture avec le formalisme de la logique traditionnelle, Hegel tente de construire une « logique spéculative », qui doit prendre la place de la métaphysique antique. Conformément à sa perspective fondamentale – l'unité d'origine entre le sujet et l'objet –, il veut montrer que les structures de la pensée sont aussi celles de la réalité ; l'être n'est effectif que médiatisé par l'esprit.

Heidelberg et Berlin

En 1816, Hegel arrive à l'université de Heidelberg. C'est alors qu'il publie son ***Encyclopédie des sciences philosophiques****,* construction grandiose qui marque l'achèvement de sa philosophie. Jouissant d'une grande renommée, il est appelé en 1818 à l'université de Berlin, où il devient une sorte de philosophe officiel, à la fois favorisé et surveillé par le pouvoir prussien. Dans les *Principes de la philosophie du droit* (1821), il élabore sa conception de la société économique et politique. Par la suite, il ne fera plus rien paraître, hormis quelques articles dans les *Annales de critique scientifique,* qu'il fonde en 1827.

Hegel sera emporté par une épidémie de choléra. Jusqu'à sa mort, il donnera des cours qui seront suivis par un large public d'étudiants et qui fourniront la matière d'ouvrages posthumes : *Leçons sur la philosophie de la religion* (1832), *Leçons sur l'histoire de la philosophie* (1833-1836), *Leçons sur l'esthétique* (1835-1838), *Leçons sur la philosophie de l'histoire* (1837 et 1840).

Renvois

Notions : l'art, la conscience et l'inconscient, le devoir, l'histoire, la raison, le sujet.

Heidegger (Martin)

Messkirch, Bade, 26 septembre 1889 - id. 26 mai 1976

Philosophe allemand

L'œuvre de Martin Heidegger se présente comme l'une des plus importantes dans l'histoire des idées contemporaine. Elle tend à sortir de la philosophie, déterminée, dès son origine, comme métaphysique. L'attitude de Heidegger à l'égard du pouvoir nazi a fait l'objet de vives controverses.

Le continuateur de Husserl

Natif de la Souabe, à laquelle il vouera un attachement durable, Martin Heidegger fait ses études à Constance, puis à Fribourg-en-Brisgau, où, en 1909, il entre à l'université pour suivre des cours de philosophie (**Husserl** étant son professeur) et de théologie. En 1912, il publie son premier article *(le Problème de la réalité dans la philosophie moderne)* et, l'année suivante, il obtient son doctorat. Mobilisé en 1914, il est réformé au bout de deux mois pour raisons de santé. Il peut alors commencer sa carrière universitaire dès 1915, restant toute sa vie à Fribourg – mis à part un séjour à l'université de Marburg (1923-1928). D'abord successeur de Husserl à la chaire de philosophie, il est ensuite recteur de l'université (1933-1934). Suspendu de ses fonctions en 1945 par les Alliés vainqueurs de l'Allemagne, il reprend ses cours en 1951 avec le titre de « professeur émérite ».

Outre ***Être et Temps*** (1927), son principal ouvrage dont la seconde partie ne sera jamais publiée, Heidegger est l'auteur notamment de *Kant et le problème de la* *métaphysique* et *Qu'est-ce que la métaphysique ?* (1929), *De l'essence de la vérité* (1943), *Lettre sur l'humanisme* (1947), ***Introduction à la métaphysique*** (1953), ***Qu'est-ce que la philosophie ?*** (1956). D'autres textes seront réunis sous le titre ***Chemins qui ne mènent nulle part*** (ou *Chemins forestiers,* 1950) et, surtout, dans le recueil intitulé *Questions* (1968-1976).

La pensée du *dasein*

Pour Heidegger, ce qui définit l'ontologie traditionnelle, c'est la prétention à connaître l'Être. Cette prétention conduit à enfermer l'Être dans les catégories de la raison, en oubliant qu'il est précisément au-delà de toutes nos catégories. On en vient ainsi à oublier l'Être comme question : paradoxalement, le discours sur l'Être est ainsi un oubli de l'Être. Il importe donc de revenir à cette question par-delà la tradition métaphysique et « onto-théologique ».

Cette question de l'Être, et de l'Être comme question, c'est ce qui définit un étant particulier – celui dont la structure est constituée par l'« être-là » (le *dasein*), c'est-à-dire l'homme. On trouve dans *Être et Temps* cette formule : « La compréhension de l'Être est elle-même une détermination d'être de l'être-là », ou cette autre dans la *Lettre sur l'humanisme* : « L'homme est [jeté] par l'Être lui-même dans la vérité de l'Être. » C'est ce que dit aussi le terme d'*Existenz* (qu'il est devenu d'usage de traduire en français par « ek-sistence »), forgé par Heidegger pour définir l'être-là de l'étant humain.

La question de l'« ek-sistence »

Ce terme est à l'origine de nombreux malentendus sur l'existentialisme de Heidegger. Si, avec Jean-Paul **Sartre**, l'existentialisme interroge les rapports de l'essence et de l'existence (laquelle précède l'autre ?), c'est la différence de l'étant et de l'Être qui est l'axe de la pensée heideggérienne, et le terme d'« ek-sistence » n'est qu'une manière de l'approcher. Qu'en l'homme l'existence précède l'essence ou la suive, cela ne change rien au fait qu'il est un étant « ek-sistant », c'est-à-dire un existant qui a une compréhension « préontologique » de l'Être.

L'Être, en effet, a un sens qu'il est de l'essence de l'homme de comprendre. L'Être est même le sens, il est le *logos.* C'est ce que dit le terme d'« ontologie ». La question de l'Être, sur laquelle l'ontologie fondamentale fait retour, est celle du lien de l'Être et du logos. Heidegger rappelle souvent qu'une pensée de l'Être est en même temps une réflexion sur le langage. « Le langage est la maison de l'Être, lit-on dans la *Lettre sur l'humanisme.* Dans son abri habite l'homme. Les penseurs et les poètes sont ceux qui veillent sur cet abri. » Penseurs et poètes veillent sur le langage, car, à travers lui, ils sont à l'écoute de la vérité de l'Être : telle est l'« ek-sistence authentique ».

Or, la vérité de l'Être n'a rien à faire avec ce qu'on entend par « certitude », car elle est le fait d'un étant fini et inachevé. Le retour de la pensée vers la question de l'Être n'est pas retour vers l'éternel.

Renvois

Notions : l'existence et le temps, l'histoire, langage et interprétation, la raison, le travail et la technique.

Hobbes (Thomas)

Westport, Wiltshire, 5 avril 1588 - Hardwick Hall 4 décembre 1679

Philosophe anglais

Auteur du célèbre ***Léviathan*** (1651), mais aussi de trois importants ouvrages qui composent ses *Éléments de philosophie* – ***De cive*** (« Du citoyen », 1642), *De corpore* (« Du corps », 1655), *De homine* (« De l'homme », 1658) –, Thomas Hobbes est un théoricien du droit et du contrat social, et, comme tel, l'un des fondateurs de la philosophie politique moderne.

L'héritier du matérialisme antique

Ancien étudiant d'Oxford, Thomas Hobbes travaille à partir de 1620 avec le philosophe Francis **Bacon**, qui l'introduit dans le milieu scientifique : il se familiarise alors avec la philosophie mécaniste et porte un grand intérêt aux anciens philosophes matérialistes ainsi qu'aux recherches physiques sur la conservation du mouvement. À Paris, il découvre en 1629 la méthode inspirée d'Euclide, qu'il commence à appliquer dans son *Court Traité des premiers principes.*

En 1640, alors que se prépare la première révolution d'Angleterre, Hobbes rédige les *Éléments du droit naturel et politique.* Par prudence, il vit en France jusqu'en 1651. Proche de l'abbé Mersenne et de Galilée, il se lie également d'amitié avec William Harvey, qui avait découvert la circulation du sang et avec qui il partage les mêmes affinités méthodologiques. En 1660, Charles II retrouve le trône des Stuarts et, bien que le souverain ne soit pas hostile à Hobbes, celui-ci devra se défendre contre de nombreuses accusations de trahison et d'athéisme. En 1683, l'université d'Oxford condamnera dans l'allégresse générale le *De cive* en même temps que *le Léviathan,* qu'elle accuse d'attribuer à l'autorité civile une origine populaire.

Le penseur de la cité

Quiconque observe comment il pense et raisonne connaîtra par là même les pensées et les passions des autres hommes en des occasions semblables. Cependant, cette similitude des pensées et des passions individuelles n'apparaît pas dans l'état de nature, qui est le règne de la dissimulation, du mensonge et de la lutte ; on ne peut en juger que dans l'état civil, où « celui qui doit gouverner toute une nation ne doit pas lire en lui-même tel ou tel individu mais l'humanité ».

Le désir de puissance. L'état de nature est affecté d'une contradiction qui rend son développement nécessaire. Le point de départ en est le *conatus* (l'effort pour se conserver soi-même), dont la spécificité humaine est la défense contre la menace que représente l'autre. Le grand moteur de la lutte de tous contre tous est la crainte de la mort subite plus que le désir de domination absolue. En fait, le désir humain ne se satisfait pas dans la simple reproduction du mouvement vital, il est désir infini de puissance. Ainsi, il y a une « inclination générale » de toute l'humanité, un désir perpétuel d'acquérir de plus en plus de pouvoir. Or, il ne s'agit pas ici d'une simple accumulation d'objets, parce que, d'une part, le désir de puissance résulte de la relation à autrui et que, d'autre part, le pouvoir sur autrui est le plus grand des pouvoirs.

La « vraie valeur » de l'homme. Dans sa relation à l'autre, chaque Moi individuel tend à s'accorder à lui-même la plus haute valeur possible. L'analyse de la notion de valeur fournit la clé de la contradiction propre au désir de puissance dans le processus de la reconnaissance. En effet, ce que Hobbes appelle la « vraie valeur » d'un homme ne correspond ni à l'importance que cet homme s'accorde à lui-même, ni à un absolu : elle se réduit, comme toute chose, à son prix, « c'est-à-dire ce qu'on donnerait pour disposer de son pouvoir ».

Pour Hobbes, il ne s'agit pas seulement de réduire la valeur de l'homme au prix de la chose, mais de montrer que sa valeur réelle n'est pas celle que le Moi s'accorde dans son affirmation de soi : elle dépend entièrement du besoin et de l'opinion de l'autre. On comprend, dès lors, la nécessité pour chaque individu d'accroître sa puissance, et la contradiction dans laquelle est enfermé le désir de puissance.

De l'état de nature à l'état civil. L'opposition entre l'état de nature et l'état civil n'est pas une opposition simple de la nature et de l'artifice. En effet, le premier comporte déjà l'artifice du langage verbal, source de tous les autres artifices, en particulier l'État. C'est la parole qui permet de prendre conscience de la contradiction du désir de puissance et d'en sortir par l'acte verbal qu'est le contrat. Il est légitime que les hommes obéissent à l'État, à condition que celui-ci garantisse l'ordre en exerçant une autorité et non une domination.

L'État est une « personne artificielle » dont la nature est la représentation de l'ordre civil, et la fonction, la protection des citoyens. La réflexion entreprise par Hobbes dans *le Léviathan* porte sur l'essence du pouvoir d'État, et non sur une forme de gouvernement : l'ouvrage présente une théorie du pouvoir sous sa forme pure. À l'état de nature, l'homme est dénué de toute bonté, comme les animaux livrés à la « loi de la jungle » – d'où la formule, qu'on attribue à tort à Hobbes, « l'homme est un loup pour l'homme ». Il y règne la puissance anarchique de la multitude *(potentia).*

Hobbes expose comment cette multitude se convertit par contrat en un pouvoir politique *(potestas).* De ce processus naît plus qu'un consensus ou une concorde : une unité réelle de tous en une seule et même personne, que l'on appelle « république » *(civitas).* La multitude se transforme alors en peuple. Hobbes peut donc légitimement récuser tout droit de révolte, car « celui qui se plaint d'un tort commis par le souverain se plaint de ce dont il est lui-même l'auteur ». Prolongement logique de la théorie du contrat, la théorie de la souveraineté affirme que c'est bel et bien un pacte social qui institue le monarque – ce qui signifie l'abandon de toute théorie du droit divin.

Renvois

Notions : l'État, l'histoire, la justice et le droit, la liberté, la société.

Repères : légal - légitime ; transcendant - immanent.

Hume (David)

Édimbourg 1711 - id. 1776

Philosophe écossais

Sur les pas de Newton, au siècle des Lumières, David Hume entend instituer une connaissance de l'homme où l'expérience prend le pas sur la raison, définie comme un « merveilleux et inintelligible instinct ». En affirmant que nos idées ne naissent que des sensations, il donne à l'empirisme une portée historique.

Philosophe, historien et diplomate

Orphelin de père dès l'âge de trois ans, David Hume est élevé par sa mère, sous le contrôle rigide de son oncle pasteur. En 1734, il part pour la France, où il rédige les trois livres formant le ***Traité de la nature humaine*** (1739-1740). En 1741, il commence la publication de ses ***Essais moraux, politiques et littéraires***, mais n'acquiert de vraie notoriété qu'avec l'*Enquête sur l'entendement humain* (1748). Faute d'obtenir une chaire de philosophie, il se fait bibliothécaire de l'ordre des avocats d'Édimbourg. Il se consacre ensuite à une *Histoire d'Angleterre* (1754-1761), qui lui vaut de séjourner de nouveau en France, de 1763 à 1766, comme secrétaire de l'ambassadeur d'Angleterre, et d'y fréquenter les Encyclopédistes. Il est nommé sous-secrétaire d'État à Londres en 1767, avant de retourner, en 1769, dans sa ville natale. Hume est aussi l'auteur d'une *Enquête sur les principes de la morale* (1751) et de *Dialogues sur la religion naturelle* (posthume, 1779).

Une pensée antimétaphysique

Selon Hume, ce ne sont pas les choses elles-mêmes que nous connaissons, mais seulement les savoirs qui s'y rapportent : tout échappe à la connaissance, à l'exception de l'entendement humain, entièrement soumis à l'expérience. Cet empirisme, qui entretient des liens évidents avec le naturalisme et le scepticisme, est marqué par une orientation violemment antimétaphysique.

Le discours sur la raison. Toute l'entreprise de Hume apparaît comme une critique du principe de raison : tout en admettant qu'il y a un ordre des choses, le philosophe affirme qu'il est vain de chercher à l'expliquer en s'appuyant sur l'entendement. L'examen de tous les systèmes religieux – c'est-à-dire de toutes les cosmogonies – montre qu'il n'est pas nécessaire de supposer que la cause du monde est un dessein intelligent. Tout peut être cause de l'ordre et, quand la raison veut en rendre compte, elle s'égare dans l'arbitraire.

La raison elle-même, explique Hume, est un fait du monde ; par conséquent, « elle nous est aussi peu connue que l'instinct ou la végétation ». Nous pouvons tout au plus connaître son mécanisme, non son fondement, et en régler l'usage dans ses limites naturelles. L'esprit passe naturellement d'une idée à une autre, mais au gré du hasard : aucune idée n'a par elle-même d'affinité exclusive ni constante avec une autre. Les idées sont réunies selon les principes d'association, qui imposent leur règle à l'imagination : l'esprit va d'une idée à une autre suivant les transitions faciles que constituent la ressemblance, la contiguïté et la causalité.

Le discours sur la causalité. Seule la causalité permet de concevoir l'idée de quelque chose à venir, l'idée d'un effet à prévoir ou d'une cause probable. La causalité (comme principe) n'établit pas seulement une relation, elle est aussi à l'origine de l'inférence, fondée sur la répétition des cas semblables : après avoir constaté plusieurs fois une relation A-B (entre la flamme et la chaleur, par exemple), à partir de A on conclut B, et inversement. Inférer, c'est s'attendre à quelque chose sur la base de l'expérience.

Quand on parle de causalité, c'est-à-dire d'une *connexion nécessaire,* alors qu'il ne nous est donné qu'une conjonction constante, on ne fait que suivre une tendance subjective. Car la connexion nécessaire est dans l'esprit, non dans les choses, et elle ne s'y trouve que comme effet : le sujet contemple les répétitions dans la nature et éprouve en lui-même la modification qui se produit. Il est ainsi enclin à prendre son habitude pour une structure objective de la réalité.

Le discours sur les passions. Pour agir, l'homme a besoin de passions, qui recherchent le plaisir. Il existe des passions directes : par exemple, la contemplation d'une belle maison me procure de la joie. Mais si je suis le propriétaire de cette maison, j'en éprouve de l'orgueil : cette impression dite « de réflexion » me tourne vers l'idée du Moi (sinon vers l'idée d'autrui) ; c'est une passion indirecte. À cela la raison n'a aucune part.

Dans l'action, la raison n'a d'autre rôle que de discerner l'utile : elle choisit la cause capable de produire l'effet désiré. En fait, ce sont les passions qui posent les fins, qui déterminent les effets souhaitables. Par conséquent, les passions sont d'une nature radicalement différente de celle de la raison : alors que les moyens d'action peuvent être aisément comparés par la raison, les fins assignées à l'action sont assurément des données incomparables. Certes, il y a une hiérarchie des fins – une action peut être louable ou blâmable –, mais les passions ne sont pas raisonnables ou déraisonnables.

Par son scepticisme même, Hume contribua à ouvrir la crise du rationalisme, qui eut pour effet de réveiller **Kant**, selon le mot célèbre de celui-ci, de son « sommeil dogmatique ».

Renvois

Notions : la raison, la religion.

Husserl (Edmund)

Prossnitz, auj. Prostejov, Moravie, 8 avril 1859 - Fribourg-en-Brisgau 26 avril 1938

Philosophe allemand

Dans la lignée de **Descartes**, Edmund Husserl chercha à établir les conditions d'une connaissance rigoureuse. Il fut à l'origine de la phénoménologie, dont le but était de fonder la possibilité de l'objectivité scientifique. Selon lui, il n'était pas légitime de faire comme si la science de la nature était indépendante de la vie de l'esprit.

La prestigieuse carrière universitaire

Né dans une famille d'ascendance juive, Edmund Husserl entreprend, à partir de 1876, à Leipzig puis à Berlin, des études conjointes de mathématiques, de physique, d'astronomie et de philosophie. À Vienne, il soutient sa thèse de doctorat, *Sur le calcul des variations* (1883), et fait la rencontre du philosophe Franz Brentano, auquel il devra notamment l'idée de la conscience comme structure intentionnelle. Converti au protestantisme en 1886, il s'engage dans une carrière universitaire où l'enseignement et la recherche iront de pair. D'abord lecteur, puis professeur à Halle (1887-1901), Husserl publie en 1891 le premier volume de la série intitulée ***Philosophie de l'arithmétique***, puis il se livre à un double travail : d'une part, l'étude critique de l'empirisme anglais (**Locke**, **Hume**) ; de l'autre, la confrontation directe avec le psychologisme de Brentano, qui place dans les formes logiques l'expression des structures de la pensée humaine.

L'esprit qui préside aux ***Recherches logiques*** (1900-1901) prend un tour définitivement husserlien dans le cours professé à Göttingen sur « l'Idée de la phénoménologie » (1907), que préciseront en 1913 les ***Idées directrices pour une phénoménologie***, puis les *Leçons sur la phénoménologie de la conscience interne du temps*, publiées par Martin **Heidegger** en 1928. Nommé à Fribourg-en-Brisgau en 1916, Husserl prend sa retraite de professeur d'université en1928. Il donne alors à la Sorbonne une série de conférences qui forment la matière des ***Méditations cartésiennes*** (1929) et tente une sorte de synthèse de sa pensée dans *la* ***Crise des sciences européennes*** (1936). Après sa mort, ses manuscrits et inédits, menacés par le pouvoir nazi, sont expatriés à l'université de Louvain, où ils constituent les « Archives Husserl ».

La théorie de l'intentionnalité

Il n'y a pas de connaissance sans un sujet qui connaît : cette évidence invite à penser le rapport entre le sujet et l'objet. Le sujet est d'abord conscience ; la conscience est essentiellement une tension vers un objet : « le mot intentionnalité ne signifie rien d'autre que cette particularité foncière et générale qu'a la conscience d'être conscience de quelque chose » *(Méditations cartésiennes).* L'intentionnalité rend possible l'attention aux choses, elle interdit donc un rapport naïf au monde. Il n'est pas légitime, en effet, de considérer le monde comme étant donné d'emblée. Il ne faut pas croire que l'objet existe sans sujet : il est le corrélat de la visée de la conscience.

Un double constat s'impose : pas de sujet sans objet, pas d'objet sans sujet. Les actes de conscience, toutefois, ne visent pas leurs objets de la même manière et, simultanément, les objets ne se donnent pas de façon identique. C'est à la phénoménologie qu'il appartient de dégager les distinctions et la certitude logique en permettant la description du vécu, des actes de conscience et des essences qu'ils visent.

La phénoménologie comme méthode

Mathématicien avant de devenir philosophe, Husserl se propose de transformer la philosophie en science rigoureuse et de dévoiler les fondements essentiels de toute réalité. Sa recherche passe par trois périodes successives, aussi distinctes qu'inséparables.

– D'abord, il s'interroge sur l'analyse mathématique et conclut au primat de la logique sur l'ensemble des sciences – de même que sur les méthodes de la psychologie.

– Ensuite, il constate que la logique pure est initialement *phénoménologie,* c'est-à-dire qu'elle se pose comme description des actes de la conscience, comme démarche pour saisir les significations et comme procédé pour accéder à la vision des essences.

– Enfin, il tente de traiter en termes d'historicité de la conscience les problèmes du monde des êtres et des choses de la culture.

La phénoménologie apparaît dès lors comme une méthode, dans le sens le plus cartésien du terme : il ne s'agit pas d'une procédure à appliquer, mais d'une conscience que prend le sujet connaissant des conditions de sa connaissance. Elle se veut « étude des phénomènes », de ce qui surgit à la conscience.

La réduction « eidétique »

Le rejet de toute présupposition conduit à écarter les évidences naturelles, au profit de l'évidence rationnelle. La connaissance rigoureuse exige de reconnaître une nécessité logique : l'énoncé ne doit pas pouvoir coexister avec son contraire. Husserl appelle « intuition donatrice originelle » l'évidence qui seule peut être fondatrice de la connaissance. Il ne s'agit pas d'une intuition au sens courant de connaissance confuse immédiate. L'intuition est ici donation de la chose même par une visée de la conscience exigeante avec elle-même.

L'intuition des essences, ou *intuition eidétique* (du grec *eidos,* « essence »), se fonde sur la *variation eidétique :* la conscience distingue ce qui entre essentiellement dans le concept et ce qui n'y est pas essentiel. Elle suppose également la *réduction eidétique :* la suspension de l'attitude naturelle selon laquelle le monde, caractérisé par l'extériorité, s'oppose à la conscience, caractérisée par l'intériorité.

Renvoi

Notion : la perception.

Kant (Emmanuel)

Kant (Immanuel Kant, en fr. Emmanuel)

Königsberg 22 avril 1724 - id. 12 février 1804

Philosophe allemand

Prenant acte de la révolution intellectuelle accomplie dans les sciences par Copernic puis Newton, Emmanuel Kant mit en place une nouvelle philosophie, à laquelle il donna le nom de *criticisme*. Il formula les conditions *a priori* de toute connaissance et établit la valeur absolue de la loi morale.

Le penseur de Königsberg

Fils d'artisan sellier, Emmanuel Kant est le quatrième d'une famille de onze enfants, que leur mère élève dans la plus grande dévotion luthérienne. Entré au collège Frédéric de sa ville natale, en 1732, il y trouve des maîtres qui professent la même rigueur de foi piétiste. Il accomplit une brillante scolarité, qui lui ouvre les portes de l'université de Königsberg en 1740. **Leibniz** et Newton seront à l'origine de sa double vocation de philosophe et de physicien.

En 1746, Kant écrit un premier ouvrage, *Pensées sur la véritable évaluation des forces vives,* dans lequel il s'efforce d'accorder la pensée de **Descartes** et celle de Leibniz. Cette même année, il perd son père et se fait alors précepteur. En 1755, il commence à Königsberg une carrière universitaire qui l'amènera à occuper la chaire de logique et de métaphysique de 1770 à 1796. Il y enseignera aussi les mathématiques et la physique, la théologie, l'anthropologie, la pédagogie et même la géographie physique.

Parallèlement, Kant se livre intensément à l'étude, en menant une existence de célibataire réglée avec minutie. On raconte que tous les jours, à la même heure, il fait la même longue promenade, si bien que chacun, en le croisant, peut connaître l'heure exacte... Il n'en suit pas moins avec passion les événements de la Révolution française. Lecteur assidu de **Rousseau**, il s'intéresse aussi à tout ce qui est publié d'important en Europe et partage ses idées avec les gens qu'il aime recevoir. Proche de Frédéric II le Grand, mais tenu à l'écart par ses successeurs, Kant reste l'érudit de Königsberg, qui lui fera des obsèques solennelles. Sur son tombeau, on lit ces mots : « Le ciel étoilé au-dessus de moi et la loi morale en moi. »

L'instauration du criticisme

Jusqu'en 1760, Kant se situe dans la lignée du rationalisme de Leibniz (*Monadologie physique,* 1756), puis, de 1760 à 1769, il découvre l'empirisme à travers les œuvres de **Locke** et de **Hume**. Dans *l'Unique Fondement possible d'une démonstration de l'existence de Dieu* (1763), il s'oppose à Descartes en dénonçant la preuve *a priori* de l'existence de Dieu, qu'il nommera « ontologique ».

Lorsqu'il publie sa thèse connue sous le nom de ***Dissertation de 1770,*** Kant pose un double problème : comment déterminer l'origine de nos connaissances et saisir les limites dans lesquelles se fait l'usage de nos concepts ? Ainsi naît le criticisme, qui se développera dans trois ouvrages destinés au public savant : la ***Critique de la raison pure*** (1781), la ***Critique de la raison pratique*** (1788) et la ***Critique de la faculté de juger*** (1790). Entre les deux premiers

les philosophes

se situent les ***Prolégomènes à toute métaphysique future*** (1783) et les ***Fondements de la métaphysique des mœurs*** (1785), destinés à toucher un plus large public.

La philosophie kantienne est tributaire d'une théorie épistémologique (et non pas psychologique) des facultés, qui distingue la sensibilité, l'entendement – dont dépend le concept –, et la raison – dont dépend l'idée, qui est un concept dépassant la possibilité de l'expérience.

La théorie de la connaissance

Kant définit lui-même la *Critique de la raison pure* comme un traité de la méthode qui accomplit en philosophie une révolution analogue à celle de Copernic. Contrairement à ce que la tradition grecque et médiévale pensait, ce n'est pas l'objet qui éclaire le sujet de sa lumière intelligible, c'est le sujet qui rend l'objet intelligible par ses déterminations *a priori.* Le sujet, en effet, connaît la réalité telle qu'il la perçoit par les conditions de sa réceptivité, le temps et l'espace, et par ses outils intellectuels, les catégories *a priori* de l'entendement. Kant appelle « transcendantale » cette « connaissance qui, en général, s'occupe moins des objets que de nos concepts *a priori* des objets ».

L'analyse des conditions de la connaissance permet ainsi de mettre au jour les illusions de connaissance. La raison peut, en effet, s'imaginer connaître si elle ne prend pas garde au fait que ses idées ne correspondent à aucune expérience possible. Elle tombe inévitablement en contradiction avec elle-même, car il est également facile et arbitraire de soutenir alternativement que le monde a un commencement ou non, que l'âme est immortelle ou non, etc. Ainsi, la *Critique de la raison pure* limite la raison à un usage scientifique en dénonçant l'illusion de la métaphysique théorique et en établissant l'objectivité des principes de la science.

La réflexion morale

Dès les *Fondements de la métaphysique des mœurs,* Kant s'efforce d'élaborer les principes d'une morale selon l'esprit de la critique. Cette morale ne pose à proprement parler « aucun principe nouveau mais seulement une formule nouvelle de la moralité ». C'est dans ce texte que l'idée du devoir prend la forme d'un *impératif catégorique* – s'imposant à tous – et que le philosophe développe ses conceptions sur la nature et la liberté.

Comme le montre ensuite la *Critique de la raison pratique,* la raison pure (théorique) et la raison pratique sont à la fois distinctes et en accord. La raison pure ouvre le champ à la raison pratique, seule capable de fournir un objet réel à ses idées, mais la raison pratique ne doit pas pour autant tenter d'intervenir dans l'œuvre de la raison pure.

L'aboutissement du kantisme

Kant complète son système par la publication de la *Critique de la faculté de juger,* ou *Critique du jugement,* qui contient sa réflexion esthétique. L'ouvrage, en effet, a pour objet de résoudre un problème capital : celui de l'intersubjectivité, qui, par excellence, se révèle dans l'acte esthétique – puisque l'individu attribue à son sentiment particulier et personnel une valeur universelle ou, tout au moins, une valeur « pour autrui ».

Pendant ses dernières années, Kant se consacre à des écrits portant surtout sur la philosophie pratique, dont la *Métaphysique des mœurs* (1797), qui constitue son dernier grand traité. Dans son *Projet de paix perpétuelle* (1795), il entreprend de déterminer les conditions de la paix perpétuelle entre les nations. Dans *le Conflit des facultés* (1798), il traite des rapports entre religion naturelle et théologie biblique.

Renvois

Notions : l'art, autrui, le bonheur, le devoir, l'État, l'existence et le temps, l'histoire, la justice et le droit, la morale, la perception, la raison, la religion, la société, le sujet, la vérité.

Repères : en théorie - en pratique ; formel - matériel ; idéal - réel ; identité - égalité - différence ; légal - légitime ; objectif - subjectif ; universel - général - particulier - singulier.

Kierkegaard (Søren)

Copenhague 5 mai 1813 - id. 11 novembre 1855

Philosophe danois

Admirateur mais adversaire de **Socrate**, Søren Kierkegaard livre une œuvre qui relève autant de la philosophie spéculative que de la théologie savante et de la poésie lyrique. Placée sous le double signe du paradoxe et de l'exception, sa pensée inaugura au XIXe siècle un mode d'expression jusqu'alors inédit.

Une vie et une œuvre singulières

Benjamin d'une famille de sept enfants, dont le père avait amassé une immense fortune, Søren Kierkegaard est élevé dans un climat de terreur religieuse. Il mène cependant une vie dissolue, avant de rencontrer, en 1837, Regina Olsen, à laquelle il reste fiancé pendant quatre ans. En 1841, il est reçu docteur en philosophie et, dès lors, vivant des rentes paternelles, il livre un combat sans merci à l'Église officielle. Le 20 octobre 1855, il s'effondre dans la rue. Transporté à l'hôpital, il meurt le 11 novembre, à l'âge de 42 ans. L'œuvre qu'il laisse comprend notamment ***Ou bien... ou bien*** (1843), ***Crainte et Tremblement*** (id.), *le Concept d'angoisse* (1844), le *Traité du désespoir* (1849) et *l'École du christianisme* (1850).

Tout entière centrée sur l'existence du sujet singulier et unique, cette œuvre revêt elle-même un caractère singulier et unique. Elle est attribuée par son auteur à une multitude de signataires, dont les pseudonymes, chargés d'un sens allusif, sont autant de facettes de sa personnalité : Victor Eremita, Johannes de Silentio, Constantin Constantius, Johannes Climacus, Vigilius Haufniensis, Nicolaus Notabene, Hilarius le Relieur, William Afham, Frater Taciturnus, Anti-Climacus...

« Seul avec la parole de Dieu », sans femme ni métier, Kierkegaard vit résolument à l'écart de la foule. D'ailleurs, tout ce qui relève du nombre ou, à plus forte raison, du « plus grand nombre » (guerres, révolutions, expositions d'art, presse à grand tirage...) est, à ses yeux, insignifiant. Il se proclame sujet absolu et, pour lui, seule l'exception est mesure de l'importance. Quelques jours avant sa mort, il déclare : « Je suis licencié en théologie et j'aurais fort bien pu obtenir une paroisse, mais au lieu de cela, je devins l'Exception. »

Une philosophie autonome

La contestation hégélienne. La mort de **Hegel**, en 1831, ouvre la voie à deux sortes de contestation de sa philosophie, devenue officielle. En effet, durant la même année 1841, deux penseurs d'exception soutiennent leur thèse de doctorat en philosophie : Karl **Marx**, à Iéna, sur « la Différence de la philosophie de la nature chez Démocrite et Épicure », et Søren Kierkegaard, à Copenhague, sur « le Concept d'ironie constamment rapporté à Socrate ». Or, tous les deux, si radicalement différents soient-ils, ont au fond le même objectif : le renversement critique du système hégélien. Mais, tandis que l'œuvre de Marx est appelée à irriguer un immense courant de pensée, celle de Kierkegaard, qui s'affronte, du fond de sa singularité et de sa finitude, au rationalisme et à l'objectivité de Hegel, restera, à tous égards, exceptionnelle et marginale, jusque dans son rapport à l'existentialisme.

L'éthique de l'absolu. En réalité, Kierkegaard refuse non seulement la philosophie hégélienne, mais, plus généralement, toute philosophie, pour n'avoir affaire qu'à ses propres questions, à ses propres certitudes et à ses propres angoisses. Comme il le dit lui-même, il se veut un « auteur religieux », habité par le christianisme du Nouveau Testament. Or, la foi n'est pas un système de pensée, elle touche l'homme singulier dans son existence. La question indépassable est, en effet, celle de l'existence ; contrairement à l'essence, qui se laisse penser et enfermer dans une définition abstraite, l'existence est rebelle à tout concept. En questionnant l'existence, loin de toute visée systématique, Kierkegaard ouvre ainsi la voie à des penseurs aussi différents que Gabriel Marcel (1889-1973), Karl Jaspers (1883-1969) et Martin **Heidegger**, ou encore Jean-Paul **Sartre**.

Kierkegaard dénie toute existence à l'histoire universelle. À ses yeux, il n'existe que des individus créés par Dieu, et qui sont seuls, face à leur Créateur, comme le relatif face à l'Absolu, dans une dépendance intemporelle. Une telle existence ne peut être authentiquement vécue que dans la passion, au sens chrétien du terme.

Les stades de l'existence. Si l'existence ne se laisse pas conceptualiser, elle peut toutefois être décrite dans ses formes typiques ; tel est l'objet de l'ouvrage intitulé *Stades sur le chemin de la vie* (1845), qui distingue trois « stades ».

– Le *stade esthétique* : c'est celui de l'existence « dans l'immédiateté des sensations », qu'incarnent, en dehors de toute religion et de toute morale, trois figures légendaires – Don Juan, représentant la jouissance, Faust, représentant le doute, et le Juif errant Ahasvérus, représentant le désespoir.

– Le *stade éthique* : c'est celui de l'existence dans la généralité sociale et dans le temps historique, qu'incarne à son plus haut degré d'achèvement Socrate, la figure philosophique du Sage.

– Le *stade religieux* : c'est celui de l'existence dans la *vraie* religiosité, qui est soit « la dialectique de l'intériorisation, [consistant] à se rapporter à une félicité éternelle, sans être conditionné par un certain quelque chose », soit – et c'est la seule véritablement authentique – « la religion du paradoxe », engageant le croyant passionné à « fonder sur un savoir historique une félicité éternelle », c'est-à-dire à croire – contre toute raison – à la félicité éternelle annoncée paradoxalement par l'incarnation de Dieu, à un moment donné de l'histoire. Seul le patriarche Abraham incarne cette existence religieuse de l'individu sous le regard de Dieu.

Renvoi

Notion : l'existence et le temps.

Leibniz (Gottfried Wilhelm)

Leipzig 1er juillet 1646 - Hanovre 14 novembre 1716

Philosophe et savant allemand

Esprit universel qui fut le correspondant de toute l'Europe savante, Gottfried Wilhelm Leibniz a laissé une œuvre monumentale où il incarne un rationalisme tourné vers le progrès spirituel. Son souci de considérer la pensée comme une « algèbre » de la communication conserve toute son actualité à l'ère des nouvelles technologies.

La vocation d'érudit

Fils de professeur d'université, Gottfried Wilhelm Leibniz forme d'abord son esprit en autodidacte grâce aux ouvrages de la bibliothèque familiale. Lorsqu'il entre à 15 ans à l'université de Leipzig, il a déjà acquis, outre une parfaite maîtrise du latin et du grec, une solide connaissance de la pensée scolastique – issue de la tradition aristotélicienne –, qu'il ne méprisera ni n'oubliera jamais. Il s'initie également à la pensée moderne, celle de la Renaissance, celle aussi de **Descartes**, dans la postérité duquel il se situera. Sa thèse de baccalauréat soutenue (1663), il part pour Iéna, où il se perfectionne en mathématique et travaille l'histoire et la jurisprudence. De retour à Leipzig, il obtient sa maîtrise de philosophie (1664), avec une thèse où il montre que les questions de droit sont indissociables des deux formes de discours universel que sont la philosophie et la logique.

Leibniz achève sa formation juridique à Altdorf, près de Nuremberg, où il devient docteur en droit en 1666 avec une thèse intitulée *De casibus perplexis in jure,* qui fonde le recours au droit naturel dans nombre de cas embarrassants. Ses compétences lui valent d'entrer, l'année suivante, au service de l'Électeur de Mayence.

La notion de « caractéristique universelle »

Parallèlement, le *De arte combinatoria* (1666) s'efforce de ramener la philosophie à un calcul logique. C'est là, pour Leibniz, la première tentative de construction d'une « caractéristique universelle » *(Characteristica generalis),* idée sur laquelle il reviendra toute sa vie. Il s'agit de constituer une sorte d'alphabet des pensées humaines, afin d'unifier les connaissances existantes et d'en acquérir de nouvelles avec une fécondité inépuisable : il faut y voir le fruit de l'harmonie du savoir et d'un univers où règne le principe de raison suffisante (tout a sa raison d'être et tout est lié).

Cette harmonie « préétablie » est celle de la création divine, où rien n'a été laissé au hasard, où un choix intelligent se manifeste à tous les niveaux : les phénomènes physiques s'expliquent certes par la grandeur, la figure et le mouvement, mais, dans leur agencement effectif, ils ne permettent nullement de se passer de Dieu, bien au contraire ; la nature témoigne contre l'athéisme (*Confessio naturae contra atheistas,* 1668). Leibniz, précisant la notion de force et remaniant celle de substance, valide le lien entre le corporel et le spirituel.

L'implication dans les affaires de son temps

Ce faisant, Leibniz se munit d'arguments contre une division d'une autre nature : la division religieuse. Lui qui restera sa vie durant fidèle au luthéranisme travaille à un projet d'union des Églises, dont il entretient Bossuet. En Allemagne, la division obéit enfin à des motifs politiques : elle tient à la volonté d'hégémonie française. Leibniz, qui d'ailleurs écrira en français l'essentiel de son œuvre, exhorte les Allemands à « mieux cultiver leur raison et leur langue » et appelle de ses vœux la création d'une Académie des sciences (qui sera fondée à Berlin en 1700 et dont il sera le premier président). En 1672, il va se charger d'une mission diplomatique ambitieuse : détourner vers l'Égypte, donc contre les Turcs, les appétits de conquête de Louis XIV. Le projet, qui tourne court dès l'arrivée de Leibniz à Paris, le laisse libre de consacrer à ses travaux personnels le séjour qu'il y fait jusqu'en 1676 (entrecoupé et suivi de voyages en Angleterre).

Leibniz multiplie les contacts, notamment avec le Grand Arnauld (1612-1694), Christiaan Huygens (1629-1695), **Malebranche**, lit les manuscrits de **Pascal** et approfondit sa connaissance du cartésianisme. Ses recherches mathématiques aboutissent et, après avoir découvert le calcul différentiel, il invente en 1676, indépendamment de Newton, le calcul infinitésimal – d'où une vive querelle de priorité. La machine à calculer qu'il met au point a des capacités supérieures à celle de Pascal.

Le système philosophique

La philosophie leibnizienne prend forme dans plusieurs textes essentiels. Le ***Discours de métaphysique*** (1686) distingue les vérités nécessaires et les vérités contingentes au sein de l'entendement et de la volonté infinie de Dieu. Les ***Nouveaux Essais sur l'entendement humain*** sont une réfutation des thèses empiristes de **Locke** ; Leibniz les écrit en 1704, mais leur parution, qu'il ajourne en raison de la mort du philosophe anglais, ne se fera qu'en 1765. Les ***Essais de théodicée sur la bonté de Dieu, la liberté de l'homme et l'origine du mal*** (1710) sont une réponse aux tentatives pour mettre en contradiction la religion et la raison ; Leibniz y justifie le mal existant en montrant qu'il est nécessaire à l'harmonie d'un monde qui est le meilleur possible : c'est cet optimisme philosophique que **Voltaire** s'emploiera à railler dans ***Candide***.

Monadologie, rédigé en 1714, n'est publié qu'en 1721. Leibniz y formule la conception d'un univers composé de monades – atomes spirituels qui sont les éléments irréductibles de toute réalité. L'œuvre ne sera pas comprise en son temps, et Leibniz ne rencontrera plus qu'indifférence de la part de ses contemporains – hormis des gens d'Église qui le poursuivront de leur vindicte jusqu'à sa mort. Sa pensée, néanmoins, continuera de conquérir l'Europe.

Renvois

Notions : la démonstration, la liberté, la perception, la raison.

Levinas (Emmanuel)

Kovno (auj. Kaunas) 12 janvier 1906 - Paris 25 décembre 1995

Philosophe français d'origine lituanienne

Penseur juif dont la vie a été marquée par les horreurs de la Shoah, Emmanuel Levinas a fait de la question éthique le centre de ses préoccupations. Profondément influencé par la phénoménologie de **Husserl**, qu'il révéla au public français avec sa thèse de 1930, il a réinterprété la métaphysique dans le sens d'une « transcendance vers l'autre ».

De la Lituanie à Paris

Fils de libraire, Emmanuel et ses deux frères sont élevés dans la langue russe, mais apprennent l'hébreu en cours particulier. En 1914, la famille Levinas, fuyant l'avancée des troupes allemandes, s'installe à Kharkov (auj. Kharkiv, en Ukraine), où Emmanuel est admis au lycée, malgré le numerus clausus qui limite à cinq le nombre d'élèves d'origine juive. En 1920, sa famille revient en Lituanie et, en 1923, lui-même se rend à Strasbourg faire des études de philosophie. Il découvre la pensée de Husserl, dont il va suivre les cours à l'université de Fribourg-en-Brisgau en 1928-1929, puis il s'inscrit à ceux de son successeur, Martin Heidegger. Après avoir soutenu sa thèse de doctorat *(Théorie de l'intuition dans la phénoménologie de Husserl)* en 1930, il se fixe à Paris. Naturalisé français en 1931, il s'engage dans l'armée en 1939 ; fait prisonnier à Rennes en juin 1940 et déporté dans un camp de travail, où il restera cinq ans, il y écrit l'essentiel de son livre *De l'existence à l'existant* (1947) tout en tenant à jour des *Carnets de captivité* (édités pour la première fois en 2009), si importants pour la compréhension de son œuvre. En Lituanie, ses parents et ses frères sont massacrés.

Poursuivant ses recherches après la guerre (*le Temps et l'Autre,* 1948 ; *En découvrant l'existence avec Husserl et Heidegger,* 1949), Levinas se consacre aussi aux commentaires du Talmud et prend la direction de l'École normale de l'Alliance israélite universelle (créée en 1860). En 1961, il publie sa thèse ***Totalité et Infini,*** et, en 1964, il commence sa carrière universitaire, qui le conduira de Poitiers à la Sorbonne, où il enseignera jusqu'à sa retraite en 1976. Ses travaux donnent lieu à différents volumes, parmi lesquels : *Difficile Liberté* (1963) ; *Quatre Lectures talmudiques* (1968) ; *Humanisme de l'autre homme* (1972) ; *Éthique et Infini* (1982) ; *l'Au-delà du verset : lectures et discours talmudiques* (id.) ; *À l'heure des nations* (1988) ; *Nouvelles Lectures talmudiques* (1996).

La méditation sur autrui

Dès l'époque où il suit l'enseignement de Husserl, Levinas ne cesse de commenter, de reprendre et, parfois, de critiquer les fondements de la phénoménologie. L'idée maîtresse de la nouvelle approche qu'il en fait est riche d'implications : la conscience n'est pas à penser comme une substance qui existerait par soi ; toute sa réalité est d'être « tension vers ». Aussi est-il nécessaire de dépasser la conception ontologique ou substantialiste du sujet : être sujet, c'est ne pas être, au sens de la permanence réduite à ses déterminations objectives.

La conscience ne peut pas être objectivée : elle est toujours au-delà d'elle-même. Elle ne peut être considérée comme un objet, puisque c'est par sa visée – et seulement par elle – que les objets sont des « ob-jets », des corrélats de la visée, jetés devant elle. Si la conscience était un objet, ce ne serait pas la conscience, puisque la conscience est, en deçà de l'objet, ce par quoi il peut advenir des objets. Il découle de là que la conscience de l'autre ne rend pas raison de sa réalité, qui est au-delà de notre puissance d'appréhender. Autrui ne peut être réduit à sa phénoménalité : il apparaît comme l'infini qui déborde absolument ma représentation, ma capacité à *définir.*

« La manière dont se présente l'Autre, dépassant *l'idée de l'Autre en moi,* nous l'appelons, en effet, visage » *(Totalité et Infini).* Le visage ne désigne donc pas la face ou la figure d'autrui, mais tout son corps est visage, brèche introduite dans l'objectivité totalisable. Par le visage d'autrui, je suis visé, non au sens où il ferait de moi un objet, mais au sens où il en appelle à ma réponse : il m'est impossible de ne pas reconnaître qu'il transcende le domaine des objets, mais, cette transcendance étant extrêmement vulnérable, il me revient de veiller sur elle. La responsabilité n'est donc pas la conséquence d'actes libres d'un sujet actif ; elle précède et fonde la liberté.

Levinas a pris rang parmi les plus grands philosophes contemporains. Sa pensée renouvelle profondément l'éthique mais aussi la philosophie de la connaissance.

Renvois

Notions : autrui, l'existence et le temps.

Lévi-Strauss
(Claude)

Bruxelles 28 novembre 1908 - Paris 30 octobre 2009

Anthropologue français

Recherchant l'unité fondamentale de l'homme à travers la diversité des sociétés et des cultures, Claude Lévi-Strauss est à l'origine du statut que le structuralisme a acquis dans les sciences humaines. Il lui a conféré la dimension d'un nouvel humanisme.

L'avènement de l'anthropologie structurale

Agrégé de philosophie et docteur ès lettres, Claude Lévi-Strauss est nommé en 1950 à l'École pratique des hautes études, où il occupe la chaire des religions comparées des peuples sans écriture, puis en 1959 au Collège de France, où il détient la chaire d'anthropologie sociale jusqu'à sa retraite, en 1982. En 1973, il est élu à l'Académie française.

Marqué par les travaux d'Émile **Durkheim** et de Marcel Mauss (1872-1950), Lévi-Strauss découvre sa vocation ethnographique en séjournant parmi les Amérindiens du Brésil. En 1941, il rencontre à New York Roman Jakobson (1896-1982), fondateur de la linguistique structurale, et décide d'appliquer le concept de structure aux phénomènes humains, tels que la parenté (*les Structures élémentaires de la parenté,* 1949). Après son célèbre essai autobiographique de 1955, ***Tristes Tropiques***, il définit les bases de sa méthode de travail dans l'*Anthropologie structurale* (1958), qui reprend les grandes lignes d'un article de 1945 (« L'analyse structurale en linguistique et en anthropologie »). La structure, qui organise le tout social, est « un système régi par une cohésion interne [...] qui se révèle dans l'étude des transformations, grâce auxquelles on retrouve des propriétés similaires dans des systèmes en apparence différents ».

Partant de l'idée que toutes les sociétés sont régies par des règles – même si celles-ci varient d'une culture à l'autre –, Lévi-Strauss applique l'analyse structuraliste à l'étude des modes de pensée et des mythes dans des ouvrages qui deviendront des classiques : *le Totémisme aujourd'hui* (1962) ; *la* ***Pensée sauvage*** (id.) ; *« Mythologiques »,* qui regroupe *le Cru et le Cuit* (1964), *Du miel aux cendres* (1966), *les Origines des manières de table* (1968) et *l'Homme nu* (1971) ; *la Voie des masques* (1975) ; *Histoire de lynx* (1991).

L'étude de la parenté

La parenté définit deux sortes de liens entre les personnes : la consanguinité et l'alliance. La manière dont ces deux notions s'agencent se reflète dans les systèmes de parenté qui caractérisent chaque société. Lévi-Strauss pose pour principe premier que les règles de mariage, en vertu desquelles certaines unions sont recommandées (préférentielles) et d'autres prohibées, sont autant de modalités des lois de l'échange. L'exogamie est ce qui permet l'échange de biens par les femmes entre les groupes ; elle repose sur la prohibition de l'inceste, qui, à son tour, conditionne la possibilité même de l'échange. Or, un homme ne pouvant « obtenir une femme que d'un autre homme qui la lui cède sous forme de fille ou de sœur », la structure élémentaire de parenté unit nécessairement ces quatre termes : le père, la mère, le fils et l'oncle maternel.

En étudiant les Bororo du Brésil, Lévi-Strauss distingue deux formes d'échange : l'échange restreint et l'échange généralisé. Dans le premier cas, un frère et une sœur épousent simultanément leurs cousins croisés qui seraient également frère et sœur. Dans le second cas, les unions préférentielles ont lieu entre plusieurs groupes, qui constituent autant d'étapes dans une relation circulaire fermée dans l'échange des femmes et des biens. Dans les deux cas, les groupes mis en relation contractent une série d'obligations mutuelles, dont la durée n'est pas précisée.

L'analyse de la pensée mythique

Lévi-Strauss estime que le mythe est inhérent au langage et que son fonctionnement relève du social. Cependant, le mythe est une forme de discours particulière. D'abord, c'est un récit qui peut être raconté par n'importe qui, n'importe où, dans n'importe quelle langue : « Un mythe est perçu comme un mythe par tout lecteur dans le monde entier. » Ensuite, le mythe possède une autre caractéristique, le *mythème,* constitué d'un ensemble de relations signifiantes. Dans cet esprit, Lévi-Strauss schématise le mythe d'Œdipe en traçant un tableau fait de lignes et de colonnes où les mythèmes (repérables par le groupe de phrases racontant un épisode particulier) s'enchaînent suivant des liens de parallélisme et d'opposition.

Lévi-Strauss, admettant lui-même que sa méthode d'analyse est aventureuse et incomplète, entreprend la constitution des *« Mythologiques »*, qui procèdent à l'analyse de plus de huit cents mythes, afin de la parfaire. Il ne s'agit plus de classer les mythes « selon leur thème apparent », mais de rapprocher les éléments constitutifs du mythe de l'expérience sensorielle, telle qu'elle est mise en œuvre dans la cuisine. Dès lors, Lévi-Strauss entend « montrer comment des catégories empiriques, telles que celles de cru et de cuit, de frais et de pourri [...], définissables avec précision par la seule observation ethnographique et chaque fois en se plaçant du point de vue d'une culture particulière, peuvent néanmoins servir d'outils conceptuels pour dégager les notions abstraites et les enchaîner en propositions ». L'analyse structuraliste des mythes ne sera plus appliquée indépendamment du milieu social où ils ont pris naissance et ne tentera plus d'opérer des rapprochements entre mythes ayant un terreau d'origine différent.

L'œuvre de Lévi-Strauss marquera toute une génération de chercheurs. Elle est sous-tendue par un pessimisme sur le progrès et l'avenir de l'homme dont fait état un article tel que « Race et culture » (1971).

Renvoi

Notion : les échanges.

Locke (John)

Wrington, Somerset, 29 août 1632 - Oates, Essex, 28 octobre 1704

Philosophe anglais

Théoricien d'une science postcartésienne fondée sur l'empirisme, John Locke est aussi le promoteur d'une philosophie politique reposant sur la notion de droit naturel. Précurseur du libéralisme, il fut pris pour modèle par les philosophes français du siècle des Lumières.

L'homme des Lumières

Issu d'une famille de petits propriétaires, John Locke est le représentant de cette Angleterre puritaine qui défend les droits du Parlement contre l'arbitraire royal. Entré à Christ Church (Oxford) en 1652, il devient lecteur de grec en 1660 et censeur de philosophie en 1664. En même temps, il ouvre son esprit à la médecine et à la physique. De 1666 à 1683, il se range résolument parmi les opposants à l'absolutisme des Stuarts.

C'est en 1671 que Locke commence à élaborer ce qui deviendra l'***Essai sur l'entendement humain***, qui paraît en 1690, avant d'être remanié à la faveur de quatre éditions ultérieures (1694, 1695, 1700, 1706). En réaction, **Leibniz** rédigera ses ***Nouveaux Essais sur l'entendement humain***, qui ne seront toutefois publiés qu'en 1765, après la mort des deux philosophes. Également auteur des ***Deux Traités sur le gouvernement***, parus anonymement en 1689, de la ***Lettre sur la tolérance***, publiée en latin en 1689 aux Pays-Bas puis traduite en anglais en 1690, des *Pensées sur l'éducation* (1693) et du *Christianisme raisonnable* (1695), Locke est nommé en 1696 commissaire au Commerce et aux Colonies et, à ce titre, il s'intéressera en particulier à la circulation de la monnaie.

Empirisme et droit naturel

Pour Locke, la science embrasse trois domaines : la physique, ou philosophie naturelle, qui traite des corps et des esprits ; l'éthique, qui détermine les règles menant au bonheur et à la droite conduite ; la science des signes, qui interprète les mots et les idées.

Les idées et la nature des choses. Locke professe que l'homme ne possède aucune idée innée, en théorie comme en pratique. Nos idées proviennent de deux sources, la sensation et la réflexion.

Les *idées simples,* les plus évidentes car elles ressemblent à leur objet, nous sont fournies par les sens ; elles concernent l'espace physique, la forme du corps, son repos ou son mouvement. Celles que nous formons par notre pouvoir de réflexion sont les pensées et les vouloirs. L'erreur peut surgir avec les jugements que notre entendement opère.

Les *idées complexes* sont issues d'un travail de l'esprit, accompli par construction et composition à partir des idées simples. Il y a d'abord les idées des modes simples, espace ou durée : nous pouvons toujours ajouter une longueur à une ligne, un moment à une durée.

La connaissance certaine. Une fois connue la nature de nos idées, il faut déterminer ce qu'est une connaissance certaine. Une connaissance est certaine quand elle provient des propositions qui sont fidèles à l'agencement de nos idées, et quand celles-ci ressemblent effectivement à ce qui existe dans la nature. Tout irait fort bien si nos idées s'associaient entre elles selon l'ordre effectif des choses. Mais les connexions se font le plus souvent au hasard, ou selon l'habitude, sans réflexion, et l'association des idées est aussi une occasion permanente d'erreur.

Il n'est pas excessif de dire que l'esprit est plus souvent en proie à l'imaginaire qu'à la vérité. Comme l'essence réelle des choses nous échappe, et que nous ne pouvons que l'approcher, notre connaissance n'est souvent que probable. Avec Locke naît une tradition de la connaissance approchée, qui se situe entre le scepticisme et le dogmatisme. Notre connaissance possède ainsi divers degrés de précision et de certitude, selon qu'elle est proche ou éloignée de la ressemblance immédiate des choses.

Il n'y a rien de plus certain que nos intuitions sensibles, dans lesquelles notre idée nous présente la chose même. Nos démonstrations sont plus riches, mais elles enchaînent plusieurs intuitions, ce qui les rend fragiles. Les objets, enfin, nous frappent d'idées reçues passivement, les idées de la connaissance sensitive, qui sont indubitables. Au total, la science repose tout entière sur la démonstration ; cependant, la connaissance la plus sûre est celle que reçoivent passivement nos sens.

La société politique fondée en nature. Opposé à **Descartes** sur la théorie des idées innées, Locke n'en conserve pas moins un apport décisif du cartésianisme : les hommes ont une liberté réelle, qu'exprime le pouvoir de leur entendement lorsqu'il est heureusement dirigé. Cet homme libre, aspirant au bonheur, est l'homme de l'état de nature. Il y possède une vie qui lui est propre, et qu'il a le droit et le devoir de conserver. Comment y renoncerait-il en remettant son existence entre les mains d'autrui ?

Locke disqualifie donc toute doctrine où la souveraineté appartiendrait par nature à un homme providentiel. Selon lui, il n'est de pouvoir politique qu'à l'état de société, résultant du contrat librement consenti – ou tacitement accepté – par les hommes pour se doter de lois : un tel contrat n'institue pas la société, qui existe à l'état de nature, mais le gouvernement. Or, les lois ne sont légitimes que si elles reflètent fidèlement les droits naturels de l'homme que sont sa liberté individuelle, mais aussi son droit de propriété et son droit à échanger les fruits de son travail. Pour échanger, l'homme crée, au sein même de l'état de nature, les deux instruments de l'échange que sont la monnaie et la capitalisation des marchandises. Ainsi se met en place le marché mondial qui est le credo du libéralisme.

Fondateur de la conception moderne du droit, prenant en compte les qualités universelles de l'homme, Locke propose un modèle de légitimité politique qui nourrira toute la pensée du XVIIIe siècle.

Renvois

Notions : la conscience et l'inconscient, la matière et l'esprit, la raison, la société, le sujet, la vérité.

Repère : abstrait - concret.

Lucrèce

Lucrèce, en lat. Titus Lucretius Carus,

Rome ? v. 98 - 55 av. J.-C.

Poète et philosophe latin

Auteur de l'un des ouvrages les plus connus des latinistes, le poème didactique *De natura rerum* (« De la nature des choses » ou « De la nature »), Lucrèce fut à Rome le continuateur de l'épicurisme et de l'atomisme. Il aborda une diversité de sujets touchant notamment à la biologie, à la physique, à la cosmologie, à la psychologie, à l'histoire de l'homme et de la culture.

Une vie restée énigmatique

Lucrèce, sans doute né à Rome, appartient à l'une des familles les plus anciennes et les plus illustres. Il a une connaissance de la poésie ainsi que de la philosophie grecques et latines qui trahit d'ailleurs une éducation soignée. D'après les additions de saint Jérôme (v. 347 - 419 ou 420) à *l'Histoire ecclésiastique* d'Eusèbe de Césarée (v. 265 - 340), c'est victime d'un philtre d'amour qu'il aurait composé le ***De natura rerum***, pendant les intervalles de lucidité que lui auraient laissés ses crises de folie, puis il se serait suicidé. Au demeurant, sa vie est pratiquement inconnue. On ne sait pas davantage si **Cicéron** fut son réviseur et son éditeur.

Esprit scientifique de premier ordre, Lucrèce est en tout cas celui qui transmet et analyse les théories déjà énoncées par Démocrite (v. 460 - v. 370 av. J.-C.), Empédocle (v. 490 - v. 435 av. J.-C.) et **Épicure**, et c'est grâce au *De natura rerum* que nous connaissons leur conception du système atomique. La rigueur de sa démonstration est telle que sa conception du plaisir – le bien suprême – découle tout naturellement de sa physique. Pourtant, il ne traite jamais directement de la morale épicurienne, se contentant de montrer que les passions et les craintes qu'éprouvent les hommes les écartent du bonheur.

Lucrèce se révèle aussi un grand poète sachant traduire les idées philosophiques en tableaux brillants, où alternent l'enthousiasme, la critique et l'interrogation. Son œuvre exercera une grande influence sur la poésie latine, fournissant à Virgile et Ovide un modèle de composition.

Une œuvre majeure de la pensée antique

Dédié à Caius Memmius Gemellus, gouverneur de la province de Bithynie en 57 av. J.-C., le *De natura rerum* tente d'introduire dans le monde romain la pensée épicurienne en faisant de la physique le fondement d'une éthique libératrice pour l'esprit humain.

Un exposé en six livres. Le livre I, qui s'ouvre par une fameuse invocation à Vénus, dénonce les méfaits de la religion – qui ont conduit au sacrifice d'Iphigénie –, mais surtout enseigne que le monde est composé d'atomes indestructibles et indivisibles, et que rien ne se crée ni ne se perd. Le livre II traite du mouvement des atomes, entraînés dans le vide par une chute éternelle et amenés à se grouper pour former les corps sans intervention divine. Le livre III caractérise l'identité du principe vital *(anima)* et du principe pensant *(animus),* composés d'atomes plus subtils que le corps ; l'âme périt avec ce dernier, et une vie future n'est donc pas à redouter. Le livre IV explique le mécanisme de la connaissance par la théorie des sensations : celles-ci ne nous trompent pas si nous les interprétons sans illusions ni passions. Le livre V relate l'histoire du monde et de l'homme : le monde est constitué par des éléments périssables qui résultent de la rencontre fortuite des atomes ; l'évolution de l'humanité est solidaire du progrès. Le livre VI a pour objet les phénomènes susceptibles d'effrayer l'homme : ceux-ci n'ont pas pour cause la colère des dieux, mais ils s'expliquent d'eux-mêmes – comme l'épidémie de peste d'Athènes.

Une pédagogie pour l'humanité. Poignante interrogation sur le destin de l'homme et de l'univers, le poème de Lucrèce tend à démontrer que celui qui comprend la physique (entendons la nature dans son ensemble) se conduit aussi selon la morale (la voie vers la sagesse). Il contient certes d'admirables intuitions scientifiques qui se voudraient optimistes, mais il peut aussi se lire, à travers ses interrogations mêmes, comme un traité du désespoir. Qu'est l'être humain sinon un corps jeté malgré lui dans le monde, dénué de tout dès l'enfance et contraint à vivre une vie qu'il n'a pas réclamée ? Cette étrangeté de l'existence humaine suscite un sentiment d'insécurité : angoisse de l'infini, vertige métaphysique, mais aussi conscience de la contradiction fondamentale que présente la nature, tantôt apaisée et rayonnante (livres I et II), tantôt hostile ou indifférente à la souffrance humaine (livres I, II, V et VI).

Quelle issue avons-nous ? Vers quelle transcendance pouvons-nous nous tourner ? Si une puissance divine existe, force est de constater qu'elle se révèle « incapable de reculer les limites du destin, de lutter contre les lois de la nature » (livre V), et donc d'infléchir notre humaine condition. En fin de compte, la mort qui nous attend n'est pas terrifiante mais salvatrice. Elle nous libère de notre angoisse existentielle. Avant cela, l'homme devenu sage est celui qui s'est défait aussi bien de la crainte des dieux que de celle de la mort. Celui qui connaît alors le plaisir.

Renvoi

Notion : la matière et l'esprit.

Machiavel

Machiavel, en ital. Niccolo Machiavelli,

Florence 4 mai 1469 - id. 22 juin 1527

Homme politique, écrivain et philosophe italien

Diplomate devenu penseur politique, Machiavel est l'auteur du ***Prince*** (1532, posthume), dont la postérité fut immense autant que controversée. Sans pour autant employer l'expression, il y fit l'apologie de la raison d'État n'ayant pas d'autre fin qu'elle-même et laissa ainsi son nom au « machiavélisme ».

Le diplomate homme de plume

Né au sein d'une famille sans aisance, imprégnée par la fierté du mouvement communal, Machiavel accède aux affaires vers 1498. Nommé secrétaire de la chancellerie dont dépendent les affaires militaires et diplomatiques, il est bien placé pour observer la vie politique. Il s'acquitte de plusieurs missions – qu'il consigne en autant d'écrits – auprès du roi de France Louis XII, de César Borgia à Urbino et de l'empereur du Saint Empire Maximilien Ier. Il s'active aussi pour obtenir la reddition de Pise, en négociant des alliances et même en essayant, à partir de 1506, de constituer des milices florentines. Redoutant la versatilité de *condottieri* enclins à la tyrannie, il veut restaurer le soldat citoyen dans la tradition de la Rome républicaine. Mais ces milices ne tiennent pas face aux troupes qui ramènent les Médicis au pouvoir.

Disgracié, sans emploi, un bref moment incarcéré, Machiavel aspire à retrouver la faveur du prince, quelle que soit l'hostilité des partisans des Médicis. Il fait alors de l'écriture un moyen de réinsertion dans la vie publique. Il compose des poèmes de circonstance et entame en 1513 la rédaction du *Prince,* qui établit une typologie des régimes. Il dédie l'ouvrage à Laurent II de Médicis, mais renonce à le publier. En 1516, il est admis dans un cénacle littéraire et politique, celui des *Orti Oricellari* (les jardins du palais Rucellai), où l'on cultive la poésie galante, l'épigramme mordante... et le complot. Peu à peu, sa réputation s'établit, tandis qu'il rentre en grâce auprès des Médicis.

En 1520, Machiavel reçoit le titre d'historiographe de Florence et se met à la rédaction d'une *Histoire de Florence.* Ces annales, qui partent des origines de la cité, s'attardent sur l'habile ascension des Médicis. Achevées en 1525, elles sont offertes au pape Clément VII, qui est lui-même un Médicis. La victoire de Charles Quint à Pavie provoque à Rome et ailleurs en Italie des renversements d'alliances en vue de chasser les étrangers de la péninsule. Machiavel s'emploie activement aux tractations, aux côtés de François Guichardin. Lorsqu'il meurt, Rome vient d'être mise à sac par les impériaux et les Médicis sont à nouveau chassés de Florence.

La pensée de Machiavel

Machiavel n'est pas le premier à réfléchir sur les différents régimes politiques et sur l'art de gouverner. Mais, chez lui, le souci de présenter les devoirs moraux qui incombent aux princes s'efface devant l'analyse sans préjugé de la réalité : celle qu'offrent des princes italiens qui, souvent, ne disposent pas de légitimité historique et qui sont surtout préoccupés de conserver le pouvoir après l'avoir conquis. Machiavel observe que la guerre est « juste quand elle est nécessaire » – quand elle permet à ces princes et à leurs États de ne pas périr. Dans le contexte des guerres d'Italie, la fin et la norme de l'État, c'est le conflit militaire, non la paix – et encore moins le bien public.

Tant à l'intérieur qu'à l'extérieur, l'équilibre est établi par la guerre. Aussi n'est-il pas étonnant que Machiavel soit très attentif à l'art de la guerre, auquel il consacre même un ouvrage, rédigé entre 1519 et 1521. Il y traite du recrutement, de l'armement et de l'entraînement, de l'ordre de bataille, des tactiques, de la discipline et des fortifications. Cet ouvrage sera lu, commenté et imité dans toute l'Europe au XVIe siècle.

Machiavel est par ailleurs l'auteur des *Discours sur la première décade de Tite-Live* (1513-1519) – où il se livre à un vigoureux plaidoyer en faveur d'une république de citoyens soldats, attachés aux lois et même à la religion lorsqu'elle sert l'unité politique – et de la comédie *la Mandragore* (1520), qui est sans doute le chef-d'œuvre du théâtre italien de la Renaissance.

Renvoi

Notion : l'État.

Malebranche
(Nicolas)

Paris 5 août 1638 - id. 13 octobre 1715

Philosophe français

Ecclésiastique conquis par le cartésianisme, Nicolas Malebranche s'en éloigna cependant en inféodant de plus en plus sa pensée au dogme religieux. Pour lui, la raison humaine se conçoit comme une participation à la Raison éternelle, qui n'est autre que le Verbe divin – Dieu étant à la source même de nos idées.

Un héritier de la pensée cartésienne

Dernier des treize enfants d'un secrétaire du roi, disgracieux de nature et de santé délicate, Nicolas Malebranche ne songe qu'à se retirer du monde. Après des études de philosophie et de théologie au collège de la Marche, puis à la Sorbonne, il entre à l'Oratoire en 1660 et reçoit la prêtrise en 1664. Cette même année, il découvre par hasard le *Traité de l'homme* de **Descartes**. La révélation est telle pour lui qu'il se vouera désormais à la philosophie comme disciple de Descartes, avant de prendre progressivement ses distances avec celui-ci.

La chronologie des œuvres de Malebranche rend compte de l'évolution interne de sa pensée. Par surcroît, ses ouvrages sont le plus souvent le reflet de querelles doctrinales avec de grands esprits (**Leibniz**, Bossuet, Fénelon…). Parmi les principaux : *De la* ***recherche de la vérité*** (1674-1678) ; *Conversations chrétiennes* (1677) ; *Traité de la nature et de la grâce* (1680) ; *Traité de morale* (1684) ; ***Entretiens sur la métaphysique et la religion*** (1688) ; *Traité de l'amour de Dieu* (1697).

Parus en 1708, les *Entretiens d'un philosophe chrétien et d'un philosophe chinois sur l'existence et la nature de Dieu* déclenchent une vive polémique avec les jésuites.

La métaphysique propre à Malebranche

La raison à l'œuvre. Pour Malebranche, « il faut que la foi nous conduise à l'intelligence », car c'est la même sagesse divine qui se manifeste par la révélation et par notre raison : la vérité révélée *est* la Raison. Dès son premier ouvrage, il précise ce que sera son programme d'utilisation de la philosophie au profit de la religion : « Il y a des vérités qui peuvent être prouvées par la raison aussi bien que par la tradition, comme l'immortalité de l'âme, le péché originel, la nécessité de la grâce » (*De la recherche de la vérité,* livre III). Pour l'accomplissement de ce programme, un précepte s'impose : se rendre attentif aux idées claires et distinctes. Il s'agit en effet de prévenir l'erreur dont sont responsables les deux facultés de l'esprit, l'entendement et la volonté.

L'*entendement* permet d'avoir la connaissance des objets grâce aux idées. La *volonté* permet de recevoir différentes inclinations et de vouloir diverses choses. Cependant, de même que l'auteur de la nature est cause universelle de tous les mouvements matériels, de même il est cause générale de nos inclinations naturelles ; celles-ci, que nous recevons de Dieu, seraient toujours tournées vers la possession de la vérité et du bien si la volonté n'était libre d'infléchir ce mouvement vers des objets particuliers. Les sens ne sont pas trompeurs ; seule la volonté peut conduire à l'erreur par des jugements précipités. Le mal – ou le péché – n'est qu'une dépravation de l'amour divin.

La solution qu'apporte Malebranche au problème cartésien de l'union de l'âme et du corps est la suivante : la correspondance entre les idées de l'âme et les mouvements du corps vient d'une liaison établie par Dieu entre deux séries : selon cette théorie du parallélisme, Dieu produit directement les idées de notre entendement et agit indirectement à l'occasion de ce qui se passe dans notre corps. Du fait que les corps n'ont nulle puissance sur les esprits, qui sont invisibles par eux-mêmes, il s'ensuit que notre connaissance porte, non sur des objets, mais sur des idées, réelles, nécessaires, éternelles. Ce sont elles que nous percevons en voyant les corps, de sorte que seules sont effectives les visions intellectuelles. À l'opposé des sentiments, particuliers et ineffables, ces idées sont générales et par conséquent communicables ; par elles, on conçoit que la vérité scientifique puisse être fondée en nature et transmissible.

La vision en Dieu. Dieu a nécessairement en lui les idées de toutes ses créatures ; sinon, il n'aurait pas pu les produire. Or, Dieu « est étroitement uni à nos âmes par sa présence ». Donc l'esprit peut voir en Dieu ce qui représente les êtres créés. Cette vision en Dieu est possible, car elle est spirituelle, intelligible.

La conséquence de cette célèbre doctrine est que tous les esprits sont éclairés par la même raison universelle, immuable et infinie : la divinité elle-même. Par là, l'objectivité de la science du monde est établie.

Renvoi

Notion : la conscience et l'inconscient.

Marc Aurèle

Marc Aurèle, en lat. Marcus Aurelius Antoninus,

Rome 121 - Vindobona 180

Empereur romain (161-180)

Empereur philosophe, Marc Aurèle fut le dernier grand représentant du stoïcisme antique. Contraint par les devoirs de sa charge de protéger l'intégrité territoriale de l'Empire, il entreprit de nombreuses campagnes militaires qui en firent aussi un empereur guerrier dans la tradition de Rome.

Le dogme de l'autorité impériale

Issu d'une illustre famille originaire d'Espagne (Bétique), Marc Aurèle étudie la rhétorique grecque et latine avec Hérode Atticus (v. 101 - 177) et surtout avec Fronton (v. 100 - 166), qui devient son ami. Également initié au stoïcisme par son milieu familial, il aurait décidé, à l'âge de 12 ans, de revêtir le manteau court du philosophe et de dormir à même le sol. Adopté en 138 par Antonin sur l'ordre d'Hadrien, qui le destine à l'Empire, il reçoit le titre de césar en 139. Deux fois consul (140 et 145), il épouse en 145 Faustine la Jeune (? - v. 175), qui est la fille d'Antonin en même temps que sa propre cousine germaine. Tout en restant dans l'ombre d'Antonin pendant vingt-trois ans, il est étroitement associé à l'Empire.

Devenu empereur en 161, Marc Aurèle associe à son tour au gouvernement, avec le titre d'auguste, son demi-frère adoptif, Lucius Verus, qui dispose de pouvoirs égaux aux siens – mis à part ceux qui sont liés à la fonction de grand pontife, par nature indivisible. Puis il règne seul à la mort de Verus (169). Désireux de restaurer le prestige du sénat – dont l'appui se révélera décisif au moment où l'usurpateur Avidius Cassius (v. 130 - 175) se fera proclamer empereur en Orient (175) –, il n'hésite pourtant pas à renforcer l'autorité impériale. Ainsi, il institue le principe de la continuité dynastique, qui profitera à son fils Commode – proclamé césar (166), puis auguste (177) ; de même, il accentue la centralisation administrative et la hiérarchisation des fonctions. Veillant à la bonne administration des finances et de la justice, il divise l'Italie en quatre circonscriptions dirigées par autant de préteurs, assouplit la jurisprudence et fait reconnaître le droit naturel en matière d'héritage.

L'aspiration à une forme de concorde universelle, qui transparaît dans les ***Pensées pour moi-même*** (170-178), semble toutefois en porte-à-faux avec l'attitude de Marc Aurèle envers les chrétiens – non que l'empereur lui-même ordonne des persécutions, mais il laisse s'appliquer la législation de Trajan quand il y a plainte contre eux : c'est ainsi que Justin à Rome (v. 165), Polycarpe à Smyrne (v. 167), la jeune esclave Blandine et ses quarante-sept compagnons à Lyon (177) sont sous son règne les martyrs de la nouvelle foi.

La guerre aux frontières

Marc Aurèle doit prendre les armes sur de nombreux fronts. Avec la guerre se propage dans l'Empire une épidémie de peste (166), qui l'oblige à créer de nouvelles légions et à lever des emprunts. L'empereur combat d'abord les Parthes de Vologèse III (148-192), qui ont occupé l'Arménie et pénétré en Syrie (161), et auxquels ses troupes, dirigées par Verus, enlèvent une partie de la Mésopotamie. Il reçoit les titres d'*Armeniacus Maximus, Parthicus Maximus* et *Medicus Maximus,* car la paix de 166 règle pour longtemps la question d'Orient.

Marc Aurèle doit aussi lutter contre les Germains (*expeditio Germanica,* 166-169), qu'il chasse d'Italie (167) et rejette au-delà du Danube (168), contre les Marcomans (*bellum Marcomanium,* 169-174) et contre les Sarmates (*bellum Sarmaticum,* 175), qu'il arrête après avoir lui-même combattu sur le Danube. La colonne de Marc Aurèle, qui sera édifiée à Rome en 180, commémore les victoires de cette époque.

Avec le retour des prisonniers romains, l'établissement d'un protectorat sur les peuples vaincus et la création d'un glacis au nord du Danube, Marc Aurèle, pensant la paix assurée, accepte pour la première fois d'installer des Barbares comme colons ou de les recruter comme soldats ; toutefois les révoltes en Italie du Nord auront pour conséquence de suspendre cette mesure. La paix étant rompue par les Barbares, Marc Aurèle entreprend en 177 une nouvelle campagne sur le Danube, au cours de laquelle, atteint par la peste, il meurt au camp de Vindobona (Vienne), le 17 mars 180.

Renvois

Notions : le bonheur, le devoir, l'État, la liberté.

Marx (Karl)

Trèves 5 mai 1818 - Londres 14 mars 1883

Philosophe, économiste et homme politique allemand

La réflexion théorique de Karl Marx est de celles qui ont transformé le monde. L'idéologie marxiste qui en est issue se proposait de briser les chaînes de l'humanité. Mais, par la volonté des États qui s'en sont réclamés, elle a servi à en imposer de nouvelles à de nombreux peuples.

L'adhésion au socialisme

Issu d'une famille juive qui avait compté des rabbins célèbres, Karl Marx est le deuxième enfant d'un avocat de tendance libérale, converti au protestantisme sans doute pour échapper aux mesures antisémites dans une Rhénanie alors sous domination prussienne. Ainsi, sa famille le fait baptiser à 6 ans, en même temps que tous ses frères et sœurs.

Après avoir été élève au lycée de Trèves (1830-1835), Marx fait des études de droit à Bonn, puis à Berlin, tout en s'intéressant aussi à l'histoire et à la philosophie. Il est alors gagné par l'esprit de fronde libérale qui règne dans les universités rhénanes. Il entre aussi en contact avec le milieu des jeunes hégéliens, dont Bruno Bauer (1809-1882), lecteur en théologie, est l'un des principaux porte-parole. Mais, sous l'influence de Ludwig Feuerbach (1804-1872), il adopte le point de vue du matérialisme, dont rend compte la thèse qu'il soutient en 1841 à Iéna, *Différence de la philosophie de la nature chez Démocrite et Épicure,* où il approfondit la critique de la religion.

Ne trouvant pas de poste à l'université, Marx s'occupe de journalisme. En 1842, il devient rédacteur en chef de la *Gazette rhénane,* journal d'opposition fondé par des bourgeois radicaux. En même temps, il s'initie aux questions économiques et aux œuvres des écrivains socialistes français. Marié en 1843 à une amie d'enfance, Jenny von Westphalen, il est exilé, en octobre de cette même année, par le gouvernement prussien. En 1845, il renoncera à sa nationalité et demeurera apatride.

Installé à Paris, Marx collabore à la fondation des *Annales franco-allemandes,* d'inspiration socialiste – un seul numéro paraît en 1844, dans lequel figure « La question juive ». Il poursuit aussi la critique de **Hegel** dans sa *Contribution à la critique de la philosophie du droit de Hegel* (1843) et dans ses ***Manuscrits de 1844*** (posthume). En 1845, il quitte Paris pour Bruxelles. Il y reste en liaison avec les militants ouvriers et les émigrés allemands. Avec l'aide de Friedrich Engels (1820-1895), dont il est devenu l'ami à Paris, il établit un réseau de correspondance communiste.

La nouvelle théorie de l'histoire

Marx pose les fondements de sa pensée politique dans deux ouvrages qu'il écrit en collaboration avec Engels : *la* ***Sainte Famille*** (1844), qui tourne définitivement le dos à l'hégélianisme, et *l'****Idéologie allemande*** (1845), texte fondamental qui n'est alors pas publié. Dans les *Thèses sur Feuerbach* (1845), il expose sa conception du matérialisme historique : ce ne sont pas les idées qui ont le pouvoir de mener le monde, mais les conditions économiques. Dès lors, il s'agit de les analyser et d'en tirer les enseignements nécessaires pour transformer le monde. La principale originalité du marxisme consiste à établir ce lien dialectique entre la théorie et la pratique. Persuadé qu'il a pour mission de dominer les esprits, Marx condamne toute autre voie de réflexion socialiste. Ainsi, il s'attaque à Pierre-Joseph Proudhon (1809-1865), et à son refus de la lutte politique, en répondant à sa ***Philosophie de la misère*** (1846) par la ***Misère de la philosophie*** (1847).

C'est toujours avec Engels que Marx rédige le ***Manifeste du parti communiste*** (1848), qui prévoit une révolution fondée sur la solidarité du prolétariat. Expulsé de Belgique quand éclate la révolution de 1848, il se fixe à Cologne, où il lance la *Nouvelle Gazette rhénane,* dans laquelle il publie de nombreux articles destinés à la classe ouvrière (*Travail salarié et capital,* conférence de 1847). Contraint de fuir à nouveau, il arrive à Londres avec sa famille en août 1849.

Le Capital : l'ouvrage clé

Marx consacre une étude aux ***Luttes de classes en France*** (1850), puis au *18 Brumaire de Louis Napoléon Bonaparte* (1851-1852). Surtout, il conçoit son œuvre majeure, ***le Capital***, qui sera considéré par Engels comme la « bible du prolétariat ». La ***Contribution à la critique de l'économie politique*** (1859) en constitue un préalable, avant que ne soit publié le premier volume, en 1867. C'est Engels qui fera paraître les autres volumes après la mort de Marx, en se servant des carnets que celui-ci a laissés : livre II (1885), livre III (1894), livre IV (1905).

Hostile aux sociaux-démocrates allemands, Marx a en revanche accepté, en 1864, de prendre la direction de l'Association internationale des travailleurs (Ire Internationale), dont il a rédigé l'*Adresse inaugurale* et les *Statuts*. Présent à Paris lors de la Commune, il en donne une interprétation militante dans ***la Guerre civile en France*** (1871). Il aide encore Engels au moment où ce dernier écrit l'***Anti-Dühring*** (1877-1878), qui est un autre manifeste du marxisme. Mais la tâche écrasante qu'il s'est imposée en entreprenant *le Capital,* tout autant que la mort de sa femme (1881), la fidèle compagne des bons et des mauvais jours, vont avoir raison de lui.

La lutte des classes : le concept clé

Complexe, évolutive et inachevée, l'œuvre de Marx tourne autour de l'analyse de la lutte des classes : inéluctablement inscrite dans le réel comme lutte économique des classes pour leur existence, elle est conçue comme le principe explicatif de tous les phénomènes historiques (économiques, politiques et sociaux) et le moteur de l'histoire. Le *matérialisme historique* en retrace le cheminement ; le *matérialisme dialectique* en dégage la logique, fondée sur le développement et le dépassement des contradictions.

Dans le mode de production capitaliste, dont l'essence est l'exploitation généralisée et le ressort l'extorsion de la plus-value (résultat du sur-travail) aux travailleurs, cette lutte prend un caractère définitif dans la mesure où l'émancipation du prolétariat par la révolution ouvre une voie dont la dernière étape, le communisme, est censée se caractériser par la disparition de toute exploitation de l'homme par l'homme.

Renvois

Notions : l'art, les échanges, l'État, l'histoire, la matière et l'esprit, la raison, la religion, le sujet, le travail et la technique.

Merleau-Ponty
(Maurice)

Rochefort 14 mars 1908 - Paris 3 mai 1961

Philosophe français

Philosophe existentialiste, Maurice Merleau-Ponty est l'auteur d'un ouvrage clé du mouvement des idées au XXe siècle, *Phénoménologie de la perception*. Sa pensée le situe dans le prolongement à la fois de la phénoménologie de **Husserl** et de la *Gestalttheorie* (« théorie de la forme »).

Un grand esprit de son temps

Élève de l'École normale supérieure reçu deuxième à l'agrégation de philosophie en 1930, Maurice Merleau-Ponty commence une carrière de professeur de lycée qui est interrompue par la guerre mais qu'il reprend, à Paris, après l'armistice de 1940, tout en participant activement à la Résistance. Il publie alors ses deux écrits fondamentaux : en 1942, *la Structure du comportement* et, en 1945, ***Phénoménologie de la perception***. En 1945 également, il fonde avec Jean-Paul **Sartre** la revue *les Temps modernes,* qu'il contribue à animer jusqu'en 1953, et devient maître de conférences à l'université de Lyon. À partir de 1949, il occupe à la Sorbonne une chaire de psychologie et de pédagogie.

Élu au Collège de France en 1952, Merleau-Ponty y professe jusqu'à sa mort, qui survient brutalement alors qu'il n'est âgé que de 53 ans. En 1961 paraît pour la première fois *l'Œil et l'Esprit* – sous la forme d'un article écrit pour la revue *Art de France* – et, en 1964, a lieu l'édition posthume d'un texte inachevé, *le Visible et l'Invisible,* réalisée à partir de notes dans lesquelles le philosophe cherche, en s'interrogeant notamment sur l'art, à constituer une véritable ontologie du sensible.

Le primat du sensible

Philosophe du vécu, Maurice Merleau-Ponty décrit la relation intentionnelle qui unit le sujet – incarné et en situation historique – aux choses et à autrui. En plaçant le sensible au centre de tout questionnement, il établit la supériorité du *Lebenswelt,* le « monde de la vie », sur le monde de la science : en effet, c'est toujours par la perception que les objets apparaissent pour une conscience. Son œuvre se constitue sur le double rejet du réalisme et de l'idéalisme : il reproche au premier de vouloir décrire une réalité en soi qui interdit toute relation entre la conscience et le sensible, et au second de faire de la conscience le siège unique de l'acte de connaissance.

Or, d'une part, le monde sensible ne consiste pas en une somme d'objets, mais peut être considéré comme un texte, un tissu sensible, où s'effectue la donation du sens originel de l'être : il est la couche originaire de l'expérience humaine, où le sens est déjà donné au sujet percevant.

D'autre part, ce même sujet percevant, sentant, réfléchissant, est d'abord un sujet corporel : le « corps propre », mon corps, qui est ce par quoi se constitue ma perception du monde. « Je suis mon corps », telle est la reformulation proposée par Merleau-Ponty du cogito cartésien (qui pose une dichotomie entre le corps et l'esprit et la précession du cogito au monde) : la conscience cohabite avec le corps, elle investit le monde qui lui est offert par le corps.

Situé à la lisière du monde et de la pure subjectivité du moi, ce corps est présence et ouverture à l'être et au monde, à la fois dehors et dedans. Il est le moyen de communication avec le monde, qui est lui-même l'horizon latent de l'expérience et préexistant à toute pensée déterminante, car « percevoir, dans le sens plein du mot [...], c'est saisir un sens immanent au sensible avant tout jugement ». Pris dans le tissu du monde sensible en tant que « matière interstitielle » entre l'esprit et la chose, il est la forme qui permet d'« enlacer » la matière de la perception. Merleau-Ponty proclame, en effet, le privilège du savoir corporel sur le savoir intellectuel au sujet de l'existence des choses qui nous entourent, et même la préséance du savoir tactile sur le savoir visuel : nous entretenons avec les choses un rapport de manipulation avant même les rapports de vision et d'intellection. C'est la *surréflexion,* qui exprime « notre contact muet avec les choses, quand elles ne sont pas encore des choses dites ». Et sortir de ce « monde du silence », ce sera entrer en contact avec autrui et faire émerger le langage.

La question de la liberté

Si Merleau-Ponty s'est trouvé en désaccord avec Sartre sur le plan politique, notamment au sujet du marxisme, qui a enfanté le stalinisme, il l'a été également sur la conception de la liberté : pour lui, il n'y a jamais choix et liberté absolus, ni possibilité radicale de révoquer sa conduite. La liberté est une situation : « Le choix que nous faisons de notre vie a toujours lieu sur la base d'un certain donné. Nous choisissons notre monde et le monde nous choisit. » La philosophie de Merleau-Ponty apparaît comme un existentialisme engagé, concret : *Humanisme et Terreur. Essai sur le problème communiste* (1947), *Sens et Non-Sens* (1948), *Éloge de la philosophie,* leçon inaugurale de son enseignement au Collège de France (1953), *les Aventures de la dialectique* (1955).

Renvoi

Notion : la perception.

Mill (John Stuart)

Londres 20 mai 1806 - Avignon 8 mai 1873

Philosophe et économiste britannique

Disciple de David **Hume**, John Stuart Mill fut le penseur de langue anglaise le plus influent du XIXe siècle. Adepte d'une morale à laquelle on donne le nom d'« utilitarisme », il affirma l'identité du bonheur général avec le bonheur individuel et fit du premier le principe directeur de sa démarche. En économie, il se rattache à l'école classique.

Théoricien et parlementaire

John Stuart Mill est le fils aîné de James Mill (1773-1836), lui-même philosophe et économiste, continuateur à la fois de David Hume et de Jeremy Bentham (1748-1832), qui avait introduit l'utilitarisme. Son éducation est à la mesure des ambitions de son père : dès son plus jeune âge, il lit dans le texte les grands auteurs grecs et latins ; à 14 ans, il maîtrise la pensée des économistes Adam Smith (1723-1790) et David Ricardo (1772-1823). D'abord proche lui-même des conceptions de Bentham, il cherche, dès la fin des années 1820, à les concilier avec les idées de progrès qui ne cesseront plus de caractériser sa pensée.

À partir de 1823, Mill travaille pour la Compagnie anglaise des Indes orientales, qui est dissoute en 1858. Il obtient alors une pension confortable, qui lui permet de vivre tantôt en Avignon, tantôt en Grande-Bretagne. Élu membre de la Chambre des communes en 1865, il prend une large part aux débats politiques du moment, publiant de nombreux articles sur les questions économiques et sociales (comme la condition féminine), et se prononce pour l'abolition de l'esclavage aux États-Unis. En 1867, il devient recteur de l'université écossaise de Saint Andrews, mais, n'étant pas réélu l'année suivante au Parlement, il se retire définitivement en Avignon.

Parmi l'œuvre abondante de John Stuart Mill, on peut citer *Principes d'économie politique* (1848), ***Sur la liberté*** (1859), *l'**Utilitarisme*** (1861), *Auguste Comte et le positivisme* (1865), *Sur la nature* (1874) et *Trois Essais sur la religion* (id.).

L'héritage de l'empirisme

En héritier de Hume, Mill professe en logique un associationnisme fondé sur la réalité du monde extérieur et celle des esprits : la logique ne doit plus être considérée comme une science de la conséquence formelle, mais comme une science de la vérité.

La seule chose qui puisse être tenue pour certaine est l'existence de sensations. Mill les répartit en deux classes : les sensations actuellement perçues et la masse des sensations possibles. Ces dernières sont permanentes, parce qu'une longue expérience les a accumulées dans l'esprit. Cette permanence nous fait croire en la réalité première du monde extérieur, alors que, en fait, nos sensations précèdent cette réalité ; c'est grâce à elles que notre entendement forge ce que nous appelons la matière. Cet idéalisme ne change en rien nos façons d'agir, car les sensations ont une objectivité suffisante pour guider notre comportement.

Voulant ramener la logique à l'expérience (*Système de logique inductive et déductive,* 1843), Mill n'admet que l'induction comme raisonnement fécond, mais il refuse de la justifier par la croyance à l'uniformité du cours de la nature. Il la considère non pas comme une vraie connaissance, mais comme un principe opératoire fondé sur notre habitude à voir se succéder des séries de phénomènes selon un ordre toujours identique. Il codifie les règles de la méthode expérimentale dans un esprit proche de celui de Francis **Bacon** : la déduction est une généralisation des opérations inductives.

L'héritage de l'utilitarisme

Dans une certaine mesure, l'activité humaine reste libre : l'homme intervient dans la chaîne des causes et des effets par le fait même qu'il a la faculté de coopérer à la formation de son caractère. Cela justifie le droit de punir, car l'homme est alors responsable. Mill est, avec Jeremy Bentham et Herbert Spencer (1820-1903), l'un des représentants les plus remarquables de l'utilitarisme ; il affirme que le fondement de la morale est « l'utilité ou principe du plus grand bonheur ». Dès lors, la recherche par chacun de la plus grande part de plaisir possible fonde une conduite raisonnable qui contribue à l'intérêt général ; ainsi peuvent être justifiés le dévouement à autrui et le sacrifice, parce qu'ils sont susceptibles d'augmenter la somme totale de bonheur.

L'héritage du libéralisme

Dans ses *Principes d'économie politique,* Mill se veut un continuateur de l'œuvre de Ricardo, même si ses conceptions s'en éloignent sur plusieurs points. Il introduit en effet des idées réformatrices en économie : il pense que la répartition de la propriété dépend de l'évolution historique et se montre partisan d'une répartition plus équitable des terres. Pour lui, le profit que fait l'entrepreneur industriel est la récompense de son abstinence : en renonçant à consommer immédiatement le revenu dont il dispose et en choisissant de le consacrer à la production, l'entrepreneur accepte de n'en retirer un intérêt qu'au terme du processus productif.

Montaigne (Michel de)

Montaigne (Michel Eyquem de),

château de Montaigne, auj. commune de Saint-Michel-de-Montaigne, Dordogne, 1533 - id. 1592

Écrivain français

Né dans un siècle politiquement et intellectuellement troublé, Michel de Montaigne consacra la plus grande partie de sa vie à la rédaction de ses *Essais*, sans cesse remaniés, dans lesquels, tout en se peignant lui-même, il s'attacha à démontrer la faiblesse de la raison humaine.

L'honnête homme

Issu d'une famille récemment anoblie et installée au château de Montaigne, le jeune Michel de Montaigne reçoit une éducation humaniste : son précepteur allemand Horstanus ne s'adresse à lui qu'en latin (que tout le monde, domestiques compris, a ordre d'utiliser à portée des oreilles de l'enfant). À 6 ans, il entre au collège de Guyenne à Bordeaux, puis fréquente la faculté des arts. Après avoir étudié le droit, sans doute à Toulouse (1549), il devient conseiller à la cour des aides de Périgueux (1554), puis au parlement de Bordeaux (1557). C'est là qu'a lieu sa rencontre avec Étienne de La Boétie (1530-1563), à qui il vouera une amitié indéfectible.

Éprouvant peu d'enthousiasme pour ses fonctions, Montaigne fréquente la Cour : il accompagne François II à Bar-le-Duc et Charles IX au siège de Rouen tenu par les protestants (1562). Son mariage avec Françoise de La Chassaigne (v. 1545 - v. 1602), pour laquelle il ne manifeste pas un grand amour, date de 1565. La mort de son père trois ans plus tard lui laisse un titre et des terres, et, en 1570, il peut vendre sa charge parlementaire à Florimond de Raemond (1540-1601). Dès 1569, il avait publié, selon un vœu de son père, une traduction de la *Théologie naturelle* de Raymond Sebond, qui prétendait fonder la loi chrétienne sur la raison. En 1571 paraît par ses soins une édition d'œuvres de La Boétie ; il se rend la même année à Paris, reçoit le collier de l'ordre de Saint-Michel, puis se retire dans son domaine.

La rédaction des *Essais*

Installé dans la bibliothèque de son château, sa « librairie », Montaigne commence à dicter les premiers *Essais* (1572). Son travail est interrompu quelque temps en 1574, au moment de la quatrième guerre de Religion. En 1580 paraît la première édition des ***Essais***, limitée alors aux deux premiers livres. L'auteur entreprend un voyage à Paris pour présenter son œuvre au roi, puis, peu après, se rend en Allemagne et en Italie (1581) pour soigner, dans les villes d'eaux, la maladie de la pierre dont il souffre. Ses notes intimes – qui consignent par le menu ses coliques et ses maux de vessie aussi bien que ses promenades archéologiques – sont rassemblées dans son *Journal de voyage* (posthume, 1774), où il confirme la relativité des choses humaines : l'« art de vivre » doit se fonder sur une sagesse prudente, inspirée par le bon sens et la tolérance.

Ayant appris à Lucques son élection à la mairie de Bordeaux, Montaigne remplit sa tâche en magistrat consciencieux (1581-1583), puis est réélu pour un second mandat (1583-1585). Durant ces années de troubles civils, il ménage habilement l'intérêt de la ville dont il a la charge. Il reçoit Henri de Navarre en 1584, et il se rapproche aussi du duc de Matignon, gouverneur de Guyenne, dévoué à Henri III. C'est ainsi qu'il peut déjouer les intrigues de la Ligue en 1585. Dans le même temps, comme la peste sévit à Bordeaux, il s'en tient prudemment éloigné. Il achève enfin la deuxième édition des *Essais,* qui paraissent en 1588, accrus de nombreuses additions et d'un troisième livre. La même année, lors d'un voyage à Paris, il est dévalisé, puis embastillé au cours des troubles qui suivent la journée des Barricades. Il consacre ses dernières années à préparer une nouvelle édition des *Essais* : celle-ci sera publiée en 1595 par Pierre de Brach (1547-1605), son copiste, et par Mlle de Gournay (1566-1645), une admiratrice devenue sa « fille d'alliance ». Il meurt le 13 septembre 1592.

La liberté de l'écriture

Montaigne est le premier auteur qui utilise le mot « essai » pour en faire un titre. La tradition offrait en effet pour un livre comme le sien de nombreuses possibilités : « Mélanges », « Variétés », « Sentences », etc. Mais Montaigne ne semble pas tenir outre mesure à intégrer son livre dans un genre codifié. Il préfère le présenter comme un livre hors genre ou, tout au moins, un livre unique en son genre. Le titre indique donc, plutôt qu'une appartenance générique, une manière de procéder qui n'a pas de prétention dogmatique – non pas un ouvrage de savant, mais une tentative (un « coup d'essai ») à la fois expérimentale et inexpérimentée, par quelqu'un « qui n'est pas de la profession ».

Par ailleurs, Montaigne n'a pas l'enthousiasme encyclopédique qui anime parfois Rabelais. Le catalogue des objets de savoir que l'on trouve par exemple dans l'*Apologie de Raymond Sebond* ne vise qu'à démontrer la faiblesse maladive de la raison humaine. Incapable de « se connaître soi-même », selon le vœu socratique – d'où la devise de Montaigne, en forme de perpétuelle remise en question : « Que sais-je ? » –, comment l'homme pourrait-il connaître « toute autre chose » ? Ni stoïcien, ni épicurien, ni même sceptique pur, Montaigne ne se réfère aux grandes doctrines de l'Antiquité que pour jouer en définitive des unes contre les autres en une forme ouverte et dialogique, qui rend possible l'émergence d'une libre parole d'auteur.

Renvois

Notions : la conscience et l'inconscient, la démonstration, le devoir, le sujet.

Montesquieu
(Charles de)

Montesquieu (Charles de Secondat, baron de La Brède et de),

château de La Brède, près de Bordeaux, 18 janvier 1689 - Paris 10 février 1755

Écrivain français

Penseur libéral et esprit rigoureux, auteur de deux ouvrages profondément novateurs, les ***Lettres persanes*** et *De l'**esprit des lois***, Charles de Montesquieu exerça une influence considérable sur la pensée politique française. On lui doit la théorie de la séparation des pouvoirs.

Un provincial, homme du monde

Né dans une famille de magistrats bordelais, Charles de Secondat passe son enfance à La Brède, puis étudie chez les oratoriens de Juilly, près de Meaux (1700-1705), avant de revenir à Bordeaux faire son droit. Il passe ensuite quatre ans à Paris (1709-1713), qu'il quitte pour commencer une carrière de magistrat comme conseiller au parlement de Bordeaux. En 1716, la mort d'un oncle maternel lui vaut un double héritage : la charge de président à mortier en ce même parlement et la baronnie de Montesquieu, nom qu'il portera désormais. La même année, il est élu à l'académie de Bordeaux, où il donne lecture de ses premières œuvres, *la Politique des Romains dans la religion* et *Système des idées*. Deux ans plus tard, c'est à l'étude des sciences qu'il consacre son temps, composant divers mémoires de physique *(l'Écho, le Flux et le Reflux)* et de médecine *(les Maladies rénales)*.

La publication, en 1721, des *Lettres persanes* apporte à Montesquieu un succès immédiat. De 1722 à 1725, il vit à Paris où il est introduit dans la bonne société et, notamment, dans les salons de Mme du Deffand et de Mme de Lambert (qui appuiera son élection à l'Académie française en 1727). Toute une partie de son œuvre porte la marque mondaine de ces salons et a, comme le dit Sainte-Beuve, « le cachet Régence » : *le Temple de Gnide* (1725), *Arsace et Isménie* (posthume, 1783), *l'Histoire véritable* (posthume, 1892). Ces ouvrages témoignent à la fois d'une vision sociale et d'une finesse remarquable dans l'analyse des sentiments et, déjà, des mœurs. Montesquieu fréquente le club de l'Entresol, où il lit son *Dialogue de Sylla et d'Eucrate* (1725 [publié en 1745]), qui révèle son intérêt pour l'histoire et la politique. Il compose des *Considérations sur les richesses de l'Espagne* dans lesquelles il s'essaie à l'histoire économique.

Un esprit cosmopolite

Ayant vendu sa charge de président à mortier en 1726, Montesquieu entreprend une série de voyages, en Allemagne, en Autriche, en Hongrie, dans les États italiens, en Suisse et en Hollande (1728-1729). Puis il séjourne en Angleterre de 1729 à 1731. Partout, il observe, compare, analyse. Il s'intéresse à la géographie, à l'économie, aux mœurs, aux usages politiques, aux richesses artistiques. Il accumule des notes de voyage *(Mes pensées)*, rédige une abondante correspondance. De cette documentation considérable, il tire un premier ouvrage, ***Considérations sur les causes de la grandeur des Romains et de leur décadence*** (1734). Le public accueille assez mal un livre qui met en cause l'image traditionnelle du Romain, tout en prenant pour argent comptant les récits légendaires. Toutefois, l'ouvrage a le mérite de substituer à la narration événementielle la recherche d'un sens de l'histoire.

Montesquieu consacre les années suivantes – passées tantôt à Paris, tantôt à La Brède – à la gestation et à la rédaction de son chef-d'œuvre : *De l'esprit des lois,* qu'il publie anonymement à Genève en 1748. Le succès est immense. Mais les jésuites et les jansénistes s'indignent ; l'auteur, vite reconnu, donne une *Défense de « l'Esprit des lois »* (1750), mais l'ouvrage n'en est pas moins mis à l'Index en 1751.

Un ascète à l'œuvre

Âgé, perdant peu à peu la vue, Montesquieu se voue à l'étude, préparant notamment une nouvelle édition de *l'Esprit des lois* (posthume, 1757). Son génie exigeant a besoin du calme de La Brède et des ressources de sa bibliothèque ; le détachement est chez lui une ascèse, c'est le fondement même de sa méthode. Ainsi, l'écrivain compose encore deux ouvrages, *Lysimaque* (1754) et, pour l'***Encyclopédie** ou Dictionnaire raisonné des sciences, des arts et des métiers,* à laquelle il apporte son soutien, l'*Essai sur le goût,* qui ne paraîtra qu'en 1756, après sa mort.

Par sa personnalité et ses idées, Montesquieu exerce une influence considérable. Il juge avec perspicacité la politique de son temps : l'absolutisme et le faste de la cour, le système de Law, la politique du cardinal Dubois trouvent en lui un censeur sévère. Créant véritablement un genre, les *Lettres persanes* fourniront un modèle efficace à la satire philosophique. Quant à *De l'esprit des lois,* il lancera des thèses qui feront fortune : la séparation des pouvoirs, notamment, et le nécessaire élargissement aux sciences humaines, à l'économie, à la démographie, de toute enquête historique sérieuse.

Renvoi

Notion : les échanges.

Nietzsche (Friedrich)

Röcken, près de Lützen,
15 octobre 1844 - Weimar 25 août 1900

Philosophe allemand

Friedrich Nietzsche fut le penseur qui soumit à un doute radical tout l'acquis de la pensée occidentale, de **Platon** à **Descartes**. Sa propre philosophie est celle qui appelle de ses vœux le « surhomme », victorieux du Temps parce qu'il inscrit son action dans un « éternel retour ».

Une éducation privilégiée

Fils et petit-fils de pasteurs luthériens, Friedrich Nietzsche a tout juste 2 ans lorsque son père meurt. À Naumburg, où sa famille s'installe, il grandit au milieu de femmes : sa mère, sa sœur cadette Elisabeth, sa grand-mère et deux tantes. Toutes l'entourent du respect suscité par l'enfant prodige qu'il est, montrant un don précoce pour la musique.

En 1858, Nietzsche est envoyé dans une école protestante faite pour l'élite et, en 1864, il s'inscrit à l'université de Bonn, où il étudie la théologie et la philologie classique. Mais c'est surtout à l'écriture musicale qu'il se consacre. En 1865, il suit à Leipzig son professeur et mentor, le latiniste Friedrich Wilhelm Ritschl (1806-1876), qui le tient pour un génie. Sur la recommandation de Ritschl, il obtient en 1869 – alors qu'il n'a pas encore soutenu de thèse – un poste de professeur de philologie classique à l'université de Bâle.

L'époque des affinités rompues

À Leipzig, Nietzsche a découvert la philosophie en lisant *le **Monde comme volonté et comme représentation*** de **Schopenhauer**. L'art, pensé comme contemplation du beau, y apparaît comme une consolation aux tourments de l'existence. Nietzsche croit voir la réalisation de ce projet philosophique dans la musique de Richard Wagner. De 1869 à 1872, il fait partie du cercle des intimes du compositeur, auquel il dédie son premier ouvrage : paru en 1872, celui-ci a pour titre *la **Naissance de la tragédie*** et pour sous-titre *Hellénisme et Pessimisme,* ce dernier mot étant emprunté à Schopenhauer ; le philologue devenu esthéticien suscite de brûlantes controverses en portant sa première attaque contre l'idéalisme de Platon. Nietzsche rompt pourtant avec sa double filiation en publiant, entre 1873 et 1876, les quatre *Considérations inactuelles* (ou *intempestives*) : il rejette la philosophie de Schopenhauer, afin de proclamer « l'acquiescement à la vie », et la dramaturgie wagnérienne, parce qu'elle est fondée sur l'exaltation de la mythologie germanique.

Depuis 1874, Nietzsche fait l'épreuve de la maladie – migraines et troubles oculaires –, qu'il accueille cependant, par-delà la souffrance, comme un moment de liberté : il en finit alors « avec cette habitude de céder, de faire comme tout le monde, de [se] prendre pour un autre ». En 1879, il démissionne de l'enseignement. Avec la maigre pension du gouvernement suisse pour tout viatique, il mène une vie d'errance, en Bohême, en Italie, en France, surtout à la recherche des stations thermales qui conviendront le mieux à son état de santé.

L'époque des ouvrages fondateurs

Les années d'errance sont aussi celles du surgissement de l'œuvre proprement nietzschéenne. ***Humain, trop humain*** (1878) inaugure une période de critique totale, qui se poursuit avec *le Voyageur et son ombre* (1879) et ***Aurore*** (1881). Ces livres sont comme « une forme supérieure de guérison ». Nietzsche a recours à l'aphorisme pour rendre compte d'une réalité faite de multiples « perspectives ». Par son style même, il nous invite à nous méfier des systèmes rassurants, comme celui de Descartes, dont le « je pense, donc je suis » est soumis à une critique en règle : il n'est pas certain, dit Nietzsche, que je sois l'être qui représente ce que je me représente. Dans *le **Gai Savoir*** (1882), il reformule l'idée (stoïcienne à l'origine) de l'éternel retour : il n'est pas question de croire en un absurde retour des choses, mais d'éprouver la force de la volonté, en voulant toujours ce qu'on a voulu une fois – ce qui signifie renoncer au temps linéaire de l'histoire judéo-chrétienne.

Paru en plusieurs parties entre 1883 et 1885, ***Ainsi parlait Zarathoustra*** ne se vend qu'à une centaine d'exemplaires. C'est pourtant, parmi ses œuvres, celle dont Nietzsche déclare : « En l'offrant à l'humanité, je lui ai fait le plus grandiose présent qu'elle ait jamais reçu. » Il choisit la forme du discours poétique pour exposer les thèmes essentiels de sa philosophie que sont la mort de Dieu et l'apparition du surhomme *(Übermensch)* : le surhomme est celui qui est animé de la volonté de puissance – entendue non comme désir de domination mais comme force créatrice – et celui qui accepte, d'abord dans la gravité puis dans la joie, l'épreuve de l'éternel retour. « Quel que soit l'état que ce monde puisse atteindre, il doit l'avoir atteint, et cela, non pas une fois, mais d'innombrables fois. »

Le crépuscule du penseur

Nietzsche s'emploie ensuite à détruire définitivement ce qui a été ébranlé dans le *Zarathoustra* : la morale dans ***Par-delà (le) bien et (le) mal*** (1886) et dans ***Généalogie de la morale*** (1887), la religion dominante dans *l'Antéchrist* (1888 [publié en 1896]) et toutes les formes d'idéalisme dans *le* ***Crépuscule des idoles*** (1888). Dès la fin de 1888, il écrit des lettres étranges, puis, le 3 janvier 1889, alors qu'il se trouve à Turin, il sombre dans l'aliénation mentale. D'abord interné à Iéna, il est ensuite recueilli, à Naumburg, par sa mère – qui lui en veut cependant d'« avoir tué le Christ » – et, finalement, à Weimar, par sa sœur Elisabeth (1846-1935), qui sera la dépositaire de ses derniers manuscrits. En 1901, c'est sa sœur qui publie, sous le titre *la* ***Volonté de puissance***, ce qui n'est pas réellement une œuvre de Nietzsche, mais une compilation posthume d'aphorismes sélectionnés et parfois même partiellement réécrits. En désaccord avec le texte d'*Ecce Homo*, datant de 1888, elle en retardera la parution jusqu'en 1908.

Renvois

Notions : autrui, le désir, le devoir, la morale, la religion.

Pascal (Blaise)

Clermont, auj. Clermont-Ferrand, 19 juin 1623 - Paris 19 août 1662

Savant, philosophe et écrivain français

Illustre auteur des ***Provinciales*** et du recueil posthume publié sous le nom de ***Pensées***, Blaise Pascal unit dans une même réflexion sur l'homme et pour l'homme apologie chrétienne et méditation philosophique. Également homme de science, il contribua à valider le concept de pression atmosphérique et marqua de son empreinte l'histoire des mathématiques.

Une formation exceptionnelle

Orphelin de mère dès l'âge de 3 ans, Blaise Pascal arrive à Paris avec ses deux sœurs, Gilberte et Jacqueline, en 1631. Il y suit leur père, Étienne, haut magistrat de province qui a quitté ses charges et vendu ses biens pour s'établir dans la capitale. C'est ce père féru de mathématiques et de musique qui assure son éducation, loin des astreintes de l'enseignement traditionnel, et qui suscite en lui l'intérêt pour les nouvelles sciences. Étienne Pascal lui fait aussi fréquenter les milieux intellectuels les plus actifs. Nommé ensuite en Normandie pour y réformer le système des impôts, il emmène ses enfants à Rouen en 1640. C'est là que le jeune Blaise s'implique dans les multiples calculs liés à l'exercice des nouvelles fonctions de son père et qu'il se livre à ses célèbres recherches.

L'homme de science

Les travaux de jeunesse. Pascal s'initie aux mathématiques en lisant Euclide et le mathématicien Girard

Desargues (1591-1661), qui est son contemporain. Avant même d'avoir atteint l'âge de 16 ans, il écrit un traité des coniques, où il utilise les nouvelles méthodes projectives. Vers la fin de 1642, il invente une machine arithmétique capable d'effectuer les opérations d'addition et de soustraction à l'aide de simples mouvements de roues (Pascal ignore alors l'existence d'une machine analogue réalisée par Wilhelm Schickard en 1623 pour Kepler). Le modèle définitif en est offert au chancelier Séguier. Cette invention vaut à Pascal d'être admis à l'académie parisienne de l'abbé Mersenne (1588-1648) et, plus généralement, elle lui apporte la reconnaissance du monde scientifique.

En 1646, Pascal entreprend de répéter l'expérience barométrique de Torricelli et se prononce en faveur de l'existence du vide (la question étant alors très discutée) dans la partie du tube libérée par la descente du mercure. Il refait l'expérience à différentes altitudes et organise, en 1648, celle qui est conduite par son beau-frère au puy de Dôme et qui lui semble décisive. Il rédige un *Traité du vide,* qui ne sera pas publié, puis deux mémoires sur l'équilibre des liquides et la pesanteur de l'air (parus en 1663).

Hasard et probabilités. Après la mort de son père (1651), Pascal, qui est d'une santé fragile, doit cesser pour un temps ses études scientifiques. Il se lie notamment avec le chevalier de Méré (1607-1684). C'est sa période « mondaine » : il apprend l'art de plaire, l'« esprit de finesse » et l'importance du bon sens et de l'intuition.

Le chevalier de Méré soumet à Pascal deux problèmes de jeu, qui sont, en même temps que sa correspondance avec Pierre de Fermat (1601-1665), à l'origine de ses recherches sur le calcul des probabilités. Pour Pascal, le hasard est « géométrisable », c'est-à-dire qu'il peut être objet de science. Son approche du calcul des probabilités est liée à la combinatoire et, en particulier, au triangle arithmétique dit « triangle de Pascal ». Il en dégage certaines propriétés en élaborant la méthode d'induction mathématique.

La géométrie. Pascal aborde la rédaction des *Éléments de géométrie* (v. 1657), dont un court passage sera sauvé de l'oubli par **Leibniz**. On y voit apparaître une axiomatique qui s'écarte nettement de la tradition euclidienne. En juin 1658, Pascal lance un défi à tous les géomètres du monde en proposant, sous forme d'un concours doté de prix, six problèmes sur la cycloïde. Ses études sur cette courbe lui permettent d'approfondir ses recherches sur les méthodes infinitésimales. Dans le *Traité des sinus du quart de cercle,* il utilise implicitement la notion de « triangle caractéristique » pour calculer l'aire comprise sous une arche de cycloïde.

Le penseur chrétien

L'œuvre du polémiste. Depuis 1646, Pascal et sa famille se sont ralliés au jansénisme, courant religieux qui se veut l'héritier de la pensée de saint **Augustin** (augustinisme). Le 23 novembre 1654, lui-même connaît une nuit d'extase mystique. Il portera désormais, cousu dans la doublure de son habit, le *Mémorial,* texte écrit au cours de cette nuit. À la suite de sa sœur Jacqueline, il entre au monastère de Port-Royal, où il pratique l'ascétisme le plus rigoureux. L'essentiel de son œuvre sera désormais consacré à la défense de sa foi.

Dans l'*Entretien avec M. de Sacy sur Épictète et Montaigne* (1655), Pascal développe les enjeux de sa théologie en rapport avec l'augustinisme.

Puis il prend ouvertement la défense des jansénistes – que combattent les jésuites – dans ses *Provinciales* (1656-1657), véritable machine de guerre contre l'Église, accusée de s'accommoder du relâchement de la morale dont font preuve les libertins. Fortement impressionné par la guérison, jugée miraculeuse, de sa nièce Marguerite (« miracle de la sainte Épine », 24 mars 1656), Pascal se décide à écrire une *Apologie de la religion chrétienne*. Tombé gravement malade en 1659, il meurt avant de l'avoir achevée. Après sa mort, ses proches rassemblent les fragments qui en subsistent et les font copier tels qu'ils les trouvent. Il en sortira cette œuvre fulgurante que l'on connaît sous le titre de *Pensées*, dont la première édition (édition de Port-Royal) a lieu en 1670. Celle-ci sera suivie de plusieurs autres au cours des XVIIIe, XIXe et XXe siècles.

L'œuvre du mystique. L'angoisse pascalienne peut se comprendre comme le déchirement d'un être profondément chrétien face au progrès irrésistible du savoir scientifique, dans le cadre d'un rationalisme qui risque de déboucher sur un monde sans Dieu. Pour Pascal, là est le scandale. C'est pourquoi il va jeter toutes ses forces dans la bataille en faisant le « pari » que Dieu existe, car il est impossible de prouver qu'il n'existe pas. Il va chercher à émouvoir l'« honnête homme » en lui montrant le vertige de la création et l'« infirmité » de l'homme égaré entre les deux infinis, l'infiniment grand et l'infiniment petit.

Le désarroi métaphysique vers lequel Pascal pousse l'incroyant n'est pas destiné à acculer ce dernier au désespoir, mais à l'inciter à atteindre la joie du croyant, car « nous connaissons la vérité non seulement par la raison, mais aussi par le cœur ». La passion dont témoigne la démarche pascalienne, plus que la force rationnelle de son argumentation, fait du texte des *Pensées* une étape décisive de l'histoire de la spiritualité chrétienne tout entière.

Renvois

Notions : le désir, la raison.

Repères : croire - savoir ; persuader - convaincre.

Platon

Athènes v. 427 av. J.-C. - id. 348/347 av. J.-C.

Philosophe grec

Dépositaire de l'enseignement de **Socrate**, Platon transmit leur commune philosophie dans un ensemble de dialogues qui sont à la source même de la métaphysique occidentale. Fondateur d'une théorie de la connaissance proclamant la réalité supérieure des Idées, il proposa un modèle de vie intellectuelle qu'il ne séparait pas de la vie sociale.

La filiation socratique

Issu d'une noble lignée, le jeune Aristoclès est appelé Platon parce qu'on lui trouve le front large (*platos* en grec). Il a pour oncle maternel Critias, qui sera le chef du régime tyrannique des Trente (404 av. J.-C.). Également méfiant envers l'oligarchie et la démocratie, il écarte toute idée de carrière politique et se met à fréquenter les sophistes, professeurs itinérants qui excellent dans les joutes oratoires.

C'est en 408 av. J.-C. que Platon devient le disciple de Socrate. Dans la plupart de ses dialogues, il donne la parole (ou prête des propos) à ce maître dont la méthode consiste à « accoucher les esprits » – d'où son nom de *maïeutique* –, afin que chacun, au terme de son effort de réflexion, fasse jaillir les vérités qui sont en lui.

Une école pour philosopher

Afin de parfaire sa formation, Platon se rend à Mégare, puis il entreprend un voyage qui, de 390 à 388 av. J.-C., le mène en Égypte, à Cyrène et en Sicile. Sur le chemin du retour, il fait escale à Égine, où il tombe aux mains de pirates qui le vendent comme esclave. Reconnu par un homme de Cyrène, il est racheté et rendu à la liberté.

En 387 av. J.-C., Platon acquiert à Athènes, dans les jardins dits « de l'Académie », un terrain où il fonde une école dont l'enseignement repose sur la discussion philosophique : on y assure ainsi la formation intellectuelle d'une jeunesse qu'il s'agit de rendre apte à gouverner. Cette école est dotée d'un statut juridique et d'un règlement intérieur ; elle dispose de logements destinés aux élèves et, en plus des salles de cours, d'un muséum où sont conservés ouvrages et objets scientifiques. Aristote et Démosthène (384-322 av. J.-C.) seront au nombre de ses élèves.

Platon accomplit deux autres voyages en Sicile (366 et 361), pour tenter de gagner à ses idées le tyran de Syracuse Denys le Jeune, mais il n'y connaît que la disgrâce. Rentré à Athènes, il consacre toute son énergie à son œuvre politique, dont la fin ultime est la défense de l'hellénisme contre le danger barbare. Il meurt au moment où la guerre déclenchée par Philippe II de Macédoine va entraîner le déclin définitif d'Athènes.

L'œuvre écrite

Au cours de sa longue carrière, Platon publie ses écrits sous la forme de ***Dialogues***. Tous ont été conservés et vingt-huit d'entre eux authentifiés. On peut réunir en un premier groupe les dialogues de jeunesse, antérieurs à 390 av. J.-C. : ce sont ***Hippias** mineur* (« Du mensonge »), ***Hippias** majeur* (« Du beau »), ***Ion*** (« Sur *l'Iliade* »), ***Protagoras*** (« Sur les sophistes »), ***Apologie de Socrate***, ***Criton*** (« Du devoir »), *Alcibiade* (« De la nature de l'homme »), *Charmide* (« De la sagesse »), *Lachès* (« Du courage »), *Lysis* (« De l'amitié »), ***Euthyphron*** (« De la piété »), ***Gorgias*** (« De la rhétorique ») et le livre I de *la* ***République***.

Les dialogues de la maturité, datant de l'époque où Platon dirige en personne l'Académie, avant les deux séjours consécutifs à Syracuse, forment un deuxième groupe comprenant ***Ménexène*** (« De l'oraison funèbre »), ***Ménon*** (« De la vertu »), *Euthydème* (« De l'éristique » [art de la controverse]), ***Cratyle*** (« De la justesse des noms »), *le* ***Banquet*** (« De l'amour »), ***Phédon*** (« De l'âme ») et ***Phèdre*** (« De la beauté »). À ce groupe on rattache les autres livres de *la République* et deux dialogues où Platon critique l'école de Mégare : ***Théétète*** (« De la science ») et ***Parménide*** (« Des idées »).

Le troisième groupe est celui des dialogues tardifs : *le Sophiste* (« De l'être »), *le* ***Politique*** (« De la royauté »), *Timée* (« De la nature »), ***Philèbe*** (« Du plaisir »), ***Critias*** (« De l'Atlantide ») et *les* ***Lois*** (« De la législation ») – ces deux derniers restant inachevés.

Outre Socrate, les dialogues platoniciens mettent en scène des personnages variés, intellectuels, hommes politiques, jeunes gens de plus ou moins haute naissance. Le raisonnement philosophique le plus rigoureux s'y exprime sur le ton, mi-ironique mi-badin, de la conversation, et le recours au mythe confère à certains récits une portée poétique qui fait d'eux autant de merveilles de la langue grecque.

Le système platonicien

Premier des grands systèmes de pensée en Occident, la philosophie platonicienne repose sur trois notions essentielles : le monde des Idées, la dialectique et la réminiscence. La connaissance consiste à expliquer l'inférieur par le supérieur et, ainsi, de proche en proche, à s'élever vers le monde des Idées, qui est celui des essences des êtres et des choses. Aux degrés de la connaissance correspondent des degrés d'être. C'est par la dialectique, que met en œuvre le dialogue philosophique, qu'on progresse d'un degré à l'autre et qu'on accède au monde des Idées, où réside le principe suprême de toute connaissance : le Bien. Dans cette théorie, recherche et savoir ne font qu'un, car c'est en lui que l'homme doit rechercher les vérités. Tout se passe comme si l'âme les avait contemplées au cours d'une vie antérieure à son union avec le corps : c'est elle qui permet à l'esprit pratiquant la dialectique de « s'en ressouvenir ». Or, le corps est mortel ; mais l'âme est immortelle, et le monde des Idées est sa patrie. Plus que tout autre, le philosophe est celui dont l'âme y arrive pure – car purifiée des erreurs et illusions – ; il s'élève alors « au rang des dieux » *(Phédon)*. On voit comment émerge, chez Platon, une conception du salut de l'âme par le savoir philosophique.

Entre autres procédés, Platon expose sa philosophie dans la fameuse allégorie de la caverne (*la République,* livre VII). L'homme est prisonnier de son corps comme un captif enchaîné au fond d'une caverne que seul un feu éclaire. De même que celui-là ne peut apercevoir que les ombres des choses réelles, de même l'homme ne perçoit que les reflets des Idées. C'est par l'éducation qu'il passera du monde sensible des apparences au monde intelligible. À l'éducation concourent non seulement la dialectique mais aussi l'apprentissage des sciences, au premier rang desquelles Platon – suivant en cela une tradition pythagoricienne – met les mathématiques.

Pour Platon, le désir de sagesse ne saurait se dissocier de la réflexion politique. Dans *la République,* il échafaude un projet de cité idéale, divisée en trois classes : au bas de la hiérarchie se trouvent les travailleurs manuels ; en position intermédiaire se situent les guerriers, qui sont les gardiens de la cité ; au sommet se placent les philosophes, chargés de faire régner la justice.

Renvois

Notions : l'art, autrui, le désir, le devoir, les échanges, l'État, la matière et l'esprit, théorie et expérience, la vérité.

Repères : abstrait - concret ; croire - savoir ; essentiel - accidentel ; persuader - convaincre ; ressemblance - analogie ; universel - général - particulier - singulier.

Plotin

Plotin, en grec Plôtinos,

Lycopolis, auj. Assiout, Égypte, v. 205 - en Campanie 270

Philosophe grec

Au IIIe siècle apr. J.-C., Plotin, penseur néoplatonicien, devint à Rome le directeur de conscience très écouté de l'élite sociale et intellectuelle de l'Empire. Son œuvre, qui peut être considérée comme le point d'aboutissement de la sagesse antique, contient des enseignements qui font le lien avec ceux des Pères de l'Église.

Le maître socratique

De 232 à 243, Plotin est à Alexandrie l'élève d'Ammonios Saccas, philosophe dont nous savons peu de chose, sinon qu'il était de tendance spiritualiste. Afin d'étudier le monde perse, il se joint ensuite à l'expédition de l'empereur Gordien III le Pieux (238-244) contre Châhpuhr Ier (241-272), roi de la dynastie des Sassanides. Après l'assassinat de Gordien par ses soldats, il se réfugie à Antioche, puis s'installe à Rome. Dans l'école de philosophie qu'il ouvre en 244, il dispense un enseignement qui demeure exclusivement oral jusqu'en 254. À cette date, il commence à rédiger des résumés de ses cours et à composer des traités.

En 266, Plotin, bénéficiant de l'appui de l'empereur Gallien (253-268), qui le tient en très haute estime, tente de fonder une cité, *Platonopolis*, organisée selon les lois de **Platon**, mais il ne peut mener à bien son projet. Gravement malade, il quitte Rome pour la Campanie. C'est son disciple le plus proche, Porphyre (234 - v. 305), qui révisera l'ensemble de ses cinquante-quatre traités et qui les éditera en un recueil de six *Ennéades* (ou « neuvaines »).

Une philosophie de la réalité purement intelligible

Les sources. Plotin rejoint, en lui donnant sa plus haute expression, un courant de renaissance du pythagorisme et du platonisme qu'on peut faire remonter à Philon d'Alexandrie (entre 20 et 13 av. J.-C. - v. 50 apr. J.-C.). Le stoïcisme, longtemps dominant, s'efface ; dans les aspirations de l'époque, le sens de la transcendance divine et le respect de cette divinité terrestre qu'est l'empereur, garant de l'hellénisme, l'emportent sur les tendances naturalistes, cosmopolites et démocratiques du stoïcisme. Pour autant, Plotin n'ignore aucune des traditions philosophiques de l'Antiquité ; il en fait au contraire une synthèse dont on peut dire qu'elle est plus d'inspiration platonicienne qu'exactement fidèle à la pensée du Platon historique.

Les grands thèmes. Plotin est le philosophe de la quête d'unité. Pour lui, toute réalité composée existe en vertu d'un principe d'unité qui la transcende, et vers lequel elle tend en le « contemplant ». Il y a là un principe dynamique, fondé sur la non-équivalence, la non-convertibilité de l'Être et de l'Un. L'Un est toujours au-dessus de l'Être. Interprétant le ***Parménide*** de Platon, Plotin pose ainsi trois sujets dits *hypostases*.

Au-dessus de tout et antérieur à tout, fin visée par tout ce qui est, il y a l'*Un-Premier-Bien* – première hypostase. Son indépendance et sa pureté impliquent une surabondance qui est à l'origine d'un mouvement de « procession » : quelque chose est produit qui se retourne sur son principe pour le contempler ; il s'agit de l'*Intellect* ou *Intelligence* – deuxième hypostase. La réalité issue de l'Un s'appréhende elle-même comme intelligible et se distribue comme multiplicité hiérarchisée de tous les genres et espèces d'êtres intelligibles.

De la même façon que de l'Un procède l'Intellect, de l'Intellect procède l'*Âme* – troisième hypostase. Ici, Plotin s'inspire à la fois du *Timée* de Platon et de la théorie stoïcienne de l'âme du monde. L'Âme est intermédiaire entre le monde intelligible et le monde sensible, qu'elle organise.

Au-dessous de ces trois hypostases, il y a la *matière,* dernier degré de la réalité avant le néant et source du mal quand l'âme entre en contact avec elle. Car l'âme individuelle est une émanation de l'âme universelle qui s'est retrouvée prisonnière du sensible. Aussi cherche-t-elle à retrouver son statut d'origine. Plotin ne professe pas l'espérance en un salut transcendant. Il nous invite à une expérience intérieure : chaque moi porte en lui tous les niveaux, et s'étend donc de l'Un à la matière ; il lui appartient de s'explorer et de remonter au plus haut de lui-même. Il ne suffit pas d'essayer de maîtriser le sensible en l'épurant ou en le délimitant dans la science, comme l'a fait Platon ; il faut s'en échapper et le fuir. Le but de l'ascèse philosophique est d'accéder à cette région de l'être où l'âme est pure contemplation, où seuls la connaissance et le bonheur sont possibles, sans relation avec le monde sensible.

L'influence sur le christianisme. La doctrine plotinienne n'est pas une religion, mais demeure une pure spéculation séparée de la religion proprement dite. Par sa conception mystique de l'Absolu, fondée sur la transcendance de l'Un au-delà de l'Être, Plotin exercera une influence considérable sur certains courants de la théologie chrétienne – notamment dans le sens d'un détachement à l'égard du corps et de la matière. Il sera invoqué comme un maître à penser par les Pères de l'Église.

Popper (sir Karl Raimund)

Vienne 28 juillet 1902 - Londres 17 septembre 1994

Philosophe et épistémologue britannique d'origine autrichienne

En repensant les questions de méthode et de théorie dans une perspective critique, Karl Popper redéfinit les critères de différenciation entre science et métaphysique. Il fut au XXe siècle le dernier philosophe capable d'embrasser dans une ample réflexion les sciences expérimentales, humaines et sociales dans toute leur diversité culturelle.

Un intellectuel éclectique

Fils d'un juriste d'origine juive converti au protestantisme, Karl Popper accomplit un parcours universitaire éclectique : il suit des cours de philosophie, de littérature, de mathématiques, de physique, de médecine, de psychologie et d'histoire de la musique. En 1928, il soutient une première thèse (« Du problème de la méthode en psychologie de la pensée »), où il introduit l'idée d'une rupture entre logique de la connaissance (qui examine les « méthodes employées dans les tests systématiques auxquels chaque idée nouvelle doit être soumise pour être prise au sérieux ») et psychologie de la connaissance (qui étudie « comment une idée nouvelle peut naître dans l'esprit d'un homme »). En 1929, il en soutient une seconde sur le problème des axiomatiques en géométrie. Il devient alors professeur de mathématiques et de physique en collège.

Popper publie son premier grand ouvrage – le seul qui soit en allemand – en 1934 : ***la Logique de la découverte scientifique***, dont la question centrale concerne la méthode des sciences expérimentales, dites « sciences empiriques ». Fuyant la montée du nazisme, il arrive en Nouvelle-Zélande en 1937 pour enseigner la philosophie à l'université de Christchurch. Revenu en Europe en 1946, Popper détient, de 1949 à 1969, la chaire de logique et de méthodologie des sciences à la London School of Economics. La publication de son œuvre, en 1974, dans une collection prestigieuse (« Library of Living Philosophers ») parachève sa consécration. Cette œuvre comprend *Misère de l'historicisme* (1957), *Conjectures et Réfutations : la croissance du savoir scientifique* (1963), *la Connaissance objective* (1972), *la Quête inachevée* (autobiographie, 1976), *le Soi et son cerveau* (1977), *l'Univers irrésolu* (1982), *le Réalisme et la Science* (id.).

La logique de la recherche

La position critique. Les travaux de Popper concernent d'abord l'épistémologie. Sa méthode, le *rationalisme critique,* constitue une attitude rationnelle marquée par l'« ouverture à la critique d'autrui » et par la « détermination dans la critique de soi ». C'est pourquoi Popper adhère aussi à la philosophie de **Kant**, cherchant à appliquer le criticisme à l'analyse de la connaissance scientifique.

En 1924 s'était constitué à Vienne un mouvement, dit le « cercle de Vienne », dont les réflexions, portant précisément sur l'existence et la nature du savoir scientifique, avaient donné naissance au « positivisme logique ». Popper partage les mêmes préoccupations mais non les mêmes vues que les membres du cercle de Vienne. Il affirme notamment que l'analyse du langage de la science ne saurait se substituer à l'analyse des questions qui concernent les faits, et refuse de confondre le critère de démarcation entre science et non-science (métaphysique) avec celui de la signification.

Le concept de falsifiabilité. Selon la tradition, l'induction est la méthode des sciences de la nature. Or Popper, prenant à son compte la critique de David **Hume**, montre que l'induction n'est pas rigoureuse : passer des cas particuliers à la loi universelle est impossible, du fait de l'incapacité qui est la nôtre de vérifier tous les cas possibles. En revanche, il est aisé de contredire un énoncé universel : il suffit d'un seul cygne noir pour réfuter que tous les cygnes sont blancs.

L'asymétrie logique entre vérification et falsification (réfutation) conduit Popper à désigner la *falsifiabilité* comme critère de démarcation des sciences empiriques. Ainsi, plus une théorie est mise à l'épreuve de tests de falsifiabilité – d'expériences susceptibles de l'infirmer –, et plus elle en aura vaincu, plus elle sera scientifique. Mais plus une théorie est falsifiable, et plus elle exclut d'autres théories.

La vision du monde. Popper tire des conséquences politiques de la théorie de la falsification. Les discours qui ne se prêtent pas à la possibilité d'un contre-exemple sont des discours clos sur eux-mêmes ; ils ont une forme totalisante, expliquant par avance les raisons pour lesquelles on voudrait les réfuter. Ces discours sont ainsi potentiellement totalitaires. La démocratie doit donc les rejeter et leur préférer les énoncés ouverts à la discussion critique.

Il résulte de l'œuvre de Popper une vision du monde remarquablement cohérente, tout entière fondée sur la croyance au progrès intellectuel.

Rousseau

(Jean-Jacques)

Genève 28 juin 1712 - Ermenonville 2 juillet 1778

Écrivain et philosophe genevois de langue française

Défenseur de la liberté individuelle, ennemi personnel des philosophes de son temps mais allié objectif des Lumières, novateur en matière d'éducation et de politique, Jean-Jacques Rousseau a contribué à préparer les grands changements que mit en œuvre la Révolution française et a ouvert la voie au romantisme.

La vie d'errance

Fils d'un horloger protestant, personnage querelleur et instable, Jean-Jacques Rousseau perd sa mère à sa naissance. Son père, contraint de quitter Genève en 1722, le met en pension chez un pasteur. Des débuts difficiles comme apprenti chez un greffier, puis chez un graveur, l'incitent à s'enfuir (1728). Il est recueilli à Annecy par Mme de Warens, qui l'envoie à l'hospice des catéchumènes de Turin, où il se convertit au catholicisme. Après trois ans de vie errante (1729-1731), il échoue à Paris, d'où il revient à pied pour retrouver sa protectrice à Chambéry. Commence alors la période des Charmettes, propriété aux portes de la ville, où le jeune homme passe les six années les plus agréables et les plus calmes de sa vie auprès de celle qu'il nomme « maman » (1731-1737).

Tombé en disgrâce en 1738, précepteur un temps à Lyon, chez M. de Mably, Rousseau rédige en 1740 son premier ouvrage, un *Projet d'éducation pour M. de Sainte-Marie,* puis se rend à Paris, où **Diderot** l'accueille amicalement (1742). L'Académie ayant refusé son système de notation musicale, il suit à Venise M. de Montaigu, ambassadeur de France (1743), se brouille avec lui, revient à Paris (1744), commence une longue liaison avec Thérèse Levasseur (1721-1801), une servante qui lui donnera cinq enfants, tous abandonnés aux Enfants-Trouvés. Remarqué grâce à son opéra *les Muses galantes* (1745), il devient secrétaire de Mme Dupin (1706-1799), femme d'un fermier général, qui le présente à Mme d'Épinay. En 1749, à la demande de Diderot, il écrit pour l'***Encyclopédie*** tous les articles sur la musique ; trois ans plus tard, la représentation de son intermède musical, *le Devin de village,* confirmera son intérêt dans ce domaine.

La naissance du philosophe

En 1750, découvrant une dissertation proposée par l'académie de Dijon – « Si le progrès des sciences et des arts a contribué à corrompre ou à épurer les mœurs ? » –, Rousseau répond par un ***Discours sur les sciences et les arts,*** où il jette les bases de sa philosophie. Cinq ans plus tard, en réponse à un nouveau sujet de la même académie, il publie son ***Discours sur l'origine et les fondements de l'inégalité parmi les hommes*** (que complétera l'*Essai sur l'origine des langues*). Ces écrits développent une critique de la corruption en société, laquelle éloigne l'homme de son état originel d'innocence. Poussé par des besoins de plus en plus factices qui peu à peu le modifient et le détruisent, « l'homme de la nature » devient « l'homme de l'homme », entrant ainsi dans le monde de la représentation et de l'inégalité.

Après un voyage à Genève où il prend le titre de citoyen de la ville et abjure le catholicisme, Rousseau accepte l'hospitalité de Mme d'Épinay et s'installe dans son chalet de l'Ermitage (1756). Se brouillant ensuite avec elle, il trouve refuge chez le maréchal de Luxembourg (1702-1764), au Petit-Château de Montmorency (1757). Par ailleurs, les désaccords allant croissant avec Diderot et les Encyclopédistes, Rousseau rompt avec eux en publiant la ***Lettre à d'Alembert sur les spectacles*** (1758), vigoureuse réplique à l'article « Genève » de d'Alembert paru dans l'*Encyclopédie*. Dès lors, il décide de mettre en accord sa marginalité, revendiquée, et sa vie.

La critique d'une société corruptrice

Persécuté par une maladie chronique de la vessie, Rousseau travaille à ses trois ouvrages fondamentaux, traitant, chacun à sa manière, de la difficile socialisation de « l'homme de la nature ». ***Julie ou la Nouvelle Héloïse*** (1761) – qui propose, sous forme romanesque, de sublimer la passion humaine en passion pour la vertu – connaît un immense succès. Mais ***Du contrat social*** (1762) – qui examine, dans la sphère publique cette fois, les conditions de possibilité d'un accord entre les volontés particulières et la volonté générale – est condamné par le parlement de Paris, tout comme ***Émile ou De l'éducation*** (id.), roman pédagogique qui s'efforce de sauvegarder les droits de la nature dans la socialisation de l'enfant. L'auteur doit quitter la France.

De son refuge de Môtiers-Travers, en Suisse, Rousseau se défend contre l'archevêque de Paris (*Lettre à Christophe de Beaumont,* 1763), contre le Grand Conseil de Genève (*Lettres de la montagne,* 1764), contrecarre **Voltaire** (*Lettre à Voltaire sur la Providence,* 1756, publiée en 1764). Chassé de cette retraite, il passe ensuite deux mois de bonheur dans l'île Saint-Pierre, sur le lac de Bienne (1765), puis gagne l'Angleterre, où il se fâche bientôt avec son introducteur, le philosophe David **Hume**. Revenu en France (1767), il poursuit ses errances avant de regagner Paris en 1770, où il fait représenter la même année son drame lyrique *Pygmalion,* et s'installe dans un modeste logis.

Rousseau par lui-même

Rousseau se livre alors à un plaidoyer autobiographique : l'auteur, dont l'honnêteté est contestée par ses contemporains, entend reconquérir au prix des aveux les plus gênants une légitimité compromise par les calomnies. Se donnant l'ambition démesurée d'offrir « l'histoire de son âme », élaborant une prose poétique originale où se dirait de façon irrécusable l'authenticité du moi profond, il peaufine ainsi les *Confessions* (1765-1770, publiées en 1782-1789), puis rédige les *Dialogues (Rousseau juge de Jean-Jacques)* [1772-1776, publiés en 1789]. Enfin, renonçant à polémiquer, se livrant aux plaisirs de l'herborisation et copiant de la musique, il compose ses *Rêveries du promeneur solitaire* (1776-1778, publiées en 1782). Au début de l'année 1778, il accepte l'hospitalité du marquis de Girardin (1735-1808). Décédé à Ermenonville chez son hôte, il y est inhumé dans l'île des Peupliers. Après sa mort naîtra un véritable culte autour de sa personne, auquel on donnera le nom de « rousseauisme ». Ses restes seront transférés au Panthéon en 1794.

Écrivain contestant l'écriture, philosophe en guerre contre les philosophes, Rousseau apparaît en son temps comme un esprit singulier. Mais il donne ainsi aux Lumières, dont il assume largement l'idéologie, une ambiguïté qui interdit de les restreindre à la seule protestation bourgeoise contre l'Ancien Régime. Inspirateur direct de la *Déclaration des droits de l'homme et du citoyen,* puis de Robespierre, initiateur de la confidence et de la révolte romantiques, il est aussi, par sa critique du pouvoir et des illusions du progrès, la nécessaire référence des temps de crise et de ressourcement.

Renvois

Notions : le bonheur, la conscience et l'inconscient, le devoir, l'État, langage et interprétation, la liberté, la morale, la société, la vérité.

Repères : analyse - synthèse ; en fait - en droit ; obligation - contrainte ; origine - fondement ; transcendant - immanent.

Russell (Bertrand)

Russell (Bertrand, comte),

Trelleck, pays de Galles, 18 mai 1872 - Penrhyndeudraeth, pays de Galles, 2 février 1970

Philosophe et logicien britannique

Grand esprit de son siècle, Bertrand Russell a marqué à la fois l'histoire des mathématiques, notamment de la logique en inventant la théorie des types, et de la philosophie. Penseur engagé, il dénonça l'arme nucléaire avec Albert Einstein, et l'impérialisme américain avec Jean-Paul **Sartre**.

L'homme de science et le philosophe

Né dans une famille aristocratique, mais orphelin de mère à 2 ans et de père à 4 ans, Bertrand Russell se retrouve sous l'emprise de sa grand-mère paternelle, qui l'élève dans le plus pur esprit du puritanisme victorien. Adolescent passionné par les mathématiques, il est également taraudé par les questions de foi, mais il rompt avec la religion. Reçu au Trinity College de Cambridge en 1890, il a pour maître à penser Alfred North Whitehead. Il fait aussi la connaissance de Sidney et Beatrice Webb, dont les idées progressistes le séduisent, puis celle d'une Américaine, Alys Pearsall Smith, avec laquelle il se mariera en 1894. Trois fois divorcé, il aura comme autres épouses Dora Blake (1921), qui lui donnera deux enfants, Patricia Spence (1930), qui lui donnera un fils, et Edith Finch (1952).

Ses examens étant terminés en 1894, Russell se met à voyager, à Paris, à Florence et à Berlin – où il fréquente les milieux socialistes. Mais il a déjà décidé de se consacrer aux mathématiques et il donne pour titre à son mémoire de maîtrise *An Essay of the Foundations of Geometry* (1897). Également auteur d'un « exposé critique » de la philosophie de **Leibniz** (1900), il mène de front travail scientifique et réflexion philosophique. Avec Giuseppe Peano (1858-1932), il rédige *The Principles of Mathematics* (1903) et, avec Whitehead (1861-1947), il entreprend l'œuvre fondamentale que sont les *Principia mathematica* (1910-1913), où il traite surtout de logique. En 1912 paraissent ses *Problèmes de philosophie.*

Le moraliste et le militant

La guerre précipite la rupture avec Whitehead, car Russell se range publiquement du côté des pacifistes. Renvoyé, en 1916, du poste de professeur qu'il occupe au Trinity College, il est même condamné à six mois de prison ferme en mai 1918 pour un de ses articles. Il écrit alors *Introduction à la philosophie des mathématiques* (1919) et, dès sa sortie de prison, il s'engage de plus en plus en faveur du socialisme, faisant en 1920 un voyage en URSS puis un autre en Chine. Ses tentatives pour entrer à la Chambre des communes demeurent vaines, mais, en 1931, la disparition de son frère aîné fait de lui l'héritier du titre de comte, qui lui permet de siéger à la Chambre des lords.

En 1927, Russell et sa deuxième épouse fondent une école, dont les principes reposent sur une éducation sans larmes et sur une morale sans contrainte. Ils y accueillent une vingtaine d'enfants, mais la plupart sont des cas sociaux, et l'expérience tourne court faute de financement. Russell publie abondamment : entre autres, *l'Analyse de la matière* (1927), *le Mariage et la Morale* (1929), *la Conquête du bonheur* (1930), *l'Esprit scientifique* (1931), *Science et Religion* (1935). En 1938, il part pour Chicago, où Rudolf Carnap (1891-1970) assiste à ses cours, puis, en 1940, pour New York. Il enseigne dans un collège où son athéisme fait scandale. À son retour, en 1944, il est réintégré au Trinity College, publie une histoire de la philosophie occidentale et reprend ses leçons sur les limites de la connaissance, qu'il résumera dans *la Connaissance humaine* (1948). Son œuvre théorique se poursuivra jusqu'en 1965.

L'homme, honoré du prix Nobel de littérature en 1950, se fait de plus en plus critique. Conscience morale des droits de l'homme à une époque où leur défense n'était pas encore autant médiatisée, il va livrer deux grandes batailles : en 1958, il prend l'initiative d'une campagne d'opinion, que soutient Albert Einstein, en faveur du désarmement nucléaire et, en 1966, il met sur pied un tribunal international au moment de la guerre du Viêt Nam. Mais il est alors âgé de 94 ans et ne peut prendre part à ses délibérations.

L'enseignement du logicien

Avec Carnap et **Wittgenstein**, Russell appartient au courant dit « du positivisme logique », qui procède à l'analyse du langage en partant de la logique moderne. La logique à laquelle il croit possible de réduire les mathématiques *(logicisme)* se fonde sur l'étude des « fonctions propositionnelles » dont l'idée revient à l'Allemand Gottlob Frege (1848-1925). Plusieurs cas se présentent. Par exemple, « *x* est mortel », issu de la proposition « Socrate est mortel » quand on remplace le nom propre « Socrate » par une variable d'individu, est un

« énoncé ouvert », où la fonction propositionnelle désigne une valeur qui n'est ni vraie ni fausse. Celle-ci ne devient vraie qu'une fois que la ou les variables qui y figurent sont remplacées par des noms d'objets déterminés. Ainsi, « *x* est mortel » est vrai de Socrate, mais faux d'un objet tel que le chiffre 2 substitué à *x*.

La grande contribution de Russell tient à la *théorie des types*. Les types peuvent être considérés comme des collections d'objets susceptibles d'être membres d'un même objet. Le type le plus bas sera constitué par les individus ; ensuite vient le type des classes dont les éléments sont des individus ; puis vient le type des classes de classes ; et ainsi de suite. Par rapport au symbolisme logique, les types sont des domaines d'entités où les variables des différentes espèces (telles que les variables d'individu) prennent leurs valeurs. Mais Russell remarque lui-même que la théorie des types est en fait une théorie des *symboles* plutôt que des entités – son propos étant de définir les « expressions bien formées ».

Sartre (Jean-Paul)

Paris 21 juin 1905 - id. 15 avril 1980

Philosophe et écrivain français

Témoin intransigeant de son siècle, Jean-Paul Sartre fut le modèle absolu de l'intellectuel engagé. De son itinéraire philosophique, qui le conduisit à partager la grande aventure de l'existentialisme, on ne peut dissocier son importante œuvre littéraire et théâtrale.

L'éveil d'une conscience philosophique

« Jusqu'à dix ans, je restai seul, entre un vieillard et deux femmes » (*les Mots,* autobiographie, 1964). Ayant perdu son père, officier de marine, quelques mois seulement après sa naissance, Jean-Paul Sartre est élevé par son grand-père maternel – « un homme du XIXe siècle » –, aux côtés de sa mère, présentée sous les traits de l'humilité, et de sa grand-mère. Lecteur vorace, de tous les genres de littératures, il a aussi le culte de l'art. Il fait d'excellentes études à Paris et à La Rochelle, où il a dû suivre le second mari de sa mère. Interne au lycée Louis-le-Grand de Paris, il prépare l'École normale supérieure, tout en publiant ses premiers textes dans la *Revue sans titre* (1923) : on y décèle les influences conjuguées de Flaubert et de Maupassant, de Proust et de Paul Valéry, de **Nietzsche** et de **Schopenhauer**.

Après un premier échec à l'agrégation de philosophie en 1928, Sartre est reçu premier l'année suivante. Il se lie à Simone de Beauvoir, qui partagera sa vie mais ne voudra pas l'épouser. Professeur de lycée de 1931 à 1944, il publie également d'importants ouvrages philosophiques. Profondément

les philosophes

marqué par **Husserl** et par **Heidegger**, il construit sa propre phénoménologie (*la Transcendance de l'ego,* 1937), fondée sur l'« intentionnalité » de la conscience (*Esquisse d'une théorie des émotions,* 1939), et son propre existentialisme, fondé sur le rapport de l'homme à sa liberté (***l'Être et le Néant***, 1943). Parallèlement, Sartre se passionne pour la littérature américaine du XXe siècle, dont l'influence se fait sentir dès son premier roman – et son premier chef-d'œuvre –, *la Nausée* (1938), suivi par les cinq nouvelles réunies sous le titre *le Mur* (1939). Les personnages y sont des anti-héros, qui nous mettent en présence de l'homme seul avec lui-même.

Les chemins et impasses de la liberté

Mobilisé, puis fait prisonnier en juin 1940, Sartre aborde le théâtre en montant dans son propre stalag *Bariona, ou le Fils du tonnerre* en mars 1941. Dès sa libération, il réunit à Paris, avec Maurice **Merleau-Ponty**, un groupe d'intellectuels résistants et participe à diverses publications clandestines. Tandis que sa pièce *les Mouches* (1943), nouvelle version du mythe d'Électre, est perçue comme une parabole de l'Occupation, *Huis clos* (1944) est une vision d'enfer qui ressemble fort à la vie.

Dès 1938, Sartre a conçu une trilogie romanesque, qui deviendra *les Chemins de la liberté* (1945-1949), avec les titres emblématiques que sont *l'Âge de raison, le Sursis* et *la Mort dans l'âme,* où l'histoire d'un professeur de philosophie se mêle aux événements politiques. L'immédiat après-guerre est aussi l'époque où ses pièces « engagées » retracent ses démêlés avec le Parti communiste – auquel il n'adhérera jamais. Si *Morts sans sépulture* (1946) a pour toile de fond l'actualité de la Résistance, *la P... respectueuse* (1947) traite du racisme (et du conformisme) dans la société américaine de l'époque et *les Mains sales* (1948) sont une pièce de combat sur l'obéissance au parti, mais aussi une réflexion sur l'acte et la responsabilité. Seuls *le Diable et le Bon Dieu* (1951) et *les Séquestrés d'Altona* (1959) s'élèvent au-dessus des contingences historiques pour reformuler, inlassablement, les problèmes de la liberté et de l'obéissance – ainsi que celui de la difficile identification du mal dans l'histoire.

À la même époque, Sartre est dialoguiste et scénariste. Les films auxquels il collabore resteront inédits, sauf *Les jeux sont faits* (Jean Delannoy, 1953) et *les Orgueilleux* (Yves Allégret [1907-1987], 1957). Le scénario qu'il consacre à la vie de Freud est prévu pour une durée de sept heures ; John Huston, qui réalisera le film (*Freud, passions secrètes,* 1962), coupera les trois quarts du texte. Pour le théâtre, Sartre adapte *Kean* d'Alexandre Dumas (1953), *les Sorcières de Salem* d'Arthur Miller (1955) et *les Troyennes* d'Euripide (1965).

L'intellectuel en son siècle

Tandis que Sartre développe sa conception d'une morale de l'engagement (***L'existentialisme est un humanisme***, 1946 ; ***Critique de la raison dialectique***, 1960), ses *Réflexions sur la question juive* (1946) constituent le premier effort pour penser avec rigueur la démarche antisémite qui a conduit à l'Holocauste. *Qu'est-ce que la littérature ?* (1947) définit l'engagement de l'intellectuel : « L'art de la prose est solidaire du seul régime où la prose garde un sens : la démocratie. » Son *Baudelaire* (1947), de même que ses études sur Jean Genet (*Saint*

Genet, comédien et martyr, 1952) et Flaubert (*l'Idiot de la famille,* 1972) posent le problème central, au cœur de la vie de Sartre, de ce qui constitue la figure de l'écrivain. C'est l'humaniste que couronne le prix Nobel de littérature en 1964, mais c'est le politique intransigeant qui le refuse.

Tiers-mondiste convaincu, Sartre soutient les combats pour l'émancipation des peuples. En 1966, il accepte de présider le tribunal international institué par Bertrand **Russell** pour juger l'intervention américaine au Viêt Nam ; en mai 1968, il se mêle aux étudiants gauchistes et, trois mois plus tard, il s'élève contre l'écrasement du printemps de Prague par les chars soviétiques. Le quotidien *Libération* est fondé en 1973 sous son égide – homme de médias, il avait déjà collaboré à plusieurs journaux.

Miné par l'hypertension, devenu pratiquement aveugle à partir de 1974, Sartre continue jusqu'à sa mort à défendre les causes les plus diverses, en particulier celle des femmes, avec Simone de Beauvoir, et à voyager dans tous les pays où il estime que sa voix peut être entendue. Sa mort donne lieu à un immense défilé populaire à Paris. Outre des essais (*Situations,* 1947-1976), Sartre laisse une masse impressionnante de textes qui paraîtront à titre posthume, dont *Cahiers pour une morale* (1983), *Carnets de la drôle de guerre* (1983-1995) et *Vérité et Existence* (1989).

Renvois

Notions : la conscience et l'inconscient, l'existence et le temps, la liberté, le sujet.

Schopenhauer
(Arthur)

Dantzig 22 février 1788 - Francfort-sur-le-Main 21 septembre 1860

Philosophe allemand

Élevant le « vouloir-vivre » au rang de principe métaphysique, Arthur Schopenhauer en fait la « clef de l'énigme du monde ». Par là s'explique le tragique de la condition humaine, réduite à être le jouet de cette force vitale qui lui échappe. La pensée de **Nietzsche** se formera par opposition à cette conception pessimiste.

Un parcours intellectuel syncrétique

Issu d'une famille de riches banquiers, Arthur Schopenhauer passe une partie de sa jeunesse à voyager en Europe, notamment en France et en Angleterre. Influencé par **Platon** et par **Kant**, il l'est aussi par Fichte, dont il suit les cours, et il obtient en 1813 son doctorat de philosophie à Iéna, avec une thèse intitulée « De la quadruple racine du principe de raison suffisante ». Également marqué par la lecture des *Upanishad,* il se plonge dans la pensée de l'Inde, brahmanisme et bouddhisme confondus. Après la publication, en 1818, de son œuvre maîtresse, *le* ***Monde comme volonté et comme représentation*** (laquelle n'acquerra de vraie audience qu'après la réédition de 1844), Schopenhauer est chargé de cours à l'université de Berlin en 1819 (en même temps que **Hegel**), mais on ne lui confie pas de chaire. En 1831, il se retire à Francfort-sur-le-Main, où il rédige *les Deux Problèmes fondamentaux de l'éthique* (1841), puis *Parerga et*

Paralipomena (1851), contenant des aphorismes spirituels qui faciliteront la diffusion de sa doctrine.

Schopenhauer demeure le représentant d'un pessimisme métaphysique absolu. Outre Nietzsche (« Schopenhauer éducateur », troisième des ***Considérations inactuelles*** [ou *intempestives*], 1874), l'écrivain Thomas Mann (*les Buddenbrook. Le déclin d'une famille,* 1901) comptera parmi les intellectuels le plus fortement marqués par sa pensée.

La force de la volonté universelle

Schopenhauer professe que le monde est tel que nous le connaissons, du fait même que ses phénomènes ne sont rien d'autre que nos sensations et que ses lois sont nos idées. Ce phénomène, Schopenhauer le renomme *représentation* ; ainsi, « le monde est ma représentation ». Mais il y a plus : la pensée elle-même n'est qu'un phénomène.

Toute la philosophie de Kant consiste dans la distinction entre phénomène et noumène. Le phénomène est ce qui nous apparaît, c'est-à-dire la représentation que nous nous faisons des choses. Le noumène est la chose en soi, inaccessible à notre connaissance. Or, Schopenhauer déclare que la grande découverte de sa vie est celle de la chose en soi. Cette réalité nouménale, il la trouve en lui-même, en faisant l'expérience de ce qu'est la tendance, le désir, la volonté, en un mot le « vouloir-vivre » érigé en volonté universelle.

Toute action du corps n'est que l'objectivation de cette volonté universelle. Le monde lui-même ne se compose que des manifestations de cette volonté, puissance aveugle qui travaille sans but et sans repos, qui s'élève par degrés de la matière inorganique à la raison humaine, en passant par l'irritabilité des plantes et la sensibilité des animaux, puisque la vie est une lutte pour l'existence où l'on est sûr d'être vaincu, c'est-à-dire de mourir. L'intelligence n'est qu'un agent de la volonté chargé de pourvoir à la vie de l'individu.

L'art et la pitié

Le fond de la conscience humaine elle-même ne serait que la tendance irrésistible au vouloir-vivre, illusion fatalement déçue. Le premier moyen pour s'affranchir de cette illusion est l'art, ce frère aîné de la philosophie. Par l'art – et notamment par la musique, d'où l'intérêt de Wagner pour Schopenhauer –, le génie contemple les Idées éternelles et sait les exprimer ; et, par la contemplation, il échappe aux dures nécessités de la vie.

Mais il n'est que peu de génies. Pour l'homme ordinaire, la voie du salut le plus à sa portée est la morale. L'existence n'est qu'une souffrance, puisque l'homme ne peut guider sa destinée. Mais par l'amour (tel que Jésus-Christ l'a enseigné) et par la pitié, qui lui révèle la fraternité humaine, l'homme peut se délivrer de l'égoïsme. La seule libération véritable et totale est le « quiétisme » de la volonté individuelle, qui laisse toute sa valeur à la volonté universelle. Il faut abolir en soi le vouloir-vivre, il faut « sortir du monde de la vie et entrer dans l'inconscience » – dans le néant du *nirvana* pour parler le langage de l'hindouisme. Le suicide ne représente pas une solution, car il est encore inspiré par la passion.

Dans cette philosophie pessimiste, l'essence de l'être n'est donc qu'un effort douloureux, dont la libération n'est point dans le plaisir, répit négatif qui résulte de l'interruption momentanée de la souffrance, mais dans l'effort de l'intelligence, dans l'art, dans l'ascétisme et dans la pitié. Au final, c'est la pitié, « principe réel de toute justice spontanée et de toute vraie charité », qui constituera le fondement de la morale.

Renvois

Notions : le bonheur, la conscience et l'inconscient, le désir.

Sénèque

Sénèque, en lat. Lucius Annaeus Seneca, dit Sénèque le Philosophe,

Cordoue v. 4 av. J.-C. - Rome 65 apr. J.-C.

Philosophe latin

Philosophe d'abord proche du pouvoir à l'époque où Néron régnait sur Rome, Sénèque s'inspira des préceptes du stoïcisme pour élaborer une morale qui fût à la portée de ses concitoyens. Ses écrits, dont l'un des grands admirateurs devait être **Montaigne**, ont de tout temps contribué au prestige des lettres latines.

Le philosophe aux affaires

Fils cadet de Sénèque le Rhéteur, propriétaire foncier dans la région de l'actuelle Cordoue, Lucius Annaeus arrive très jeune à Rome, où il apprend la rhétorique et découvre la philosophie, notamment celle de l'école grecque du Portique – le stoïcisme. Il s'impose une vie de privations qui finit par nuire à sa santé. Afin de se rétablir, il entreprend un voyage en Égypte, dont le climat lui est conseillé, et, dès son retour à Rome (31 apr. J.-C.), il entame une carrière politique comme questeur. Mettant à profit ses talents littéraires, il compose à l'intention d'une amie aristocrate, qui vient de perdre un fils, la première de ses *Consolations* (v. 39 - 40) et, d'emblée, acquiert une grande notoriété. Sous le règne de Claude, il se retrouve au cœur des intrigues de Messaline, dont le prétexte est une sombre affaire d'adultère impliquant l'empereur et l'une des sœurs de Caligula ; il est alors condamné à la relégation (exil forcé sans privation de ses biens) et vit en Corse pendant huit ans (41-49).

Rappelé à Rome à la mort de Messaline, Sénèque doit à la faveur de la nouvelle femme de Claude, Agrippine la Jeune, de progresser dans le cursus honorum (« carrière des honneurs »), en obtenant la charge de préteur (50), et d'être nommé précepteur de Néron, le fils d'Agrippine adopté par Claude. Lorsque celui-ci est assassiné et que Néron, tout juste âgé de 17 ans, lui succède, Sénèque devient le conseiller privé du nouvel empereur, grâce auquel il amasse une fortune considérable. Se prêtant aussi au jeu de la propagande, il tourne en dérision la divinisation de Claude dans un pamphlet connu sous le nom d'*Apocolocynthosis* (« la Métamorphose en citrouille » [vers 54]). Homme de l'ombre lors du meurtre d'Agrippine, il prend conscience, cependant, qu'il ne pourra pas freiner la dérive criminelle de Néron et décide, en 62, de quitter ses fonctions – au risque de froisser l'empereur. Compromis dans la conjuration qui doit porter au pouvoir le noble Pison, Sénèque ne peut plus échapper à la mort. Sur l'ordre de Néron, il s'ouvre les veines, sans doute le 19 ou le 20 avril de l'année 65.

Le moraliste stoïcien

Pendant toute la période où Sénèque a vécu à la cour de Néron, il n'a pas cessé de travailler à son œuvre philosophique, mêlant ainsi ambition et réflexion. Les écrits que nous possédons se présentent comme autant de traités de direction morale, dont les titres précisent parfaitement les intentions et dont nombre de maximes sont passées à la postérité. Les principaux sont *De la brièveté de la vie* (49), *De la tranquillité de l'âme* (53 ou 54), *De la constance du sage* (55), *De la* ***clémence*** (56), *De la vie heureuse* (58) et *Des* ***bienfaits*** (59-60) – ce dernier texte contenant des pages éclairantes sur l'art de donner et de recevoir. Il s'y ajoute les ***Lettres à Lucilius***, que Sénèque écrit sur la fin de sa vie et qui contiennent l'essentiel de sa sagesse. Les autres ouvrages qui nous sont parvenus attestent sa puissance de travail et d'écriture : ils comptent neuf tragédies – dont *les Troyennes, Médée, Phèdre* et *Œdipe* – et un traité scientifique en sept livres, les *Questions naturelles*.

Sénèque trouve dans le stoïcisme d'origine grecque le moyen de donner corps à une véritable philosophie romaine. Faisant, comme tous les stoïciens, la part de « ce qui dépend de nous » (notre intellect) et de « ce qui ne dépend pas de nous » (notre destin), il amène l'homme à trouver la voie du bonheur en ce monde en vivant selon sa nature, c'est-à-dire en faisant usage de sa raison, qui l'élève au-dessus des animaux. Mais il renouvelle aussi la pensée stoïcienne, en proposant une morale qui concilie les exigences de l'action, telle que lui-même l'a pratiquée, et les aspirations à la sagesse, qu'il nous appartient de satisfaire en nous détachant des biens terrestres. Car ceux-ci, fussent-ils ce qu'il appelle les « biens préférables » – comme la santé, la richesse ou la gloire –, ne doivent pas nous détourner de la recherche du bien moral, le seul « souverain bien ».

Sextus Empiricus

Mytilène ? IIe - IIIe s. apr. J.-C.

Philosophe et médecin grec

Appliquant à la philosophie la méthode empirique qu'il préconisait en médecine, Sextus Empiricus est la principale source de connaissance de l'école sceptique. Contre tout dogmatisme philosophique ou scientifique, il exposa ses arguments dans deux ouvrages qui nous sont parvenus intégralement : *Contre les mathématiciens* et les *Hypotyposes pyrrhoniennes.*

Un philosophe médecin

Sextus Empiricus, dont on sait seulement qu'il fut médecin, établit lui-même le lien entre deux écoles de pensée, l'une philosophique, le scepticisme, l'autre médicale, le méthodisme. Au nom de ce dernier, on prétendait s'en tenir aux maladies telles qu'on les observait, sans rechercher de causes cachées ; le phénomène pathologique devait indiquer par lui-même les remèdes opportuns, ce qui dispensait de se livrer à une heuristique.

Les deux livres de Sextus Empiricus que nous possédons mentionnent d'autres ouvrages, consacrés soit à la philosophie *(Mémoires sceptiques ; De l'âme),* soit à la médecine *(Mémoires empiriques).*

Le scepticisme comme méthode

L'œuvre de Sextus Empiricus n'est pas son œuvre, mais une somme de ce que les sceptiques ont enseigné avant lui. Aussi est-elle précieuse pour la connaissance du scepticisme. Les autres sources, principalement les *Vies, doctrines et sentences des philosophes illustres* de

Diogène Laërce (IIIe s. apr. J.-C.) et les *Académiques* de **Cicéron** (106-43 av. J.-C.), sont moins amples et moins systématiques.

Sextus Empiricus pratique une méthode d'examen dite *skepsis* pour montrer la vanité de la prétention à la vérité. Il vise en particulier les stoïciens, qui se font fort de connaître le monde et sa rationalité. Dans son cas, il s'agit d'établir les impossibilités logiques qui découlent des énoncés. Pour cela, il n'hésite pas à présenter de longues suites de dilemmes qui se combinent indéfiniment jusqu'à fatiguer le lecteur. Cette fatigue est comme la preuve de l'impossibilité de s'arrêter à une conclusion probante. Outre ce procédé, Sextus Empiricus recourt à une critique rigoureuse des facultés : la sensibilité, l'intelligence, la mémoire, l'imagination font l'objet d'un examen systématique qui doit nous convaincre de leur impuissance à nous donner une quelconque connaissance.

Les ouvrages clés

Contre les mathématiciens. L'ouvrage comporte onze livres. Les six premiers, *Contre les professeurs,* sont consacrés à la réfutation de ceux qui prétendent enseigner quelque chose, alors que leur objet est excessivement restreint. Les six livres suivants, *Contre les dogmatiques* (ou *philosophes*), généralement considérés comme plus décisifs que les précédents, comprennent trois grandes parties : « Contre les logiciens » atteste l'impossibilité de parvenir à la vérité, que ce soit par une connaissance immédiate ou par la démonstration ; « Contre les physiciens » rejette les arguments prétendant montrer l'existence d'une cause universelle – Dieu ; « Contre les moralistes » conteste l'existence d'un Bien en soi.

Hypotyposes pyrrhoniennes. Le premier livre présente les arguments majeurs du scepticisme. Le terme « hypotypose » doit se comprendre comme une représentation imagée de la chose telle que le lecteur croit la voir ou l'entendre ; il convient à l'expression du scepticisme dont le philosophe grec Pyrrhon (v. 365 - v. 275 av. J.-C.) avait été le fondateur en remettant en cause la métaphysique d'**Aristote**.

Comment le sceptique pourrait-il démontrer le bien-fondé du doute ? Il ne peut, en effet, que faire sentir les failles des discours prétendument vrais. Ainsi, il est conduit à suspendre son jugement : face à des contradictions d'égale force, il ne peut ni affirmer ni nier. Le mot *épochê,* « suspension », est donc le maître mot du scepticisme. Les deux autres livres présentent des applications de l'*épochê* à la logique (livre II), à la physique et à l'éthique (livre III).

L'aspiration à la quiétude

Le scepticisme ne se limite pas à une critique de la connaissance. Il donne lieu à une éthique. La suspension du jugement produit, involontairement, un fruit précieux : la quiétude. Si, en effet, nous nous abstenons de juger, nous nous libérons d'une part essentielle du mal – celui que nous nous faisons à nous-mêmes par le regret, l'anticipation, le ressentiment... La quiétude, en revanche, naît de la capacité à accueillir ce qui se présente sans ajouter les représentations aux faits : plus que les faits eux-mêmes, ce sont nos jugements qui nous troublent.

L'œuvre de Sextus Empiricus, ignorée pendant plus d'une dizaine de siècles, sera redécouverte au XVIe siècle. Henri II Estienne en donne en 1562 une traduction latine, où **Montaigne** puisera inspiration et références pour son *Apologie de Raymond Sebond* (*Essais,* II, XII). François de La Mothe Le Vayer (1588-1672), précepteur de

Louis XIV, reformule un scepticisme inspiré de Sextus Empiricus dans son *Discours pour montrer que les doutes de la philosophie sceptique sont d'un grand usage dans les sciences* (1668). Au XVIIIe siècle, la critique de la causalité par David **Hume** fait directement écho à celle du « Contre les physiciens » (I, 195-266). Le scepticisme marque ainsi durablement la pensée.

Renvois

Notions : la démonstration, théorie et expérience, la vérité.

Socrate

Alôpekê, Attique, 470 av. J.-C. - Athènes 399 av. J.-C.

Philosophe grec

Homme de la parole philosophique en cette époque du « siècle de Périclès » féconde entre toutes pour l'histoire de la pensée en Occident, Socrate fit de l'intelligence l'instrument d'une quête méthodique de la vérité. Son enseignement, propagé par **Platon**, fut si déterminant que la vie de l'esprit en fut à jamais transformée.

Le maître de l'agora

Né dans un milieu modeste, Socrate a pour père Sophronisque, un simple sculpteur, et pour mère Phainarète, qui exerce la profession de sage-femme. Voué lui-même au métier de sculpteur, il l'abandonne pour se consacrer à la philosophie. Sa vie consiste alors à discuter avec ses concitoyens, en déambulant où que ce soit dans Athènes, mais de préférence sur l'agora. À une époque où fleurissent les « maîtres de savoir » professionnels, il ne se prétend pas fondateur d'école et, s'il a des disciples, jeunes gens fortunés – Platon, Alcibiade, Xénophon – ou simples artisans, c'est que ceux-ci viennent spontanément s'entretenir avec lui. Il le dit lui-même : « Si on me pose des questions, j'y réponds ; si on préfère que j'en pose, je m'exécute. »

À la différence des sophistes, professeurs itinérants, Socrate ne fait pas payer ses leçons. Il a la réputation de vivre dans la pauvreté. Mais, pendant la guerre du Péloponnèse, il sert comme hoplite (fantassin lourdement armé), ce qui sous-entend qu'il dispose d'un minimum de bien. À la guerre, il fait preuve de sa valeur mais aussi de son endurance. Alcibiade en témoigne : « Il ne ressemble à aucun homme, ni des temps anciens, ni des temps actuels. » Il peut aussi, de l'aube d'un jour à l'aube du jour suivant, rester « planté comme une souche » afin de trouver la solution au problème qu'il se pose.

« Connais-toi toi-même. »

Socrate, cependant, n'a pas toujours la philosophie facile. Face aux esprits exigeants que sont ses interlocuteurs, il doit batailler dur ; s'il se trouve à court d'argument, il s'en veut et parle d'un « démon intérieur » comme d'un contradicteur qui le rappelle à l'ordre. La plupart du temps, il est vrai, c'est lui qui s'amuse de ceux qui l'approchent (l'« ironie socratique ») et, s'il le faut, qui les malmène en les poussant dans leurs retranchements. L'enjeu, en effet, dépasse leur personne : c'est l'homme en général que Socrate s'efforce de changer en *homo philosophicus*. Il faut donc que son raisonnement soit sans défaut pour que sa pensée soit le plus universelle possible, et pour que lui-même ne soit pas seulement un grand homme d'Athènes, « mais du monde », comme le dit **Montaigne**.

Quittant Athènes pour l'une des rares fois de sa vie, Socrate se rend à Delphes consulter l'oracle. Au fronton du temple d'Apollon, il découvre cette inscription : *Gnôthi seauton* (« Connais-toi toi-même ») ; il en fera la maxime de sa vie, tout entière consacrée à révéler aux consciences ce qu'elles sont au fond d'elles-mêmes et à les faire passer du savoir apparent au savoir vrai. La première chose à savoir sur soi-même est en effet l'état d'ignorance où l'on se trouve : « Je sais que je ne sais rien. »

Comme Socrate n'a laissé aucun écrit, c'est essentiellement grâce aux dialogues de Platon que l'on peut avoir connaissance de sa méthode. Celle-ci repose sur l'art du dialogue contradictoire – la *dialectique* –, qui, chez Socrate, digne fils de sage-femme, est aussi art d'accoucher les esprits – la *maïeutique*. C'est ainsi qu'au jeune Théétète médusé, il apprend que son âme (son esprit) est « en butte aux douleurs de l'enfantement » au moment d'accoucher de ses opinions sur la nature de la science. Socrate présidera au « travail » de son âme afin que, de question en question, celle-ci donne naissance à l'opinion vraie – la seule qui ait le droit d'exister.

Le crime de la démocratie contre la raison

Au lendemain du régime des Trente, qui a mis à bas la démocratie, celle-ci est restaurée par Thrasybule, revenu d'exil. À Athènes, cependant, le climat reste tendu. Indifférent aux honneurs et aux compromissions, Socrate irrite. Par surcroît, son admiration pour Sparte le rend suspect. Surtout, il est celui qui, ayant toute sa vie pris le parti de la raison, a ébranlé au moins autant les certitudes que les traditions de ses compatriotes. C'est alors qu'en 399 avant J.-C. trois citoyens l'accusent d'« avoir honoré d'autres dieux que ceux de la cité et tenté de corrompre la jeunesse », sous le prétexte qu'il y avait parmi les Trente plusieurs de ses anciens élèves.

Se chargeant lui-même de sa défense, qu'expose en détail l'***Apologie de Socrate***, mais se refusant à invoquer la pitié de ses juges, Socrate est condamné à mort à une courte majorité. À ses amis qui le pressent de s'enfuir, il répond qu'il préfère « subir l'injustice plutôt que de la commettre » : il détruirait la cité s'il ne respectait pas son jugement. Alors, il accepte la coupe de ciguë qui va lui ôter la vie.

Dans l'histoire de la philosophie, la rupture est faite. Il y aura les « présocratiques » et les « postsocratiques ». La science de l'homme qui commence avec Socrate trouvera en Platon puis en **Aristote** ses immortels continuateurs.

Renvois

Notions : autrui, l'État, la vérité.

Spinoza (Baruch)

Amsterdam 24 novembre 1632 - La Haye 21 février 1677

Philosophe hollandais

Si la philosophie est esprit critique, nul ne fut en son siècle plus philosophe que Baruch Spinoza, qui ouvrit la voie à la modernité intellectuelle et politique en bouleversant les structures de la conscience et les fondements de la société. Le spinozisme, érigé en système total du savoir, aspirait à assurer le salut et le bonheur de l'humanité.

Un modèle d'esprit libre

Fils d'une famille juive d'origine portugaise, qui, pour fuir l'Inquisition, avait émigré à Amsterdam vers 1600, Baruch Spinoza suit le cursus des études hébraïques, qu'il complète d'une culture humaniste et philosophique en assistant aux cours de l'université. Désireux d'échapper aux ghettos, tant religieux qu'intellectuels, il fréquente les milieux éclairés d'Amsterdam, mais, aussitôt soupçonné d'hérésie, il est excommunié en 1656 par le grand rabbin Saul Levi Morteira (1596-1660), son ancien professeur, et renié par ses parents. Pour gagner sa vie, il apprend à polir des verres de lunettes et se fait artisan. Il habitera successivement à Rijnsburg, à Voorburg et à La Haye, où il mourra de tuberculose, après n'avoir connu que l'hostilité à ses idées.

Du vivant de Spinoza paraissent le ***Court Traité sur Dieu, l'homme et la béatitude*** (v. 1658 - 1660), le ***Traité de la réforme de l'entendement*** (1661), qui est l'exposé d'un itinéraire spirituel, les *Principes de la philosophie de Descartes,* suivis des ***Pensées métaphysiques*** (1663), et le ***Traité théologico-politique*** (1670), qui procèdent à une interprétation de la Bible d'un point de vue strictement philologique. Ce livre est imprimé en Allemagne, sans nom d'auteur, mais Spinoza est démasqué et alors condamné par le pouvoir politique. En 1673, il refuse la chaire qu'on lui propose à l'université de Heidelberg et, en 1675, il tente de faire publier ***l'Éthique***, dont il a entrepris la rédaction dès 1661, mais il y renonce. L'ouvrage, clé de voûte de sa pensée, ne paraîtra qu'après sa mort, au cours de l'année 1677, de même que son ***Traité de l'autorité politique***, resté inachevé. Éditées en recueil, ses 84 *Lettres,* datées de 1661 à 1676, fournissent un complément indispensable à la compréhension de sa démarche.

Une ontologie panthéiste

Formé à l'esprit du doute cartésien, Spinoza ne trouve pourtant pas les mêmes raisons que **Descartes** de transiger avec son siècle par une morale provisoire. Il tient pour indispensable de remettre en question les pouvoirs, politiques comme religieux, et les dogmes, juifs ou chrétiens. Aussi veut-il transmettre un message qui soit libérateur à l'égard de toutes les formes de servitudes et, par là même, porteur de la joie (la *béatitude*) que procure la connaissance. Son point de départ est une identification de Dieu avec la nature (*Deus sive Natura* [« Dieu, autrement dit la nature »]). Or, ce panthéisme, qui se substitue à la théologie, revient à détruire l'idée d'une transcendance s'exprimant à travers la Providence – d'où les accusations d'athéisme qui sont portées contre Spinoza. De la nature, dite *substance,* notre entendement ne peut percevoir que deux attributs : la pensée et l'étendue. Notre esprit est une modification de la première et notre corps, une modification de la seconde.

Spinoza définit trois genres de connaissance : la croyance, le raisonnement et l'intuition rationnelle. Selon le premier genre, l'homme ne perçoit que des effets ou des signes en ignorant les causes ; il est sous l'emprise de l'imagination, attribuant à Dieu un pouvoir absolu et à la conscience un pouvoir sur le corps. Selon le deuxième genre, la raison organise ce que Spinoza appelle des « notions communes », qui ne sont pas des idées abstraites, communes à tous les esprits, mais des idées générales, qui permettent de former des idées enveloppant la connaissance de la cause. Ce n'est qu'avec le troisième genre que nous accédons à la connaissance de Dieu – connaissance intellectuelle et non pas révélée comme la religion l'enseigne – et, en même temps, à celle de l'essence sous la forme de l'éternité.

À la doctrine des notions communes viennent se superposer une doctrine des passions, conçue comme une « arithmétique des affections de l'âme », et une doctrine du désir *(conatus),* conçu comme le « principe de conservation de l'individu ». Notre liberté elle-même passe par la nécessaire connaissance de notre désir et des causes qui l'affectent, positivement ou négativement, dans la nature ; elle n'est donc en rien une liberté transcendante, comme le libre arbitre, qui nous donne l'illusion de pouvoir choisir parce que nous ignorons les causes qui déterminent notre action.

Un héritage politique

Les implications politiques du spinozisme sont considérables. Comme **Machiavel** et **Hobbes**, Spinoza entend libérer la pensée politique de la tutelle de la théologie et de la morale. C'est pourquoi il lui faut opposer l'éthique, définie comme la science des affections de l'âme, à la morale, qui ne serait qu'une dévalorisation du réel au nom d'un idéal transcendant. L'éthique oppose au bien et au mal, pris comme critères absolus, le *bon* et le *mauvais* : sera dit *bon* ce qui convient à ma nature et *mauvais* ce qui ne lui convient pas. La morale est donc un refuge pour l'ignorance et la loi, un substitut de l'intelligence.

La société est cet état où les hommes composent les uns avec les autres pour former un tout plus puissant. Toutefois, l'état de citoyen n'est pas l'état de raison pour autant qu'il relève du premier genre de connaissance, même s'il permet de déboucher sur l'« obéissance civile ». Puisque la loi limite la puissance de chacun pour produire l'obéissance selon un système de récompenses et de punitions, la politique repose nécessairement sur des passions « tristes » (crainte, espoir, sécurité). Aussi Spinoza reconnaît-il le droit à l'insurrection quand les hommes connaissent la tyrannie, le régime démocratique étant le seul qui permette au citoyen de vivre selon une passion saine – celle de la connaissance et de la responsabilité.

Les conceptions politiques de Spinoza annoncent les grands idéaux de l'État laïque – tolérance, libertés de pensée et d'expression – que proclamera la philosophie des Lumières et dont nous demeurons les héritiers.

Renvois

Notions : la conscience et l'inconscient, le désir, la liberté, la religion.

Repères : cause - fin ; contingent - nécessaire - possible ; universel - général - particulier - singulier.

Thomas d'Aquin
(saint)

Roccasecca, Aquino, province de Frosinone, 1225 - abbaye de Fossanova, province de Latina, 1274

Théologien italien

Professeur respecté, surnommé le « Docteur angélique », et auteur infatigable, saint Thomas d'Aquin fit triompher au XIIIe siècle l'alliance de la foi des théologiens et de la raison des philosophes. L'élan de sa pensée – le thomisme – donna son unité spirituelle à tout le Moyen Âge en Occident.

Le jeune religieux érudit

Issu de la puissante lignée des comtes d'Aquino, dont le berceau se situe près de Naples, le jeune Thomas est promis à une carrière dans les ordres. Entré comme laïque (oblat) à l'abbaye bénédictine du Mont-Cassin, haut lieu de culture, il doit cependant la quitter en 1239, parce que sa famille soutient l'empereur Frédéric II, en lutte contre le pape Grégoire IX. Poursuivant ses études à la toute jeune université de Naples, il fréquente aussi, dans cette ville, les cours que donnent les Frères prêcheurs (dominicains) et commence à s'initier aux traités d'**Aristote**, fraîchement traduits et globalement acceptés par l'Église.

Envoyé à Paris, pour parfaire sa formation dans ce qui est alors la plus importante faculté de théologie de l'Occident chrétien, Thomas d'Aquin se heurte à l'opposition de sa famille, qui tente de l'enlever au cours du voyage. C'est à Paris qu'il prononce ses vœux, puis qu'il est reçu en 1244 dans l'ordre des Dominicains. Devenu le « bachelier biblique » (c'est-à-dire assistant) du prestigieux théologien Albert le Grand, dont le projet pédagogique est de rendre Aristote « accessible aux Latins », il suit son maître à Cologne, où l'université vient d'être fondée, puis revient en 1252 à Paris et commence à professer. Son exceptionnelle stature intellectuelle est reconnue de son vivant, puisqu'en 1256, à un peu plus de 30 ans, il obtient son doctorat en théologie, qui est le diplôme universitaire le plus élevé de l'époque. Sa renommée va s'étendre à toute l'Europe et lui valoir d'être consulté par les papes.

Le maître à penser de la théologie occidentale

Comme professeur titulaire de l'Université de Paris (dans un premier temps jusqu'en 1259, puis de nouveau de 1269 à 1272), Thomas d'Aquin doit non seulement dispenser ses cours, qui attirent en foule les meilleurs étudiants, et expliquer la Bible, mais aussi organiser, au moins une fois par semaine, des « disputes » (débats publics) autour de questions soit choisies par le maître (la vérité, la puissance, le mal...), soit posées à l'initiative des auditeurs (questions dites « de quolibet »). Parallèlement, il s'attelle à l'apologie de la foi chrétienne que son ordre lui a demandé d'écrire : ce sera la *Somme contre les gentils* (1258-1264). Mais c'est de sa propre initiative qu'il entreprend, à partir de 1266, la *Summa theologiae (Somme théologique).*

Dans cet ouvrage gigantesque organisé rigoureusement en questions très argumentées, Thomas d'Aquin se propose d'éclairer le contenu de la Révélation chrétienne par la philosophie : puisque la vérité ne peut se contredire, il est possible de justifier l'autorité de l'Écriture sainte et des Pères de l'Église par l'analyse philosophique. Il y consacre les neuf dernières années de sa vie, tout en rédigeant, entre 1269 et 1272, pas moins de 25 livres de 500 pages chacun.

Attaqué par saint Bonaventure, général des franciscains, et par les disciples de saint **Augustin**, Thomas d'Aquin repart en Italie et enseigne à l'université de Naples (1272-1274). C'est pendant qu'il est en route pour assister au IIe concile de Lyon (XIVe concile œcuménique), où il avait été appelé comme expert, qu'il trouve la mort, le 2 mars 1274. Malgré l'opiniâtreté des franciscains, qui diffusent un *Correctoire* à la *Somme théologique* en 1278, Thomas d'Aquin sera réhabilité et canonisé en 1323. Proclamé docteur de l'Église en 1567, il est aussi célébré comme le saint patron des théologiens et des universitaires.

Tocqueville (Alexis de)

Tocqueville (Charles Alexis Clérel de), *Paris 29 juillet 1805 - Cannes 16 avril 1859*

Historien et homme politique français

Aristocrate d'esprit libéral, Alexis de Tocqueville est l'auteur d'un ouvrage phare de la pensée politique, *De la démocratie en Amérique*. Témoin et acteur de trente ans d'histoire de France, de la monarchie de Juillet au second Empire, il fut le contempteur du régime de Napoléon III.

Le penseur politique

Troisième fils d'un aristocrate qui sera préfet de Charles X, Alexis de Tocqueville est aussi l'arrière-petit-fils de Lamoignon de Malesherbes, l'avocat de Louis XVI. Élevé dans le culte de la monarchie et le respect de la religion, il se cultive en lisant les grands auteurs, avec une prédilection pour **Pascal** et pour les philosophes de l'ère des Lumières. Après sa licence en droit (1826), il devient juge auditeur au tribunal de Versailles. Mais son objectif est déjà de faire une carrière politique.

Gagné aux idées libérales, Tocqueville n'a pourtant que réticences envers la monarchie de Juillet issue de la révolution de 1830. Lié par sa famille aux Bourbons, il pressent des relations difficiles avec le nouveau souverain, Louis-Philippe Ier, descendant de la famille d'Orléans. Il préfère alors partir en mission. En compagnie de son ami et alter ego, le comte Gustave de Beaumont (1802-1866), il arrive aux États-Unis en vue d'y étudier le système carcéral. Mais il est également curieux d'observer le fonctionnement des institutions américaines afin de mieux appréhender les évolutions de la vie politique française.

Les deux hommes passent neuf mois aux États-Unis durant les années 1831 et 1832. À leur retour, ils publient *Du système pénitentiaire aux États-Unis et de son application en France* (1833). Mais, surtout, Tocqueville, rassemblant les réflexions que lui a inspirées son séjour, se lance dans la rédaction de son œuvre maîtresse, *De la **démocratie en Amérique***, dont deux volumes paraissent en 1835, puis deux autres en 1840. Fêté comme un second **Montesquieu**, dont il revendique la filiation, il est élu à l'Académie des sciences morales et politiques en 1838, puis à l'Académie française en 1841.

L'homme politique

En 1839, Tocqueville a fait son entrée à la Chambre des députés, où il siège au centre gauche. Il est l'élu de la circonscription de Valognes, dans la Manche, qu'il représentera jusqu'en 1851, sous les régimes successifs de la monarchie de Juillet et de la IIe République. Pendant trois ans (1849-1852), il présidera aussi le conseil général du département. Très implanté localement, il déplore en revanche de ne pas trouver sa place sur l'échiquier politique national, car il s'oppose autant à Thiers qu'à Guizot.

Républicain de raison au lendemain de la chute de Louis-Philippe, parce que la république telle qu'il la conçoit est le régime qui garantit le mieux les libertés publiques, Tocqueville est élu au suffrage universel (masculin) à l'Assemblée constituante de 1848. Durant les journées insurrectionnelles de juin, il se range hardiment parmi les défenseurs de la IIe République à peine née et, lors de l'élection présidentielle de décembre, il soutient la candidature du général Cavaignac, qui a dirigé la répression. Il s'affiche ainsi dans le camp opposé à Louis Napoléon Bonaparte, qui remporte l'élection.

Réélu à l'Assemblée législative de 1849, Tocqueville est appelé au portefeuille des Affaires étrangères le 3 juin 1849. Il s'efforce avant tout de préserver l'équilibre européen et d'éviter l'intervention des puissances étrangères dans les affaires intérieures françaises, tout en supervisant l'expédition de Rome déclenchée pour venir en aide au pape Pie IX après la proclamation de la république italienne par Garibaldi. Il ne parvient qu'à mécontenter le prince-président, qui hâte la chute du cabinet auquel il appartient.

Tocqueville fait partie des députés qui s'élèvent contre le coup d'État du 2 décembre 1851. Brièvement incarcéré, il est ensuite privé de ses mandats électoraux. Retiré dans le château familial de Tocqueville, il reprend ses travaux d'historien, qui donneront lieu à un autre ouvrage majeur, *l'Ancien Régime et la Révolution,* où il analyse les raisons pour lesquelles les révolutions se succèdent en France depuis près de soixante ans. Le premier volume paraît en 1856, mais Tocqueville meurt avant d'avoir achevé le second. Brillant mémorialiste (*Souvenirs,* posthume), laissant des jugements tranchés tant sur les hommes que sur les événements, il aura également été un épistolier aussi prolixe qu'édifiant. Sa pensée ne sera vraiment remise en honneur qu'au lendemain de la Seconde Guerre mondiale.

Renvoi

Notion : le sujet.

Vico (Giambattista)

Naples 23 juin 1668 - id. 23 janvier 1744

Historien et philosophe italien

Auteur d'une théorie des cycles de civilisation qui a beaucoup influencé la pensée occidentale, Giambattista Vico fut le premier à prendre en compte l'histoire comme un fait totalement humain. Conscient d'avoir à former les futures élites politiques, il affirmait que le savoir devait servir de guide au « bien commun des citoyens ».

L'homme d'une œuvre

Fils d'un modeste libraire, Giambattista Vico fréquente l'école des jésuites, où il s'initie à la philosophie. Il suivra ensuite des cours de droit à l'université. De 1686 à 1695, il occupe à Vatolla (province de Salerne) un poste de précepteur qui lui donne accès à l'une des bibliothèques les plus riches de son temps. Puis, en 1699, il obtient la chaire de rhétorique à l'université de Naples. Marié à une femme analphabète qui lui donnera huit enfants, Vico vit pauvrement. Longtemps méconnu, il se livrera dans une *Autobiographie* composée en 1725.

À l'ouverture de chaque année académique, à partir de 1699, Vico est chargé de prononcer un « discours inaugural ». Le septième et dernier de ces discours, concernant *la Méthode des études de notre temps,* est un violent réquisitoire contre les principes qui, de Galilée à **Descartes**, avaient fait la fécondité de la science moderne. Dans l'histoire des idées, la place qu'il occupe tient à son œuvre connue sous les titres abrégés de *Scienza nuova* en italien (1725) et de ***Principes de la philosophie de l'histoire*** en français.

Un précurseur des philosophies de l'histoire

De Galilée, Vico retient l'idée que nous ne connaissons vraiment que ce que nous faisons nous-mêmes. Il croit en une histoire universelle, à laquelle les peuples collaborent, et non à l'idée, propre à l'humanisme, d'une nature humaine universelle et immuable. Même la raison est à ses yeux une réalité en devenir permanent – idée incroyablement audacieuse à une époque où le cartésianisme règne encore.

Vico affirme que, si les faits physiques nous échappent en partie, l'histoire doit nous être accessible, puisque ce sont les hommes qui la font. Il interprète le cours *(corso)* de l'histoire « relative à la nature commune des nations » à la lumière du développement de l'esprit humain et établit les lois qui président à son retour *(ricorso)* dans le temps. La grande loi du devenir historique à laquelle il arrive préfigure d'assez près celle des « trois états » d'Auguste **Comte**.

Chaque peuple connaît trois âges au cours de son développement : l'*âge divin,* ou mythique, caractérisé par la théocratie ; l'*âge héroïque,* ou aristocratique, qui est celui de la force ; enfin l'*âge humain,* qui est celui de la liberté et de la raison. Après quoi le cycle recommence, non pas au sens d'un éternel retour des mêmes faits, mais au sens d'un développement en spirale, comportant le retour de certaines formes ou manières de penser, et n'excluant nullement l'idée d'un progrès indéfini.

Avant *De l'**esprit des lois*** de **Montesquieu**, qui paraîtra en 1748, Vico décrit l'interaction générale, dans cette histoire *humaine,* des faits moraux, économiques, sociaux et esthétiques. Il apparaît comme un précurseur des philosophies de l'histoire du XIXe siècle.

Un précurseur des « sciences comparées »

Vico assigne à l'histoire une sorte de limite idéale, dans une cité proche de la cité platonicienne. Une de ses idées les plus fécondes consiste à utiliser systématiquement la *philologie* (rassemblant l'archéologie et l'étymologie) pour en tirer des conclusions historiques et philosophiques. Ainsi, le sociologue Gaston Bouthoul (1896-1980), fondateur de la polémologie, cite Vico lorsque celui-ci remarque que « le mot grec *polemos* (guerre) vient de *polis* (cité), montrant par là que, pour les Anciens, la guerre était inséparable de la cité et de l'État ». Des parentés entre les mots on remonte aux parentés entre les institutions, et de l'évolution du langage à l'évolution des institutions.

On connaît l'opinion de Descartes sur les « actions mémorables des histoires » qui doivent « être lues avec discrétion » pour former le jugement. C'est que les cartésiens ont tenté de faire bénéficier la philosophie de la fécondité des méthodes « géométriques ». Quant à **Locke** et aux empiristes, ils soulignaient certes l'importance de la soumission de l'esprit aux faits, mais ils l'enfermaient dans des inductions à court terme. Avec Vico, la science mathématico-physique doit s'effacer comme référence au profit de l'histoire comparée, qui est, selon lui, l'équivalent de l'expérimentation dans les sciences de la nature.

C'est Jules Michelet qui, deux ans après la parution de l'ouvrage, traduit les *Principi di una scienza nuova d'intorno alla commune natura delle nazioni* sous le titre significatif de *Principes de la philosophie de l'histoire*. Outre Auguste Comte, Johann von Herder (1744-1803), Friedrich **Hegel** et Benedetto Croce (1866-1952) en seront des lecteurs attentifs.

Renvoi

Notion : l'histoire.

Voltaire

Voltaire (François Marie Arouet, dit),

Paris 21 novembre 1694 - id. 30 mai 1778

Écrivain et philosophe français

Par sa longévité, sa fécondité littéraire et la radicalité de son engagement, Voltaire est devenu le symbole de son siècle. Longtemps considéré comme un génie tragique et épique, il s'est imposé comme un conteur vif et spirituel, tandis que le philosophe s'est fait le porte-parole des Lumières.

Le modèle anglais

Fils d'un notaire parisien, François Marie Arouet fait ses études au collège de Clermont et débute dans les lettres par des vers irrévérencieux contre le Régent, qui le contraignent à des séjours en province, puis le conduisent à la Bastille (1717-1718). Il commence la tragédie *Œdipe* (1718) – sous le pseudonyme de Voltaire – ainsi qu'un poème épique sur la tolérance d'Henri IV, *le Poème de la Ligue* (1723), qui deviendra *la Henriade* (1728). À sa sortie de prison, réalisant de fructueuses opérations financières grâce aux frères Pâris, il connaît bientôt la richesse et la célébrité. Mais une altercation avec le chevalier de Rohan-Chabot (1683-1760) lui vaut une bastonnade et un nouvel emprisonnement.

Voltaire n'obtient sa libération que contre l'exil en Angleterre, pays dont il admire le système politique et marchand. Ce séjour, qui dure trois ans (1726-1728), oriente définitivement sa pensée et son œuvre vers une philosophie réformatrice. De retour en France, Voltaire compose deux tragédies d'après Shakespeare (*Brutus,* 1730 ; *Zaïre,* 1732), critique la guerre (*Histoire de Charles XII,* 1731), s'attaque aux dogmes chrétiens (*Épître à Uranie,* 1733) et aux fausses célébrités littéraires (*le Temple du goût,* id.). À la gloire de l'Angleterre qui apparaît comme le pays du commerce, de la liberté, de l'esprit pratique et de la tolérance, il écrit les ***Lettres philosophiques*** (1734). Leur publication et celle d'un texte militant, *Sur la mort de Mlle Lecouvreur,* comédienne à qui l'Église refuse une sépulture, en 1734, le contraignent à se retirer à Cirey, en Franche-Comté, à l'invitation de Mme du Châtelet (1706-1749). Voltaire y prolonge son travail théâtral (*la Mort de César,* 1735 ; *Mahomet le prophète ou le Fanatisme,* 1741 ; *Mérope,* 1743), poétique (*le Mondain,* 1736) et philosophique (*Discours sur l'homme* [1738], pièce inspirée de A. Pope). En 1745, ses poésies officielles *(Poème de Fontenoy)* lui ouvrent les portes de la cour ; il est nommé historiographe du roi, gentilhomme ordinaire, puis est reçu à l'Académie française (1746). Il connaît alors une période mondaine. De cette époque datent *Sémiramis,* tragédie de 1748, *Nanine,* comédie de 1749, et ses premiers contes, dont *Zadig ou la Destinée* (1748).

La retraite de Ferney

Meurtri par le décès de Mme du Châtelet et déçu dans ses ambitions politiques, Voltaire quitte la cour de France pour celle de Lorraine, puis accepte l'invitation du roi de Prusse Frédéric II, qui le prend pour chambellan. Pendant trois ans (1750-1753), à Potsdam, il corrige les vers de son hôte, tout en composant *le Siècle de Louis XIV* (1751), ouvrage historique sur une période qui le fascine, et un nouveau conte, *Micromégas* (1752). En conflit avec un autre Français, Maupertuis, président de l'Académie de Berlin, il quitte la Prusse en 1755 et, toujours indésirable à Paris, s'établit près de Genève, dans le domaine des Délices. Mais sa *Pucelle* (1755) choque les catholiques, son *Essai sur les mœurs* (1756) lui aliène la sympathie des calvinistes, et le ***Poème sur le désastre de Lisbonne*** (id.), celle de **Rousseau**. Ces expériences malheureuses lui inspirent ***Candide*** (1759), dirigé contre le conformisme de **Leibniz**, et l'incitent à chercher une retraite sûre dans le pays de Gex, à Ferney, où il achète une propriété.

Pendant dix-huit ans, Voltaire y vit en souverain de l'esprit, reçoit l'élite européenne, joue ses tragédies (*Tancrède,* 1760) et multiplie les contes philosophiques, dans lesquels il critique les parvenus (*Jeannot et Colin,* 1764), les abus politiques (*l'Ingénu,* 1767), la corruption et l'inégalité des richesses (*l'Homme aux quarante écus,* 1768), les mœurs (*la Princesse de Babylone,* id.). Il poursuit son apostolat pour le triomphe de la raison en publiant le *Traité sur la tolérance* (1763) et le *Dictionnaire philosophique portatif* (1764). Par ses pamphlets, il combat le fanatisme clérical et dénonce les insuffisances de la justice : il obtient la réhabilitation de Calas (1765), de Sirven (1771), de Lally-Tollendal (1776), réclame celle du chevalier de La Barre (1766). Après vingt-sept ans d'exil, en 1778, il répond à l'appel de Paris : il est reçu triomphalement à la Comédie-Française, où son buste est couronné sur la scène pendant la représentation de sa tragédie *Irène*. Épuisé, il meurt peu après. Sa bibliothèque sera achetée dès l'été 1778 par l'impératrice de Russie Catherine II et ses restes seront transférés au Panthéon en 1791.

L'« esprit voltairien »

On est frappé par la diversité de l'œuvre de Voltaire, qui va de la poésie mondaine aux grands poèmes épiques, de la prose solennelle aux brefs récits incisifs et ironiques. Si l'écrivain a toujours cru passer à la postérité comme poète tragique, ce sont ses contes et ses lettres – Voltaire est l'auteur de 18 000 lettres adressées à 700 correspondants à travers l'Europe – qui s'imposent aujourd'hui comme la partie la plus vivante de l'œuvre. Quant au philosophe, il apparaît comme le porte-parole du nouvel humanisme des Lumières, soucieux du bonheur ici-bas plutôt que du salut éternel, de physique plutôt que de métaphysique, d'une histoire de la vie quotidienne plutôt que du récit des batailles et des événements dynastiques. Son nom donnera le substantif « voltairianisme », synonyme d'incrédulité à l'égard de la religion et d'hostilité à l'influence de l'Église.

Partisan de réformes politiques, juridiques, défenseur des droits de l'homme qu'accordera la Révolution, mais éloigné des audaces philosophiques de **Diderot** ou de Rousseau, Voltaire incarne l'esprit bourgeois libéral, dans son dynamisme mais aussi dans ses limites. Admirateur du siècle de Louis XIV et de la littérature de ce temps, il est le drapeau autour duquel se rallient tous ceux qui s'opposent au romantisme. Sous son égide se marient les esprits frondeurs en politique et les esprits conformistes en art, alors que Rousseau préside au radicalisme révolutionnaire, au réveil religieux et à l'essor romantique. C'est ainsi que Goethe dira : « Avec Voltaire, c'est un monde qui finit, avec Rousseau, c'est un monde qui commence. »

Renvois

Notions : le devoir, la liberté, la religion.

Wittgenstein
(Ludwig)

Vienne 26 avril 1889 - Cambridge 29 avril 1951

Philosophe et logicien britannique d'origine autrichienne

Dans un premier temps, Ludwig Wittgenstein formula la théorie de l'« atomisme logique », qui eut une influence décisive sur le mouvement du « positivisme logique » auquel se rattachaient les membres du cercle de Vienne. Dans un second temps, il abandonna l'approche logiciste du langage au profit d'une analyse pragmatique mettant en lumière les « jeux de langage ».

Une vie liée à l'université de Cambridge

Issu d'une famille de la haute bourgeoisie, Ludwig Wittgenstein fait des études de mécanique à Berlin, puis d'aéronautique à Manchester. Après avoir rencontré le logicien allemand Gottlob Frege (1848-1925), il décide en 1912 d'aller à Cambridge pour suivre les cours de Bertrand **Russell**, sous la direction duquel il se consacre à des travaux de logique et de philosophie des mathématiques. Engagé volontaire dans l'armée autrichienne lors de la Première Guerre mondiale, il ne revient à Cambridge qu'en 1929 ; il y présente alors son ***Tractatus logico-philosophicus***, achevé en 1918 et paru en 1921, dans le cadre de sa soutenance de thèse.

Assistant au Trinity College de Cambridge à partir de 1930, Wittgenstein y dispense un enseignement qui rompt soudain avec les orientations du *Tractatus*. En 1936, dans la solitude de la cabane en Norvège où il se rend depuis 1913, il entreprend la rédaction des ***Investigations philosophiques***, qui ne seront publiées qu'après sa mort (1953). En 1939, il obtient la chaire de philosophie du Trinity College et acquiert la nationalité britannique. Dès 1940, il gagne Londres pour venir en aide aux services de santé de l'armée. En 1944, il retrouve son poste de professeur à Cambridge, dont il démissionne en 1947.

La première philosophie de Wittgenstein

Dans le *Tractatus logico-philosophicus,* Wittgenstein annonce que son propos est de montrer que « la formulation [des problèmes philosophiques] repose sur une mauvaise compréhension de la logique de notre langage » et qu'il considère avoir « résolu définitivement » ces problèmes. L'ensemble se compose de 526 aphorismes, rigoureusement ordonnés en une structure qui se déploie sur sept niveaux.

Le premier niveau. Wittgenstein définit le monde comme la totalité des faits inscrits dans un espace logique – entendons un système qui détermine *a priori* toutes leurs relations logiques possibles.

Le deuxième niveau. Les faits sont tous les états de choses qui ont lieu. Les états de choses sont des connexions d'objets. Ces objets constituent la substance du monde, dont ils sont les éléments ultimes. La forme des objets résulte de leur possibilité de se combiner en différents états de choses mutuellement indépendants (thèse de l'atomisme logique). On voit en quoi la logique détermine ici l'ontologie : elle définit la forme des objets comme possibilité de leurs interrelations et dessine l'espace logique des faits comme système de leurs relations.

Le troisième niveau. Wittgenstein définit la pensée comme « image logique des faits ». Ainsi, pensée, représentation et logique sont intimement liées. C'est par la pensée, qui s'exprime par le langage, que l'on peut appréhender la forme logique du monde, c'est-à-dire considérer les rapports nécessaires entre les faits.

Le quatrième niveau. Le langage est l'ensemble des propositions qui articulent des signes élémentaires selon les règles de la syntaxe logique. Les signes élémentaires nomment les objets, et leur combinaison décrit leur articulation dans l'état de choses. Aussi la proposition peut-elle constituer l'image du fait. Mais, comme Frege et Russell avant lui, Wittgenstein conclut à l'opposition radicale entre dire et montrer : « Ce qui peut être montré ne peut être dit. » La philosophie a alors pour but « la clarification logique des pensées ».

Le cinquième niveau. Wittgenstein développe la fonction de la logique, qui a à fournir *a priori* toutes les possibilités de combinaisons des propositions élémentaires en propositions complexes, afin que celles-ci soient valeurs de vérité des propositions élémentaires.

Le sixième niveau. Wittgenstein définit les mathématiques comme « une méthode logique » consistant à construire des équations par substitution. Quant au principe d'induction qui gouverne la physique, il lui dénie tout fondement logique et ne lui accorde qu'une validité psychologique.

Le septième niveau. Il se compose du seul aphorisme : « Sur ce dont on ne peut parler, il faut garder le silence. » Le *Tractatus,* qui semblait relever exclusivement de la philosophie de la logique, laisse apparaître ainsi en négatif un *Tractatus* virtuel non écrit, qui serait un traité d'éthique.

La seconde philosophie de Wittgenstein

Le « premier Wittgenstein » demeure tributaire des présupposés classiques : la relation entre le langage et le monde relève encore de la représentation. Le « second Wittgenstein », qui est celui des *Investigations philosophiques,* récuse les présupposés qui attribuent à la logique, fournissant les conditions d'intelligibilité du réel comme du langage, un rôle de représentation et de fondement. À la conception « atomiste », il fait succéder une approche plus globale, fondée sur l'usage coutumier du langage naturel.

Les « jeux de langage ». Pour Wittgenstein, désormais, l'unité de signification ne réside plus dans la forme logique d'une proposition qui n'aurait qu'une fonction descriptive, mais dans les règles d'usage (comportant non seulement l'emploi linguistique, mais surtout l'utilisation pratique) des signes à l'intérieur de « jeux de langage », tels que commander et obéir, inventer une histoire et la lire, traduire une langue dans une autre, etc. Loin d'être de purs exercices verbaux, ces jeux de langage constituent des activités qui gouvernent tant les relations des hommes entre eux que leurs rapports respectifs au monde. Ils dépendent d'une pratique sociale, historiquement et culturellement déterminée. Dès lors, le langage ne se compose plus de la totalité des propositions, mais d'une multiplicité ouverte de jeux de langage qui s'organisent en un réseau complexe. L'objet de la grammaire est de discerner leurs relations de ressemblance et de différence. La logique, jeu parmi d'autres, perd toute prétention fondatrice.

Le Léviathan

Le Capital

Discours de la méthode

Œuvres philosophiques

Éthique à Nicomaque

Critique de la raison pure

Le Banquet

Du contrat social

ŒUVRES PHILOSOPHIQUES

PRINCIPAUX PHILOSOPHES	PRINCIPALES ŒUVRES
Arendt (Hannah)	*Crise de la culture (la)* → p. 327 *Origines du totalitarisme (les)* → p. 366
Aristote	*Catégories (les)* → p. 322 *ciel (Du)* → p. 323 *Constitution d'Athènes* → p. 325 *Économique (l')* → p. 337 *Éthique* → p. 345 *Métaphysique* → p. 361 *Organon* → p. 365 *Physique* → p. 371 *Politique* → p. 371 *Rhétorique (la)* → p. 378
Augustin (saint)	*Cité de Dieu (la)* → p. 323 *Confessions* → p. 324
Bachelard (Gaston)	*Eau et les Rêves (l')* → p. 337 *Formation de l'esprit scientifique (la)* → p. 348 *Matérialisme rationnel (le)* → p. 360
Bacon (Francis)	*Essais de morale et de politique (les)* → p. 342 *Nouvel Organon* → p. 364
Bergson (Henri)	*Évolution créatrice (l')* → p. 346 *Matière et Mémoire* → p. 360 *Rire (le)* → p. 378
Cicéron	*Catilinaires* → p. 322 *république (De la)* → p. 378 *Tusculanes* → p. 385
Comte (Auguste)	*Cours de philosophie positive* → p. 326
Condillac (Étienne Bonnot de)	*Art de penser* → p. 318 *Art de raisonner* → p. 318 *Cours d'études* → p. 326 *Essai sur l'origine des connaissances humaines* → p. 343

PRINCIPAUX PHILOSOPHES	PRINCIPALES ŒUVRES
Condillac (Étienne Bonnot de) [suite]	*Traité des animaux* → p. 383 *Traité des sensations* → p. 384
Cournot (Antoine Augustin)	*Traité de l'enchaînement des idées fondamentales dans les sciences et dans l'histoire* → p. 383
Descartes (René)	*Discours de la méthode* → p. 333 *Méditations métaphysiques* → p. 360 *Passions de l'âme (les)* → p. 367 *Principes de la philosophie* → p. 372 *Règles pour la direction de l'esprit* → p. 377 *Traité du monde* → p. 384
Durkheim (Émile)	*division du travail social (De la)* → p. 336 *Suicide (le)* → p. 380
Épictète	*Entretiens* → p. 340 *Manuel* → p. 359
Foucault (Michel)	*Archéologie du savoir (l')* → p. 318 *Histoire de la folie à l'âge classique* → p. 350 *Mots et les Choses (les)* → p. 362
Freud (Sigmund)	*Interprétation des rêves (l')* → p. 354 *Malaise dans la civilisation* → p. 359 *Moïse et le monothéisme* → p. 362 *Totem et Tabou* → p. 382
Hegel (Friedrich)	*Encyclopédie des sciences philosophiques* → p. 339 *Phénoménologie de l'esprit (la)* → p. 369 *Science de la logique (la)* → p. 379
Heidegger (Martin)	*Chemins qui ne mènent nulle part* → p. 322 *Être et Temps* → p. 346

PRINCIPAUX PHILOSOPHES	PRINCIPALES ŒUVRES
Heidegger (Martin) [suite]	*Introduction à la métaphysique* → p. 354 *Principe de raison (le)* → p. 372 *Qu'est-ce que la philosophie ?* → p. 375
Hobbes (Thomas)	*De cive* → p. 331 *Léviathan (le)* → p. 357
Hume (David)	*Essais moraux, politiques et littéraires* → p. 342 *Traité de la nature humaine* → p. 382
Husserl (Edmund)	*Crise des sciences européennes et la phénoménologie transcendantale (la)* → p. 328 *Idées directrices pour une phénoménologie* → p. 352 *Méditations cartésiennes* → p. 360 *Origine de la géométrie* → p. 366 *Philosophie comme science rigoureuse (la)* → p. 370 *Philosophie de l'arithmétique* → p. 370 *Recherches logiques* → p. 377
Kant (Emmanuel)	*Critique de la faculté de juger* → p. 328 *Critique de la raison pratique* → p. 329 *Critique de la raison pure* → p. 329 *Dissertation de 1770* → p. 336 *Fondements de la métaphysique des mœurs* → p. 348 *Prolégomènes à toute métaphysique future* → p. 373 *Religion dans les limites de la simple raison* → p. 377
Kierkegaard (Søren)	*Crainte et Tremblement* → p. 327 *Miettes philosophiques* → p. 361 *Ou bien... ou bien* → p. 366

PRINCIPAUX PHILOSOPHES	PRINCIPALES ŒUVRES
Leibniz (Gottfried Wilhelm)	*Discours de métaphysique* → p. 335 *Essais de théodicée sur la bonté de Dieu, la liberté de l'homme et l'origine du mal* → p. 342 *Monadologie* → p. 362 *Nouveaux Essais sur l'entendement humain* → p. 364
Levinas (Emmanuel)	*Totalité et Infini* → p. 382
Locke (John)	*Deux Traités sur le gouvernement* → p. 332 *Essai sur l'entendement humain* → p. 342 *Lettre sur la tolérance* → p. 356
Lucrèce	*De natura rerum* → p. 331
Machiavel	*Prince (le)* → p. 372
Malebranche (Nicolas)	*Entretiens sur la métaphysique et la religion* → p. 340 *recherche de la vérité (De la)* → p. 376
Marc Aurèle	*Pensées pour moi-même* → p. 368
Marx (Karl)	*Capital (le)* → p. 321 *Contribution à la critique de l'économie politique* → p. 326 *Critique de l'économie politique* → p. 330 *Critique du programme de Gotha* → p. 330 *Fondements de la critique de l'économie politique* → p. 347 *Guerre civile en France (la)* → p. 349 *Idéologie allemande (l')* → p. 353 *Luttes de classes en France (les)* → p. 358

PRINCIPAUX PHILOSOPHES	PRINCIPALES ŒUVRES
Marx (Karl) [suite]	*Manifeste du parti communiste* → p. 359 *Manuscrits de 1844* → p. 359 *Misère de la philosophie* → p. 362 *Sainte Famille (la)* → p. 379
Merleau-Ponty (Maurice)	*Phénoménologie de la perception* → p. 369
Mill (John Stuart)	*Sur la liberté* → p. 380 *Utilitarisme (l')* → p. 385
Montaigne	*Essais* → p. 341
Montesquieu (Charles de)	*Considérations sur les causes de la grandeur des Romains et de leur décadence* → p. 325 *esprit des lois (De l')* → p. 340 *Lettres persanes* → p. 356
Nietzsche (Friedrich)	*Ainsi parlait Zarathoustra* → p. 317 *Aurore* → p. 318 *Crépuscule des idoles (le)* → p. 327 *Ecce Homo* → p. 337 *Gai Savoir (le)* → p. 349 *Généalogie de la morale* → p. 349 *Humain, trop humain* → p. 351 *Naissance de la tragédie (la)* → p. 363 *Nihilisme européen (le)* → p. 364 *Par-delà (le) bien et (le) mal* → p. 367 *Volonté de puissance (la)* → p. 386
Pascal (Blaise)	*autorité en matière de philosophie (De l')* → p. 318 *Pensées* → p. 367 *Provinciales (les)* → p. 374

PRINCIPAUX PHILOSOPHES	PRINCIPALES ŒUVRES
Platon	*Apologie de Socrate* → p. 317 *Banquet (le)* → p. 319 *Cratyle* → p. 327 *Critias* → p. 328 *Criton* → p. 330 *Dialogues* → p. 332 *Euthyphron* → p. 346 *Gorgias* → p. 349 *Hippias* → p. 350 *Ion* → p. 355 *Lois (les)* → p. 358 *Ménexène* → p. 361 *Ménon* → p. 361 *Parménide* → p. 367 *Phédon* → p. 369 *Phèdre* → p. 369 *Philèbe* → p. 370 *Politique (le)* → p. 372 *Protagoras* → p. 374 *République (la)* → p. 377 *Théétète* → p. 381
Popper (Karl Raimund)	*Logique de la découverte scientifique (la)* → p. 357
Rousseau (Jean-Jacques)	*contrat social (Du)* → p. 325 *Discours sur les sciences et les arts* → p. 335 *Discours sur l'origine et les fondements de l'inégalité parmi les hommes* → p. 335 *Émile ou De l'éducation* → p. 338 *Julie ou la Nouvelle Héloïse* → p. 355 *Lettre à d'Alembert sur les spectacles* → p. 356

PRINCIPAUX PHILOSOPHES	PRINCIPALES ŒUVRES
Sartre (Jean-Paul)	*Critique de la raison dialectique* → p. 329 *Être et le Néant (l')* → p. 346 *existentialisme est un humanisme (L')* → p. 346
Schopenhauer (Arthur)	*Aphorismes sur la sagesse dans la vie* → p. 317 *Monde comme volonté et comme représentation (le)* → p. 362
Sénèque	*bienfaits (Des)* → p. 319 *clémence (De la)* → p. 323 *Lettres à Lucilius* → p. 356
Spinoza (Baruch)	*Court Traité sur Dieu, l'homme et la béatitude* → p. 326 *Éthique (l')* → p. 345 *Pensées métaphysiques* → p. 368 *Traité de la réforme de l'entendement* → p. 382 *Traité de l'autorité politique* → p. 383 *Traité théologico-politique* → p. 384
Tocqueville (Alexis de)	*démocratie en Amérique (De la)* → p. 331
Vico (Giambattista)	*Principes de la philosophie de l'histoire* → p. 373
Voltaire	*Candide ou l'Optimisme* → p. 320 *Lettres philosophiques* → p. 356 *Poème sur le désastre de Lisbonne* → p. 371
Wittgenstein (Ludwig)	*Investigations philosophiques* → p. 354 *Tractatus logico-philosophicus* → p. 382

A

Ainsi parlait Zarathoustra (1883-1885), poème philosophique de F. **Nietzsche**, où sont développées les idées essentielles de la doctrine du surhomme, laquelle refuse les commandements de la morale judéo-chrétienne, l'amour du prochain, le pardon des injures. Nietzsche y développe avec un lyrisme passionné une conception de la vie libre au sein de la nature, dans l'harmonie et l'exaltation des forces humaines communiant avec elle.

Analyse de l'esprit (l') [1921], ouvrage de B. **Russell**, dans lequel il insiste sur le rôle des données des sens. Russell considère en effet que les phénomènes psychiques dépendent étroitement des phénomènes physiologiques (ce qui n'implique pas qu'il soit matérialiste).

Anti-Dühring ou ***Monsieur Dühring bouleverse la science*** (1877-1878), ouvrage de Friedrich Engels (1820-1895), renfermant les articles écrits par l'auteur contre le philosophe allemand Eugen Dühring (1833-1921). Engels se livre à un important exposé du marxisme. Dans une première partie philosophique, il pose le problème des rapports entre l'être et la pensée, et y répond en critiquant les conceptions idéalistes, auxquelles il oppose celle du matérialisme dialectique de la pensée comme reflet actif du monde. Il s'appuie sur des exemples tirés des diverses sciences, dont la biologie. Dans la deuxième partie (économie politique), Engels expose les théories de Marx sur le travail, le rôle des conditions matérielles et celui des idées et forces révolutionnaires. Enfin, dans la troisième partie (socialisme), il marque la différence entre socialisme utopique et socialisme scientifique, aborde les problèmes de la production et de la répartition des biens, et dépeint la période de dictature du prolétariat, à laquelle doit succéder le dépérissement de l'État et le passage du socialisme au communisme.

Anti-Machiavel (l') ou ***Essai de critique sur « le Prince » de Machiavel*** (1739), ouvrage écrit par Frédéric II de Prusse (1712-1786) alors qu'il n'était encore que prince royal. Il tente de réfuter la théorie de **Machiavel**, selon laquelle ce qui est criminel chez un particulier ne saurait l'être chez un souverain. Ces idées ont été vivement approuvées et diffusées par Voltaire.

Aphorismes sur la sagesse dans la vie (1851), ouvrage de A. **Schopenhauer**. Ce qui différencie le sort des hommes peut être ramené à trois conditions fondamentales : ce qu'on est, ce qu'on a, ce qu'on représente. Le bonheur vient surtout de ce que l'on est : les biens suprêmes sont donc les biens subjectifs, et, en premier lieu, la gaieté et la santé. Après avoir étudié ces conditions, Schopenhauer paraît mettre l'unique source du bonheur dans l'intelligence. Tous nos maux, toutes nos peines viendraient de ce qu'il appelle la volonté, c'est-à-dire des éléments passionnels de notre nature.

Apologie de Socrate, ouvrage de **Platon**, composé plusieurs années après la mort de Socrate. C'est un discours fictif par lequel Socrate se défend, en présence des héliastes (membres du tribunal populaire d'Athènes, l'Héliée), contre les imputations qui l'accusaient de corrompre la jeunesse et d'introduire des divinités étrangères, et en général contre la méfiance et la haine que lui attiraient ses recherches philosophiques et sa réputation de sagesse.

Archéologie du savoir (l') [1969], ouvrage de M. **Foucault**, qui met en évidence la notion de coupure séparant la continuité apparente de l'histoire des idées. L'historien voit ainsi s'ouvrir un domaine d'étude propre, que Foucault appelle le « champ des événements discursifs », qui est constitué par l'ensemble des énoncés produits entre deux coupures, qu'ils soient parlés ou écrits, et dont il s'agit de dégager les traits fondamentaux communs.

Art de penser (1775), traité philosophique de É. B. de **Condillac**, élément du ***Cours d'études*** (1768-1775). Condillac commence par poser que, dans la vie présente, les sensations sont l'origine de toutes nos connaissances et de toutes nos facultés. L'attention fixe en nous les idées, la réflexion les combine, et un vaste champ est ainsi ouvert à nos connaissances. C'est l'usage des signes qui facilite la réflexion ; mais cette faculté contribue à son tour à multiplier les signes et, par là, elle peut tous les jours prendre un nouvel essor. L'adresse apportée à user des signes fait toute la différence qu'on remarque entre les esprits. Condillac recherche ensuite l'origine de nos erreurs : elle réside, selon lui, dans notre habitude d'user des mots avant d'en avoir déterminé la signification. Le remède est dans l'analyse et dans le perfectionnement de la langue scientifique.

Art de raisonner (1775), traité philosophique de É. B. de **Condillac**, élément du ***Cours d'études*** (1768-1775). L'auteur distingue trois sortes d'évidence : l'évidence de raison, l'évidence de sentiment et l'évidence de fait. L'identité est le signe de l'*évidence de raison*. C'est par l'*évidence de sentiment* que nous connaissons ce qui se passe en nous. L'*évidence de fait* nous éclaire sur les propriétés des corps, non sur leurs propriétés absolues, mais sur les rapports qu'ils ont avec nous. Elle fournit tous les matériaux de cette science qu'on nomme « physique », et dont l'objet est de traiter des corps. L'évidence de fait doit toujours être accompagnée de l'évidence de raison : celle-là donne les choses qui ont été observées ; celle-ci fait voir par quelles lois elles naissent les unes des autres.

Aurore (1881), ouvrage de F. **Nietzsche**. Ces « pensées sur les préjugés moraux » entreprennent de « saper notre confiance en la morale », poussant l'analyse jusqu'à la critique de ce phénomène moral qu'est la « confiance en la raison dont dépend la validité de ces jugements ». C'est en réévaluant tout ce qui était jusqu'alors méprisé, interdit et maudit que l'homme verra l'aurore des jours nouveaux, qu'il sera « de nouveau fait homme ».

autorité en matière de philosophie (De l'), ouvrage de B. **Pascal**. Ce fragment, composé entre 1648 et 1651, devait servir de préface à un *Traité du vide*. Pascal se propose d'y tracer la démarcation du domaine de l'autorité et de la raison. Il considère la suite des hommes comme un même homme, qui subsiste toujours, bénéficie de l'expérience des siècles et doit accroître son patrimoine « sans fin et sans interruption ».

Avenir de la science (l') [1890], ouvrage d'Ernest Renan (1823-1892). Ce livre a été écrit dès 1848-1849. La rénovation politique et morale de l'Europe dépend non plus de la religion mais de la science, fondée conjointement sur la philosophie et l'érudition allemandes, et sur l'esprit français de liberté. La science de Renan est celle du philologue et de l'historien.

Aventures de Télémaque (les) [1699], ouvrage de Fénelon (1651-1715). Composé pour l'éducation du duc de Bourgogne (1695-1715), il parut sans le nom de l'auteur et sans son autorisation. Dans cette épopée romanesque en prose, dont le sujet est emprunté à *l'Odyssée,* on voit Mentor former l'esprit de Télémaque par les critiques qu'il fait de la politique du roi de Salente, Idoménée. Louis XIV (1638-1715) et certains grands personnages du temps crurent y voir une satire d'eux-mêmes et du règne. Le roi exila l'auteur dans son diocèse de Cambrai.

B

Banquet (le), dialogue de **Platon**, qui a pour cadre un banquet offert par le poète Agathon à ses amis, et pour objet l'amour et la science du beau. Chacun des convives y prononce un éloge de l'amour. À Aristophane, Platon prête une théorie de l'amour selon laquelle chaque être est en quête d'un autre être unique dont il est complémentaire et avec lequel il a formé un être unique dans un passé mythique. Puis, Socrate, dans la plus grande partie de son discours, rapporte ses entretiens avec une prêtresse de Mantinée, Diotime. L'amour, à ses yeux, est l'amour de la beauté et la génération dans la beauté ; des beaux corps il s'élève aux belles âmes, puis aux belles œuvres humaines, enfin aux sciences, et, au dernier degré de l'initiation, il découvre la Beauté parfaite, une et éternelle. Un éloge spirituel de Socrate par Alcibiade termine le dialogue et achève la théorie de l'amour idéal : l'amant parfait est le vrai philosophe.

Banquet (le) [v. 365 av. J.-C.], dialogue de Xénophon (v. 430 - v. 355 av. J.-C.). Dans une dizaine de discours, chacun dit l'art qu'il cultive et en fait l'éloge. Socrate prononce deux discours : l'un sur la dignité de son art, l'autre sur l'amour.

bienfaits (Des), traité de **Sénèque** le Philosophe. Consacré à l'étude de l'échange des bienfaits, qui fut un des fondements de l'ordre social dans l'Antiquité, l'ouvrage tente de définir, dans les trois premiers livres, les notions de reconnaissance et d'ingratitude, puis, dans les quatre livres suivants, illustre par des exemples l'art de donner et de recevoir.

C

Cahiers de prison (les) [1975], ouvrage d'Antonio Gramsci (1891-1937). Ce sont des notes que le philosophe a rédigées de février 1929 à mars 1935. La première édition partielle a été réalisée entre 1948 et 1951, sous différents titres, par le regroupement, par thèmes, des parties du manuscrit. Ce texte constitue une somme de la stratégie et des objectifs du marxisme-léninisme. Gramsci place au premier plan le concept d'hégémonie, valorise le rapport de la culture et de l'art et définit les critères de la liberté de création au sein d'une société socialiste. Pour lui, le rôle des intellectuels réside dans la liaison qui doit s'instituer entre la superstructure et l'infrastructure. Gramsci conçoit le parti non comme une hiérarchie bureaucratisée où la spontanéité des masses est étouffée, mais comme un moteur visant simultanément à libérer les masses par l'éducation et à créer les conditions dans lesquelles l'État pourra s'éteindre de lui-même, comme l'avait prévu Marx. Dans cette œuvre, enfin, Gramsci définit la dictature du prolétariat comme la direction qui émane de tous, et non la répression qui est imposée par quelques-uns.

Cahiers philosophiques, recueil de divers écrits philosophiques de Lénine (1870-1924), comprenant des notes, des résumés de lectures et des exposés, rédigés de 1895 à 1916. La partie la plus importante y est consacrée au résumé, à l'annotation et à la critique des ouvrages de Hegel : *la **Science de la logique*** (1812-1816), *Petite Logique*, *Histoire de la philosophie*, *Leçons sur la philosophie de l'histoire*, lus en 1914-1915. L'ouvrage renferme, en outre, les résumés de *la **Sainte Famille*** (1844) de Marx et Engels (1820-1895), des *Leçons sur l'essence de la religion* et du *Leibniz* de Ludwig Feuerbach (1804-1872), de la ***Métaphysique*** d'Aristote, etc., ainsi que l'article de Lénine *À propos de la dialectique*. L'intérêt de ce recueil réside dans la façon dont l'auteur y met en pratique le matérialisme dialectique.

Candide ou l'Optimisme (1759), conte de **Voltaire**. Les souffrances vécues ou observées par le héros se veulent un démenti de la philosophie de Leibniz (***Essais de théodicée sur la bonté de Dieu, la liberté de l'homme et l'origine du mal***, 1710), et de Christian Wolff (1679-1754), résumée dans la formule « tout est pour le mieux dans le meilleur des mondes possibles », et défendue jusqu'à l'absurde par le précepteur Pangloss. L'histoire d'amour entre Candide et la belle Cunégonde, ballottés de l'Ancien au Nouveau Monde, donne lieu à une série d'épisodes symboliques où le Mal est dénoncé sous ses différentes figures : « naturel » (le tremblement de terre de Lisbonne), militaire, économique (le Nègre de Surinam), religieux surtout. Successivement, Voltaire accuse le rigorisme hollandais, l'Inquisition espagnole, les jésuites du Paraguay, le catholicisme mondain. Et l'Eldorado, havre de bonheur et de tolérance, est un paradis d'abord inaccessible, ensuite à jamais perdu. La leçon finale de Candide, « il faut cultiver notre jardin », peut sembler étriquée ; en fait, elle invite l'homme à accepter sa condition, et à construire activement un monde à sa mesure et selon ses talents.

Capital (le) [livre I, 1867], ouvrage de K. **Marx**. Le premier livre a été publié en 1867, le deuxième en 1885, le troisième en 1894 et le quatrième, souvent appelé *Théories sur la plus-value,* par Karl Kautsky (1854-1938) en 1905. On considère que *le Capital* constitue la suite de la ***Contribution à la critique de l'économie politique*** (1859).

Dans cet ouvrage, l'objectif de Karl Marx n'est pas seulement de décrire le fonctionnement des mécanismes de production et de répartition des richesses au XIXe s., mais de chercher à montrer les contradictions du système et de dégager le sens de l'évolution des institutions économiques. Selon lui, l'ouvrier ne peut subsister en régime capitaliste qu'en vendant sa force de travail. Il produit des marchandises dont la valeur est égale à la quantité de travail social fournie, mais le capitaliste ne lui paie en contrepartie qu'une fraction de cette valeur et réalise ainsi une plus-value. Celle-ci est d'autant plus élevée que, pour un même salaire, l'ouvrier crée une plus grande quantité de richesses. Le capitaliste s'efforce donc de ne verser à l'ouvrier que le salaire le plus bas possible, d'augmenter au maximum la durée de la journée de travail ou d'accroître la quantité de marchandises produites au cours de la journée de travail grâce à l'amélioration des techniques. Cette amélioration implique la concentration indéfinie des entreprises. Il en résulte une transformation importante du rapport entre le capital variable et le capital constant. À une production accrue, il faut trouver des consommateurs plus nombreux ; il faut donc remettre au travail les ouvriers réduits au chômage par la concentration. Or, la création des entreprises et des industries nouvelles exige des capitaux nouveaux qui ne peuvent provenir que d'une augmentation de la plus-value, celle-ci ne pouvant venir elle-même que de nouveaux progrès techniques, qui supposent de nouveaux capitaux.

La complexité croissante des institutions que les capitalistes se voient dans l'obligation de créer pour se procurer du crédit et s'assurer une certaine sécurité les amène à faire appel à d'assez nombreux collaborateurs, avec lesquels il leur faut, tôt ou tard, partager la plus-value. Les accidents du processus du développement économique (ou crises) se multiplient et deviennent de plus en plus graves et de plus en plus longs. Les travailleurs, qui représentent un pourcentage croissant de la population, s'organisent ; les capitalistes – de moins en moins nombreux, de plus en plus concentrés et hiérarchisés en groupes dépendant les uns des autres –, qui, historiquement, ont procédé à de continuelles expropriations de la propriété privée originellement acquise par le travail, sont expropriés à leur tour. Ainsi, Marx soutient que la socialisation des moyens de production et d'échange doit aboutir, inéluctablement, à la contradiction majeure entre le prolétariat et les capitalistes, qui débouchera sur le renversement de ces derniers.

Caractères (les) [1688-1696], ouvrage de Jean de La Bruyère (1645-1696). La première édition, parue sous le titre *les Caractères de Théophraste, traduits du grec, avec les caractères ou les mœurs de ce siècle,* se présentait comme un ensemble de remarques en marge du moraliste grec, après une traduction qui était elle-même une « belle infidèle ». Dans les rééditions successives, La Bruyère enrichit peu à peu les seize chapitres initiaux de nouvelles maximes et de nouveaux portraits. L'originalité est moindre chez les premières que chez les seconds : les maximes portent surtout la marque du bon sens et du bien-dire, tandis que les portraits, loin de ressembler aux traditionnels portraits à clef, imposent la notion de type. En instituant une sorte de science du comportement, ils mettent en rapport constant l'attitude et le caractère : l'auteur peint les gestes et l'allure ; au lecteur de deviner le reste. Si *les Caractères* ne sont pas totalement inorganiques, l'appareil logique est néanmoins désarticulé : la littérature est ici une forme de conversation, et les sujets peuvent se succéder de façon imprévue. Le style des *Caractères* (dissymétries, ruptures) vise à l'effet, dans le meilleur sens du terme, c'est-à-dire à l'efficace. La tension du texte, la visibilité du travail, l'habitude du trait final et exécutoire donnent à l'œuvre une musicalité certaine, mais parfois un peu sèche.

Catégories** (les)*, traité d'**Aristote**, le premier des cinq traités réunis sous le titre collectif d'Organon***. Il a été plus étudié, à l'époque des débats entre le nominalisme et le réalisme, que ne l'a jamais été le reste de l'œuvre d'Aristote. L'auteur, de vive voix ou dans des écrits aujourd'hui perdus, a dû expliquer le sens des termes. Ainsi, on peut hésiter sur le sens du mot *catégorie* : il désignerait les choses dont nous pouvons parler, qui sont l'objet de nos affirmations (*katêgorein,* affirmer) dans nos jugements.

Catilinaires, nom donné aux quatre discours prononcés par **Cicéron** contre Catilina en novembre et décembre 63 av. J.-C. *Les Catilinaires,* improvisées au sénat et rédigées plus tard, se présentent comme des diatribes violentes destinées à intimider l'adversaire. L'exorde de la première *Catilinaire* (« Jusques à quand, Catilina, abuseras-tu de notre patience ? ») est resté fameux.

cause, du principe et de l'unité (De la) [1584], ouvrage de Giordano Bruno (1548-1600), comprenant cinq dialogues. Il a son point de départ dans la théorie copernicienne du mouvement de la Terre. Bruno célèbre avec enthousiasme l'unité et l'infinité de l'univers. « L'univers n'est que centre, ou plutôt son centre est partout, sa circonférence n'est nulle part », écrit-il. De cette conception de l'univers infini, Bruno tire le principe panthéiste de l'unité, de l'identité de substance de tous les êtres.

Chemins qui ne mènent nulle part (1950), ouvrage de M. **Heidegger**. Ce livre rassemble des textes rédigés entre 1935 et 1946 : « l'Origine de l'œuvre d'art », « l'Époque des conceptions du monde », « Hegel et son concept d'expérience », « le Mot de Nietzsche : Dieu est mort », « Pourquoi des poètes », etc. Le mot *Holzweg* désigne, comme l'indique Heidegger dans le titre original *(Holzwege),* à la fois un « chemin forestier » et une « impasse ». Il souligne également dans sa préface que le mot *Holz* (bois) signifiait autrefois « forêt ». Toutes ces notations sont destinées à inviter le lecteur à une recherche qui, sous l'apparence d'une impasse, le mènera au cœur de la « forêt », c'est-à-dire dans ce que l'auteur appelle le « questionnement ». Comme l'écrit Heidegger, « ce qui semble (ici) être une réponse n'est qu'un signe qui guide le questionnement ». Il s'agit donc, par l'intermédiaire des thèmes philosophiques développés, de sortir l'homme de l'absence de questionnement *(Fraglosigkeit)*, qui est son penchant naturel.

ciel (Du), traité d'**Aristote**. Selon le philosophe, l'univers, de forme sphérique, a pour centre la Terre, immobile (l'existence de l'élément « terre » entraîne celle de trois autres éléments : feu, eau et air). Les divers astres se meuvent autour de la Terre en suivant les mouvements circulaires de plusieurs « sphères » concentriques, aux axes diversement inclinés. Cette conception, mise en forme ultérieurement par Ptolémée (v. 100 - v. 170), a dominé jusqu'à ce que triomphent les thèses de Copernic (1473-1543).

Cité de Dieu (la), ouvrage de saint **Augustin**, écrit de 413 à 426. Alaric (v. 370 - 410), roi des Wisigoths, venait de prendre et de saccager Rome (410) ; les païens attribuaient les malheurs de l'Empire à la colère des dieux, irrités, disaient-ils, des progrès du christianisme. Saint Augustin répond à leurs accusations. Le livre, écrit et publié par morceaux, a peu d'unité. On en a retenu surtout la grandiose théorie de la cité mystique des âmes prédestinées opposée à la cité temporelle. Par extrapolation, dans les siècles suivants, on a identifié – contrairement à la pensée clairement exprimée de saint Augustin – la cité divine avec l'Église. D'où l'élaboration de la doctrine théocratique connue sous le nom d'*augustinisme politique*.

Cité du Soleil (la) [1623], ouvrage de Tommaso Campanella (1568-1639), écrit en latin et en italien dans sa prison napolitaine, en 1602, et publié en Allemagne vingt et un ans plus tard. Il se situe dans la lignée des grandes utopies sociales. C'est un dialogue plein de brios entre un marin génois de fantaisie, qui était à bord d'un bateau de Christophe Colomb, et un auditeur, chevalier de Malte, dont le rôle est d'écouter et de poser des questions. Dans une île près des mers de la Sonde est cultivée une immense étendue de terre entourant une ville. Celle-ci est constituée par des cercles concentriques, au centre desquels se dresse un temple où le peuple se réunit pour honorer le Soleil. Le régime économique et politique y est strictement égalitaire et communiste. La propriété est abolie, la famille n'existe pas, la seule communauté étant celle de l'État. Dès leur sevrage, les enfants sont confiés à des assistantes, qui les éduquent à l'aide de grands musées botaniques, zoologiques, minéralogiques – idée que reprendra le philosophe tchèque Comenius (1592-1670). Dans la cité du Soleil, pas de distinction entre les métiers, entre les nobles et les non-nobles ; pas de clergé. Les vêtements sont identiques ; l'éducation n'a qu'un but : l'éradication de l'égoïsme. La hiérarchie sociale est méritée par ceux qui occupent les places. Les magistrats les plus élevés sont au nombre de trois : Puissance, Sagesse et Amour. Le système économique repose sur le troc. La religion est un christianisme sans certitude sur les châtiments qui pèseront après la mort.

clémence (De la), traité philosophique en deux livres de **Sénèque** le Philosophe, composé au début du règne de Néron (37-68). Un passage de ce livre a inspiré à Corneille sa tragédie *Cinna* (1642).

Code de la Nature ou ***le Véritable Esprit de ses lois*** (1755), ouvrage édité sans nom d'auteur. Attribué à tort à **Diderot**, cet essai d'Étienne-Gabriel Morelly (1717-?) reprend des idées présentées dans un de ses poèmes, *la Basiliade,* paru également anonymement deux ans auparavant et qui expose les fondements d'une société idéale, dans la tradition du genre de l'utopie. Selon Morelly, la base de tous les vices de l'homme est « ce subtil et pernicieux élément, le désir d'avoir ». Il affirme que « là où n'existerait aucune propriété, il ne peut exister aucune de ses pernicieuses conséquences ». C'est pourquoi Morelly préconise « un modèle de législation conforme aux intérêts de la nature » : suppression de la propriété, égalité de tous devant les droits et les devoirs de la collectivité. La nation sera divisée en une série d'unités, constituées chacune sur la base du système décimal (famille, tribu, cité, province). Dans chaque profession, les ouvriers seront répartis par dizaines, ou par centaines. Les biens seront distribués égalitairement et non vendus. L'État sera constitué par une série de communautés fédérées, formant chacune une unité autonome au plan politique et ne dépendant de l'ensemble national qu'au plan économique. Les idées de Morelly ont influencé Gracchus Babeuf (1760-1797) et Étienne Cabet (1788-1856).

Colloques (1518), ouvrage d'Érasme (v. 1469 - 1536). Paru en pleine crise religieuse, cet essai, qui ne ménageait ni les partisans de la Réforme ni les ordres religieux, eut un grand succès. Il faut citer, en particulier : *le Repas religieux, le Repas profane, le Repas poétique,* précieuses peintures des mœurs du XVIe s. ; *les Auberges,* satire des hôtelleries d'Allemagne comparées à celles de France ; *les Franciscains,* plaidoyer pour et contre les moines mendiants ; *Ichtyophagie,* dispute du gras et du maigre, des mangeurs de viande et des mangeurs de poisson ; *l'Exorcisme* ou *le Spectre, l'Alchimiste,* où Érasme se moque des impostures et des superstitions ; *l'Amoureux et la Jeune Fille.*

Cols blancs (les) [1951], ouvrage de Charles Wright Mills (1916-1962). L'auteur oppose ceux qu'il appelle les « cols bleus », c'est-à-dire les ouvriers, à une couche sociale montante, les employés, qu'il appelle « cols blancs » (par allusion au vêtement qu'ils portaient autrefois). Il distingue également cet ensemble social des entrepreneurs et des petits propriétaires. Il s'agit essentiellement des salariés du tertiaire, employés de bureau, chargés d'exécuter des tâches dites d'écriture, de comptabilité, de gestion, tâches qui ne sont pas manuelles. Wright Mills fait des « cols blancs » une sorte de couche sociale originale, qui refuse, au moins dans la société américaine, et sans doute ailleurs, toute assimilation de classe avec la classe ouvrière, dans sa manière de se comporter, dans sa culture, sans pour autant qu'on puisse affirmer qu'il n'existe aucune conscience de classe chez elle.

Confessions (397-401), ouvrage autobiographique de saint **Augustin**, divisé en treize livres. Saint Augustin y décrit son évolution religieuse jusqu'à sa conversion et la mort de sa mère (387). Son livre est non seulement l'aveu de ses propres faiblesses, mais aussi une profession de foi et une exaltation de la grâce divine.

Considérations inactuelles (1873-1876), ouvrage de F. **Nietzsche**. L'auteur, philosophe « tragique » à une époque « socratique », c'est-à-dire optimiste et pleine de foi en la science, se sent étranger à son temps, inactuel. Des douze et même vingt-cinq libelles que Nietzsche projetait d'écrire, quatre seulement ont été publiés : *David Strauss, De l'utilité et des inconvénients des études historiques, Schopenhauer éducateur, Wagner à Bayreuth*. Suivant sa propre expression, il y « vomit de la lave » et critique avec violence la société moderne, ses vices et ses ridicules.

Considérations sur les causes de la grandeur des Romains et de leur décadence (1734), ouvrage de C. de **Montesquieu**. Les causes de la grandeur de Rome sont la valeur personnelle de ses rois, puis ses vertus républicaines : respect de la discipline, obéissance aux lois, amour religieux de la patrie, goût de l'égalité, modération et fermeté du sénat. La décadence est due à l'agrandissement presque indéfini de l'Empire, aux guerres lointaines, à l'abandon fait aux Barbares de la défense de l'Empire, à la corruption des mœurs. Montesquieu voit dans l'homme seul, dans le caractère, les mœurs, les systèmes politiques des peuples, la cause de tous les événements humains. C'est donc le rationalisme qui réintègre la manière de concevoir l'histoire, depuis Thucydide (v. 460 - apr. 395 av. J.-C.), Polybe (v. 200 - v. 120 av. J.-C.) et Machiavel. En pratique, l'idée maîtresse que Montesquieu remet à l'honneur est dirigée contre le providentialisme de Bossuet.

consolation de la philosophie (De la), ouvrage de Boèce (v. 480 - 524), composé en prison. La philosophie lui apparaît comme une déesse consolatrice qui vient le délivrer, et lui montre la vraie patrie où il va monter. Ce dialogue comprend cinq livres, où les vers se mélangent à la prose.

Constitution d'Athènes ou ***Politique des Athéniens***, ouvrage d'**Aristote**, qui paraît avoir été composé entre 329 et 326 av. J.-C., et qui a été retrouvé en 1891, dans un papyrus d'Égypte. Aristote avait composé, sous le nom de *Constitutions ou Politiques,* un grand nombre de monographies, où il étudiait la Constitution de divers États. Avant 1891, ces opuscules n'étaient connus que par des fragments ou de brèves mentions. Dans la première partie de la *Constitution d'Athènes,* l'auteur décrit les formes successives du gouvernement d'Athènes depuis les Constitutions de Dracon (VIIe s. av. J.-C.) et de Solon (v. 640 - v. 558 av. J.-C.) jusqu'au gouvernement des Trente (404 av. J.-C.) et des Dix. La deuxième partie contient un tableau de l'organisation d'Athènes vers 330 : inscription sur les registres civiques et éphébie, sénat et assemblée du peuple, magistratures tirées au sort, archontes, stratèges et autres magistrats élus, tribunaux. L'ouvrage est un document historique très précieux.

contrat social (Du) ou ***Principes du droit politique*** (1762), ouvrage de J.-J. **Rousseau**. Fragment d'un vaste ouvrage inachevé, ce traité expose la théorie du contrat social selon l'auteur. Quatre parties constituent l'ouvrage : 1° renonçons à nos droits naturels au profit de l'État, qui conciliera égalité et liberté ; 2° le peuple tout-puissant sauvegarde contre les groupements d'intérêts le bien-être général grâce à l'existence d'un législateur ; 3° préférable aux autres régimes dans les petits États, la démocratie, qui tend à l'excès par sa force même, maintient sa pureté par des assemblées représentatives ; 4° contre les défaillances possibles, inspirons-nous de Rome (tribunat, dictature, censure) et créons une religion d'État.

Contribution à la critique de l'économie politique (1859), ouvrage de K. **Marx**. L'auteur abandonne les préoccupations éthiques et philosophiques qui avaient marqué les premières étapes de sa pensée (***Manuscrits de 1844***, notamment), oriente ses recherches vers l'analyse du capitalisme, ses fondements, et critique les économistes anglais comme David Ricardo (1772-1823). Il analyse la circulation de l'argent et le capital. Selon son auteur, la *Contribution* « représente pour la première fois d'une façon scientifique une importante manière de voir les rapports sociaux ».

Cours de philosophie positive (1830-1842), ouvrage de A. **Comte**, divisé en 72 leçons (en six tomes) consacrées aux sciences positives. Après une exposition (1-2) de la loi des trois états et de la hiérarchie des sciences, la mathématique (3-18), l'astronomie (19-27), la physique (28-34), la chimie (35-39), la biologie (40-45) et la sociologie (46-57) sont tour à tour examinées du point de vue de la méthode positive, dont l'appréciation est donnée en fin de parcours (58). La doctrine positive s'y présente dans une élaboration préliminaire (59), débouchant sur le projet d'une action finale (60). Chaque science se voit attribuer son objet d'après l'histoire de ses moyens d'investigation propres. Véritable épistémologie, ou discours sur la science, ce *Cours* ne cherche pas dans la philosophie ses principes, mais tire des sciences positives la positivité qu'elles ont historiquement mise au jour. Si Comte traite de la mathématique, jamais il ne traite de la science, mais des sciences positives, telles que l'histoire de l'approche humaine les a définies et imposées au consensus. L'accent porte sur le caractère historique de toute production scientifique et de sa relation à d'autres domaines que le sien propre ; aussi, chaque science est-elle à la fois séparée et dépendante des autres.

Cours d'études (1768-1775), ouvrage de É. B. de **Condillac**. Composé pour le petit-fils de Louis XV et futur duc de Parme Ferdinand Ier (1751-1802), il renferme une *Grammaire*, un *Art d'écrire*, un ***Art de raisonner***, un ***Art de penser*** et une *Histoire générale des hommes et des empires*. Il ne faut pas enseigner à l'enfant, dit Condillac, les découvertes faites par d'autres, mais, d'observation en observation, l'amener à les retrouver lui-même. Dans la *Grammaire*, Condillac montre l'importance des signes dans le développement de la pensée. Les différents arts se ramènent à l'*art de penser*, qui s'exprime dans l'*art de parler*.

Court Traité sur Dieu, l'homme et la béatitude (v. 1658 - 1660), ouvrage de B. **Spinoza**, dont il n'est resté qu'un manuscrit hollandais incomplet. Ce traité contient les grandes lignes de ***l'Éthique*** (1677) : doctrine de la substance, de ses attributs et de ses modes, dévaluation des universaux, etc. La première partie traite de Dieu, en dix chapitres, la seconde traite de l'homme, en vingt-six chapitres. Cette œuvre est notamment sous l'influence de Descartes et de Giordano Bruno (1548-1600).

Crainte et Tremblement (1843), ouvrage de S. **Kierkegaard**, publié sous le pseudonyme de Johannes de Silentio. Il pose le problème du dépassement de l'éthique et celui de savoir si l'objet auquel on a renoncé existe encore pour nous. Ces questions reposent sur la rupture de fiançailles vécue par l'auteur avec Regina Olsen. Le thème du sacrifice d'Abraham est abordé et approfondi comme le symbole de l'absurde de la foi, au-delà de l'éthique et de l'intériorité. L'ordre de Dieu, aussi dur et aussi incompréhensible soit-il, n'en demeure pas moins pour nous comme émanant d'un Dieu qui est amour. Et c'est dans l'amour qu'Abraham oublie ses souffrances.

Cratyle *(le)*, dialogue de **Platon**, relatif à l'origine du langage. Les interlocuteurs sont Cratyle, disciple d'Héraclite (fin du Ve s. av. J.-C.), qui prétend que les noms sont tirés de la nature des choses ; Hermogène, disciple de Socrate, qui ne veut voir dans les noms que des signes de convention, et Socrate. Celui-ci les met d'accord en affirmant qu'il existe des noms de convention, qui sont l'effet du hasard et qui désignent les choses périssables, et des noms naturels, qui s'appliquent aux choses éternelles.

Crépuscule des idoles *(le)* [1888], ouvrage de F. **Nietzsche**, écrit en septembre 1888 à l'époque où le philosophe abandonne le projet de ***la Volonté de puissance*** (1901) pour commencer une œuvre qui restera inachevée, *l'Inversion de toutes les valeurs,* dont *l'Antéchrist* est le premier livre. Il s'agit donc d'un ouvrage charnière où l'auteur dresse un bilan récapitulatif de sa critique de la métaphysique et procède, selon son expression, « à coups de marteau », détruisant les idoles que furent la raison, la croyance en une causalité supérieure, la distinction entre monde phénoménal et monde des idées, etc. Par ailleurs, on trouve dans cet ouvrage de nombreux aphorismes sur des thèmes constamment retravaillés depuis ***la Naissance de la tragédie*** (1872).

Crise de la culture *(la)* [1961], ouvrage de H. **Arendt**. Ce recueil d'articles et de conférences est indissociable des analyses du système totalitaire exposées dans ***les Origines du totalitarisme***. L'essor du totalitarisme est lié à une crise de la culture en Occident : perte du sens de la transmission, oubli de la complexité, rejet des médiations, triomphe de l'individualisme dans une société de masse. La crise de la culture est essentiellement crise de la mémoire : les individus sans lien avec le passé n'ont plus de vision de l'avenir. Ainsi dépourvus de sens, ils se laissent séduire aisément par une logique totalisante. Cette crise prend sa source dans une idéologie héritée des Lumières. La valorisation de l'utile contre l'inutile, de l'action sur la nature au détriment de l'interrogation sur le sens, de l'avenir contre le passé induit une logique d'efficience pure, un triomphe du comment sur le pourquoi. Pour surmonter la crise de la culture, il faut redécouvrir la valeur de la transmission, du doute, de l'échange dans un espace commun de discussion.

Crise des sciences européennes et la phénoménologie transcendantale (la) [1954], série de textes écrits par E. **Husserl** en 1936. L'auteur date la crise du moment, qu'on peut faire remonter à l'époque galiléenne, où la science a été conçue comme positive, ou science de pur fait. Et cette crise consiste essentiellement dans la perte de ce que Husserl appelle la signification vitale des sciences, sens originel de l'activité intellectuelle, et qu'il ramène à une crise de la culture. Contre la notion d'un positivisme exprimant une exigence de vérité rigoureusement exacte et rigoureusement démontrée, et contre un concept de science positive qu'il juge résiduel, Husserl doute du privilège de l'entendement. Selon lui, cette crise « n'entame pas ce qui est scientifique au sens artisanal du terme dans les réussites théorétiques et pratiques, mais ébranle pourtant de fond en comble le sens de vérité de la science dans son ensemble ». Husserl évoque également la spécificité européenne de cette crise, qu'il n'analyse pas comme un échec définitif : « Mais le fondement de l'impuissance d'une culture rationnelle ne se trouve pas dans l'essence du rationalisme lui-même. [...] La crise de l'existence européenne peut avoir seulement deux issues : ou bien le déclin de l'Europe devenue étrangère à son propre sens rationnel de la vie, la chute dans la haine spirituelle et la barbarie, ou bien la renaissance de l'Europe à partir de l'esprit de la philosophie, grâce à un héroïsme de la raison qui surmonte définitivement le naturalisme. » Tous ces textes, restés longtemps inédits, ou partiellement publiés à l'étranger, en raison du nazisme, ont reçu un écho considérable lors de leur publication.

Critias, un des derniers dialogues de **Platon**, resté inachevé. Critias y décrit un pays mystérieux, l'*Atlantide,* situé au-delà des Colonnes d'Hercule aux époques les plus reculées, et, depuis, englouti par la mer. Il décrit aussi l'Athènes préhistorique en lutte contre les habitants de l'Atlantide, les Atlantes, et la décadence de l'Atlantide.

Critique de la faculté de juger ou ***Critique du jugement*** (1790), ouvrage de E. **Kant**. La première partie porte sur les jugements esthétiques. Le *beau* est ce qui cause une satisfaction libre de tout intérêt ; il plaît universellement sans concept ; c'est une *finalité sans fin* ; il nous donne une satisfaction nécessaire et universelle. Le *sublime* se distingue du beau en ce que l'émotion qu'il provoque est plus vive et peut même devenir douloureuse. L'imagination et la raison ne s'y accordent plus, mais l'émotion révèle notre grandeur parce que nous dominons la Nature en la jugeant.

Dans la seconde partie de l'ouvrage, Kant traite des jugements *téléologiques*. Dans l'étude des êtres organisés, dit-il, l'esprit est contraint de supposer des fins, de manière à s'expliquer complètement l'existence de ces êtres. Il est mû par ce principe : « Rien n'existe en vain. » L'idée de finalité n'a qu'une valeur subjective, n'est qu'un principe régulateur. Le principe téléologique est, en un sens, nécessaire ; mais sa nécessité est toute relative à la constitution de notre esprit.

La *Critique de la faculté de juger* a eu une grande influence, en particulier sur l'esthétique de Friedrich von Schiller (1759-1805) et sur la métaphysique de Friedrich von Schelling (1775-1854).

Critique de la raison dialectique, précédée de ***Questions de méthode*** (1960), ouvrage de J.-P. **Sartre**. L'auteur pose avec ce préambule méthodologique les termes d'un problème portant sur les actions des hommes et la signification de ces actions. Il confronte marxisme et existentialisme, tout en cherchant à voir clair dans la situation de l'expérience sociale et historique face au savoir ignoré par elle. Sartre s'emploie à définir la dialectique comme une activité totalisante, dans laquelle « n'importe qui » est l'expression directe et indirecte du mouvement totalisant pris dans son entier, tout comme l'expression d'une vie particulière.

Critique de la raison pratique (1788), ouvrage de E. **Kant**, dans lequel l'auteur détermine la nature de la loi morale et le genre d'adhésion que comportent les principes pratiques. L'obligation se présente à l'esprit comme une loi que la raison impose à la volonté. Tandis que les impératifs de la prudence, de l'hygiène, etc., prescrivent certaines actions comme moyens pour quelque autre chose, c'est-à-dire sont hypothétiques, l'impératif de la moralité est catégorique, de là la formule « Agis de telle sorte que la maxime de ton action puisse être érigée par ta volonté en une loi universelle ». Ces seules maximes, qui peuvent être ainsi universalisées par la volonté, sont celles qui nous proposent une fin rationnelle, une fin en soi. Or, c'est l'être raisonnable qui existe comme fin en soi. De là une nouvelle formule de l'impératif : « Agis de telle sorte que tu traites toujours l'humanité, en toi-même et en autrui, comme une fin et jamais comme un moyen. » La « république des fins » serait la république « dans laquelle chaque citoyen serait à la fois législateur et sujet ». D'où cette troisième formule du devoir : « Agis comme si tu étais législateur et sujet dans la république des volontés libres et raisonnables. » Le seul mobile doit être le respect de la loi.

À ces principes généraux de la raison pratique sont liés des postulats : celui de la liberté, condition de la moralité (« Tu dois, donc tu peux ! ») ; celui de l'immortalité de l'âme, nécessaire pour l'achèvement de la vertu ; celui de l'existence de Dieu, qui, auteur de la loi morale et des lois naturelles, assurera l'union finale du bonheur et de la vertu. La *Critique de la raison pratique* aboutit, sinon à la connaissance spéculative de ces réalités transcendantes, du moins à la foi en elles.

Critique de la raison pure (1781), ouvrage de E. **Kant**, qui a fondé la philosophie appelée *criticisme*. Il paraît pour la première fois à Riga, en 1781. Une seconde édition, avec des changements importants, sera publiée par l'auteur en 1787. Dans l'introduction, Kant procède à l'analyse de la connaissance, dans laquelle il distingue la matière, qui est fournie par le dehors, et la forme, qui vient du sujet. Toutes nos connaissances présupposent l'expérience et commencent avec elle ; mais toutes n'en dérivent pas. Il y a des jugements qui sont à la fois synthétiques et *a priori*. Comment sont-ils possibles ?

Kant commence par traiter de l'esthétique transcendantale, ou analyse de la sensibilité, et il montre, dans l'espace et le temps, les formes *a priori* de toutes les données empiriques. Pour travailler sur ces premières données, l'entendement se sert de notions ou concepts qui lui sont propres. Dans l'analytique transcendantale, Kant s'efforce de découvrir ces concepts purs qu'il appelle *catégories,* puis de montrer comment se produit la synthèse des données des sens et des catégories, ensuite de déterminer les principes de l'entendement pur, sans lesquels toute science serait impossible, enfin de préciser la valeur objective de ces principes.

Dans la dialectique transcendantale, Kant soutient qu'il est impossible d'appliquer les principes de l'entendement pur au monde des noumènes ; ils ne sont valables que pour les phénomènes ; nous ne pouvons pas connaître les choses en soi. C'est par cet usage illégitime des catégories que l'on construit les trois « idées de la raison » : celle de l'âme comme substance pensante, celle du monde conçu comme totalité des phénomènes, enfin celle de Dieu. L'analytique et la dialectique forment les deux parties de la *logique transcendantale.* L'ouvrage se termine par une « Théorie *transcendantale de la méthode* ». La méthode est à la raison ce que la logique est à l'entendement, c'est-à-dire le fil conducteur assurant la cohérence de toute démarche.

Critique de l'économie politique (1859), ouvrage de K. **Marx**. En 1857, le philosophe reprend ses recherches en économie, rédige son *Introduction générale à la critique de l'économie politique,* qu'il ne publiera pas, ainsi que le manuscrit ***Fondements de la critique de l'économie politique,*** qui préparent la *Critique...* considérée comme un travail préparatoire du ***Capital*** (livre I, 1867) : Marx y attaque le proudhonisme et montre, à travers son analyse de la marchandise sous le double aspect de la valeur d'usage et de la valeur d'échange, le caractère social et historique, non naturel de la production capitaliste. Dans son « avant-propos », l'auteur donne le plan de son projet sur l'économie en quatre livres (*le Capital* en est le premier), qui restera inachevé, ainsi qu'une courte biographie intellectuelle. L'ouvrage s'achève sur l'analyse de l'argent et de la monnaie.

Critique du programme de Gotha (1891), ouvrage de K. **Marx**, écrit en 1875, publié par Friedrich Engels (1820-1895). C'est le titre habituel des *Gloses marginales au programme du parti ouvrier allemand.* Dans ce texte fondamental du marxisme, l'auteur définit la collectivisation des moyens de production et la « période de transition politique » entre la société capitaliste et la société communiste. Il affirme surtout que, durant cette période, « l'État ne saurait être autre chose que la dictature révolutionnaire du prolétariat ».

Criton, un des premiers dialogues de **Platon**, composé vers 395 av. J.-C. C'est un entretien de Socrate avec l'un de ses disciples, Criton, qui est venu le trouver dans sa prison et lui offrir de le faire évader. Socrate refuse, et montre qu'il faut obéir aux lois de la cité, même injustes, auxquelles Platon fait tenir une prosopopée célèbre visant à défendre la cité.

D

De cive (Du citoyen) [1642], ouvrage de T. **Hobbes**. Il se divise en trois parties : « De la liberté », « De l'empire », « De la religion ». « L'intérêt et la crainte sont les principes de la société, dit Hobbes ; et toute la morale consiste à vivre selon notre bon plaisir. La religion n'a pas d'autres fondements que les lois du pays, et toute loi dépend de la volonté du prince ou du peuple. » Ces affirmations, ainsi que celles qui sont contenues dans *le **Léviathan*** (1651) font de Hobbes l'un des principaux matérialistes anglais après Francis Bacon.

démocratie en Amérique (De la) [1835-1840], ouvrage de A. de **Tocqueville**. L'auteur étudie la « société démocratique » par l'intermédiaire d'une analyse de la société américaine. Il considère que celle-ci privilégie la réalisation de l'égalité – facteur dominant dans la vie du nouvel État – et de la liberté individuelle, mais constate néanmoins un certain isolement de l'individu et un renforcement de la puissance centralisée de l'État. Il conclut que la société démocratique a tout un éventail de régimes politiques possibles et peut aboutir, si les États ne sont pas vigilants à préserver l'égalité dans leurs institutions, à une société despotique.

De natura rerum (***De la nature des choses*** ou ***De la nature***), poème didactique de **Lucrèce**. Dédié au noble Memmius (? - 61 apr. J.-C.), l'ouvrage, peut-être inachevé, se compose de six livres. Après une invocation à Vénus, les deux premiers livres sont consacrés à la formation du monde, expliquée par la théorie des atomes. En nombre infini, insécables, les atomes, dans leur chute, subissent une déviation, ou *clinamen,* qui leur permet de se joindre et de constituer la matière. Dans les livres III et IV, Lucrèce évoque les conséquences de l'atomisme pour l'homme : l'âme, composée d'atomes, est donc mortelle, et l'homme doit se dégager de la crainte de la mort et des Enfers. Les images, émises par les objets ou *simulacres,* donnent les sensations, mais les sens sont sujets à l'illusion et Lucrèce explique ainsi la formation des passions, comme l'amour ou l'ambition, qui troublent le jugement des hommes. Les deux derniers chants du *De natura rerum* traitent de la formation du monde, de l'apparition de la civilisation, et l'ouvrage se termine sur l'évocation terrifiante de la grande peste d'Athènes.

D'une cohérence rigoureuse, explorant méthodiquement les théories d'Épicure, dont l'éloge interrompt à trois reprises l'exposé, l'ouvrage de Lucrèce reste exceptionnel par ses conceptions philosophiques et scientifiques. La critique moderne reconnaît dans l'explication de l'atomisme les éléments de la mécanique des fluides. Lucrèce tire avec netteté les conséquences morales de sa théorie physique : il illustre les erreurs de la religion, la crainte de la mort et des Enfers, par le sacrifice d'Iphigénie ou par le tableau des suppliciés mythologiques, symbolisant les grandes passions humaines. En contrepoint, il évoque le bonheur sans trouble, ou *ataraxie,* qu'atteint le sage épicurien. L'emploi presque permanent de comparaisons imagées, de descriptions unissant réalisme et sensibilité, assure l'efficacité de la démonstration. Très lu et très admiré à l'époque d'Auguste, le poème tomba dans un oubli d'où le tira la Renaissance.

Déontologie ou Science de la morale (1834), ouvrage de Jeremy Bentham (1748-1832). Il se compose de deux parties, une « Théorie de la vertu » et un « Traité de la pratique de la vertu ». C'est l'exposé d'un utilitarisme qui se veut scientifique. À chaque plaisir et à chaque peine Bentham reconnaît sept caractères : intensité, durée, certitude, proximité, fécondité, pureté, étendue. On évalue une action à faire selon ces sept points de vue. On range sous ces sept catégories les profits et les pertes ; on établit une balance, et le principe de l'utilité est alors quantitativement apprécié.

destination de l'homme (De la) [1800], ouvrage de Johann Gottlieb Fichte (1762-1814). La sensation est, selon l'auteur, une modification de l'être sentant. Y a-t-il hors de nous un principe de ces modifications ? Le principe de causalité n'a qu'une réalité purement subjective ; le monde extérieur, qu'on induit en l'invoquant, ne peut avoir qu'une réalité également subjective. Mais l'homme ne vit pas seulement dans la pensée, il vit aussi dans l'action ; or, si l'homme ne trouvait pas un monde extérieur sur lequel son action a prise, celle-ci ne serait qu'un effort inutile et dérisoire.

Deux Traités sur le gouvernement (1689), ouvrage de J. **Locke**. À la théorie du despotisme de Hobbes, l'auteur oppose celle du gouvernement libéral, qui contient en germe celle de l'État démocratique. Cet ouvrage fera connaître Locke comme partisan de la liberté politique.

Dialectique de la nature (1925), ouvrage de Friedrich Engels (1820-1895), écrit de 1873 à 1883. L'auteur y analyse l'évolution historique des sciences et met en lumière le caractère dialectique des lois scientifiques et des faits naturels qu'elles expriment. Il envisage, du point de vue matérialiste dialectique, les théories scientifiques, et cherche à prévoir leurs progrès. Il étudie les domaines de la matière et l'énergie, le darwinisme, l'infini mathématique, la nécessité et le hasard, le travail et son rôle dans l'histoire humaine.

Dialogues, titre sous lequel on englobe l'ensemble de l'œuvre de **Platon**, si l'on en excepte quelques *Lettres*. Le dialogue philosophique, en tant que genre littéraire, est issu de l'enseignement de **Socrate**. Sans doute certains sophistes, avant lui, pratiquaient-ils parfois la méthode d'enquête par questions et réponses, mais Socrate en fit l'essentiel de son art « maïeutique », s'efforçant, par ses questions, de mettre au jour les idées que ses disciples portaient en eux. Les 42 dialogues de Platon constituent le meilleur témoignage sur cet art.

On en distingue trois groupes.

1. Les dialogues de jeunesse, ou dialogues socratiques, encore tout près de l'enseignement de Socrate, contiennent des discussions vives, tournant autour d'une définition : le courage *(Lachès)*, la piété ***(Euthyphron)***, la tempérance *(Charmidès)*. D'autres abordent une question plus complexe, comme de savoir si la vertu peut s'enseigner ***(Protagoras)***. Après avoir discuté plusieurs aspects de la question, ils aboutissent en général à une aporie.

2. Les dialogues de la maturité montrent que Platon, se dégageant de l'« ironie » socratique, pratique désormais une philosophie dogmatique. Il prête à Socrate de longs discours sur l'immortalité de l'âme *(**Phédon**)*, sur l'amour *(le **Banquet**, **Phèdre**)*, sur l'organisation de la cité idéale, l'éducation du philosophe *(la **République**)*, qui constituent l'essentiel de l'idéalisme platonicien.

Ces deux groupes ont en commun une riche affabulation. La conversation se développe naturellement, après un préambule pittoresque et animé (cercle des sophistes dans le *Protagoras,* promenade au bord de l'Ilissos dans le *Phèdre*). Les personnages ont chacun une personnalité marquée et tiennent un rôle actif : ainsi les convives du *Banquet* ou les protagonistes du ***Gorgias***.

3. Le troisième groupe, celui des dialogues de la vieillesse, est abstrait. Les sujets se sont élevés à une métaphysique critique et les dialogues font place à des exposés à peine interrompus par les formules d'acquiescement de disciples bien stylés. Le dernier texte, *les **Lois**,* est resté inachevé : c'est un exposé sans dialogue, même formel. Le cadre vivant a disparu : le ***Théétète***, *le Sophiste* et *le **Politique*** ne sont plus que la lecture d'un entretien ancien consigné par écrit.

Les exposés ont la forme de discours, contenant une démonstration rationnelle, ou de mythes, récits fantastiques. Les plus importants *(Phédon, la République)* évoquent la vie des âmes dans l'au-delà ; celui du *Timée* explique la création et l'ordre du monde. Les mythes, à résonance religieuse, sont peut-être dus à une influence pythagoricienne. Il ne faut pas confondre avec eux les paradigmes, ou exemples symboliques, qui éclairent une idée abstraite : l'image de la Caverne *(la République)* et le paradigme du royal tisserand *(le Politique)* sont les plus connus.

Dioptrique (1637), ouvrage de R. **Descartes**, publié à la suite du ***Discours de la méthode*** (id.), avec *les Météores* et *la Géométrie*. Elle traite de la construction des verres de lunettes. Descartes y propose une théorie de la réfraction de la lumière, qui a été réfutée par la suite.

Discours à la nation allemande (1807), ensemble de 14 leçons données à l'université de Berlin par Johann Gottlieb Fichte (1762-1814). D'esprit nationaliste, cette œuvre, écrite après l'effondrement de la Prusse, exalte les vertus d'un peuple qui, selon Fichte, a pour mission de sauver le monde, après avoir accompli sa propre régénérescence morale. Ce discours fut compris comme un véritable manifeste dirigé contre l'occupant français.

Discours de la méthode pour bien conduire sa raison et chercher la vérité dans les sciences (1637), ouvrage de R. **Descartes**. Cet essai, paru anonymement à Leyde, écrit en français, était destiné à servir de préface à trois traités, la ***Dioptrique***, les *Météores* et la *Géométrie*. Il a été traduit en latin en 1644. Le *Discours* apparaît comme la définition du rôle et des moyens pour la recherche de la vérité. Descartes y pose le droit de construire la science à partir de principes, formant le bon sens, qui est « la chose du monde la mieux partagée », ce qui permet, si l'on use bien de la méthode, de rejeter tout argument d'autorité, pour qui que ce soit qui raisonne correctement.

Il rejette aussi comme douteuses les diverses connaissances acquises jusqu'alors (poésie, éloquence), se refuse à parler philosophie, considérant qu'il y a là domaine d'« opinions », et décide « d'aller si lentement et d'user de tant de circonspection en toutes choses, que, si je n'avançais que fort peu, je me garderais bien de tomber ». La première des quatre règles de la méthode est donc : « ne recevoir jamais aucune chose pour vraie que je ne la connusse évidemment être telle [...] et de ne comprendre rien de plus en mes jugements que ce qui se présenterait si clairement et si distinctement à mon esprit que je n'eusse aucune occasion de le mettre en doute ». Les trois autres règles de la méthode sont destinées à « conduire la raison » correctement, de manière à enchaîner les diverses vérités. Descartes pense, en effet, que, la science étant une, dès qu'on tient une première vérité on peut trouver les autres, à condition de bien raisonner. Or, l'art de bien raisonner se trouve dans la logique, et dans les mathématiques, « ces longues chaînes de raisons, toutes simples et faciles, dont les géomètres ont coutume de se servir pour parvenir à leurs plus difficiles démonstrations... ». C'est pourquoi Descartes leur emprunte leurs procédés dans ces trois règles de la méthode : règle de l'*analyse* : « diviser chacune des difficultés que j'examinerais en autant de parcelles qu'il se pourrait et qu'il serait requis pour les mieux résoudre » ; règle de la *synthèse* : « conduire par ordre mes pensées, en commençant par les objets les plus simples et les plus aisés à connaître, pour monter peu à peu, comme par degrés, jusqu'à la connaissance des plus composés... » ; enfin, règle de l'*énumération* : « faire partout des dénombrements si entiers et des revues si générales, que je fusse assuré de ne rien omettre ».

Appliquant sa méthode à l'expérience de façon systématique, Descartes parvint à établir une astronomie, une physique mécanique, une biologie mécaniste (théorie de l'animal-machine) qui, bien qu'insuffisantes de nos jours, constituaient pour l'époque un notable progrès. Pour la première fois, un effort de compréhension cohérente, totale, rationnelle, du monde est entrepris. C'est ainsi que le *Discours de la méthode* est un des textes fondamentaux de l'histoire des idées.

Discours de la servitude volontaire (1576, posthume), ouvrage d'Étienne de La Boétie (1530-1563), écrit probablement vers 1553, publié incomplètement en 1574 et en 1576 sous le titre de *Contr'un*. Après avoir, dans un long exorde, distingué trois sortes de tyrans (selon qu'ils doivent leur pouvoir « à l'élection du peuple, à la force des armes, ou à la succession de leur race »), après avoir montré que Dieu a créé tous les hommes égaux et libres, La Boétie entreprend d'expliquer le fait de l'existence de la tyrannie. Il lui assigne trois causes : la première est la coutume ; il trouve la deuxième dans la lâcheté et la « stupidité du populaire » ; la troisième, dans l'intérêt. La Boétie termine en conseillant d'abandonner la tyrannie à ses propres forces, et de laisser à Dieu le soin de la punir. Cette analyse de la tyrannie fut utilisée contre Henri III par les polémistes protestants.

Discours de métaphysique (1686), ouvrage de G. W. **Leibniz**, dans lequel l'auteur définit l'être comme une substance unique et universelle, soumise à une harmonie mathématique.

Discours sur l'esprit positif (1844), ouvrage de A. **Comte**, où l'auteur essaie de définir les caractères essentiels de la « positivité » et leur influence sur l'évolution des sciences et le progrès moral. Il recherche une « entière harmonie entre la vie spéculative et la vie active ». Cet essai constitue un complément du ***Cours de philosophie positive*** (1830-1842). On y retrouve la « loi des trois états » et le classement des sciences allant des mathématiques à la sociologie.

Discours sur les sciences et les arts (1750), ouvrage de J.-J. **Rousseau**, où celui-ci répond par la négative à la question mise au concours par l'académie de Dijon : « Si le rétablissement des sciences et des arts a contribué à épurer les mœurs. » Les faits montrent que la dépravation accompagne la civilisation : en témoignent la société du XVIIIe s., l'Égypte, la Grèce et la Rome antiques. À l'inverse, les Perses, les Scythes, les Germains, Sparte furent forts parce que ennemis du progrès des lettres et des sciences, et de leur reproduction.

Rousseau énumère les faits confirmant cette thèse. Chaque science, chaque art est né d'un vice : l'astronomie, de la superstition ; l'éloquence, de l'ambition et du mensonge ; la géométrie, de l'avarice ; la physique, de la curiosité ; tous de l'orgueil. Ils entretiennent l'oisiveté, et la lecture nous éloigne du réel. L'inculture primitive n'est pourtant ni possible ni souhaitable, et il faut encourager les génies, mais « la véritable philosophie » sera réalisée si nous écoutons la voix de la conscience.

En lui accordant le prix, les académiciens de Dijon récompensèrent le talent vigoureux d'un homme passionnément engagé. Ce paradoxe, qui bousculait la croyance de Voltaire et des Encyclopédistes dans les « lumières » de la raison, orienta toute la carrière de son auteur.

Discours sur l'origine et les fondements de l'inégalité parmi les hommes (1755), ouvrage de J.-J. **Rousseau**, par lequel celui-ci répondait à la question mise au concours par l'académie de Dijon : « Quelle est l'origine de l'inégalité parmi les hommes, et si elle est autorisée par la loi naturelle. » Il faut, au départ, distinguer l'inégalité naturelle et l'inégalité sociale. L'homme primitif, imaginé plus que rebâti selon les observations incomplètes de l'anthropologie, est vigoureux, sans passions, sans crainte, car il n'a pas de rapports avec ses semblables, et n'obéit qu'à l'instinct de conservation, facile à exercer dans un monde où chacun se suffit. Mais la liberté, qui différencie l'homme des animaux, a développé en lui une fâcheuse volonté de perfectionnement.

Devenu social, l'homme aurait pu rester heureux sans l'agriculture et la métallurgie, d'où naquirent la propriété, la dépendance. La loi ayant prétendu sanctionner les privilèges, l'inégalité devient, dans chaque État, une menace de révolte contre l'oppression et, entre États, une menace de guerre. La violence de ce texte effraya les académiciens qui lui refusèrent le prix.

Dissertation de 1770, nom habituellement donné à un ouvrage de E. **Kant**, écrit en latin sous le titre *De mundi sensibilis atque intelligibilis forma et principiis* (« la Forme et les principes du monde sensible et du monde intelligible »). C'est dans ce texte que Kant se démarque de l'influence de Descartes et de Leibniz, lorsqu'il découvre que l'espace et le temps ne sont pas des concepts, mais qu'ils constituent chacun une forme. Kant affirme ainsi qu'entre deux figures géométriques, même si elles sont symétriques, il existe une relation qui n'est pas réductible au type conceptuel. Kant est donc, dans ce texte, sur la voie de la découverte de l'*a priori* et de ce qu'on appellera le *criticisme*.

***division du travail social* (De la)** [1893], ouvrage de É. **Durkheim**, dans lequel le philosophe distingue deux types de sociétés, fondés sur la solidarité : 1° les sociétés à solidarité mécanique, sociétés les plus simples, où la solidarité naît de l'identité d'un individu à l'autre et qui réalisent leur cohésion par la force de leur conscience collective ; 2° les sociétés à solidarité organique, sociétés modernes, où la division du travail constitue en individualités différenciées les hommes qui, solidaires parce que ayant chacun une fonction spécialisée, dépendent les uns des autres pour la satisfaction complète de leurs besoins. Le passage d'un type de société à l'autre est dû à un changement social provoqué notamment par une augmentation de la « densité matérielle et morale ». L'auteur est alors amené à se demander si la division du travail dans les sociétés contemporaines n'aurait pas pour fonction d'intégrer le corps social et d'en assurer l'unité.

Dix-Huit Leçons sur la société industrielle (1963), ouvrage de Raymond Aron (1905-1983). L'auteur analyse les sociétés industrielles en comparant la société soviétique aux sociétés américaine et européenne. Il soutient que le seul régime de la propriété des moyens de production ne suffit pas à définir une société, sous son double aspect économique et politique. Toutefois Raymond Aron soulignera en 1966 que les différences entre les régimes idéologiques opposés continuent de prévaloir sur leurs ressemblances.

E

Eau et les Rêves (l') [1942], ouvrage de G. **Bachelard**. L'auteur y analyse les images de l'eau telles qu'elles apparaissent dans les rêves et dans les créations poétiques ; l'eau fournit à l'imagination une inspiration en harmonie avec certains tempéraments poétiques. Bachelard oppose l'imagination formelle, superficielle et arbitraire, à l'imagination matérielle, enracinée dans l'histoire de l'âme humaine.

Ecce Homo (1908), ouvrage de F. **Nietzsche**, écrit en 1888, dans lequel le philosophe unit étroitement les éléments biographiques qui façonnent son évolution intellectuelle et sa conception de l'homme.

Économique (l'), ouvrage d'**Aristote**. D'après un passage de ***Politique***, *l'Économique* traitait successivement des rapports du maître de la maison avec ses esclaves, sa femme et ses enfants, puis de la propriété. On considère cet ouvrage comme perdu, et comme apocryphe *l'Économique* qui lui est attribué.

Économique (l'), dialogue socratique de Xénophon (v. 430 - v. 355 av. J.-C.) consacré à l'économie domestique. Dans la première partie, Socrate explique à son disciple Critobule ce qu'est la bonne gestion d'un domaine agricole. Dans la seconde partie, il rapporte une conversation qu'il a eue avec un certain Ischomaque. Ce dernier lui a exposé les principes qu'il applique dans son domaine : une juste répartition des devoirs entre sa femme et lui-même, une attitude bienveillante à l'égard de ses esclaves. Malgré sa composition artificielle, *l'Économique,* écrit de façon simple et soignée, reste un précieux document sur la vie privée en Grèce à l'époque de Xénophon.

Écriture et la Différence (l') [1967], ouvrage de Jacques Derrida (1930-2004). Durant l'année 1967, Derrida a publié trois livres fondamentaux : *la Voix et le Phénomène, l'Écriture et la Différence, De la grammatologie.* L'approche commune à ces trois livres est un questionnement systématique des conditions de possibilité de la philosophie telle que l'Occident l'a comprise depuis son origine socratique. *L'Écriture et la Différence* contient dix articles déjà publiés entre 1963 et 1966. À travers des commentaires rigoureux de Nietzsche, Freud, Husserl, Heidegger, Antonin Artaud (1896-1948), Georges Bataille (1897-1962), Maurice Blanchot (1907-2003), Foucault, Edmond Jabès (1912-1991), Levinas, l'auteur précise ce qu'il entend par la notion de « différance ». Ce néologisme évoque la polysémie du verbe *différer* : non seulement « ne pas être équivalent à », mais aussi « être opposé à » et « remettre à plus tard » : la différence, le différend, le retardement. Ce réseau de sens est lourd d'implications : les textes comprennent des non-dits, des impasses, qui ne témoignent pas seulement de la difficulté à dire, mais aussi de l'impossibilité originelle de dire.

Élite du pouvoir (l') [1956], ouvrage de Charles Wright Mills (1916-1962). L'auteur analyse la structure du pouvoir aux États-Unis, qui, selon lui, appartient à une élite, groupe restreint relativement clos et homogène. L'élite est constituée d'individus qui ont un pouvoir de décision dans les domaines économique, politique et militaire. Mills constate que la centralisation, la coordination et la convergence d'intérêts de ces domaines rendent interchangeables les différents postes de responsabilité à ces niveaux.

Éloge de la folie (1511), ouvrage d'Érasme (v. 1469 - 1536), écrit chez Thomas More (1478-1535), à Londres, et qui constitue presque un éloge de son hôte. Composé en latin, ce livre est une critique enjouée des classes de la société (surtout du clergé, des théologiens et des moines). La Folie, sous les traits d'une femme à longues oreilles ornées de grelots, démontre à ses auditeurs qu'ils sont tous des fous, qu'elle seule a du bon sens.

Émile ou De l'éducation (1762), traité pédagogique de J.-J. **Rousseau**. L'ouvrage s'inscrit dans un projet philosophique de conciliation entre la culture et la nature, parallèle, au plan individuel, à celle que tente ***Du contrat social*** (1762) au plan collectif. Au nouveau-né, la nature prescrit l'allaitement maternel, l'absence de maillot et la vie au grand air (livre I). De deux à sept ans, des épreuves judicieusement organisées par son précepteur conduisent l'enfant à apprendre par les sens la contrainte extérieure, et à concevoir ainsi les idées qui fondent l'ordre social : propriété, etc. (livre II). De sept à douze ans, toujours par l'expérience directe, Émile découvre les sciences ; le livre, écran entre le monde et l'homme (« Je hais les livres »), est banni à la seule exception de *Robinson Crusoé*, mode d'emploi de la nature (livre III). À l'adolescence correspond l'apprentissage de l'autre. Émile apprend la morale sociale (amitié, pitié) au travers des grands exemples de l'Antiquité ; son précepteur lui transmet la *Profession de foi du vicaire savoyard* : « Conscience, instinct divin... juge infaillible du bien et du mal », et le met en garde contre les plaisirs frelatés de la vie mondaine (livre IV). Au livre V, Émile rencontre Sophie, qu'il épousera après un voyage de deux ans en Europe, pour mieux connaître les hommes et leurs gouvernements. Du premier âge jusqu'à son premier enfant, Émile restera dirigé par ce précepteur omniscient dont le pouvoir prend le masque de la force des choses, comme celui du législateur dans *Du contrat social* ou de Wolmar dans ***Julie ou la Nouvelle Héloïse*** (1761).

Proposant un système éducatif libéral, mais qui confine la femme dans une situation inférieure, l'*Émile* a d'abord pour but de former un homme social, qui préserve son innéité naturelle et qui régénère la société où il s'intègre au lieu d'y être aliéné. L'ouvrage fit scandale, fut condamné au feu, et Rousseau dut se réfugier en Suisse. Et pourtant, au XIXe s., c'est de ce livre que, tout en le discutant, se sont inspirés tous les grands éducateurs, depuis Johann Heinrich Pestalozzi (1746-1827) et Johann Friedrich Herbart (1776-1841) jusqu'à Friedrich Fröbel (1782-1852).

Encyclopédie ou Dictionnaire raisonné des sciences, des arts et des métiers (1751-1772). Conçue par le libraire André-François Le Breton (1708-1779) comme une opération de librairie, l'*Encyclopédie* devait se présenter comme la traduction de la *Cyclopaedia* d'Ephraïm Chambers (1680-1740). À l'initiative du premier directeur, l'abbé de Gua de Malves

(v. 1712 - 1786), puis de **Diderot**, elle devint un ouvrage original. La publication des 35 volumes (17 de texte, 11 de planches, 4 de supplément, 2 d'index et 1 de supplément de planches) réunit 150 collaborateurs (**Voltaire**, **Montesquieu**, **Rousseau**, **Condillac**, etc.), nécessita la collaboration de 4 libraires et fit vivre 1 000 ouvriers pendant vingt-cinq ans. L'entreprise répondait au besoin de connaissances modernes de la classe éclairée, c'est-à-dire possédante. Diderot et ses collaborateurs étaient moins préoccupés, à l'encontre des dictionnaires traditionnels, de traiter de l'héraldique que de la fabrication des souliers ou du commerce des grains. Les Encyclopédistes appartenaient au secteur d'activité où s'élaborait le nouvel ordre économique et social : parmi les 4 000 souscripteurs, s'il n'y avait pas de négociants, on comptait des médecins, des possesseurs de revenus fonciers, des fonctionnaires des Finances et des Ponts et Chaussées. La noblesse de cour, le clergé et les jésuites tentèrent d'empêcher la publication de l'ouvrage : arrêt interdisant les deux premiers volumes (1752) ; action du parlement exigeant la censure des volumes parus (1759) ; interdiction de la poursuite de la publication (1759). Mais, grâce à des concessions de détail, à l'habileté du libraire Le Breton, grâce surtout à l'énergie de Diderot et à la compréhension de Malesherbes (1721-1794), directeur de la Librairie, l'*Encyclopédie*, malgré la défection de d'Alembert (1759), auteur du *Discours préliminaire,* était achevée en 1772.

De 1777 à 1779, le libraire Charles-Joseph Panckoucke (1736-1798), associé au libraire lyonnais Joseph Duplain, publia, indépendamment de Diderot, deux éditions in-quarto en 36 volumes de textes et 3 de planches. D'autres éditions de l'*Encyclopédie* ont également été publiées à la même époque. Dévoilant les secrets du monde du travail et des corporations, portant le progrès économique au premier plan des préoccupations, l'*Encyclopédie,* comme en témoigne l'émerveillement de Stendhal devant son père, dévot et avare, acquérant l'ouvrage de Diderot (un volume qui avait coûté 1 000 francs aux premiers souscripteurs se vendait de 13 000 à 15 000 francs dès 1768), insinua la « philosophie » dans les esprits les plus réticents et fut rééditée, complétée ou imitée dans toute l'Europe.

Encyclopédie des sciences philosophiques (1816), ouvrage de G. W. F. **Hegel**, dans lequel l'auteur donne le plan général de son système. Il constitue un guide de l'œuvre hégélienne, définie comme « la connaissance scientifique de la vérité, la route la plus difficile ». C'est en effet dans cette œuvre que ce système reçoit sa forme définitive : logique, philosophie de la nature, philosophie de l'esprit. La deuxième édition (1827) et la troisième (1830) contiennent d'importants ajouts dans chacune des trois parties.

Ennéades (les), nom sous lequel Porphyre (234 - v. 305) a publié la collection des œuvres de son maître, **Plotin**. Il les rangea en six parties, composées chacune de neuf livres. La première *Ennéade* traite surtout de la morale, la deuxième et la troisième du monde, la quatrième de l'âme, la cinquième de l'intelligence et la sixième de l'Un (l'Intelligence universelle).

Entretiens ou **Diatribes**, d'Épictète. Rédigés par Arrien (v. 95 - v. 175), ils se composaient originairement de huit livres : quatre seulement nous sont restés. Ce sont des discours ou des pensées détachées qui expriment les idées du stoïcisme d'Épictète, axées sur la maxime « Supporte et abstiens-toi ».

Entretiens sur la métaphysique et la religion (1688), ouvrage de N. Malebranche. L'âme est distincte du corps ; le monde n'est pas tel que nos sens nous le font connaître ; la pensée ne saurait être l'œuvre d'une substance étendue ; telles sont les idées exposées dans le premier entretien. Les autres affirment que rien n'existe sans Dieu, et que le seul Dieu concevable est celui de la Révélation.

Entretiens sur la pluralité des mondes (1686), ouvrage de Fontenelle (1657-1757). L'auteur s'imagine à la campagne, après dîner, en compagnie d'une belle marquise à qui il explique les mécanismes de la nature, comparant le spectacle du cosmos à celui de l'Opéra. Mêlant le sérieux scientifique à des considérations plus esthétiques, les *Entretiens,* par leur clarté et leur ingéniosité, sont un modèle de vulgarisation.

esprit (De l') [1758], ouvrage de Claude-Adrien Helvétius (1715-1771), constitué de quatre discours. Ce traité souleva les protestations du parlement, de la Sorbonne, de l'archevêque de Paris, qui le firent condamner. Helvétius estime que nos idées sont toutes dues à l'expérience sensible (sensualisme matérialiste). L'intérêt est la vraie mesure de nos jugements, aussi bien que le principe de nos actions. L'éducation devra renseigner les hommes sur leurs véritables intérêts. Les individus naissent égaux ; c'est l'éducation seule qui les distingue et les sépare. Enfin, Helvétius étudie les diverses qualités que l'on doit développer chez tout esprit. L'influence du traité d'Helvétius, que Diderot appela « un furieux coup de massue porté aux préjugés », fut considérable.

esprit des lois (De l') [1748], ouvrage de C. de Montesquieu. L'édition définitive, faite d'après des corrections et des additions manuscrites laissées par Montesquieu, parut en 1757 à Londres, trois ans après sa mort. Une importante préface et trente et un livres, divisés chacun en chapitres au nombre de quinze à vingt, dégagent les rapports des lois avec ce qui les détermine : gouvernement, force militaire, constitution politique, impôts, climat, mœurs, commerce, monnaie, population, religion. L'ouvrage s'achève par une étude des lois romaines sur les successions, des lois civiles françaises et des lois féodales.

Contrairement à ses devanciers, Montesquieu part du réel pour retrouver les sources des législations. Cette méthode s'adapte à l'objectif qu'il s'est fixé, la définition des principes. Par exemple, dans la tradition politique qui remonte à Aristote, Montesquieu distingue trois sortes de gouvernements, pour lesquels il dégage à chacun un principe : vertu pour la république, honneur pour la monarchie, crainte pour le despotisme. Ses préférences vont au régime anglais, où les trois pouvoirs (exécutif, législatif et judiciaire) sont séparés et où l'ordre et la liberté se concilient le mieux. Il est de ceux qui protestent contre la torture, l'esclavage, le fanatisme, ce qui lui a valu d'être honoré par les « philosophes » et par les hommes de la Révolution.

esprit géométrique (De l'), fragment des ***Pensées*** (1670, posthume) de B. **Pascal**, écrit vers 1658, constitué en réalité par deux fragments. Le premier est intitulé *Réflexions sur la géométrie en général,* et le second *De l'art de persuader*. Dans le premier fragment, Pascal veut exposer l'« art de démontrer les vérités déjà trouvées ». Or, cet art, la géométrie l'enseigne parfaitement par ses exemples. Le second fragment débute par une distinction entre l'art de démontrer et l'art de persuader. Le premier s'adresse à l'entendement ; le second à la volonté.

Esquisse d'un tableau historique des progrès de l'esprit humain (1795), ouvrage du marquis de Condorcet (1743-1794). L'idée essentielle en est la perfectibilité indéfinie du genre humain, dans l'ordre intellectuel et moral. Les étapes par lesquelles l'espèce humaine a dû passer sont groupées en dix époques : 1° origines de la vie commune ; 2° transformation des peuples pasteurs en agriculteurs, et apparition des métiers et des arts ; 3° établissement d'une législation écrite ; 4° histoire des sciences et du génie de la Grèce, où l'auteur entend démontrer que « les progrès des vertus ont toujours accompagné ceux des lumières » ; 5° développement des sciences indépendamment de la philosophie, depuis le règne d'Alexandre jusqu'à l'établissement du christianisme ; 6° décadence des « lumières », jusqu'à leur restauration, vers le temps des croisades ; 7° histoire des idées depuis les premiers progrès des sciences jusqu'à l'invention de l'imprimerie ; 8° l'imprimerie ; 9° affranchissement des sciences et de la philosophie du joug de l'autorité, avec Descartes, jusqu'à la constitution de la République française ; 10° proclamation par la Révolution de la dignité et de l'universalité de la raison, fin de l'inégalité entre les nations et progrès de l'égalité chez les peuples, perfectionnement réel de l'homme.

Essais (1580-1595), ouvrage de M. de **Montaigne**. Les deux premiers livres des *Essais* furent publiés en 1580 et réimprimés en 1582. La troisième édition (1588) comprenait plus de six cents ajouts au corpus existant ainsi qu'un troisième livre de conception différente, aux chapitres moins nombreux et plus digressifs. Ce texte imprimé fut largement annoté et glosé en marge par Montaigne, dans le but d'en donner une nouvelle édition : elle ne fut publiée, avec de nombreuses inexactitudes, qu'en 1595, par Pierre de Brach et Mlle de Gournay ; le manuscrit en a été conservé à la bibliothèque municipale de Bordeaux *(exemplaire de Bordeaux)* et a servi de base à toutes les éditions modernes.

Conçus à l'origine comme un recueil d'*exempla* ou d'*analecta* empruntés aux écrivains de l'Antiquité et portant sur les questions les plus diverses (*De la coutume, Du pédantisme, De l'amitié, Des cannibales,* etc.), les *Essais* paraissaient s'inscrire dans la tradition des « leçons », « centons » et « mots dorés », forts en vogue à la Renaissance depuis les *Adages* d'Érasme (v. 1469 - 1536) et les publications de Jacques Lefèvre d'Étaples (v. 1450 - 1537). Mais aux essais courts du début, qui épuisent en une totalité restreinte un sujet des plus particuliers, se substituent bientôt les essais longs, dont le titre n'embrasse plus la matière. Le développement du thème proposé n'a dès lors pas plus d'importance que l'introduction ou les digressions successives conduites « à sauts et à gambades ». Dans ce mode de composition en arabesque, pour lequel Montaigne recourt aux images d'une « marqueterie mal jointe » ou de « grotesques », dont les figures mi-hommes, mi-bêtes ou plantes s'enchevêtrent inextricablement, on a pu parler de *maniérisme* littéraire. Ce parti pris n'est pas seulement esthétique, il a son fondement dans la position nominaliste de Montaigne. Dès lors que le nom – propre ou commun – apparaît comme un universel sans réalité assignée, il ne saurait être question de peindre le monde des êtres ou des essences, mais celui des « passages », des perpétuelles métamorphoses, qui, paradoxalement, constituent la seule permanence au sein de la nature humaine. S'interroger sur soi-même, sur cet être subjectif qui renferme « la forme entière de l'humaine condition », selon une formule célèbre, c'est alors revenir aux conditions mêmes de possibilité de toute écriture et de tout discours.

Essais de morale et de politique (les) [1597], ouvrage de F. **Bacon**. Au nombre de dix en 1597, trente-huit en 1612, cinquante-huit en 1625, *les Essais* forment un tissu de maximes sur la marche du monde, les hommes et le destin.

Essais de théodicée sur la bonté de Dieu, la liberté de l'homme et l'origine du mal (1710), ouvrage de G. W. **Leibniz**. Cet ouvrage, écrit en français, est primitivement destiné à répondre aux difficultés soulevées par Pierre Bayle (1647-1706) sur l'origine du mal, physique et moral. Il s'ouvre par le *Discours sur la conformité de la foi avec la raison,* et se termine par deux appendices, consacrés l'un aux *Questions relatives à la liberté, à la nécessité et au hasard* (1666) de Thomas Hobbes, l'autre au traité du théologien William King (1650-1729) sur *l'origine du mal (De origine mali,* 1702). L'optimisme de Leibniz consiste à montrer que, puisqu'il est de la nature de Dieu d'avoir créé le meilleur, le mal, s'il existe, doit entrer comme composante (« ingrédient ») du meilleur des mondes possibles.

Essais moraux, politiques et littéraires (1741-1742), ouvrage de D. **Hume**. Au nombre de vingt-deux, ces essais renferment des théories sur la morale (polygamie, divorce, épicurisme, stoïcisme), la politique (origine et principes du gouvernement, liberté civile), la littérature (goût, éloquence). Hume y traite de questions théoriques (caractère scientifique de la politique, nature du sentiment moral) et de questions pratiques (liberté de la presse et des partis politiques en Grande-Bretagne).

Essai sur l'entendement humain (1690), ouvrage de J. **Locke**. Il étudie : 1° l'origine de nos idées : il n'y a pas d'idées innées, pas de principes qui soient inscrits dans l'âme avant toute expérience, pas d'autre source de connaissance que la sensation pour les choses extérieures, et la réflexion pour ce qui se passe au-dedans de nous ; 2° la certitude, l'évidence et l'étendue de notre connaissance : celle-ci ne va pas au-delà de nos idées ; 3° les limites de la philosophie : l'impossibilité de rien connaître en dehors de ce que nous fournit l'expérience oblige la philosophie à renoncer aux problèmes métaphysiques de la substance, de l'essence.

Essai sur l'indifférence en matière de religion (1817-1823), ouvrage de Félicité de La Mennais (1782-1854), qui tente d'édifier une apologie du christianisme sur une base nouvelle : la vérité ne peut être découverte par la raison individuelle, mais elle a été révélée par Dieu à l'humanité ; l'Église, personnification la plus haute de l'humanité, est le témoin le plus autorisé.

Essai sur l'origine des connaissances humaines (1746), ouvrage de É. B. de **Condillac**. Dans une première partie, il traite « des matériaux de nos connaissances et particulièrement des opérations de l'âme » ; dans une seconde, il traite « du langage et de la méthode ». L'auteur pose la sensation comme source unique de nos pensées et esquisse une théorie du langage.

Essence de la manifestation (l') [1963], ouvrage de Michel Henry (1922-2002). Cet essai, le premier du philosophe, annonce l'objet principal de sa pensée : un questionnement critique de l'apparaître tel qu'il est pensé en Occident depuis la Grèce antique jusqu'à Heidegger. Le phénomène, en effet, a été compris comme ce qui se manifeste à la conscience, mais seulement à partir de l'extérieur. Or cela n'épuise pas tout l'apparaître. La vie n'apparaît pas comme le monde : elle se connaît en s'éprouvant subjectivement. La douleur, le plaisir, les émotions et les affects ne se donnent jamais dans une visibilité extérieure à celui qui les éprouve. Nous sommes donc contraints de changer de paradigmes et de concepts. L'intentionnalité ne définit pas le tout de la conscience : la conscience affective n'est pas tendue vers un au-delà d'elle-même, elle n'est pas transcendance. Sans aucune distance à l'égard d'elle-même, elle se tient dans une immanence radicale.

Essence du christianisme (l') [1841], ouvrage de Ludwig Feuerbach (1804-1872). Cet essai se situe dans le sillage de l'hégélianisme (incompatibilité de la religion et de la philosophie) et dans la perspective critique du christianisme, déjà ouverte par les théologiens allemands David Strauss (1808-1874) et Bruno Bauer (1809-1882). Mais il est profondément original par son refus de l'hégélianisme comme « mysticisme rationnel » et comme idéalisme absolu, et par son refus de la critique dogmatique de Bauer. Dans une lettre adressée à son éditeur, Feuerbach décrit l'idée fondamentale de son livre : « L'essence objective de la religion, de la religion chrétienne en particulier, n'est rien que l'essence de la sensibilité humaine, et de la sensibilité chrétienne en particulier. Le secret de la théologie est donc l'anthropologie. »

Pour Feuerbach, la psychologie doit entrer à la place de la théologie en tant que science de l'être humain. Les attributs de Dieu, omniscience, bonté, justice, etc., sont les résultats d'un processus par lequel l'homme projette hors de lui ses propres éléments constitutifs, sa nature même d'homme, en fait un ensemble d'objets reliés par sa piété et son obéissance. L'homme ne se reconnaît pas dans ce qui est pourtant lui-même (aliénation). Selon les termes de Feuerbach,

« l'essence surnaturelle et surhumaine de Dieu doit être ramenée à son fondement particulier dans l'essence de l'homme. Ainsi nous nous retrouvons à notre point de départ. L'homme est l'origine de la religion, l'homme est le centre de la religion, l'homme est la fin de la religion. »

L'ouvrage n'eut pas tout de suite l'audience qu'Engels (1820-1895) lui attribuera dans son livre *Ludwig Feuerbach et la fin de la philosophie allemande classique.* Mais ses éditions successives donnèrent lieu à de nombreuses discussions parmi les hégéliens de gauche, marquèrent l'évolution de Marx et d'Engels vers le matérialisme, et constituent un des plus importants points de repère pour l'étude de l'athéisme, de l'aliénation idéologique et du rationalisme.

Esthétique comme science de l'expression et linguistique générale (1902), ouvrage de Benedetto Croce (1866-1952). L'auteur y reprend la thèse de l'universitaire italien Francesco De Sanctis (1817-1883), selon laquelle l'imagination intuitive et créatrice du poète est tout autre chose que la synthèse conceptuelle du philosophe. L'idée principale de Croce est que l'art est une forme de connaissance originaire qui précède la connaissance logique. « La connaissance a deux formes, écrit-il, [...] elle est ou productrice d'images ou productrice de concepts. » Critiquant une conception étroite de la linguistique qui réduit le langage à un univers de signes, il montre que toute intuition est expression, c'est-à-dire art, poésie, communication. Il ouvre ainsi la voie à une science de l'expression verbale, plastique, musicale ou corporelle et à l'analyse du symbolisme, l'esthétique étant à la fois théorie de l'art et théorie de la communication. Il met l'accent sur la nature formelle de l'œuvre d'art et sur son autonomie ; l'art est cosmique, il n'est pas imitation mais création.

État et la Révolution (l') [1918], ouvrage de Lénine (1870-1924). Dans ce livre, l'auteur définit l'action à mener : d'abord l'abolition du parlementarisme, « non pas en détruisant les organismes représentatifs et le principe de l'élection, mais en transformant ces moulins à paroles en assemblées agissantes ». Il fixe ainsi la tâche immédiate : « C'est nous-mêmes, les ouvriers, qui organiserons la grande production en prenant pour point de départ ce qui a déjà été créé par le capitalisme, en nous appuyant sur notre expérience ouvrière, en instituant [...] une discipline de fer maintenue par le pouvoir d'État des ouvriers armés ; nous réduirons les fonctionnaires publics au rôle de simples agents d'exécution de nos directives. » L'étape suivante est la suppression de l'État : « Le prolétariat n'a besoin de l'État que pour un temps. Nous ne sommes pas le moins du monde en désaccord avec les anarchistes quant à l'abolition de l'État en tant que but. Nous affirmons que, pour atteindre ce but, il est nécessaire d'utiliser provisoirement les instruments du pouvoir d'État contre les exploiteurs. »

Même la forme démocratique de l'État doit être abolie aux yeux de Lénine : « La démocratie, c'est un État reconnaissant la soumission de la minorité à la majorité ; autrement dit, c'est une organisation destinée à assurer l'exercice systématique de la violence par une classe contre une autre. [...] Nous nous assignons comme but final la suppression de l'État, c'est-à-dire de toute violence organisée et systématique. » Mais cette suppression ne peut se produire que lors de la phase ultime, celle du communisme. « En société capitaliste, nous n'avons qu'une démocratie tronquée [...], falsifiée, uniquement pour les riches, pour la minorité. La dictature du prolétariat, période de transition au communisme, établira pour la première fois une démocratie pour le peuple, pour la majorité, parallèlement à la répression nécessaire d'une minorité d'exploiteurs [...]. Seul le communisme est capable de réaliser une démocratie réelle [...], seul le communisme rend l'État absolument superflu. » Ces quelques thèses ont eu une importance décisive pour l'histoire du marxisme.

Éthique, nom donné à trois ouvrages de morale dans le *Corpus* d'**Aristote**. L'*Éthique à Eudème* (ainsi nommée sans doute parce qu'elle aurait été éditée par Eudème) a dû être composée lors du séjour d'Aristote à Assos (345 av. J.-C.). L'*Éthique à Nicomaque* reprend, développe et précise les mêmes thèmes. Enfin, la *Grande Éthique* expose de façon plus succincte et moins organisée les mêmes idées ; elle représente peut-être un cours intermédiaire entre les deux *Éthiques*.

L'*Éthique à Nicomaque* contient donc le dernier état de la pensée morale d'Aristote et a dû être professée au Lycée, le livre X se situant à la fin de sa carrière. Le bonheur est posé comme la fin suprême de l'activité humaine, et la vertu est définie comme un moyen terme entre deux extrêmes ; les notions de volontaire et d'involontaire permettent de mieux comprendre la nature propre de la vertu. Aristote s'y livre à une étude minutieuse des principales vertus : une distinction fondamentale oppose les vertus intellectuelles (comme la prudence) aux vertus morales (force, tempérance, justice). Maîtrise de soi, plaisir et douleur sont longuement étudiés. Deux livres entiers (VIII et IX) sont consacrés à l'amitié, à sa nature, à ses diverses espèces, à ses propriétés et à ses effets. Dans le dernier livre, revenant au problème initial, Aristote montre que le bonheur suprême réside dans la contemplation de Dieu.

Éthique, traité de morale d'Abélard (1079-1142), écrit en latin, commencé après 1129, où la moralité des actions est définie sans relation avec les dogmes religieux, et fondée sur des « principes rationnels ».

Éthique *(l')* [1677, posthume], ouvrage de B. **Spinoza**, écrit en latin, dans lequel l'auteur expose son système de métaphysique *more geometrico* (c'est-à-dire à la façon des géomètres, en procédant par axiomes, définitions et démonstrations). L'essai comporte cinq parties : « De Dieu », « De la nature et de l'origine de l'esprit », « De l'origine et de la nature des sentiments », « De la servitude humaine ou des forces des sentiments », « De la puissance de l'entendement ou de la liberté humaine ».

Éthique protestante et l'esprit du capitalisme *(l')* [1920], ouvrage de Max Weber (1864-1920). L'auteur recherche dans l'histoire des religions les origines du capitalisme. Il analyse le rapport en apparence paradoxal entre les croyances et le style de vie des sectes protestantes et le développement du capitalisme. Les protestants qui croient à la prédestination donnent aux choses humaines une signification sacrée et cherchent des « signes » de la faveur de Dieu dans l'accomplissement de leurs actes. Ils mènent donc une vie ascétique, rigide, et leur travail est organisé rationnellement. Le profit du capital devient alors le but nécessaire de toute une organisation méthodique de vie à laquelle se contraint l'esprit religieux puritain. Ce qui amène Weber à conclure que le capitalisme est l'héritier du calvinisme et du puritanisme.

Être et le Néant (l') [1943], ouvrage de J.-P. **Sartre**. Dans cet *Essai d'ontologie phénoménologique,* l'auteur expose sa métaphysique, dite « existentielle » parce qu'elle considère les problèmes vécus de l'existence humaine. Mais elle ne fait que les prendre comme applications d'une ontologie très précise, très logique, qui part de la notion d'en-soi. Les avatars par où passe le pour-soi (c'est-à-dire l'être conscient, l'homme) dans ses efforts pour se distinguer de l'en-soi anonyme, auquel il finit par revenir, sont minutieusement décrits par J.-P. Sartre et forment la majeure partie de l'ouvrage. Il étudie successivement « les Structures du pour-soi », « la Temporalité », « la Transcendance », « l'Existence d'autrui », « la Liberté », et conclut à l'échec de ces diverses entreprises. Le pour-soi, formé d'être et de néant, se résorbe dans l'être originel.

Être et Temps (1927), ouvrage de M. **Heidegger**, dans lequel il expose les principales thèses de sa philosophie. Heidegger se donne pour but de déterminer le *sens de l'être* (ontologie) et utilise pour y parvenir l'analyse phénoménologique. Il distingue soigneusement de l'être ses aspects particuliers, qui forment l'étant *(seiende),* tel l'être-là *(dasein),* qui est aussi l'existant. Il analyse longuement cet étant et ses diverses situations au sein du monde, mais parvient à l'idée que son essence même est l'*être-dans-le-monde,* c'est-à-dire l'existence saisie en elle-même, jetée, pour ainsi dire, dans le monde, et ressentie dans l'angoisse comme toujours incomplète, imparfaite. Elle ne trouve son achèvement, sa fin, que dans la mort. L'être même de l'être-là est l'*être-pour-la-mort.* Malgré ses multiples efforts pour sortir de soi, pour se confondre avec d'autres, l'existant se retrouve toujours seul, angoissé, et ne reprend un sens que dans l'acceptation de son destin, par la conscience du temps (historisme), du néant dont il est tiré, et de sa liberté qui, seule, peut dépasser et transcender le monde.

Euthyphron, un des premiers dialogues de **Platon**, dont le principal but est de compléter l'***Apologie de Socrate*** en montrant combien la religion de Socrate est supérieure à la croyance populaire.

Évolution créatrice (l') [1907], ouvrage de H. **Bergson**. Le donné, d'après l'auteur, c'est la durée pure, saisie par intuition, devenir exclusivement qualitatif, qui va d'hétérogène en hétérogène, sans repasser jamais par les mêmes états et en produisant toujours du nouveau. Il est l'élan vital, puissance dynamique et imprévisible, orientée dans un sens que notre instinct pressent plus que notre intelligence ne le comprend.

existentialisme est un humanisme (L') [1946], ouvrage de J.-P. **Sartre**. La formule « l'existence précède l'essence », telle que l'entend

Sartre dans son essai, conduit, parce qu'il n'existe ni Dieu ni prédestination, à la prise en compte de la subjectivité de l'individu et de son action. En effet, selon Sartre, « l'homme est seulement, non seulement tel qu'il se conçoit, mais tel qu'il se veut, et comme il se conçoit après l'existence, comme il se veut après cet élan vers l'existence ; l'homme n'est rien d'autre que ce qu'il se fait ». C'est par sa volonté libre que l'homme crée son propre destin ; c'est en conscience et en toute responsabilité qu'il agit, choisit, s'engage. Et ce choix engage tous les hommes : « Chacun d'entre nous se choisit, mais par là nous voulons dire aussi qu'en se choisissant il choisit tous les hommes. En effet, il n'est pas un de nos actes qui, en créant l'homme que nous voulons être, ne crée en même temps une image de l'homme tel que nous estimons qu'il doit être. » Et cette situation commence à partir du jour où nous sommes « jetés dans le monde », dans l'existence, dans l'immédiat.

F

Fondements de la critique de l'économie politique, ouvrage de K. **Marx**, paru une première fois en français sous ce titre en 1939, puis sous le titre de *Manuscrits de 1857-1858* (ou *Grundrisse*) en 1980. Ce texte permet de comprendre la transition qui s'effectue dans la pensée de Marx entre les ***Manuscrits de 1844*** et la ***Contribution à la critique de l'économie politique*** (1859). Dans les *Fondements,* Marx abandonne définitivement le vocabulaire et la problématique de Hegel. Ce texte permet, par exemple, de comprendre comment et pourquoi le terme (et la problématique) de l'*aliénation,* qui apparaît dans les *Manuscrits de 1844,* disparaît dans la suite de l'œuvre de Marx. Le titre même, longtemps donné à cette œuvre, provient d'une lettre de Marx à Engels (1820-1895) du 8 décembre 1857, dans laquelle il déclare travailler « au moins pour clarifier les grandes lignes générales (en all. *die Grundrisse*) avant le déluge ». Ce déluge est sans doute une sorte de cataclysme final du système capitaliste, dont Marx avait cru voir les signes annonciateurs dans la crise économique de 1857. Dans son esprit, il fallait, pour affronter la crise après l'échec de la révolution de 1848, une analyse théorique générale, qui permettrait de faire face aux échéances politiques à venir.

L'analyse du texte permet de saisir sur le vif la liaison entre la recherche théorique et la lutte pratique, par exemple contre le proudhonisme de fait, le *trade-unionisme,* vers lesquels tendaient la classe ouvrière et ses porte-parole. Elle permet aussi de mettre en question la thèse d'une coupure entre un « jeune » et un « vieux » Marx. La lecture attentive des *Fondements* par le philosophe italien Antonio Negri (né en 1933) a permis d'établir un rapport nouveau entre la critique de l'économie politique et l'État – tels que Marx les percevait. De façon générale, le modèle « scientifique », conçu comme essentiellement lié à l'objectivité, au primat des objets de l'entendement, est désormais en proie à une crise. Marx montre que l'importance de la pratique révolutionnaire est telle qu'il faut aller jusqu'à mettre en question la dialectique et douter d'elle, dans les circonstances où elle n'aurait pas l'autonomie d'une force collective tendue vers la réalisation du communisme.

Fondements de la métaphysique des mœurs (1785), ouvrage de E. **Kant**. Ce livre est divisé en trois sections : 1° passage de la connaissance morale ordinaire à la connaissance philosophique ; 2° passage de la philosophie élémentaire à la métaphysique des mœurs ; 3° passage de la métaphysique des mœurs à la critique de la raison pure pratique. Seule est absolument bonne la bonne volonté. La volonté est bonne lorsqu'elle agit non pas selon les impulsions de la sensibilité à la recherche du bonheur, mais selon une règle universelle, commune à tous les êtres raisonnables. Cette règle est l'impératif catégorique, fondement de l'obligation morale.

***Formation de l'esprit scientifique** (la)* [1938], ouvrage de G. **Bachelard**, dans lequel le philosophe s'interroge sur les obstacles épistémologiques que rencontrent les sciences dans leur développement, et qui conduisent l'épistémologue à élaborer une psychanalyse de la connaissance.

***Foule solitaire** (la)* [1950], ouvrage de David Riesman (1909-2002). L'auteur analyse en trois phases l'évolution historique de la personnalité des individus façonnée par les sociétés : 1° primauté de la communauté et des traditions ; 2° cloisonnement des classes et emprise des valeurs familiales avec la naissance de la société industrielle ; 3° atténuation des valeurs traditionnelles, prépondérance de l'individualisme et valorisation des loisirs avec la société de consommation. L'expansion des médias contribue au déclin des traditions et à la contestation d'institutions telles que la famille et l'école. La société moderne a engendré un type de personnalité sociale « extra-déterminé ». L'individu soumis à un flot de messages et d'informations est plus sensible à l'influence « extérieure » et simultanément moins sensible à l'influence « intérieure » (famille, traditions).

G

Gai Savoir (le) [1882], ouvrage de F. **Nietzsche**. Écrit lors de la convalescence d'une grave maladie, ce livre respire la joie. « Ce sont, dit Nietzsche, les saturnales d'un esprit qui a résisté avec patience à un long et épouvantable écrasement, avec une ferme patience et une froide résolution, sans humilité comme sans espérance, et qui tout à coup est repris par l'espoir et l'ivresse de la guérison. » *Le Gai Savoir* comprend cinq livres d'aphorismes, précédés d'un prologue en vers et suivis d'un épilogue : *les Chansons du prince Vogelfrei*. On y voit apparaître l'idée de l'éternel retour, que Nietzsche devait développer dans ***Ainsi parlait Zarathoustra*** (1883-1885).

Généalogie de la morale (1887), ouvrage de F. **Nietzsche**. Ce livre est la suite de ***Par-delà (le) bien et (le) mal*** (1886). Il est, avec *le Cas Wagner* et *le* ***Crépuscule des idoles*** (1888), un fragment détaché du grand ouvrage inachevé que Nietzsche prépara à la fin de sa carrière : *la* ***Volonté de puissance*** (1901). Il comprend trois parties : la morale des maîtres et la morale des esclaves, le péché et la mauvaise conscience, l'idéal ascétique. L'idée fondamentale est que la morale, dont l'ascétisme et la science ne sont que des aspects, est née du ressentiment d'êtres faibles à qui leur médiocrité interdit l'action, et qui cherchent une compensation dans des règles qui interdisent l'action aux créateurs comme à eux-mêmes.

Gorgias, dialogue de **Platon**, composé probablement entre 395 et 391 av. J.-C. Les interlocuteurs sont Socrate, Chéréphon, Gorgias, Polos et Calliclès. L'objet du dialogue est de rechercher ce que doit être la conduite de la vie. Il ne faut pas la laisser à la rhétorique, qui n'est pas un art véritable fondé sur la connaissance du vrai, mais seulement une technique pour écraser l'adversaire, et qui engendre une morale individualiste (« la morale de Calliclès »). Tout au contraire, la philosophie enseigne que le bonheur, dans cette vie et dans l'autre, a pour conditions la justice et la tempérance. Le dialogue s'achève par un grand mythe sur la vie future et le jugement des morts.

Guerre civile en France (la) [1871], ouvrage de K. **Marx**. L'auteur insiste, dès le début de l'insurrection parisienne, pour répondre à ceux qui voient dans la Commune une forme d'aventurisme dans la lutte des classes. Il pousse, dès ce moment, le Conseil général de l'Internationale à soutenir la classe ouvrière en lutte à la fois contre les Prussiens et « les canailles bourgeoises de Versailles ». L'analyse de Marx tend à montrer que la guerre civile de 1871, c'est-à-dire la Commune, est un événement historique sans précédent, en ce sens que, n'ayant pas le choix face à l'alliance des militaires prussiens et de la bourgeoisie française, les Parisiens n'ont eu qu'une alternative, « ou de relever le défi, ou de succomber sans combat ». Marx ajoute dans une lettre à un objecteur qui lui faisait observer que l'issue de la guerre était d'emblée prévisible : « Dans ce dernier cas, la démoralisation de la classe ouvrière aurait été un malheur plus grand que la perte d'un nombre quelconque de “chefs”. Grâce au combat livré par Paris, la lutte de la classe ouvrière contre la classe capitaliste et son État capitaliste est entrée dans une phase nouvelle. » Le 30 mai 1871, Marx termine son ouvrage par ces mots : « Le Paris ouvrier, avec sa Commune, sera célébré à jamais comme le glorieux fourrier d'une société nouvelle. Le souvenir de ses martyrs est conservé pieusement dans le grand cœur de la classe ouvrière. »

H

Héritiers (les) [1964], ouvrage de P. **Bourdieu** et Jean-Claude Passeron (né en 1930). Les auteurs montrent que les étudiants des classes aisées doivent à leur milieu d'origine des habitudes et des attitudes (« savoirs, savoir-dire, savoir-faire ») qui favorisent leur réussite scolaire. Le système français d'enseignement est perçu comme une institution qui assure la continuité de la transmission des privilèges culturels et qui reproduit les rapports qui existent déjà entre les différentes classes sociales.

Hippias, titre de deux dialogues de **Platon** (début du IVe s. av. J.-C.). Le premier *Hippias* (ou *Majeur*) traite de la nature du Beau. Socrate réfute les théories des poètes, des philosophes et des sophistes sur la nature du Beau. Le second *Hippias* (ou *Mineur*) est tout entier dirigé contre la sophistique.

Histoire comique des États et Empires de la Lune (1657), ouvrage de Savinien Cyrano de Bergerac (1619-1655). Ce voyage imaginaire, dans la tradition utopique de Thomas More (1478-1535), permet à l'auteur d'affirmer ses doutes à l'égard de la tradition religieuse et de l'argumentation théologique. Au-delà de la fantasmagorie se révèlent des vues audacieuses sur l'homme au sein de l'univers. Le style passe facilement de la truculence à l'ironie et de la lenteur grave à l'enjouement.

Histoire de la folie à l'âge classique (1961), ouvrage de M. **Foucault**. L'auteur entreprend l'application d'une méthode nouvelle, qui consiste à prendre un fait, regardé habituellement comme intrinsèque à un être humain (la folie), pour ne le considérer plus que comme extérieurement à celui-ci, notamment à l'aide du contexte social dans lequel cet être existe historiquement. Michel Foucault met ainsi en évidence l'histoire que suit le discours, notamment médical et institutionnel, sur la folie, depuis le Moyen Âge jusqu'à nos jours.

Histoire et conscience de classe (1923), ouvrage de György Lukács (1885-1971). L'auteur tente de démontrer que la révolution idéologique la plus importante entre Hegel et Marx n'est pas celle de la substitution d'une méthode à une autre, mais la transformation de l'objet de cette méthode, la dialectique. Il écrit notamment : « Ce n'est pas la prédominance des faits économiques dans l'explication de l'histoire qui distingue de façon décisive le marxisme de la science bourgeoise, c'est le point de vue de la totalité. La catégorie de la totalité, la domination, déterminante, et dans tous les domaines, du tout sur les parties constitue l'essentiel de la méthode que Marx a empruntée à Hegel. » La catégorie la plus importante que Lukács utilise est celle de la méditation, c'est-à-dire le lien entre la facticité d'une situation et la totalité en devenir. Lukács y analyse également la réification, c'est-à-dire la transformation que fait subir la société d'une situation vécue subjectivement en notion objective et agissante.

Homme du ressentiment (l') [1912], titre français donné à l'ouvrage de Max Scheler (1874-1928) appelé à l'origine *le Ressentiment dans la genèse des morales*. Cette œuvre importante de la phénoménologie à orientation axiologique étudie une totalité d'expériences vécues désignée sous le terme français de « ressentiment », que Nietzsche utilisait déjà dans sa philosophie et qui correspond à peu près au terme allemand *Groll*.

Homme unidimensionnel (l') [1964], ouvrage de Herbert Marcuse (1898-1979), qui analyse le capitalisme américain et les formes de socialisme pratiquées dans les pays de l'Est. La toute-puissance de la productivité et de la technicité vise à détruire une des composantes instinctuelles de l'homme, que Marcuse a empruntée à Freud et qu'il appelle l'élément politique de l'éros. Selon l'auteur, les progrès de la technicité ont rendu socialement possible une satisfaction des besoins des hommes, pour autant qu'ils sont modelés ou canalisés par cette société. L'homme a donc perdu la dimension d'agressivité : il n'a plus qu'une seule dimension, la passivité, l'acceptation. Marcuse écrit notamment : « La société industrielle avancée est un univers politique [...] la dernière phase d'un projet historique qui se réalise, à savoir la transformation et l'organisation de la nature en tant que simples supports de la domination (que cette domination s'exprime par la bourgeoisie au sens de Marx ou par l'appareil bureaucratique d'État dans les pays dits socialistes). » Ce livre pessimiste, où sont mis en lumière l'accroissement de l'irrationnel, l'injustice grandissante de la répartition des biens matériels, l'aggravation de l'exploitation, eut une grande importance dans les années 1960.

Humain, trop humain (1878), ouvrage de F. **Nietzsche**. « Le titre de mon livre, dit Nietzsche dans

Ecce Homo, veut dire ceci : là où vous voyez des choses idéales, moi, je vois des choses humaines, hélas ! trop humaines seulement. » L'auteur écrit : « En un certain sens, toutes les actions accomplies de nos jours sont folles, car le plus haut point que l'intelligence de l'homme puisse atteindre aujourd'hui sera certainement dépassé plus tard ; et, à ce moment, tous nos actes, tous nos jugements, tous nos idéaux apparaîtront aussi dépourvus d'intelligence et de réflexion que les actes et les jugements des peuplades les plus arriérées. »

I

Idées directrices pour une phénoménologie (1913), ouvrage de E. **Husserl**. L'ouvrage entier comprend trois livres, dont les deux derniers restèrent inédits jusqu'en 1952. L'ensemble traite de « phénoménologie pure ou transcendantale », c'est-à-dire non d'une science portant sur des faits, mais sur des essences ; celles-ci sont atteintes à travers une méthode de réduction eidétique : le premier livre donne la théorie générale de ces réductions phénoménologiques. Le deuxième livre traite de problèmes concernant la constitution de la chose physique, du moi psychophysiologique et de la personne du point de vue des sciences de l'esprit. Le troisième livre est consacré à l'Idée de la philosophie : la vraie philosophie prend racine dans la phénoménologie pure. Aussi les philosophes ont-ils enfin une philosophie rigoureusement fondée et systématiquement exposée, présupposant par elle-même toute métaphysique future pouvant se donner comme science. Tel est le vaste projet des *Ideen* de former une science de l'essence *a priori*, c'est-à-dire, selon l'expression de Husserl, une *science eidétique,* la pensée du *logos* se rattachant à une présence concrète.

La phénoménologie des *Ideen* est un idéalisme transcendantal, c'est-à-dire caractérisant la démarche du sujet hors du jeu du monde empirique et orienté vers le fondement ultime de toute connaissance. Malgré le terme « transcendantal », qui est kantien, la question de Husserl n'est pas celle de Kant : ce dernier pose le problème de la validité d'une conscience objective du point de vue de sa possibilité ; Husserl, au contraire, sort de cette attitude « naturelle ». Il pose la question de l'origine du monde et fait de la conscience un sujet d'intuition et non de construction : l'intuition est « donatrice originaire ». La donation du *voir* du sujet transcendantal s'est substituée à la constitution naturelle du monde, c'est-à-dire à ce que Husserl appelle la « thèse du monde », que nous devons « réduire » ou « suspendre » en vue de la constitution transcendantale.

Idées sur la philosophie de l'histoire de l'humanité (1784-1791), ouvrage de Johann Gottfried von Herder (1744-1803). « Tout a sa philosophie, déclare Herder ; pourquoi l'histoire n'aurait-elle pas la sienne ? » Il doit exister un plan dans le gouvernement des destinées de l'humanité. C'est ce plan que Herder cherche à comprendre. Son ouvrage, divisé en vingt livres, traite de la Terre, de l'organisation des êtres végétaux et animaux, des climats, de l'influence des milieux sur l'éducation ; il retrace l'histoire des races humaines dans l'Inde, la Chine, les grands empires d'Asie, la Grèce, et l'histoire des peuples d'Occident. Les *Lettres sur les progrès de l'humanité* (1793-1797) forment une suite à cet ouvrage.

Idéologie allemande (l') [1845], ouvrage de K. Marx et de Friedrich Engels (1820-1895). Cet essai est consacré essentiellement à la critique du matérialisme de Ludwig Feuerbach (1804-1872), de l'idéalisme des jeunes hégéliens, de l'anarchisme de Max Stirner (1806-1856) et des conceptions socialistes de Moses Hess (1812-1875).

Idéologie et Utopie (1929), ouvrage de Karl Mannheim (1893-1947), qui pose les fondements de la connaissance. L'auteur développe l'idée que les idéologies n'ont d'autres fonctions que de préserver, dans la société, les intérêts du groupe dominant. En ce sens, elles légitiment le conservatisme. Quant aux utopies, elles constituent la réponse des groupes opprimés.

Impérialisme, stade suprême du capitalisme (l') [1916], ouvrage de Lénine (1870-1924). L'auteur entend par « impérialisme » le dernier stade du capitalisme, parvenu au seuil de la transformation socialiste et voyant s'accroître démesurément ses propres contradictions. Selon lui, ce stade suprême est caractérisé par la disparition de la libre concurrence devant les monopoles, par l'exportation du capital, la lutte mondiale pour la conquête des débouchés économiques, les risques de guerre qui en découlent, ainsi que l'apparition de régimes autoritaires se substituant à la démocratie bourgeoise. La « loi du profit maximal », selon l'auteur, pousse le capitalisme à se concentrer à l'extrême, devenant ainsi « son propre fossoyeur ». À ce stade, en effet, toutes les conditions matérielles seraient réunies pour une transformation socialiste, en particulier par la domination des monopoles, qui signifie une socialisation très poussée de la production, et par l'aggravation des contradictions entre travail et capital.

Intention (l') [1957], ouvrage de Gertrude Elizabeth Margaret Anscombe (1919-2001). Cet essai est tenu pour l'un des fondements de la philosophie contemporaine de l'action. L'auteure, disciple et exécutrice testamentaire de Wittgenstein, appréhende la question de l'intention en associant les acquis de la phénoménologie et de la philosophie analytique à la pensée d'Aristote. Le propos est de distinguer les causes et les raisons de l'action. Les premières déterminent une réaction dans laquelle n'entre pas d'intention, les secondes sont les motifs selon lesquels la volonté se détermine elle-même. L'intention n'est donc pas réductible à un schéma de causalité ; elle suppose un syllogisme pratique, une forme de raisonnement ordonné à l'action. L'ordre de l'agir n'est donc pas linéaire : le motif ne précède pas l'action comme la cause précède l'effet, il ne se connaît que dans le contexte de raisons déterminées et d'actions effectives. En ce sens, il est impossible de prévoir et d'expliquer l'intention, mais il est possible de la comprendre *a posteriori*.

Interprétation des rêves (l') [1900], ouvrage de S. **Freud**. Pierre angulaire de la pensée freudienne, ce livre présente pour la première fois l'idée que le rêve est la voie royale d'accès à l'inconscient, ses mécanismes étant ceux de toutes les formations de l'inconscient. La méthode d'interprétation des rêves qui y est présentée consiste à montrer que le rêve est un accomplissement de désir. Le désir n'apparaissant dans le rêve que déformé, la méthode consiste à restituer ce désir à travers les déformations qu'il a subies.

Introduction à la métaphysique (1953), ouvrage de M. **Heidegger**. Cette œuvre, qui est la mise en forme d'un cours professé à Fribourg-en-Brisgau en 1935, se veut un retour à l'essence même de la pensée, au moyen d'une bonne formulation de la question : « Pourquoi y a-t-il de l'étant et non pas plutôt rien ? » Face à cette question, qui est aussi pour Heidegger la question fondamentale de la métaphysique, l'auteur tente de faire « une grammaire de l'être », c'est-à-dire la recherche de ce que pourrait apporter l'étude des correspondants grammaticaux de l'infinitif (« être »), du participe (« étant »), en allemand et en grec ancien. Il en conclut que l'être est en relation avec l'exister, le devenir, l'apparaître et surtout le penser. La référence à la langue grecque des présocratiques permet à Heidegger de poser la question des rapports de notre mode de pensée avec ses origines et de refuser toute voie qui ne passerait pas par un retour à ces origines.

Introduction à l'étude de la médecine expérimentale (1865), ouvrage de Claude Bernard (1813-1878), primitivement destiné à être une préface aux *Principes de médecine expérimentale,* ouvrage demeuré inachevé (les fragments en furent publiés en 1947). Claude Bernard s'efforce de définir les règles de la recherche expérimentale en biologie, afin de faire accéder cette discipline au rang de science véritable. Il étudie l'observation et l'expérimentation en biologie, puis le travail de l'intelligence sur ces données, le doute méthodique du savant, sa foi dans le déterminisme. Il a dégagé le rôle de l'hypothèse, ou « idée préconçue », comme fondement de la recherche.

Investigations philosophiques (1953), ouvrage en deux parties de L. **Wittgenstein**, rédigé, pour la première, de 1936 à 1945 et, pour la seconde, entre 1947 et 1949. Cet essai marque la coupure de l'auteur avec la théorie de l'atomisme logique, de Bertrand Russell en particulier. Selon Wittgenstein, il faut insister sur le fait qu'un mot ou une proposition n'ont de sens qu'en vertu d'un système qui leur préexiste : la maîtrise du langage ressemble sur ce point à la maîtrise d'une technique.

Ion, dialogue de **Platon**, qui a pour sujet principal la création poétique. La doctrine de l'inspiration s'y exprime dans l'image de la chaîne aimantée dont les anneaux se rattachent les uns aux autres par une sorte de pouvoir surnaturel. Ainsi, le rhapsode tient son inspiration du poète, qui la tient du dieu.

J

Julie ou la Nouvelle Héloïse, ou ***Lettres de deux amants d'une petite ville au pied des Alpes***, roman épistolaire de J.-J. **Rousseau** (1761). L'interdit social ne peut retenir Saint-Preux, jeune plébéien, et son élève Julie, fille du baron d'Étanges, d'éprouver une passion violente que ne peut vaincre une première séparation. Devenue la maîtresse de Saint-Preux, Julie doit pourtant, sur l'ordre de son père, épouser M. de Wolmar, philosophe mûri par les épreuves, et le jeune homme s'éloigne à nouveau. À son retour, il est invité par M. de Wolmar, à qui sa femme a avoué sa faute, à venir élever les deux enfants du couple dans leur propriété de Clarens. Mais, après un moment d'accalmie, l'amour renaît, et seule la mort évite à Julie de faillir encore. La transmutation d'une passion humaine en passion pour la vertu se révèle impossible, et la « vie » met en échec l'audacieuse pédagogie morale de M. de Wolmar : « Qu'ils soient toujours amants et ne soient plus qu'amis... »

En contrepoint de l'intrigue amoureuse, plusieurs lettres consacrent de longs développements au débat religieux, à la critique de la vie sociale symbolisée par la mondanité et les spectacles parisiens, au projet d'inscrire dans un système ordonné le jaillissement de la nature, qu'il s'agisse de l'organisation paternaliste du domaine de Clarens, de l'éducation des enfants ou de l'art des jardins : « La nature a tout fait, mais sous la direction. »

L

Lettre à d'Alembert sur les spectacles (1758), ouvrage de J.-J. **Rousseau**, réplique à l'article « Genève » de l'***Encyclopédie*** (1751-1772) où d'Alembert (1717-1783), pour plaire à Voltaire, préconise l'ouverture d'un théâtre à Genève. La *Lettre* de Rousseau analyse les dangers du théâtre, qui cherche à plaire plutôt qu'à instruire, donne trop de place à l'amour ; la tragédie nous intéresse à des scélérats, des héros surhumains ou passionnés, la comédie rend le vice plaisant et fait rire de la vertu. Les spectacles favorisent le luxe et l'oisiveté, l'impudeur des comédiens. Genève enfin y perdrait ses ressources financières et morales. Ce réquisitoire s'inscrit dans la critique rousseauiste de la *représentation* (politique, sociale, esthétique), du signifiant imaginaire que le théâtre, ici, institutionnalise. Rousseau lui oppose la fête comme présence immédiate du moi à l'autre.

Lettres, de saint **Augustin**. La correspondance de saint Augustin se compose de 276 lettres, dont 53 appartiennent à ses correspondants. Elles se répartissent sur une quarantaine d'années (386 à 429). La plupart traitent de questions philosophiques, dogmatiques et morales.

Lettres à Lucilius, recueil de 124 lettres adressées par **Sénèque** le Philosophe à son ami Lucilius Junior. Dans cette correspondance composée v. 63 apr. J.-C., Sénèque se fait le guide de Lucilius pour l'initier à la morale stoïcienne. Sur le ton très familier de la conversation, le philosophe prend pour prétexte les menus incidents de sa vie quotidienne pour enseigner comment trouver le véritable bonheur, mépriser la mort ou aimer ses esclaves.

Lettres persanes (1721), roman philosophique de C. de **Montesquieu**, paru à Amsterdam sans nom d'auteur. Usant d'un procédé satirique déjà utilisé par Charles Dufresny (1657-1724) dans ses *Amusements sérieux et comiques* (1699), l'auteur soumet le monde occidental au regard de deux voyageurs persans, Usbek et Rica, qui font part de leurs impressions à différents correspondants. Le récit se développe à deux niveaux : à mesure qu'Usbek poursuit son enquête sur les mœurs parisiennes, le luxe, le progrès, le gouvernement, la législation, le désordre s'installe et la révolte éclate dans le sérail qu'il a abandonné. Découvrant intellectuellement le lien nécessaire, et si souvent distendu, entre bonheur et liberté (témoin la fable des Troglodytes), Usbek constate que son propre système de vie repose sur la contrainte infligée à autrui : contradiction qui noue étroitement romanesque et débat philosophique.

Lettres philosophiques ou ***Lettres anglaises*** (1734), ouvrage de **Voltaire**. Se fondant, avec quelques réserves, sur le modèle anglais, ces 25 lettres définissent de façon claire et efficace le programme d'action des Lumières, l'échelle des vraies valeurs de la civilisation, et désignent les adversaires : le fanatisme, les philosophies chimériques (Descartes) ou trop contemplatives (Pascal). Saisi, brûlé, l'ouvrage eut un succès considérable.

Lettre sur la tolérance (1689), ouvrage de J. **Locke**. Dans ce texte, l'auteur demande que l'individu soit respecté comme tel, et qu'il n'ait à rendre compte de ses actes qu'à Dieu. C'est une protestation contre l'arbitraire du pouvoir politique, qui s'inscrit dans le combat en faveur d'une monarchie constitutionnelle.

Lettre sur les aveugles à l'usage de ceux qui voient (1749), ouvrage de D. **Diderot**, qui fit enfermer son auteur trois mois à Vincennes. Le philosophe s'interroge dans cet essai sur la perception du monde par les aveugles et le rapport de la sensation et du jugement. Mais au-delà d'un exposé sensualiste, il procède à une mise en cause de l'ordre du monde célébré par le déisme, et de la fixité des idées métaphysiques et morales, dépendantes qu'elles sont des organes et des sens.

Léviathan (le), ou la matière, la forme et la puissance d'un État ecclésiastique et civil (1651), ouvrage de T. **Hobbes**. Le Léviathan est la « chose publique ou État (Commonwealth), en latin *civitas* ». C'est la fiction par laquelle Hobbes décrit le système social. Au commencement, selon l'auteur, l'homme est un mécanisme, mû par la sensation et en quête du plaisir. Il dispose de la raison : ce qui fait que, lorsqu'il est en face de son semblable, il est en guerre perpétuelle avec lui (« L'homme est un loup pour l'homme »). Une telle situation de guerre empêche toute industrie, toute agriculture, c'est-à-dire interdit qu'il y ait une *propriété* quelconque.

Or, il faut que l'homme sorte de cette situation sous peine de destruction. Aristote affirme que l'homme est fait pour la vie en société : c'est stupide, répond Hobbes, l'homme ne recherche des compagnons que par intérêt. La société est le fruit d'une sorte de pacte que passe « chacun avec chacun », et ce pacte devient une sorte de tiers étranger, qui, qu'il soit un monarque ou une assemblée, va se substituer à la volonté de chacun et de tous. « Telle est l'origine de ce Léviathan, écrit Hobbes, [...] de ce dieu mortel, auquel nous devons, avec l'aide du Dieu immortel, notre paix et notre protection. »

La théorie de Hobbes reprend l'idée traditionnelle de « contrat » en le considérant non pas issu d'une volonté de Dieu, mais comme liant les hommes seuls entre eux. En principe, la forme de l'État n'a pas d'importance : mais, pour Hobbes, soucieux d'aller jusqu'au bout de sa logique, seule la forme de la monarchie absolue traduit le plus efficacement la nature du Léviathan, pour autant que seul un souverain peut à la fois donner et casser la loi.

Livre du philosophe (le) [1896], recueil regroupant plusieurs textes de F. **Nietzsche**, notamment « le Dernier Philosophe » (1872), « le Médecin de la civilisation » (1873), « la Science et la Sagesse en conflit » (1875). L'auteur analyse le processus de dénomination des choses, à la base duquel s'opèrent des raisonnements inconscients à l'insu du penseur rationaliste.

Logique de la découverte scientifique (la) [1934], ouvrage de K. R. **Popper**. Cet essai a marqué durablement la philosophie des sciences. L'auteur entreprend ici de distinguer le discours scientifique du discours non scientifique. Un critère simple mais essentiel apparaît : un énoncé scientifique doit pouvoir être réfuté par l'expérience. Il s'oppose ainsi aux énoncés totalisants qui intègrent par avance la réfutation de toutes les objections que l'on pourrait leur opposer. Les énoncés scientifiques tendent vers la vérité comme vers une limite ; les autres peuvent être doués de sens mais ne sauraient être tenus pour vrais, ne pouvant jamais apparaître comme faux. La science progresse donc par essais et erreurs : il faut substituer la « falsification », la recherche des réfutations, à la vérification toujours suspecte de visée totalisante.

Logique formelle et logique transcendantale (1929), ouvrage de E. **Husserl**, dans lequel le philosophe essaie notamment d'indiquer la nécessité d'une logique transcendantale, c'est-à-dire d'une « doctrine dernière de la science, [...] doctrine des principes et des normes de toutes les sciences ».

Lois (les), ouvrage inachevé de **Platon**, divisé en douze livres et qui se présente sous la forme d'un dialogue. C'est un essai sur les meilleures lois possibles. Platon admet que les lois ont besoin d'une continuelle mise au point. Il cherche les principes du gouvernement non dans une construction philosophique, mais dans les Constitutions existantes : la cité dorienne, telle qu'elle existait à Sparte ou dans les villes crétoises, lui en offre les éléments essentiels, mais il s'inspire aussi des lois athéniennes archaïques, dont certaines ont survécu jusqu'à son époque. Les problèmes concrets qu'il passe en revue vont de l'organisation des repas collectifs, de la vie économique et de l'éducation jusqu'au Code civil et criminel et à l'institution des fêtes religieuses. Sa Constitution idéale est caractérisée par un conservatisme rigoureux et est pénétrée d'esprit religieux.

Luttes de classes en France (les) [1850], ouvrage de K. **Marx**. L'auteur se propose d'appliquer sa méthode d'analyse, le matérialisme fondé sur des bases économiques, à « un fragment d'histoire contemporaine ». Il explique que la révolution de 1848 prend son point de départ dans les mauvaises récoltes de 1845 et 1846, et dans la crise du commerce et de l'industrie en Grande-Bretagne : à la bourgeoisie détentrice des capitaux, des mines de charbon va s'opposer de plus en plus la bourgeoisie industrielle, celle qui fonde des entreprises nouvelles. Seule la première dispose du pouvoir politique : la bourgeoisie industrielle en est écartée. Mais c'est le prolétariat qui réalise dans les faits la révolution, et tout l'enjeu pour la bourgeoisie industrielle consiste à se débarrasser de cet « auxiliaire » gênant : ainsi se déroulent les divers épisodes, les ateliers nationaux, la formation de la Constituante, etc. L'originalité de l'œuvre réside dans la méthode d'analyse historique, qui consiste à montrer, au fil du temps, les alliances provisoires, avec leurs enjeux et leurs contradictions successives.

M

Malaise dans la civilisation (1929), ouvrage de S. **Freud**. L'auteur y montre que la civilisation est soumise aux nécessités économiques et qu'elle paie un lourd tribut aux échecs de la sexualité humaine dus à l'éducation bourgeoise et hypocrite.

Manifeste du parti communiste (1848), texte de K. **Marx** et Friedrich Engels (1820-1895). Dans le premier chapitre, « Bourgeois et prolétaires », les auteurs font de la lutte des classes l'élément moteur du développement des sociétés. À l'opposition constante maîtres/esclaves a succédé l'opposition seigneurs/serfs, puis l'opposition capitalistes/prolétaires. La victoire de ces derniers est inévitable.

Le deuxième chapitre, « Prolétaires et communistes », expose le programme des communistes : conquête du pouvoir politique, abolition de la propriété privée des moyens de production, abolition du salariat, établissement de la propriété collective. Ce programme général s'accompagne de dix mesures, parmi lesquelles figurent la progressivité de l'impôt, l'abolition du droit d'héritage, la centralisation du crédit dans une banque d'État, l'abolition du travail des enfants, la gratuité de l'enseignement.

Le troisième chapitre, « Littérature socialiste et communiste », est une critique des courants socialistes dits « féodal », « petit-bourgeois », « allemand », « bourgeois » et « critico-utopique ».

Enfin, dans un quatrième chapitre, « Position des communistes envers les différents partis d'opposition », il est précisé que les communistes ont le devoir de soutenir « tout mouvement révolutionnaire contre l'ordre social et politique existant », y compris la lutte aux côtés de la bourgeoisie contre le féodalisme. Leurs buts ne peuvent être atteints que par le renversement violent de tout l'ordre social passé. La dernière phrase du texte, « Prolétaires de tous les pays, unissez-vous ! », préfigure la future Association internationale des travailleurs (AIT), ou Ire Internationale.

Manuel ou **_Enchiridion_**, d'**Épictète**. Le philosophe grec n'a rien écrit lui-même, mais Arrien (v. 95 - v. 175), son disciple, rédigea les notes sténographiées qu'il avait prises à ses leçons et les publia, après la mort de son maître, sous le titre d'**_Entretiens_** d'Épictète. De plus, il tira de ce livre un petit ouvrage où est résumée la doctrine et l'appela *Enchiridion* (*Egkheiridion*, « manuel »). La doctrine de l'*Enchiridion* est le stoïcisme. Il faut distinguer les choses qui dépendent de nous, c'est-à-dire notre personne, notre intelligence, notre volonté, et celles qui ne dépendent pas de nous, c'est-à-dire les événements dus au hasard. Nous devons donc ne rechercher exclusivement que les premières.

Manuscrits de 1844. Économie politique et philosophie (1932), titre donné à un groupe de trois manuscrits écrits par K. **Marx** à Paris. C'est à partir de la critique qu'y fait l'auteur de l'aliénation, critique qu'il reprendra plus tard dans des termes différents, que l'on a discuté de la théorie marxiste comme de celle d'un auteur en voie de formation, et que l'on a opposé un « jeune » Marx au reste de l'œuvre. L'intérêt de ces textes réside dans l'approche plus proprement philosophique qu'économique des problèmes que la lecture de Hegel lui a permis de poser.

Matérialisme rationnel (le) [1953], ouvrage de G. **Bachelard**, consacré à l'évolution des connaissances scientifiques sur la matière au XXᵉ s. Le philosophe démontre qu'il existe une rationalité dans la matière, puisque l'extension purement théorique des mathématiques a trouvé un correspondant dans la réalité (avec la microphysique), de même qu'en chimie la classification périodique des éléments due à Mendeleïev (1834-1907) a précédé la découverte réelle de corps matériels nouveaux. Mais le rationalisme est « matériel » en ce sens qu'il est toujours « ouvert », susceptible d'être remis en cause par de nouvelles découvertes.

Matière et Mémoire (1896), ouvrage de H. **Bergson**, où l'auteur expose ses théories psychologiques. Sa théorie de la mémoire distingue une mémoire mécanique corporelle et une mémoire pure, localisée non dans le cerveau, mais dans l'inconscient, d'où les souvenirs surgissent selon les besoins de l'action présente. Cette partie serait non matérielle selon l'auteur.

Méditations cartésiennes (1929), ouvrage de E. **Husserl**, ayant pour origine quatre conférences prononcées à la Sorbonne en février 1929, sous le titre : *Introduction à la phénoménologie transcendantale.* L'auteur y renoue avec la tradition philosophique de Descartes, et y présente notamment les notions d'*épochê* et d'*ego* transcendantal.

Méditations métaphysiques (1641), ouvrage de R. **Descartes**. Ces *Méditations,* au nombre de six, parurent d'abord en latin. En 1647, il en parut une traduction française, due au duc de Luynes (1620-1699) et revue par Descartes. L'auteur commence par expliquer pourquoi nous pouvons douter de toutes choses, « particulièrement des choses matérielles ». Mais, s'il peut douter de l'existence des choses, le philosophe ne peut contester qu'il existe lui-même comme être qui pense, et il est amené à distinguer ce qui est pensée et ce qui est corps.

Descartes aborde ensuite la question de Dieu, dont il démontre l'existence à l'aide d'une argumentation qui remonte à la preuve ontologique de saint Anselme (qu'il ne nomme pas) [3ᵉ Méditation]. Revenant à la perception du monde, il établit que les choses conçues clairement et distinctement sont « produites par Dieu telles que [je] les conçois », donc vraies, que « l'esprit ou l'âme de l'homme est entièrement différent du corps », tout en lui étant uni « non pas comme deux corps mêlés ensemble », mais comme une réalité unique, que Dieu unit ou sépare, et dont nous ne pouvons concevoir l'union qu'à l'aide de catégories spatio-temporelles liées à notre « imperfection », c'est-à-dire à notre finitude.

Les *Méditations* ont suscité des objections de l'abbé Mersenne (1588-1648), de Thomas Hobbes, du Grand Arnauld (1612-1694), de Pierre Gassendi (1592-1655) et de Claude Clerselier (1614-1684), et entraîné des réponses de Descartes à ces objections.

Mémorables ou ***Souvenirs de Socrate***, ouvrage de Xénophon (v. 430 - v. 355 av. J.-C.). L'auteur met en scène Socrate dans une série de dialogues où il expose ses idées sur la piété, la tempérance, les devoirs de famille, l'amitié, les devoirs civiques, les arts, la dialectique.

Ménexène, dialogue de **Platon**. L'interlocuteur de Socrate, Ménexène, arrive de la boulê (haute assemblée), où l'on va désigner l'orateur qui prononcera l'oraison funèbre des soldats morts au combat. Socrate raille ce genre d'éloquence facile. Mis au défi par Ménexène, il lui débite une oraison funèbre qu'il prétend d'Aspasie, et qui est, en fait, un pastiche ironique des rhéteurs.

Ménon, dialogue de **Platon**, portant sur la question de savoir si la vertu peut s'enseigner. L'auteur y développe le thème de la réminiscence. Apprendre, c'est se souvenir, c'est retrouver en soi des connaissances que notre âme a contractées avant sa vie terrestre. La vertu se fonde peut-être sur une sorte d'« instinct » dérivant d'une telle réminiscence, plutôt que sur une connaissance claire.

Métaphore vive (la) [1975], ouvrage de Paul Ricœur (1913-2005). Recueil d'études issues d'un séminaire tenu à Toronto en 1971, cet essai analyse la métaphore, en dépassant à la fois la rhétorique et la sémantique pour parvenir à l'herméneutique. La rhétorique a pris, depuis ses origines, le mot comme unité de référence. La métaphore est alors une simple extension de sens. Des linguistes comme Émile Benveniste (1902-1976) ont dépassé la rhétorique en proposant de prendre la phrase comme unité signifiante globale. Cette approche sémantique se rapporte alors au sens et non plus seulement à la forme. L'herméneutique proposée ici par Paul Ricœur dépasse la sémantique : la métaphore n'est plus seulement examinée quant à sa forme et à son sens, mais quant à sa référence dans la réalité au-delà du langage. Elle est « vive » en ceci qu'elle participe à la vie de la pensée : elle donne à connaître la réalité sous un jour que le sens propre est inapte à manifester.

Métaphysique, ensemble des quatorze livres d'**Aristote**, qui venaient « après la physique ». L'auteur commence par exposer, en les critiquant, les diverses doctrines philosophiques depuis Thalès (v. 625 - v. 547 av. J.-C.) jusqu'à Platon. Il montre qu'elles ont eu le tort de considérer comme les seules causes des êtres celles qui relèvent de la matière. La matière est nécessaire, mais elle est inconcevable en tant que séparée de toute forme. La forme par rapport à la matière est un bien, une perfection ; elle est le terme et la cause de son mouvement. Au sommet de l'échelle des êtres, par-delà le monde sensible, il y a la forme sans matière, l'acte pur : Dieu.

Miettes philosophiques (1844), ouvrage de S. **Kierkegaard**, écrit sous le pseudonyme de Climacus, par opposition à celui d'Anticlimacus, sous lequel il écrivait des œuvres à caractère plus explicitement religieux. Dans les *Miettes philosophiques,* l'auteur lutte contre l'hégélianisme, en faveur du caractère non rationnel du christianisme, caractère qu'il conçoit comme supérieur au rationalisme. Pour lui, l'objectif est de faciliter l'accouchement des idées que Dieu a mises en l'homme ; mais cet objectif ne peut être assumé que par le Christ : l'instant où l'homme accède à la vérité est celui de la conversion. Comme ce moment a été historique, lié à l'existence terrestre du Christ, l'acceptation de la vérité historique de cette nature, qui transcende l'histoire et atteint toutes les générations, n'est possible que par la foi.

Misère de la philosophie (1847), ouvrage de K. **Marx**, dans lequel l'auteur attaque le réformisme de Proudhon (1809-1865) – auteur de ***Philosophie de la misère*** (1846) – et lui oppose la solution révolutionnaire.

Moïse et le monothéisme (1939), ouvrage de S. **Freud**, dans lequel – s'attachant à l'origine égyptienne de Moïse – l'auteur se penche sur l'origine des religions monothéistes. Freud y soutient des thèses complémentaires de celles de ***Totem et Tabou*** (1912) : le meurtre du père de la horde primitive serait l'acte inaugural de la culture, et Moïse serait la répétition de cette histoire archaïque. Par ailleurs, le monothéisme, au prix du renoncement à la puissance de la mère, représenterait un progrès dans la spiritualité : le peuple juif devient le peuple du Livre par le fait de son renoncement aux imagos de la Grande Mère.

Monadologie (1721), ouvrage de G. W. **Leibniz**, écrit en français (1714) pour le prince Eugène de Savoie (1663-1736), qui ne le publia pas. Une traduction latine en parut en 1721 dans les *Acta eruditorum*. L'original français a été publié en 1834, par Erdmann, dans son édition des œuvres philosophiques de Leibniz avec ce titre, qui lui est resté.

Monde comme volonté et comme représentation (le) [1818], ouvrage de A. **Schopenhauer**. Le philosophe soutient que le monde, en tant qu'il est objet de connaissance, est ma représentation et ne se compose pas autrement que de la somme de mes sensations. La chose en soi, telle qu'elle est devant ces représentations, ne peut se trouver qu'en nous, au plus profond de nous-mêmes : et ce qui est au plus profond de nous s'appelle volonté *(Wille)* ; ce n'est pas une notion rationnelle *(Wollen)*, mais une pulsion aveugle, inconsciente, issue du désir. Cette volonté se manifeste par le vouloir-vivre. L'impulsion de la volonté tend à chercher des idées, mais ce sont des idées apparentes, faites de luttes et d'irrationnel, sans rapport avec les idées fixes et sereines que l'homme n'atteindra jamais.

Morale et la science des mœurs (la) [1903], ouvrage de Lucien Lévy-Bruhl (1857-1939). Les tentatives faites jusqu'ici pour fonder la morale ne pouvaient être que vaines. Mais l'étude sociologique des mœurs détermine ce qu'elles sont, les circonstances qui les font naître et les modifient. Une science des mœurs permet de pratiquer un « art social rationnel » qui pourrait donner à la société des résultats positifs comme ceux de la médecine ou de la chirurgie.

Mots et les Choses (les). Une archéologie des sciences humaines (1966), ouvrage de M. **Foucault**. L'auteur analyse le lien qui se noue entre le développement des sciences humaines et l'idée que l'on se fait de l'homme. Ce n'est qu'au XVIIe s. que l'homme, comme être culturel, fait l'objet d'une curiosité scientifique. Comme tel, dans le champ scientifique, l'homme fait son apparition grâce à l'émergence de sciences nouvelles, comme la grammaire générale et l'histoire naturelle, disciplines par lesquelles se constitue un discours qui permet de représenter l'ordre des choses. Au XIXe s. apparaissent d'autres sciences, comme la biologie, l'économie politique : le « discours » change dès lors de sens et l'homme devient l'objet d'un savoir possible. Michel Foucault constitue par cette œuvre ce qu'il appelle une « archéologie », c'est-à-dire une analyse des fondements des sciences humaines.

N

Naissance de la clinique. ***Une archéologie du regard médical*** (1963), ouvrage de M. **Foucault**. C'est l'application de la méthode archéologique de l'auteur à un domaine très étendu : la connaissance médicale et son discours rationnel, l'idée de clinique et la mutation corrélative du savoir médical. Cet essai historique et critique détermine précisément les conditions de possibilité de l'expérience médicale moderne comme étant la spatialisation institutionnelle de la maladie, la référence à la normalité (plutôt qu'à la santé), la relation du savoir pratique et particulier à un système général de connaissances. La médecine positive a pour condition une structure « où s'articulent l'espace, le langage et la mort », c'est-à-dire la méthode *anatomo-clinique*.

Naissance de la tragédie ***(la)*** [1872], ouvrage de F. **Nietzsche**. La structure de l'œuvre peut s'analyser suivant deux niveaux : la partie supérieure est la pyramide du savoir, avec à son sommet la vérité supérieure et le mensonge logique ; à sa base se cachent Socrate et son démon (dire la vérité), qui étendent sur le monde le filet de la culture alexandrine : optimisme, apparente sérénité socratique, crainte, volonté du vrai et désespoir devant l'échec final de l'optimisme théorique accompagnent l'édification du système. Au contraire, dans la partie inférieure s'enfonce le labyrinthe de Dionysos, véritable abîme dans lequel nous attend l'unité primordiale ou le Minotaure, auquel nous parvenons à travers démesure et ivresse, alors que dans le monde intermédiaire se situe la région d'Apollon, qui préside au rêve et à la mesure. L'ouverture vers la profondeur est l'œuvre de la tragédie en nous.

Nature et formes de la sympathie (1923), ouvrage de Max Scheler (1874-1928). Éliminant l'analyse conceptuelle, l'auteur rapproche et distingue la sympathie de la contagion mentale. La forme élémentaire de la sympathie est le sentiment d'unité *(Einsfühlung)* ou l'identification au sens de participation vitale. Dans la sphère de l'esprit, la communion n'est plus identification, mais reconnaissance de l'autre. D'où la véritable sympathie, ou *Mitfühlen,* prenant trois formes, le *Miteinanderfühlen,* le *Mitgefühl* et le *Nachfühlen,* à savoir le partage immédiat d'un même sentiment, l'écho d'un sentiment d'autrui et la compréhension (sans écho) du sentiment d'autrui.

Nihilisme européen (le), ouvrage de F. **Nietzsche**, premier livre de ce qui sera publié en 1911 sous le nom de ***la Volonté de puissance*** (1901). Sous toutes les formes qu'il peut prendre, le nihilisme « se tient devant la porte » : sa cause n'est pas le désespoir mais la vision chrétienne. Au nom de la morale, c'est la condamnation de l'existence. Les valeurs ont été sublimées ; mais l'analyse les anéantit et nous découvrons une nouvelle croyance : celle de l'absence de valeur, l'absurdité de tout. Autre cause : la croyance dans les catégories de la raison. Nous avons érigé, en morale et en science, notre fiction à la hauteur d'un absolu. D'où la dévaluation générale qui s'ensuit. Seule ressource et seul remède : le développement de la force de la volonté, l'art de porter des masques. Nietzsche écrit : « Qui sait commander trouve ceux qui doivent obéir. »

Nouveaux Essais sur l'entendement humain (1765), ouvrage composé par G. W. **Leibniz** en réponse à l'***Essai sur l'entendement humain*** (1690) de J. **Locke**. Ces *Nouveaux Essais,* en forme de dialogue, suivent pas à pas l'*Essai* de Locke. Théophile, qui représente Leibniz, répond à Philalèthe, qui analyse et défend, paragraphe par paragraphe, l'ouvrage de Locke (livre I, Des notions innées ; livre II, Des idées ; livre III, Des mots ; livre IV, De la connaissance). Leibniz reproche en substance à Locke d'avoir, en niant l'innéité des principes, rendu impossible toute distinction entre les vérités nécessaires et les vérités contingentes. Et il corrige la formule de l'empirisme : « Rien n'est dans l'entendement qui n'ait été auparavant dans le sens », en y ajoutant cette restriction : « excepté l'entendement lui-même ».

Nouvel Organon (1620), ouvrage de F. **Bacon**. Le *Nouvel Organon* était la seconde partie de l'*Instauratio magna,* dont le *De dignitate et augmentis scientiarum* formait la première partie ; c'est un exposé complet de la méthode de Bacon. Cet ouvrage se divise en deux livres. Dans le premier, Bacon fait la critique des préjugés. Dans le second livre, il propose une méthode nouvelle de recherche scientifique : l'induction, qui va des expériences aux lois. Il faut ranger les expériences sur différentes listes ou tables : de présence (cas où le phénomène étudié est présent sous des conditions différentes) ; d'absence (cas où le phénomène étudié est absent) ; de degrés (cas où le phénomène varie en intensité). En outre, les faits *prérogatifs*, au nombre de 27 – parmi lesquels les expériences cruciales, qui démontrent qu'entre deux théories plausibles pour un phénomène une seule est vraie –, servent de contrôle à l'induction.

O

Opus postumum, titre donné à un ensemble de notes manuscrites de E. **Kant**, qui viennent s'ajouter aux *Reflexionen*, ou *Notes posthumes*, qui couvrent plusieurs volumes de ses œuvres complètes éditées entre 1902 et 1928. Kant s'efforce d'établir un pont entre la partie critique de son analyse de l'homme et la physique et la nature, auxquelles il s'était intéressé dans sa jeunesse.

Organon, ensemble des œuvres logiques d'**Aristote**, connu dès le VIe s. sous ce nom et qui regroupe : le traité des ***Catégories***, le traité *De l'interprétation*, les *Premiers* et *Seconds Analytiques*, les *Topiques* et la *Réfutation des Sophismes*.

Origine de la famille, de la propriété privée et de l'État (l') [1884], ouvrage de Friedrich Engels (1820-1895). L'auteur esquisse une histoire des formations sociales qui ont abouti à la société moderne. Il étudie ce que d'autres avant lui avaient appelé le « communisme primitif », puis, partant de l'accroissement de la production, la transformation des prisonniers de guerre en esclaves et la première grande scission de la société, la division entre exploiteurs et exploités. Parallèlement, au matriarcat primitif se substitue le patriarcat, qui met la femme au rang des exploités dans la famille. Avec la formation de la famille, conçue sur une base hiérarchique et destructrice, apparaît l'État, élément de coercition au service de la classe dominante. Engels préconise la suppression de la famille sous sa forme moderne par l'affranchissement de la femme, l'abolition de la propriété privée et la disparition de l'État.

Origine de la géométrie (1938-1939), ouvrage de E. **Husserl**, écrit dans la même optique que ***la Crise des sciences européennes*** (rédigées en 1936). L'auteur s'y efforce de dégager le sens *antéprédicatif* de la géométrie, qui consiste à viser le « monde de la vie », et conteste les déviations formalistes que les mathématiciens contemporains ont fait subir à la géométrie, précisément parce qu'ils en ont oublié l'origine.

Origines du totalitarisme (les) [1951], ouvrage de H. **Arendt**. Cet essai se compose de trois tomes : *Antisemitism,* publié en français en 1973 sous le titre *Sur l'antisémitisme* ; *Imperialism,* publié en français en 1982 sous le titre *l'Impérialisme* ; *Totalitarianism,* publié en français en 1972 sous le titre *le Système totalitaire.* Les deux premiers tomes préparent le troisième : l'analyse de l'antisémitisme dans son histoire, la description des différences entre expansion et impérialisme constituent des préalables pour identifier les particularités du totalitarisme. Inclassable au moyen des typologies classiques, le totalitarisme a pour nature la terreur et pour principe l'idéologie : il anéantit les particularités individuelles pour rendre les individus dociles à une loi unique de développement total. Le système totalitaire se présente lui-même comme une dynamique anonyme et implacable dépassant toute limite de territoire et d'époque. Sa condition est la massification de la société et la crise de la culture.

Ou bien... ou bien (1843), ouvrage de S. **Kierkegaard**. La première partie concerne le fondement esthétique de l'existence, la seconde, son fondement éthique. Kierkegaard distingue trois stades de l'existence : l'esthétique, l'éthique et le religieux. L'esthéticien recherche la jouissance. L'« éthicien » vit dans le temps de la responsabilité et du devoir. *Ou bien... ou bien* concerne ces deux options, l'esthétique et l'éthique (le religieux sera mieux distingué de l'éthique dans les ouvrages suivants par Kierkegaard). L'histoire comme processus relève de la nécessité, mais avec l'alternative « ou bien... ou bien » : ce qui apparaît, c'est la réalité du choix, ou l'éthique. Or, celle-ci se place au-dessus de l'immédiateté de ce qu'on est, qui ne peut s'élever plus haut que la force du désespoir. L'histoire d'un individu passe par l'équilibre entre l'esthétique et l'éthique.

P

Par-delà (le) bien et (le) mal (1886), ouvrage de F. **Nietzsche**. Le livre est situé par-delà les dualismes et les antinomies. Une fois encore, il s'agit de la critique du monde moderne : objectivité, sens historique, esprit scientifique, altruisme. Trois points font l'objet de la démarche : 1° l'énonciation des « principes » de la philosophie ; 2° la dénonciation des préjugés ; 3° la « réénonciation » de nouvelles règles propres à une recherche éthique et scientifique. La seule vertu reconnue étant la probité, Nietzsche propose une nouvelle universalité qui concerne le nombre et la durée des hommes. La question « qui sommes-nous ? » demeure. Au philosophe une tâche s'impose : « Toujours davantage le philosophe me paraît, étant l'homme nécessaire de demain et d'après-demain, de tout temps s'être trouvé et devoir se trouver en contradiction avec le présent d'aujourd'hui. »

Parménide, dialogue de **Platon**, qui met en scène trois personnages : Zénon, Socrate, Parménide. Socrate critique Zénon et discute avec Parménide. Appartenant au groupe des dialogues métaphysiques (v. 360 av. J.-C.) soumettant les idées à la critique, le *Parménide* introduit la méthode dialectique dont s'inspirera Hegel.

Passions de l'âme (les) [1649], ouvrage de R. **Descartes**. L'essai comprend trois parties. Dans la première, le philosophe s'occupe des passions en général et par occasion de toute la nature de l'homme. Dans la deuxième, il considère les passions en elles-mêmes et, comme elles sont des pensées, il les classe selon les affirmations qu'elles impliquent. Descartes distingue six passions primitives : la première est l'admiration, ou surprise causée par un objet nouveau, dont nous ne savons pas encore s'il sera utile ou nuisible à notre corps. Puis viennent l'amour et la haine, qui naissent de l'impression faite sur notre organisme par des objets dont notre corps a déjà éprouvé l'utilité ou le caractère nuisible ; le désir, qui n'est que l'amour ou la haine d'un objet considéré comme futur ; la joie et la tristesse, qui résultent de la possession dans le présent d'un objet aimé ou haï. La dernière partie montre comment les six passions primitives donnent naissance, par leur combinaison, à des passions particulières.

Pensée et le Mouvant (la) [1934], ouvrage de H. **Bergson**, contenant divers essais et conférences. L'auteur expose ses thèses sur la durée, la psychologie, l'intelligence, le spiritualisme.

Pensées (1670, posthume), notes de B. **Pascal,** destinées à une *Apologie de la religion chrétienne,* jamais parue. La première édition des *Pensées* est due à Port-Royal. Chef-d'œuvre de rhétorique et d'éloquence, les *Pensées* se moquent de l'une comme de l'autre. Pascal se sert d'elles pour montrer la vanité du monde, et leur propre vanité. La matière du livre est la création, sous le double visage de la créature et du Créateur. La condition humaine est la condition faite à l'homme par Dieu : pour se connaître, il faut connaître Dieu, et, pour ce faire, il faut percer les pauvres secrets de ses créatures. Sans Dieu, l'homme est misère, viduité, disproportion ; il est victime de l'imagination et du divertissement. Sa grandeur est de se connaître misérable : seul le christianisme peut l'y aider. On a tout à gagner si l'on mise sur l'existence de Dieu, tout à perdre si l'on mise contre elle : tel est le pari de Pascal. Quant aux « preuves », elles sont assez limpides pour « éclairer les élus » et assez obscures « pour aveugler les réprouvés ». Dieu est surtout sensible au cœur : c'est la douceur de l'extase, devant quoi tout s'anéantit.

Pensée sauvage (la) [1962], ouvrage de C. **Lévi-Strauss**. L'auteur montre que la logique des classifications, dans le domaine des totems, et les systèmes de transformation, dans l'organisation sociale, les catégories, les espèces, les nombres, etc., sont en profondeur de même nature dans les sociétés non industrielles et les autres et ne constituent en rien une conquête de l'esprit scientifique. Ce qui fait qu'il y a une différence, et notamment une histoire de l'humanité, c'est qu'il y a un changement de référent de ce à quoi se rapporte la pensée, et du mode d'action de l'homme.

Pensées métaphysiques (1663), ouvrage de B. **Spinoza**, faisant suite aux ***Principes de la philosophie*** (1644) de Descartes. Dans cet ouvrage didactique, l'auteur s'efforce de donner les définitions et les distinctions fondamentales, dont certaines, d'origine cartésienne ou scolastique, vont prendre un contenu nouveau, et dont il se servira pour la rédaction de ***l'Éthique*** (1677).

Pensées pour moi-même (170-178), œuvre en grec de l'empereur romain **Marc Aurèle**, divisée en douze livres. Sous le titre exact de *Réflexions adressées à soi-même,* l'ouvrage fut rédigé par l'empereur à la fin de sa vie et contient les méditations que lui inspire, à la lumière de la philosophie stoïcienne, son expérience quotidienne. Marc Aurèle n'a pas donné de plan d'ensemble à ses *Pensées,* qui se présentent sous la forme d'une succession de notations morales. Très influencé par Épictète, il considère avec un certain mépris les passions humaines qui corrompent le monde et recommande à l'homme de ne rechercher que les biens qui dépendent de lui.

Pensées sur la comète (1694), ouvrage de Pierre Bayle (1647-1706). Par cet essai, publié d'abord en 1682 sous le titre *Lettre sur la comète à l'occasion de la comète de 1680,* Bayle veut prouver que les météores n'ont aucune influence sur notre vie. Il aborde toutes les questions, de la métaphysique à la politique, et soutient deux thèses hardies pour l'époque : un athée peut être un honnête homme et une société d'athées pourrait exister.

Pesanteur et la Grâce (la) [1947], ouvrage de Simone Weil (1909-1943). La loi de ce monde est la pesanteur, force qui éloigne de Dieu et qui pousse toute créature à accroître son pouvoir. Le problème du salut est alors d'échapper à ce qui en nous ressemble à la pesanteur. La solution est de tuer en nous le moi. « L'extrême grandeur du christianisme vient de ce qu'il ne cherche pas un remède surnaturel contre la souffrance, mais un usage surnaturel de la souffrance », écrit S. Weil. La grâce est « l'aile à la deuxième puissance qui peut faire descendre sans pesanteur ». Dans cette œuvre, l'auteure recherche la synthèse de contradictions (bien/mal, haut/bas, douleur/béatitude, etc.), au travers desquelles s'est poursuivie sa quête mystique.

Phédon, dialogue de **Platon**, qui met en scène les derniers moments de Socrate au milieu de ses disciples. Le récit, fait par Phédon, encadre une discussion sur l'immortalité de l'âme. Socrate montre que la mort est un bien parce qu'elle rend l'âme à elle-même, et que l'unique occupation du vrai philosophe est de s'acheminer vers la mort. L'immortalité de l'âme est prouvée par la tradition religieuse ; le vivant naît du mort ; l'âme ressemble surtout à ce qui est divin, unique par nature et indissoluble. Un long mythe expose la destinée des âmes après la mort. La purification, qui dégage l'âme de tout lien corporel, lui permet de s'élever à la contemplation du divin, auquel elle s'assimile. La conversation est interrompue par l'arrivée de l'esclave porteur de la ciguë. Socrate boit et expire paisiblement parmi ses amis en larmes.

Phèdre, dialogue de **Platon**. Il ne comprend que deux interlocuteurs, Socrate et Phèdre de Myrrinonte. Il traite de la beauté et de l'amour. Phèdre lit à Socrate un discours de Lysias sur l'amour. Socrate s'associe ironiquement à l'admiration du jeune homme, puis critique le discours et le refait à sa manière. Après quoi, il expose par un mythe ses propres idées sur l'amour. L'âme, qui dans une vie antérieure a contemplé les essences, en retrouve sur terre le reflet dans les beaux corps et les belles âmes ; sous l'influence de l'amour, elle s'élève vers le divin. La seconde partie oppose à la rhétorique des sophistes la conception d'une rhétorique fondée sur la connaissance du vrai et sur la dialectique.

Phénoménologie de la perception (1945), l'une des deux thèses de M. **Merleau-Ponty**, la première étant *la Structure du comportement* (1942). Malgré l'apparence, les deux ouvrages ne traitent pas exclusivement de psychologie, mais également de tous les problèmes philosophiques. Le statut de la subjectivité est seulement rapporté aux données de la psychologie. Mais, chez l'homme de science, il y a une référence implicite à un savoir de l'opinion. Et, déjà, la phénoménologie de Merleau-Ponty, comme celle de Husserl, découvre une rationalité nouvelle. Pour Merleau-Ponty, le mouvement abstrait et le mouvement concret, le *Zeigen* (montrer) et le *Greifen* (saisir), doivent s'appréhender distinctement, car il y a plusieurs manières pour le corps d'être corps, plusieurs manières pour la conscience d'être conscience. Le phénomène central et fondamental est que « je suis donné à moi-même ». Ce qui veut dire que ma situation globale ne demeure pas extérieure à moi-même comme une nécessité étrangère, et que je ne suis pas davantage enfermé en elle comme un objet. Ainsi la conception phénoménologique dépasse-t-elle à la fois dogmatisme et scepticisme.

Phénoménologie de l'esprit (la) [1807], ouvrage de G. W. F. **Hegel**. Cet essai sanctionne la rupture avec Friedrich von Schelling (1775-1854). Voulant substituer à l'identité de la philosophie et de l'amour du savoir cette autre identité de la philosophie et du « savoir effectivement réel », Hegel s'oppose à l'irrationalisme de Schelling. Il propose le devenir comme la condition de la rationalité.

La Phénoménologie constitue l'initiation philosophique à travers la dialectique, qui est l'histoire du savoir du moi à partir de la certitude sensible jusqu'au Savoir absolu, avec les étapes intermédiaires de la Conscience, de la Conscience de soi, de la Raison, de l'Esprit, et de la Religion. Hegel considère sa *Phénoménologie* comme la première partie du « Système de la science » qu'il ambitionne d'exposer. Avant d'autoriser l'accès à l'ontologie dans *la Logique, la Phénoménologie* joue le rôle d'anthropologie.

Philèbe, dialogue de **Platon**. Socrate met en opposition la raison et le plaisir, et cherche de quel côté se trouve le souverain bien. Le plaisir est nécessairement renfermé dans les étroites limites de l'instant qui passe ; la vie selon la raison ne donne pas satisfaction à toutes les tendances de l'homme. La conclusion, c'est qu'il faut mélanger à doses inégales le plaisir et la raison.

Philosophie (1932), ouvrage de Karl Jaspers (1883-1969), divisé en trois tomes : *l'Exploration philosophique du monde, l'Éclairement de l'existence, Métaphysique*. D'abord, à la limite du savoir, l'expérience s'apparaît à elle-même ; ensuite, cette apparition est aperçue comme liberté ; enfin, cette liberté, dans le monde, en communication avec les autres, est aux prises avec sa transcendance. Notre liberté est menacée par la validité universelle et consistante de notre savoir, qui est à la fois notre point d'appui et notre contrainte. Même si la science est critiquée, la volonté de savoir vise le tout du monde comme une pensée-limite, dans un appétit d'être digne de la métaphysique mais qui se trouve brisant la réalité pour mieux l'introduire au savoir.

Philosophie comme science rigoureuse (la) [1911], ouvrage de E. **Husserl**, dans lequel le philosophe exprime la nécessité d'une science phénoménologique universelle de l'être qui puisse fonder toutes les sciences. Sont réfutés le naturalisme (positiviste, empiriste ou psychologiste) et le relativisme historique. Aussi la phénoménologie annoncée n'est-elle pas une psychologie et se veut-elle une science avec ce que comporte cette notion pour Husserl : un élément de validité objective et une idée de vérité anhistorique. L'universel *a priori* de la conscience contient l'universalité de l'être.

Philosophie de la misère ou ***Système des contradictions économiques*** (1846), ouvrage de Pierre-Joseph Proudhon (1809-1865). L'auteur cherche à démontrer que la société économique moderne repose essentiellement sur une série d'antinomies qui s'engendrent l'une l'autre. La concurrence, nécessaire, détruit la liberté, et se détruit elle-même ; le monopole qui en résulte aboutit au bouleversement du travail ; le commerce, qui doit être libre, devient nécessairement protégé ; la propriété privée, qui naît naturellement, devient le vol ; la communauté se détruit elle-même par les lois, etc. C'est à cette « dialectique » que Marx a opposé sa propre conception du socialisme, dans ***Misère de la philosophie*** (1847).

Philosophie de l'arithmétique (1891), ouvrage de E. **Husserl**. L'auteur annonce, dès cet essai, ce que seront les ***Recherches logiques*** de 1900-1901. Il écrivit ultérieurement à son propos : « [ma *Philosophie de l'arithmétique*], quelque défaut de maturité qu'elle comportât en tant que premier écrit, représentait pourtant un premier essai pour obtenir la clarté sur le sens véritable, sur le sens authentique et originel des concepts de la théorie des ensembles et de la théorie des nombres, et cela en revenant aux activités spontanées de colligation et de numérotation dans lesquelles les collections (“totalités”, “ensembles”) et les nombres sont donnés d'une manière originellement productrice. »

Physique, ouvrage d'**Aristote**. Le philosophe divisait son ouvrage en deux parties : les quatre ou cinq premiers livres étaient dénommés *Traité des principes,* et les trois ou quatre derniers, *Traité du mouvement.* La nature est un principe de mouvement, et le mouvement est l'acte imparfait du mobile en tant que tel. Le mouvement est un des quatre modes du changement, qui peut être soit local, soit quantitatif, qualitatif ou essentiel ; mais le changement local, ou mouvement, est indispensable à la production des trois autres (livres I, II et VII). Le mouvement est l'effet immédiat d'une cause efficiente, mais celle-ci est subordonnée à une cause formelle et à une cause finale, et requiert une quatrième cause : la cause matérielle (I et II). Le mouvement ne peut être infini qu'en puissance (III). L'espace est la limite intérieure du corps ambiant ; il n'est donc pas une réalité et il n'est pas infini ; « le temps est le nombre du mouvement » ; en tant que « nombre nombrant », son existence dépend de celle de l'âme (IV). Enfin, le mouvement premier requiert (VIII) un moteur immobile, dernier terme des moteurs mus, mais ne pouvant se mouvoir lui-même sans contradiction.

Poème sur le désastre de Lisbonne (1756), poème philosophique de **Voltaire**, inspiré par le tremblement de terre de 1755. Voltaire réfute l'optimisme de Leibniz et de Pope, et s'interroge sur le problème du mal. Ce poème fut réfuté par Rousseau dans sa *Lettre à Voltaire sur la Providence* (1756, publiée en 1764).

Politique, traité d'**Aristote**, dont il nous reste huit livres incomplets. Pour l'auteur, la politique est une science architectonique, en ce sens qu'elle dirige toutes les autres sciences : « elle est la première des sciences ». La *polis,* terme grec qui désigne à la fois la ville et l'État, est en effet la forme la plus haute que peut prendre la vie en communauté des hommes, par rapport aux autres formes (famille, village, etc.). Aristote justifie la différence qu'il y a entre l'homme libre et l'esclave, qui est la même que celle qui existe entre la vertu et le vice : l'un doit commander absolument à l'autre, même s'il n'est pas de leur nature intrinsèque d'être définitivement vertu ou vice. Cependant, alors que l'autorité de l'homme libre s'exerce de façon absolue sur l'esclave, l'autorité de l'État sur les hommes libres repose sur la capacité de ces derniers de savoir commander et obéir. Aristote a analysé une soixantaine de Constitutions pour rédiger son livre, ce qui lui confère un très grand intérêt historique. Il distingue trois formes de gouvernement, toutes trois fondées rationnellement : monarchie, aristocratie, démocratie ; et, pour chacune d'elles, il existe une perversion qui est respectivement tyrannie, oligarchie et démagogie. Cet ouvrage a eu une portée fondamentale dans la pensée politique occidentale.

Politique (le), dialogue de **Platon**. L'auteur définit le sophiste, puis le politique. Le politique est un homme de science : il possède la science du gouvernement des hommes. Platon définit la politique comme ce qui régit justement l'activité de la cité, car c'est la « science royale ». Elle a en effet pour soutien « la science militaire, la science judiciaire, et toute la rhétorique, qui [...] prête à la justice sa force persuasive. » Enfin, la politique – l'art de vivre selon le bien dans la cité *(polis)* – est la vertu la plus haute pour l'homme.

Pour Marx (1965), ouvrage de Louis Althusser (1918-1990). Ce recueil d'articles a connu un succès rapide et de très nombreuses traductions. Son originalité est de proposer une nouvelle lecture de l'œuvre de Marx. Contre une lecture militante et naïve, il s'agit ici d'affronter le texte dans sa radicalité philosophique. L'auteur oppose ainsi le Marx de la maturité matérialiste et antihumaniste au jeune Marx idéaliste et humaniste. Une « coupure épistémologique » est intervenue entre les ***Manuscrits de 1844***, qui développent une thèse matérialiste assez classique, et *l'**Idéologie allemande*** (1845), qui pense de manière très originale une dialectique matérialiste. L'objet des études de Louis Althusser est de relire l'œuvre de Marx dans sa visée systématique, indépendamment de sa récupération stalinienne ou de ses reprises militantes. Le propos est donc d'étudier l'originalité d'une pensée qui fait de l'histoire une science et de l'économie un processus sans sujet autonome.

Prince (le) [1532, posthume], traité politique écrit par **Machiavel** en 1513 et dédié à Laurent II de Médicis. C'est une œuvre capitale dans l'histoire de la philosophie moderne, dans la mesure où, pour la première fois, y apparaît une réflexion s'efforçant, en partant exclusivement des faits, de dégager une conception positive de la politique. L'auteur montre que l'unification de l'Italie ne pourra se faire que par l'action d'un Prince (César Borgia ?) appliquant sans scrupule le principe de la raison d'État. Pour Machiavel, la fin justifiant les moyens, l'emploi de la force et de la ruse est légitime, à condition toutefois que le but poursuivi soit l'intérêt général, et non l'intérêt particulier du Prince.

Principe de raison (le) [1957], ouvrage de M. **Heidegger**, qui fut la matière d'un cours à l'université de Fribourg-en-Brisgau pendant le semestre d'hiver 1955-1956. Heidegger y traite du principe de raison explicité par Leibniz : *Nihil est sine ratione* (rien n'est sans raison). Jouant sur le double sens de *Grund* (la raison et/ou le fond), Heidegger médite sur l'énigme de ce principe et refuse le recours à l'évidence immédiate présupposée. Il reconnaît que ce principe est le principe des principes, puisqu'il est la « base » *(Grund),* mais la base en tant que principe n'en laisse pas moins ce principe dans l'obscurité : proche du paradoxe. Analysant le « principe du fond », Heidegger découvre qu'il renvoie au « sol natal ». Rien n'est sans pourquoi, et pourtant la rose est sans pourquoi, remarque-t-il.

Principes de la philosophie (1644), ouvrage de R. **Descartes**, écrit en latin et traduit en français par l'abbé Picot en 1647. Suite logique du

Discours de la méthode (1637) et des ***Méditations métaphysiques*** (1641), l'essai comporte quatre parties précédées d'une *Lettre de l'Auteur à celui qui a traduit le Livre* tenant lieu de préface : le lecteur est introduit au sujet du livre qui contient « les vrais Principes par lesquels on peut parvenir à ce plus haut point de sagesse, auquel consiste le souverain bien de la vie humaine ». La préface présente la philosophie « comme un arbre, dont les racines sont la Métaphysique, le tronc est la Physique, et les branches qui sortent de ce tronc sont toutes les autres sciences, qui se réduisent à trois principales, à savoir la Médecine, la Mécanique et la Morale ». Descartes précise que cette morale est la plus haute, car elle présuppose toutes les connaissances des autres sciences.

Ensuite, la première partie traite « Des principes de la connaissance humaine » ; la deuxième, « Des principes des choses matérielles » ; la troisième, « Du monde visible » ; la quatrième, « De la Terre ». Cette œuvre est pour son auteur l'expression la plus achevée de sa philosophie, de sa métaphysique et de sa physique. La première partie, la plus importante, fonde le système des connaissances scientifiques. Le principe déterminant tous les principes physiques est Dieu, dont la connaissance est la condition nécessaire pour toutes les autres connaissances.

Principes de la philosophie de l'histoire (1725), ouvrage de G. **Vico**, traduit notamment en 1827 par Jules Michelet (1798-1874). L'auteur essaie d'y montrer que chaque nation passe par trois âges : divin (théocratie, âge du mythe), héroïque (aristocratie, âge de la force), puis humain (gouvernement du droit, âge de la raison). Puis le cycle recommence, mais renouvelé et enrichi. En fait, les *Principes* valent moins par leur contenu proprement dit (la théorie des trois étapes) que par la méthode utilisée : usage critique des documents, recherches sur le langage, induction plutôt que construction hypothétique *a priori,* prise en compte des progrès de chaque peuple, etc.

Procès et Réalité (1929), ouvrage d'Alfred North Whitehead (1861-1947). La métaphysique du philosophe et logicien britannique atteint dans cet essai sa forme définitive : une théorie de l'être, inspirée de Platon et de Leibniz, s'articule avec la pensée bergsonienne de l'évolution créatrice. Le livre commence par l'exposition de quarante-cinq catégories essentielles. Les premières catégories sont marquées par l'héritage aristotélicien : la première, l'*entité actuelle,* correspond à la catégorie de substance chez Aristote. L'originalité de Whitehead apparaît en particulier dans la catégorie de *créativité,* qui conduit à une logique de l'occasion. Cet édifice logique aboutit à une pensée de Dieu, l'entité actuelle primordiale qui est en relation avec toutes les autres entités actuelles. Ainsi, l'ouvrage culmine dans l'analyse des conditions de possibilité du discours sur Dieu : d'une logique des catégories, il conduit à une théologie naturelle.

Prolégomènes à toute métaphysique future (1783), ouvrage de E. **Kant**, qui renvoie souvent à la ***Critique de la raison pure*** (1781) et dans lequel le philosophe s'adresse aux maîtres futurs de la métaphysique. Après avoir précisé le caractère particulier de toute science métaphysique,

Kant aborde la question : comment une science par raison pure est-elle possible ? Or, tout le problème dépend d'une autre question : comment les propositions synthétiques *a priori* sont-elles possibles ? À partir de là se posent la possibilité de la mathématique pure, celle de la science pure de la nature et celle de la métaphysique en général. Celle-ci n'a pour objet que la connaissance *a priori*, hors du sens commun.

Propagandes (1962), ouvrage de Jacques Ellul (1912-1994), dans lequel sont étudiées les diverses formes et tactiques de la propagande, ainsi que ses conditions d'existence dans la société contemporaine. L'auteur élargit la définition de propagande et montre son développement et son déploiement à travers les nouvelles communications de masse. Le but des propagandes modernes serait une action efficace sur le comportement des individus, afin de le rendre plus conforme aux exigences de la société.

Protagoras, dialogue de Platon. C'est une satire des sophistes. Protagoras vient d'arriver à Athènes. Socrate va lui présenter un jeune Athénien qui désire suivre ses leçons. Il trouve Protagoras avec d'autres sophistes et au milieu d'une cour d'adorateurs. La vertu peut-elle s'enseigner ? Protagoras l'affirme, mais Socrate en doute. Une discussion où interviennent les sophistes Prodicos et Hippias aboutit à cette conclusion que la vertu ne peut se concevoir sans la science du vrai bien et du vrai mal. Les adversaires ont échangé leurs positions : Socrate a prouvé que la vertu est une science, et Protagoras, qui le soutenait d'abord, s'en est convaincu.

Provinciales (les) [1656-1657], ensemble de dix-huit lettres écrites entre le 23 janvier 1656 et le 24 mars 1657 par B. Pascal (sous le pseudonyme de Louis de Montalte), dans le but de défendre Port-Royal et d'attaquer les thèses jésuites. Elles furent réunies et publiées sous le titre : *les Provinciales ou Lettres écrites par Louis de Montalte à un provincial de ses amis et aux RR. PP. Jésuites, sur la morale et la politique de ces pères.* Jeune encore, l'auteur, mondain converti, a voulu employer « un style agréable, railleur et divertissant » ; il a écrit de fait un des textes fondateurs de la langue française classique. La lutte contre le laxisme théologique et moral passe ici par une langue aussi éloignée du style dogmatique que des facilités de l'écriture baroque, redondante et constamment métaphorique. Parler une langue à la fois claire et brillante était bien la meilleure façon de « persuader » un public lettré. C'est cet art de la « persuasion » qui est poussé à son comble dans *les Provinciales.*

Q

Que faire ? (1902), ouvrage de Lénine (1870-1924). Contre les économistes, l'auteur estime que la révolution n'a rien de fatal et ne « relève » pas des lois économiques. Il faut donc organiser la classe ouvrière, de telle sorte qu'elle puisse porter cette révolution : « Par ses seules forces, la classe ouvrière ne peut arriver qu'à la conscience *trade-unioniste,* c'est-à-dire à la conviction qu'il faut s'unir en syndicats, se battre contre les patrons, etc. Quant à la doctrine socialiste, elle est née des théories philosophiques, historiques, économiques, élaborées par les représentants cultivés des classes possédantes, par les intellectuels. » Il s'ensuit que le prolétariat, aliéné, ne peut, par lui seul, parvenir à la conscience. « La conscience politique de classe ne peut être apportée à l'ouvrier que de l'extérieur. » Dans l'immédiat, que faut-il faire ? D'abord lutter contre les économistes. Ensuite créer l'instrument de la lutte, un parti ouvrier révolutionnaire, organisé de la manière la plus centralisée possible, et, dans les conditions de la Russie autocratique, clandestin. Ce parti ne peut être que celui de l'élite révolutionnaire ouvrière, l'expression la plus consciente et la mieux organisée de la classe ouvrière : la révolution n'est pas affaire de dilettantes, mais de professionnels.

Qu'est-ce que la métaphysique ?, leçon inaugurale prononcée par M. **Heidegger** à l'université de Fribourg-en-Brisgau, le 24 juillet 1929. L'interrogation sur l'être part de la situation des sciences et de leur rapport avec l'existant. Heidegger aborde déjà le problème du fondement : l'être essentiel du fondement prélude au problème de la transcendance. L'acte de fonder s'enracine dans la transcendance en tant qu'il institue, donne la base, donne un fondement. En fait, la liberté est le fondement du fondement, en tant qu'elle est l'abîme *(Abgrund)* de la base *(Grund).*

Qu'est-ce que la philosophie ? (1956), ouvrage de M. **Heidegger**. C'est le texte d'une conférence prononcée par le philosophe à Cerisy-la-Salle en août 1955. Originellement, la philosophie est grecque dans son être même : ce qui veut dire que l'Occident est « philosophique ». *Philosophia* est le mot de l'acte de naissance de notre histoire.

Qu'est-ce que la philosophie ? (1991), ouvrage de G. **Deleuze** et Félix Guattari (1930-1992). Cet essai n'est pas un livre d'initiation. Il est une réflexion, au sens propre du terme, d'un philosophe qui a déjà une longue pratique de sa discipline. Seul ce point de vue rétrospectif peut esquisser une approche des particularités de la philosophie. Ni contemplation, ni réflexion, ni communication : la philosophie est création de concepts. Cette définition est en elle-même subversive. Elle se dresse en effet contre une tradition essentialiste qui pense la philosophie comme dévoilement d'un ordre intelligible qui la précède. Désormais, il faut penser la philosophie comme une activité du cerveau qui surmonte le chaos. Alors que la logique opère par fonctions et l'art par affects et percepts (et qu'il est donc plutôt du registre de l'affectif et du sensitif), la philosophie seule conceptualise. Le concept est autoréférentiel, déterminé par sa relation à d'autres concepts dans un champ d'immanence. Il fait sens en tant qu'outil de la pensée.

Qu'est-ce que la propriété ? ou ***Recherches sur le principe du droit et du gouvernement*** (1840), ouvrage de Pierre-Joseph Proudhon (1809-1865). L'essai débute par cette proposition célèbre, reprise d'une formule lancée par Brissot de Warville en 1780 : « Qu'est-ce que la propriété ? – C'est le vol. » L'auteur ne condamne pas l'appropriation et la possession économique en elles-mêmes, mais les droits que celles-ci confèrent au propriétaire, et notamment le « droit d'aubaine », ou droit de recevoir un revenu sans travailler. Suivant Proudhon, la propriété est impossible, parce qu'elle est la négation de l'égalité.

R

recherche de la vérité (De la) [où l'on traite de la nature de l'esprit de l'homme, et de l'usage qu'il en doit faire pour éviter l'erreur dans les sciences], ouvrage de N. Malebranche, en trois volumes (1674-1678 ; édition définitive revue par Malebranche en 1712). L'auteur part du dualisme cartésien et de l'occasionnalisme d'Arnold Geulincx (1624-1669). L'ouvrage traite des causes de nos erreurs : 1° nos sens, qui ne nous ont été donnés que pour la conservation de notre corps et auxquels nous avons le tort de demander la vérité ; 2° l'imagination, qui, entre notre attention et la vérité de l'idée, interpose ses fantômes ; 3° l'entendement, qui ne sait continuer son attention aussi longtemps qu'il le faudrait ; 4° les inclinations, faisant dévier vers des biens particuliers la tendance innée pour le bien universel ; 5° les passions, qui troublent la pureté de l'idée. Il montre comment nous atteignons à la connaissance du réel, Dieu intervenant par l'intermédiaire de notre intelligence.

Recherche de la vérité par la lumière naturelle (la) [1701, posthume], ouvrage de R. Descartes. Cet essai, retrouvé dans les papiers du philosophe après sa mort, a été écrit en français, mais seule la traduction latine a été publiée, en 1701, à Amsterdam. Il oppose trois personnages, l'un qui a tout appris par les livres (ceux d'Aristote), l'autre qui n'a jamais rien lu, mais qui a joyeusement roulé sa bosse de par le monde, et enfin Eudoxe, celui dont le jugement n'est ni perverti par les fausses doctrines, ni perturbé par des expériences ineptes ou aberrantes, et qui représente Descartes.

Recherches logiques (1900-1901), ouvrage de E. **Husserl**. Il a pour objet, selon les propres termes de l'auteur, de « fonder sur de nouvelles bases la logique pure et la théorie de la connaissance », qui constituent pour la phénoménologie « non pas un simple programme, mais des essais d'un véritable travail fondamental de réalisation, portant sur les choses *intuitionnées* et saisies immédiatement ; même là où elles procèdent de manière critique, elles ne se perdent pas dans des discussions sur différents points de vue, mais laissent au contraire le dernier mot aux choses elles-mêmes et au travail dont elles sont l'objet » (préface de la deuxième édition). La critique du psychologisme occupe une place centrale dans le tome 1 *(Prolégomènes à une logique pure)*, tandis que le tome 2 *(Recherches pour la phénoménologie et la théorie de la connaissance)* est consacré, en dehors des recherches proprement phénoménologiques, à des investigations sur la « méréologie » (théorie pure des touts et des parties) ainsi qu'à la très importante théorie des catégories de signification.

Règles pour la direction de l'esprit (1701, posthume), ouvrage inachevé de R. **Descartes**, écrit en 1628 et publié après sa mort. Il contient un exposé de sa méthode sous forme de 21 règles, dont la quatrième, qui explique comment « accroître son savoir » sans « jamais prendre une erreur pour une vérité ». Cette règle constitue la base de la méthode avec la distinction entre intuition et déduction. Selon Descartes, ce sont les mathématiques, et notamment la géométrie, qui fondent la connaissance. Pour cela, il s'est servi d'un projet de mathématique universelle, écrit antérieurement ; dans une lettre à l'abbé Mersenne du 15 avril 1630, il explique que les *Règles* sont restées inachevées, car « le bâtiment était trop petit » de ce point de vue. C'est le premier texte de Descartes exposant systématiquement sa philosophie.

Religion dans les limites de la simple raison (la) [1793], ouvrage de E. **Kant**. Il distingue les éléments d'une foi purement rationnelle. La disposition au bien et l'existence du mal sont à la fois réelles et incompréhensibles. L'idée de Kant est que le mal radical existe dans le choix d'un mauvais caractère avant la vie terrestre dans une sorte de prédestination de soi-même, mais que nos efforts ici-bas seront pourtant utiles à notre salut. Si les religions positives sont nécessaires à l'humanité considérée collectivement, les esprits d'élite peuvent acquérir « une doctrine philosophique de la religion » supérieure à celle des fidèles d'un culte proprement dit.

République (la), dialogue philosophique de **Platon**, en dix livres, écrit entre 384 et 377 av. J.-C., prenant place entre le groupe constitué par ***Gorgias***, *le* ***Cratyle***, *le* ***Banquet*** et ***Phédon***, et celui constitué par le ***Théétète***, ***Philèbe***, ***Parménide***, *Timée* et ***Critias***. Précisément, le livre I se place entre le *Gorgias* et le *Phédon*. La division en dix livres date du Moyen Âge et est artificielle. En fait, cinq parties principales se dégagent ; au livre I, un prologue pose le problème de la justice ; les livres II, III et IV relient la définition de la justice à une cité parfaite imaginaire ; les livres V, VI, VII développent les points du gouvernement, de la magistrature et de l'éducation propres à cette cité ; les livres VIII et IX décrivent les cités injustes et leurs défauts conduisant à la ruine, semblables aux défauts de l'âme humaine ; enfin, le livre X, condamnant poésie et arts de l'illusion, évoque le tableau de l'âme sage et juste, digne des récompenses éternelles. La morale et la politique sont inséparables. L'homme doit s'efforcer à la vertu ; le devoir de l'État est de former des hommes vertueux. L'individu n'est qu'un élément de l'État. Comme il y a trois parties dans l'âme, il y aura trois classes dans la cité : la classe des artisans et des laboureurs ; celle des guerriers ; celle des magistrats et des philosophes. La première devra posséder la tempérance ; la deuxième, le courage ; la troisième, la sagesse. De même que la justice individuelle, la justice sociale résultera de la subordination et de l'accord des trois parties. Mais, pour que l'harmonie soit possible et complète, il est indispensable de supprimer l'obstacle que constitue l'égoïsme des individus. Il faudra donc établir la communauté des biens, des femmes et des enfants. Le septième livre du traité contient le mythe de la Caverne.

république (De la) [54-51 av. J.-C.], traité politique de **Cicéron**, écrit sous forme de dialogue, inspiré de celui de Platon. Le gouvernement idéal pour Cicéron est un compromis entre monarchie, aristocratie et démocratie, tel qu'il était réalisé dans la Rome du IIe s. av. J.-C. Mais certains érudits voient dans ce traité une œuvre de politique active, qui justifierait le principat de fait accordé à Pompée, consul unique dès 52 av. J.-C. L'ouvrage comprend six livres : la plus grande partie des premiers livres fut retrouvée en 1822, dans les palimpsestes du Vatican. On possède des fragments du reste de l'ouvrage.

Rhétorique (la), traité d'**Aristote**, en trois livres, composé vers 330 av. J.-C. L'auteur distingue deux sortes de preuves : les unes extérieures à l'art, comme les attestations, les témoignages ; les autres, qui sont le produit de l'art et forment le fond de l'éloquence : démonstrations, autorité personnelle de l'orateur, méthodes diverses pour exciter ou flatter les passions de l'auditoire. Il étudie les différentes espèces d'arguments, les lieux communs, etc. Il rattache toutes les sortes de discours aux trois genres : délibératif, d'apparat et judiciaire. Il énumère toutes les formes et fixe les règles de chacun d'eux. Dans le livre III, qui constituait primitivement un traité distinct, il donne les règles de l'élocution.

Rire (le). Essai sur la signification du comique (1900), ouvrage de H. **Bergson**, dans lequel l'auteur expose sa théorie du comique. Le rire réclame l'action de l'intelligence pure, dénuée d'émotion, et de la société. Il naît du léger décalage entre *vivant créatif* et *vivant automatisé,* décalage qui apparaît au travers de toute maladresse ou toute raideur, où la matière apparaît comme du « mécanique plaqué sur du vivant ». De ces principes sont issus le comique formel (travestis, gestes automatiques, travers), le comique de situation (quiproquos, interférences de séries étrangères, distractions), de mots (répétitions, exagérations, tics) et de caractère (insociabilité, création d'un « type »). Né de la révolte sociale devant ces actes légèrement attentatoires, le rire châtie en humiliant.

S

Sainte Famille (la) [1844], ouvrage de Friedrich Engels (1820-1895) et K. **Marx**, qui avaient prévu d'intituler le livre : *Critique de la Critique. Contre Bruno Bauer et consorts.* Le titre initial fut conservé comme sous-titre. Le livre parut sous la double signature de F. Engels et de K. Marx, ce dernier ayant tenu à cet ordre pour manifester ainsi un hommage à son nouvel ami pour son texte *Esquisse d'une critique de l'économie politique* (février 1844) qui, pour Marx, constituait la première critique en profondeur de l'économie politique et devait donner à ses recherches une nouvelle orientation.

La Sainte Famille est le point de départ critique de toute l'œuvre de Marx. En effet, Engels n'a que peu participé à ce texte, n'y voyant qu'une polémique nécessaire pour en finir avec les jeunes hégéliens. Marx, à travers cette critique contre ceux qui se refusent à la lutte effective contre l'absolutisme prussien, a fait l'éloge de la philosophie de Ludwig Feuerbach (1804-1872), affirmant ainsi un point de vue humaniste concret diamétralement opposé à la thèse de Bruno Bauer (1809-1882), où la conscience de soi juge et fait l'histoire, alors que ce qu'il appelle la « masse » n'est qu'impuissante et méprisable. Marx, outre ses références à la philosophie de Feuerbach, commence dans *la Sainte Famille* une étude du matérialisme français, et il affirme, contre la théorie de la masse de Bauer, l'importance novatrice du prolétariat parisien, avec lequel il entre, à cette époque, en relation directe.

Science de la logique (la) [1812-1816], ouvrage de G. W. F. **Hegel**. Malgré son titre, c'est surtout une œuvre métaphysique. Hegel écrit d'ailleurs (préface à la 1re édition) : « La science de la logique, qui constitue la métaphysique proprement dite ou la philosophie purement spéculative... » Cette identification entre logique et métaphysique est due au fait que, pour Hegel, la forme et le contenu de toute pensée sont dialectiquement liés entre eux : « La logique n'est pas l'universel abstrait, mais l'universel qui incarne en lui la richesse du particulier. » Le but de l'ouvrage sera donc de « déduire les catégories » en partant des plus fondamentales (l'Être étant la première) et, par là même, de connaître les choses qui sont leur contenu, de manière à obtenir la vérité, « l'Idée en tant que totalité », qui « est la Nature ». À partir de ce moment, la « Science de la logique » fera place à une « Philosophie de la nature », puis à une « Philosophie de l'esprit », traitées dans deux autres ouvrages de Hegel qui portent ces titres. Ce développement, qui va de l'Idée absolue à la nature, permet de définir l'hégélianisme comme un « idéalisme dialectique ».

Science et l'hypothèse (la) [1902], ouvrage d'Henri Poincaré (1854-1912). L'auteur étudie le rôle de l'hypothèse dans toute la série des sciences. Il y a plusieurs sortes d'hypothèses : « [...] les unes sont vérifiables et, une fois confirmées par l'expérience, elles deviennent des vérités fécondes ; les autres, sans pouvoir nous induire en erreur, peuvent nous être utiles en fixant notre pensée ; d'autres, enfin, ne sont des hypothèses qu'en apparence et se réduisent à des définitions ou à des conventions déguisées. [...] La conséquence est que la science n'atteint pas les choses elles-mêmes, comme le pensent les dogmatismes naïfs, mais les rapports entre les choses ; en dehors de ces rapports, il n'y a pas de réalité connaissable. »

Situation de la classe laborieuse en Angleterre (la) [1845], ouvrage de Friedrich Engels (1820-1895). C'est la première tentative marxiste d'analyse d'une classe sociale en relation avec la totalité de la société et impliquant une formulation théorique ; celle-ci se retrouvera dans ***l'Idéologie allemande*** (1845). Engels part du début de l'industrialisation à la fin du XVIIIe s., analyse les premiers phénomènes de bipolarisation et de concentration, avec l'élimination des petits producteurs, l'accroissement de la division du travail, et la formation des grands centres industriels avec l'exode rural et la prolétarisation des travailleurs migrants. Parallèlement à l'expansion générale de l'économie, due à la baisse des prix de la marchandise (baisse due aux progrès techniques de la production et à la tendance au monopole industriel qui caractérise la Grande-Bretagne dans la première moitié du XIXe s.), se produit une expansion démographique sans précédent, qui enrichit la masse de manœuvre dont bénéficie la bourgeoisie pour accélérer l'industrialisation. Engels décrit l'entassement ouvrier dans les taudis, les « lois sur les pauvres », qui forcent les plus misérables à entrer dans les ateliers de charité. Engels prédit que la concurrence américaine viendra mettre un terme au monopole britannique de la production, et que la bipolarisation de la société se poursuivra jusqu'à ce que la classe ouvrière, devenue la grande majorité de la nation, prenne conscience de sa force et s'empare du pouvoir.

Sociologie et Anthropologie (1950), ouvrage de Marcel Mauss (1872-1950). Selon l'auteur, l'échange par le don, dans les sociétés non industrielles, est enserré dans un système de symboles qui le rend irréductible aux seules dimensions économique, religieuse, juridique ou morale. En ce sens, il s'agit d'un phénomène social total à travers lequel s'exprime toujours « la totalité de la société et de ses institutions ».

Suicide (le) [1897], ouvrage de É. **Durkheim**. Réfutant les arguments qui attribuent le suicide à des facteurs extra-sociaux (race, climat, hérédité, etc.), l'auteur analyse les variations des taux de suicide dans une société par rapport à la variation des facteurs sociaux (nationalité, état civil, appartenance religieuse, etc.) et distingue trois catégories de suicide (égoïste, altruiste, anomique), selon le degré d'insertion de l'individu dans la société. Toute société a un taux de suicide constant, qui reflète une tendance collective inhérente à la structure sociale, l'augmentation de ce taux reflétant donc une crise au niveau de cette structure.

Sur la liberté (1859), ouvrage de J. S. **Mill**. L'État doit se limiter à protéger l'individu et la communauté en veillant à ce que la « démocratie » n'entraîne pas l'oppression des minorités.

Système de la nature (1770), traité de philosophie du baron d'Holbach (1723-1789). Cet essai se présente comme une explication matérialiste de l'univers. Ce qui est sensible a seul une existence. Pas de Dieu. Les êtres animés, comme les corps bruts, sont le produit de la matière et de ses lois. Le déterminisme régit toutes les actions des hommes, comme il régit les mouvements de l'univers. La seule morale fondée en raison est celle de l'intérêt. Dans le second volume, d'Holbach examine l'origine et la valeur de nos idées sur Dieu. C'est le mal qui existe en ce monde, qui est cause de l'invention de Dieu.

T

Théétète, dialogue de **Platon**, sur la science. Les personnages sont Socrate, le mathématicien Théodore et son élève Théétète. Trois définitions de la science *(epistêmê)* sont successivement exposées et réfutées : 1° la science est la sensation *(aisthêsis)* ; 2° la science est l'opinion vraie *(doksa),* par opposition à l'opinion fausse ; 3° la science est l'opinion vraie accompagnée de raison *(logos).* Ces trois définitions sont précédées d'une définition de la maïeutique. La première définition est de loin la plus longue et s'articule sur trois affirmations : a) l'homme est la mesure de toute chose (thèse de Protagoras) ; b) rien n'est de façon fixe et tout devient (thèse d'Héraclite) ; c) pour les initiés, tout est relatif (thèse d'Antisthène). C'est sur la réfutation des thèses d'Antisthène – selon Aristote – que s'appuie la définition proprement platonicienne de la science : c'est une définition du *logos* (raison) non pas conçu comme un discours correct, mais comme un discours véridique, dont les fondements s'appuient sur la connaissance des Idées, c'est-à-dire le monde intelligible.

Théorie de la classe de loisir (1899), ouvrage de Thorstein Veblen (1857-1929), traduit en français pour la première fois en 1970. Veblen tente de prouver le caractère « barbare » de ces « classes oisives » qui, s'affranchissant des travaux « d'industrie », s'attribuent une supériorité de rang qui discrimine les travailleurs et les femmes. L'émergence d'une telle classe coïncide avec les débuts de la « propriété ». Veblen traite « propriété » et « loisir » en tant qu'éléments de la structure sociale, profondément liés à l'accumulation des richesses et au désir de puissance des hommes pour qui le pouvoir est assis, essentiellement, sur la rivalité financière.

Totalité et Infini. Essai sur l'extériorité (1961), ouvrage de E. **Levinas**. Cet essai présente la première forme de la pensée de Levinas, qu'il ne cessera d'approfondir. Le titre est synthétique de la ligne directrice du livre : la totalité offre le confort de la clôture, de la maîtrise sans faille ; elle est ce que cherche la raison tendant à rendre raison de tout. Mais ce système clos est mis en péril par l'irruption de l'immaîtrisable : l'infini qui n'est pas seulement l'indéfini au contour flou, mais le véritable infini, toujours au-delà de ce que l'on peut embrasser. L'idée d'infini est paradoxalement débordée par son objet : elle est l'idée d'un objet qui ne se laisse pas définir. Il en est de même pour Autrui : « La manière dont se présente l'Autre, dépassant *l'idée de l'Autre en moi,* nous l'appelons, en effet, visage. » Dès lors l'éthique n'est pas un supplément d'âme qui se surajouterait à des discours techniques, scientifiques ou politiques. Elle est le fondement même de toute la philosophie.

Totem et Tabou (1912), ouvrage de S. **Freud**. Dans ce premier ouvrage d'anthropologie, l'auteur retrace l'histoire des origines de l'humanité et des structures collectives anciennes pour rendre compte de la structure individuelle. Il y émet l'hypothèse du meurtre du père, chef de la horde primitive, par ses fils. Le souvenir de ce meurtre est refoulé, mais il resurgit dans le sacrifice totémique et dans les prohibitions.

Tractatus logico-philosophicus (1921), ouvrage de L. **Wittgenstein**. L'auteur s'intéresse aux conditions qui devraient être remplies par un langage logiquement parfait. Il y définit un univers dans lequel existe une différence entre le monde (= les faits) et le tableau des faits. « Le tableau des faits, écrit-il, représente le fait dans l'espace logique, l'existence et la non-existence des états de choses. » Le problème fondamental de la philosophie n'est pas d'avancer des propositions qui viendraient s'ajouter à celles qui existent déjà, mais de clarifier des propositions, d'éliminer les énoncés dépourvus de sens parce que nous ne comprenons pas « la logique de notre langage ». Cette œuvre maîtresse est à l'origine de la conception qui réunira le cercle de Vienne.

Traité de la nature humaine (1739-1740), ouvrage de D. **Hume**. Le livre I traite de l'entendement, le livre II des passions et le livre III de la morale. Chacun des livres se divise en parties ; elles-mêmes se divisent en sections. Le premier livre s'occupe essentiellement des idées et de la connaissance ; le deuxième, de l'orgueil, de l'humilité, de l'amour et de la haine, de la volonté ; le troisième, du vice et de la vertu, de la justice et de l'injustice, de la bonté. L'appendice revient sur la question essentielle de la croyance et sur l'identité du moi.

Traité de la réforme de l'entendement (1661), ouvrage de B. **Spinoza**. Selon le philosophe, les biens finis (gloire, richesse, assouvissement des désirs) portent en eux-mêmes la mort, et il ne faut s'y attacher que pour autant qu'ils permettent d'entretenir sa vie et de vivre en bonne intelligence avec les autres. Ce livre constitue une première étape avant *l'Éthique* (1677). C'est là que Spinoza distingue quatre modes de la connaissance. Le quatrième nous fait entrevoir que la « certitude et l'essence objective [sont] une seule et même chose ». Or il existe en nous une Idée qui nous fait préférer ce quatrième mode de connaissance : c'est l'Idée que nous avons de l'Être infiniment parfait. Pour parvenir à saisir cette Idée, il nous faut une méthode. Celle-ci passe par plusieurs voies : distinguer les idées vraies des autres, savoir que l'Idée première est simple, ou formée d'idées simples, savoir que la « connaissance de l'effet n'est qu'une connaissance plus parfaite de la cause ». Cette œuvre marque profondément les étapes de la pensée spinoziste : la philosophie permet d'éclairer l'idée de Dieu, c'est-à-dire du monde.

Traité de l'autorité politique ou ***Traité politique*** (1677, posthume), ouvrage inachevé de B. **Spinoza**. L'auteur y souligne que le meilleur gouvernement des hommes est la démocratie. L'objectif que doit avoir tout État est la liberté. Il existe un droit naturel, qui ne connaît de fondement au niveau de l'individu que la force qui est en lui. Ce droit humain individuel n'est pas le vrai droit : il n'a de garantie que pour autant que l'individu est partie prenante d'une société. Celle-ci ne peut avoir de force et n'offrir de garantie crédible que pour autant que l'État, expression de la communauté, a de force. Or la force n'est pas la violence mais la possibilité rationnelle de passer dans les faits, d'être à la fois manifestation concrète et manifestation rationnelle. Par là même, la force est liée à la vie autant qu'à la raison. Et cette conception de la force ne peut trouver d'application que dans l'État où les hommes vivent en harmonie les uns avec les autres. La monarchie et la tyrannie sont incapables de contenir la violence ; seules l'aristocratie, à condition d'être fortement représentée, et surtout la démocratie, à condition de s'appuyer sur un droit, peuvent donner cette liberté. C'est à la dernière que vont les préférences de Spinoza.

Traité de l'enchaînement des idées fondamentales dans les sciences et dans l'histoire (1861), ouvrage de A. A. **Cournot**. L'auteur y expose sa théorie des catégories, fondée sur l'expérience et sur l'histoire de la pensée scientifique. Il cherche à déterminer les domaines où s'appliquent ces diverses catégories et les sciences nouvelles nées de leur introduction dans la pensée.

Traité des animaux (1755), ouvrage de É. B. de **Condillac**. La première partie s'ouvre par une réfutation du système cartésien de l'automatisme des bêtes. Puis Condillac s'efforce de montrer que, chez les animaux, les habitudes supposées naturelles sont dues à l'expérience, sont acquises ; il en conclut que l'instinct peut être assimilé à l'intelligence. Ce traité contient une *Dissertation sur l'existence de Dieu,* écrite auparavant pour l'Académie de Berlin.

Traité de sociologie générale (1916), ouvrage de Vilfredo Pareto (1848-1923). Récusant la conception marxiste de la lutte des classes, Pareto explique l'histoire par le remplacement continuel d'une élite par une autre. La sociologie doit rendre compte des actions « non-logiques » caractérisées par des expressions symboliques, ou « théories », de l'action qui se fondent sur des résidus et des dérivations. Les résidus, véritables mobiles de l'histoire et éléments invariables de l'action, sont d'ordre psychologique : les instincts et les tendances innées, irréductibles à l'explication rationnelle. Les dérivations sont les manifestations variables de l'action : les explications rationnelles (affirmations, doctrines, idéologies) que l'homme se croit obligé de fournir pour les actions non-logiques. La société étant donc un mélange d'actions logiques et non-logiques, il est nécessaire d'aborder l'intégration de la société comme un tout, au-delà du seul niveau économique. Pour ce faire, l'auteur avance les idées de système et d'utilité sociale, la circulation d'une élite innovatrice en alternance avec une élite conservatrice étant le moteur de changement du système social.

Traité des sensations (1754), ouvrage de É. B. de **Condillac**. L'auteur y démontre comment toutes nos connaissances et toutes nos facultés viennent des sensations. Il y met en scène une statue, qui est supposée éprouver des sensations. La statue se touche elle-même : ses sensations tactiles correspondent à la sensation d'être touchée ; mais, si elle touche autre chose, si elle respire l'odeur de rose, il n'y a pas de correspondance entre la sensation éprouvée par le sens concerné, l'olfaction, et son corps propre. Ainsi naît selon l'auteur la relation au monde, la différenciation du moi et du non-moi.

Traité du monde (1664, posthume), ouvrage de R. **Descartes**. Cet essai, écrit en 1633, fut publié en 1664, puis réédité en 1677 sous le titre *le Monde ou le Traité de la lumière*. Dans ce traité, Descartes admettait le mouvement de la Terre ; il allait le publier lorsqu'il apprit que Galilée venait d'être condamné à Rome. Il reprit son ouvrage, qui ne fut publié qu'après sa mort par Claude Clerselier (1614-1684). Descartes se défend de vouloir décrire la constitution du monde actuel ; par un subterfuge ingénieux et prudent, il feint de parler seulement de ce qui arriverait dans un monde nouveau si Dieu créait la matière et la laissait soumise aux lois qu'il a établies. Il explique tout mécaniquement, même la vie, l'activité des animaux. Seule l'âme pensante est irréductible au mouvement.

Traité théologico-politique (1670), ouvrage de B. **Spinoza**, qui valut à l'auteur critiques et persécutions bien que paru anonymement et avec des noms d'éditeurs et de lieu d'édition falsifiés. Cette œuvre est surtout dirigée contre les rabbins et les pasteurs calvinistes. La première partie constitue le premier essai de critique exégétique des Écritures. Spinoza considère que les miracles ne sortent pas de la nature et insiste sur le caractère hétéroclite des textes. Il est également plein de prudence à l'égard du Nouveau Testament. Il distingue cependant la vraie religion de ce qu'elle est devenue : « élévation injustifiée », « tenures pour des prébendes » ; il affirme que « les églises ont dégénéré en théâtres ». La deuxième partie définit la distinction spinoziste entre la théologie fondée sur la révélation et la philosophie reposant sur la raison, qui, toutes deux, mènent à Dieu le juste, épris de simplicité et de charité. La troisième partie reprend les distinctions aristotéliciennes du pouvoir dans l'optique de Hobbes (*le **Léviathan***, 1651) ; Spinoza choisit la forme démocratique de l'État, car elle seule permet la liberté religieuse.

Tristes Tropiques (1955), ouvrage de C. **Lévi-Strauss**. Ramené au concret par sa lecture de Marx et de Freud, un professeur de philosophie découvre chez les Indiens d'Amérique du Sud des sociétés en voie de disparition qu'il s'efforce de ne pas juger. Relations sociales et mythologies complexes révèlent une conception du monde élaborée où apparaît une culture qui n'a rien de « sauvage ». Les qualités d'écriture de Lévi-Strauss ont valu à cette autobiographie intellectuelle d'initier le grand public à l'ethnologie.

Tusculanes (45 av. J.-C.), ouvrage de **Cicéron**, ainsi nommé parce qu'il s'agit de conférences faites par Cicéron dans sa villa de Tusculum. Le maître, Cicéron, répond aux questions ou aux objections de disciples *(auditores),* et cherche ainsi à faire l'éducation philosophique de ses compatriotes. Par l'inspiration générale, ce livre se rattache au *De finibus,* immédiatement après lequel il a été écrit ; il arrive à la même conclusion : à savoir que le souverain bien est la vertu. Mais le premier traite la question théoriquement, et l'autre pratiquement ; successivement placé devant la mort (livre I), la douleur (livres II et III), les autres maux (livre IV), l'homme vertueux apparaîtra comme supérieur à toutes contingences (livre V).

U

Utilitarisme (l') [1861], ouvrage de J. S. **Mill**. L'auteur, qui signe ici un exposé de la morale utilitaire, veut d'abord qu'on la nomme inductive, parce que toutes ses notions proviennent de l'expérience. Son principe se formule ainsi : les actions sont bonnes en raison de leur tendance à produire le bonheur, mauvaises en raison de leur tendance à produire le malheur. Par bonheur, on entend le plaisir ou l'absence de peine ; par malheur, on entend la peine ou l'absence de plaisir.

Utopie (1516), ouvrage de Thomas More (1478-1535), écrit en latin et traduit en anglais en 1551. Thomas More imagine une terre inconnue dans laquelle l'organisation idéale de la société serait réalisée et où les hommes vivraient heureux, maîtres d'eux-mêmes. La première partie en est toute critique : c'est le tableau, très poussé au noir, de l'Angleterre d'alors et des autres États européens. L'auteur attaque tour à tour le despotisme des monarchies, la servilité des gens de cour, la vénalité des charges, la folie des conquêtes, le luxe et l'injustice des nobles et des moines. Il dénonce comme la source de tous les maux la propriété personnelle. Dans la seconde partie du livre, au lieu de proposer ses réformes dogmatiquement, il les raconte comme si elles étaient déjà appliquées dans une île lointaine.

V

Valeur de la science (la) [1905], ouvrage d'Henri Poincaré (1854-1912). L'auteur y affirme que l'objectif de la vie humaine est la recherche de la vérité – vérité scientifique, qu'il ne sépare pas de la vérité morale. À cette époque, Einstein n'a pas encore exposé la deuxième théorie de la relativité (1915), qui montrera que les principes de Carnot conservent leur valeur au niveau macroscopique et qu'ils restent valables au niveau industriel et artisanal ; seule la première théorie a été formulée par lui. C'est pourquoi Poincaré craint que la relativité n'amène une nouvelle crise dans la physique, qui atteindrait la science tout entière. C'est aussi pourquoi il affirme sa volonté d'y résister en insistant sur le côté humaniste que la science doit conserver.

Vérité et Méthode (1960), ouvrage de Hans-Georg Gadamer (1900-2002). Cet essai peut être tenu pour l'œuvre fondatrice de l'herméneutique moderne. Le projet est de saisir ce qui est commun aux multiples formes d'interprétation présentes dans différentes disciplines, comme le droit, l'histoire, la théologie, etc. Il s'agit de comprendre ce qu'est « comprendre » par distinction d'avec « expliquer ». La compréhension des textes est une tâche qui suppose la compréhension de soi et du monde. L'ouvrage repose sur trois parties consacrées à l'art, aux sciences de l'esprit et au langage. L'analyse de l'art pense l'œuvre par l'expérience du jeu, l'étude des sciences de l'esprit appréhende la temporalité de la rencontre ; ces deux moments culminent dans une pensée de « l'originaire discursivité de l'homme ». Enfin, l'analyse du langage nous rapporte à la chose, selon des détours métaphoriques, de sorte que la vérité est toujours à reconquérir, loin des procédures trop simples que donne la méthode.

Vocabulaire technique et critique de la philosophie (1926), ouvrage d'André Lalande (1867-1963), publication de la Société française de philosophie. Ce vocabulaire cherche à résoudre les contradictions qui opposent les philosophes à propos des termes qui relèvent de la philosophie et à préciser le sens de ces termes en fonction de l'usage qu'en font les philosophes français universitaires, à l'aide de références puisées dans la tradition européenne.

Vocation actuelle de la sociologie (la) [1949], ouvrage de Georges Gurvitch (1894-1965). L'auteur fait un exposé systématique des principaux problèmes de la sociologie générale, de la contribution des différents auteurs à la pensée sociologique et des problèmes posés à la société par la technocratie. Il préconise une « sociologie différentielle » qui étudie les « phénomènes sociaux totaux » en tenant compte de la diversité des cadres sociaux et de trois échelles distinctes d'analyse (microsociologie, groupements sociaux, société globale).

Volonté de puissance (la) [1901, posthume], ouvrage que F. **Nietzsche** avait eu le projet d'écrire entre les années 1885 et 1888, et qui est annoncé explicitement dans la troisième dissertation de la ***Généalogie de la morale*** (1887) : « Pour toutes ces questions, je les traiterai avec plus de profondeur et de rigueur dans un autre contexte (sous le titre *Contribution à l'histoire du nihilisme européen* ; je renvoie aussi pour cela à un ouvrage que je prépare : *la Volonté de puissance. Essai d'une transvaluation de toutes les valeurs*). » L'un des plus développés et des premiers plans explicites de l'œuvre date de 1886. Au début de 1888, Nietzsche établit un plan général qui est la mise en ordre des aphorismes prévus pour ce projet. Les premières éditions reconstituées de *la Volonté de puissance* ont été conduites par la « sœur abusive » de Nietzsche. Entre les deux premières éditions de *la Volonté de puissance* (1906 et 1911), le nombre d'aphorismes passait de 483 à 1 067. Dans les œuvres éditées par Giorgio Colli (1917-1979) et Mazzino Montinari (1928-1986) à partir de 1968, comme dans l'édition de Karl Schlechta (1904-1985), il n'existe plus d'œuvre intitulée *la Volonté de puissance,* mais uniquement des fragments posthumes classés chronologiquement. Il demeure que le reproche adressé par Rudolf Pannwitz (1881-1969) à Schlechta de ne pas avoir publié les plans de Nietzsche ni ses « redites » souligne une autre forme d'arbitraire. La compilation parue en 1935 sous le titre français *la Volonté de puissance* n'était que la traduction d'un ouvrage allemand intitulé *Das Vermächtnis Nietzsches* (« le Legs de Nietzsche »).

Le plan de l'ouvrage est celui que Nietzsche écrivit à Nice le 17 mars 1887 : « *La Volonté de puissance. Essai d'une transvaluation de toutes les valeurs.* 1er livre : le nihilisme européen ; 2e livre : critique des valeurs suprêmes ; 3e livre : principe d'une nouvelle évaluation ; 4e livre : discipline et dressage. » Le nihilisme n'est que la conséquence de l'interprétation de la valeur que nous avons attribuée à l'existence jusque-là : aussi, les différentes valeurs sont passées au crible, soumises à l'analyse généalogique qui repère, non pas l'« origine », mais la « provenance ». Religion, morale et philosophie sont successivement examinées : sous cet angle, l'histoire occidentale est l'objet de la réflexion nietzschéenne. Après la critique vient l'exposé du principe des nouvelles valeurs, en tant que volonté de puissance considérée comme connaissance, vie, société et individualité, enfin comme art.

Table des matières par notions

Imprimé en Italie par «LA TIPOGRAFICA VARESE S.p.A.», Varese
Dépôt légal : avril 2011 - 305904
N° de projet : 11013310 - Avril 2011